# Große Werke der Literatur IX
Herausgegeben von Hans Vilmar Geppert

# Große Werke der Literatur

BAND IX

Eine Ringvorlesung
an der Universität Augsburg
2004/2005

herausgegeben von
Hans Vilmar Geppert

Titel: Schmuckbuchstabe aus Hans Sachs:
*(Das vierdt poetisch Buch) mancherley neue Stücke schöner gebundener Reimen.*
Nürnberg: Heußler, 1576; Oettingen-Wallersteinsche Sammlung der Universität Augsburg

*Bibliografische Information der Deutschen Bibliothek*

Die Deutsche Bibliothek verzeichnet diese Publikation in der Deutschen Nationalbibliografie; detaillierte bibliografische Daten sind im Internet über <http://dnb.ddb.de> abrufbar.

© 2006 · Narr Francke Attempto Verlag GmbH & Co. KG
Dischingerweg 5 · D-72070 Tübingen

Das Werk einschließlich aller seiner Teile ist urheberrechtlich geschützt.
Jede Verwertung außerhalb der engen Grenzen des Urheberrechtsgesetzes ist ohne Zustimmung des Verlages unzulässig und strafbar. Das gilt insbesondere für Vervielfältigungen, Übersetzungen, Mikroverfilmungen und die Einspeicherung und Verarbeitung in elektronischen Systemen.
Gedruckt auf chlorfrei gebleichtem und säurefreiem Werkdruckpapier.

Internet: http://www.francke.de
E-Mail: info@francke.de

Satz: Informationsdesign D. Fratzke, Kirchentellinsfurt
Druck und Bindung: Hubert & Co., Göttingen
Printed in Germany

ISBN 3-7720-8138-X

# Vorwort

»Freude am Lesen« wissenschaftlich fundiert, das war in den bisher 121 Vorträgen und Aufsätzen dieser Reihe immer unser Ziel gewesen. Und welche bessere Voraussetzung dafür gab und gibt es, als dass die Vortragenden bei der Auswahl ihrer »großen Werke« völlig frei entscheiden dürfen? Eigentümlicherweise ist dabei nie so etwas wie eine »Kraut-und-Rüben«-Sammlung entstanden. (Wobei Kraut und Rüben, richtig zubereitet, sehr gut zusammenpassen.) Vielmehr stellte sich immer wieder so etwas wie das Suchbild eines Rahmenthemas ein, das nach und nach beim Hören und Lesen immer klarer hervortrat: »Umbruchzeiten« an einem »genauen Ort« in Band VI, die »Kultur des Dialogs« in Band VII, »Krisenerfahrungen« in Band VIII. Und worum geht es also dann in diesem Band?

Selten war das so schnell und deutlich zu erkennen. *What I loved*, der Titel des Romans von Siri Hustvedt, könnte er nicht auch über dem ganzen Band, zumindest über vielen der Beiträge stehen? Es geht doch wohl immer wieder um Liebesgeschichten: von den Märchen aus *Tausendundeiner Nacht* über das Kuss- und Humanitätsexperiment in *Das Sinngedicht*, den Konflikt von Liebe, Macht und Anarchie in *Professor Unrat/Der Blaue Engel*, die Ehe- und Gesellschaftskritik in *Nora oder ein Puppenheim* mit dem Ziel »wunderbarer«, liebender Gleichberechtigung, oder etwa über das Thema Eros und Tod in Mörikes *Mozart*-Novelle, das verdrängte, ins Böse verkehrte Lustprinzip in *Dracula*, bis hin zu den radikalen Grenzerfahrungen von Leidenschaft, Schande und trotz allem, der Liebe zu aller Kreatur in Coetzees *Disgrace*.

Mein Dank gilt wie in früheren Jahren immer wieder, doch darum nicht weniger aufrichtig, Rektor und Kanzler unserer Universität, der Gesellschaft ihrer Freunde, der Kurt-Bösch-Stiftung, dem Presseamt, Alexa Eberle und Sonja Deck für die Bearbeitung der Manuskripte (großer Dank!), Gunter Narr und den Damen und Herren des Francke Verlags und natürlich vor allem den Beiträgerinnnen und den Beiträgern selbst sowie schließlich unserem treuen Publikum.

Augsburg, im Oktober 2005                                                                 Vilmar Geppert

# Inhaltsverzeichnis

*Kaspar H. Spinner*
»Tausendundeine Nacht« 9

*Thomas M. Scheerer*
»El Cantar de Mio Cid.« Das spanische Heldenepos 23

*Freimut Löser*
Meister Eckhart »Deutsche Predigten« 35

*Mathias Mayer*
Eduard Mörike »Mozart auf der Reise nach Prag« 47

*Eva Matthes*
Henrik Ibsen »Nora oder Ein Puppenheim« 61

*Theo Stammen*
Gottfried Keller »Das Sinngedicht« 75

*Martin Middeke*
Bram Stoker »Dracula« 101

*Hans Vilmar Geppert*
Heinrich Mann »Professor Unrat«/Josef von Sternberg »Der blaue Engel« 119

*Till R. Kuhnle*
Italo Svevo »La Coscienza di Zeno/Zeno Cosini« 141

*Hans Peter Balmer*
Botho Strauß »Der Untenstehende auf Zehenspitzen« 165

*Bernd Oberdorfer*
John M. Coetzee »Disgrace / Schande« 189

*Hubert Zapf*
Siri Hustvedt »What I loved / Was ich liebte« 201

# *Tausendundeine Nacht*

## Kaspar H. Spinner

Die Erzählungen aus *Tausendundeiner Nacht* gehören zu den bekanntesten Werken der Weltliteratur; selbst wer nie eine der Geschichten gehört oder gelesen hat, kennt den Titel, weil er zum geflügelten und reklameträchtigen Wort, z.B. in Reiseprospekten, geworden ist. Wie aktuell das Interesse an diesem Werk ist, hat das Jahr 2004 gezeigt, in dem u.a. ein wissenschaftliches Lexikon zu *Tausendundeiner Nacht* (Marzolph/van Leeuwen 2004), eine über 400-seitige Monographie von Irwin (Irwin 2004), eine sechsbändige Taschenbuchausgabe im Inselverlag (Littmann 2004) und eine Neuübersetzung (Ott 2004) erschienen sind und an verschiedenen Orten Ausstellungen zum 300-jährigen Jubiläum der ersten Veröffentlichung des Werks stattgefunden haben. Schließlich hat der Schwerpunkt Arabische Literatur auf der Frankfurter Buchmesse 2004 das Interesse verstärkt.

Für viele sind die Geschichten aus *Tausendundeiner Nacht* vor allem eine unauslöschliche Kindheitserinnerung, Inbegriff einer fernen Welt der Abenteuer und der Wunder, der Intrigen und der Liebeshändel. Aber was weiß man wirklich über die Entstehung dieses Werks? Wer sich genauer darauf einlässt, gerät genauso wie in den verschachtelten Geschichten in eine Welt voll von Verwicklungen, von wundersamen Verwechslungen, ja, von Intrigen und Täuschungen. Eine ganze Reihe von irritierenden Fragen tut sich auf:

Wie kommt es, dass wir meist *Tausendundeine Nacht* den Märchen zuordnen – die heutige Forschung und die maßgeblichen Ausgaben jedoch nicht diese Gattungsbezeichnung verwenden?

Wie kommt es, dass wir *Tausendundeine Nacht* meist mit den Geschichten von Aladin und der Wunderlampe, Alibaba und den vierzig Räubern und Sindbad dem Seefahrer verbinden, man genau diese Geschichten jedoch in der neuesten deutschen Ausgabe von Claudia Ott vergeblich sucht?

Woher stammt die Sammlung überhaupt – ist es ein persisches oder ein arabisches Werk oder sollte man eher von einem französischen Werk aus dem Anfang des 18.Jahrhunderts sprechen, einem »Western text, a manufactured product of Orientalism« (so Rana Kabbani in Marzolph/van Leeuwen: 2004, 26), der sich auf diverse echte und vermeintliche arabische Stoffe stützt?

Und wie ist der literarische Wert einzuschätzen? Gilt, was Hugo von Hofmannsthal (in seinem Aufsatz über *Tausendundeine Nacht* von 1907) sagte: »Über Tausenden verflochtener Geschicke schwebt rein und frei ihr Ewiges, in ewig schönen, unvergänglichen Worten ausgesprochen.« Oder gilt das Urteil der arabischen Gelehrten, das Robert Irwin, einer der wichtigen Erforscher von *Tausendundeiner Nacht*, folgendermaßen charakterisiert: »Noch heute schaut man in der arabischen Welt auf die Sammlung mit Verachtung [...] Ihre Geschichten gelten immer noch als vulgär, unwahrscheinlich, kindisch und zudem schlecht geschrieben.« (Irwin: 2004, 104)

Handelt es sich also doch nicht um ein großes Werk der Weltliteratur, sondern um die europäische Illusion eines großen Werkes?

Die folgenden Ausführungen, die sich auf die genannten Fragen beziehen, gliedern sich in drei Teile: einen Einblick in die Textgeschichte, einige Hinweise auf den Stil der beiden wichtigsten deutschen Übersetzungen und Thesen zur rezeptionsästhetischen Interpretation.

## 1. Zur Textgeschichte

Der Bezugstext soll hier die neue und in Rezensionen viel gerühmte Übersetzung von Claudia Ott sein (Ott 2004), die auch als Hörbuch vorliegt. Otts Untertitel in der Buchausgabe lautet: »Nach der ältesten Handschrift in der Ausgabe von Muhsin Mahdi erstmals ins Deutsche übertragen«. Der hier erwähnten arabischen Handschrift, die heute in der Bibliothèque Nationale in Paris liegt, kommt eine Schlüsselstellung in der Überlieferungsgeschichte zu. Sie stammt nach heutigen Erkenntnissen aus dem 15. Jahrhundert und ist wohl in Syrien entstanden. Die Sammlung enthält die bekannte Rahmengeschichte von König Schahriyar und Schahrasad, der Tochter seines Wesirs (bei der Schreibung der Namen folge ich Claudia Ott; die Namen tauchen in sehr unterschiedlichen Varianten auf; für Schahrasad ist vielen der Name Scheherezade geläufig, in der Inselausgabe heißt sie Schehrezâd). Ferner findet man in dieser Handschrift 10 Erzählungen, die hier kurz vorgestellt werden:

1. **Der Kaufmann und der Dschinni**: Ein Dschinni (also ein Geist) will einen Kaufmann töten, weil dieser versehentlich mit einem Dattelkern den Sohn des Dschinni getötet hat. Der Kaufmann erbittet eine Frist, um von seiner Familie Abschied zu nehmen. Ein Jahr danach wartet der Kaufmann verabredungsgemäß auf den Dschinni; es kommen drei Alte vorbei; sie wollen sehen, was nun passiert. Als der Dschinni erscheint, erzählen sie ihm Geschichten, nachdem er versprochen hat, dass mit jeder wirklich wundersamen Geschichte dem Kaufmann ein Drittel der Schuld erlassen werde, was dann auch der Fall ist (wie in der Rahmengeschichte von Schahrasad geht es hier ebenfalls um ein Erzählen wider den Tod).

2. **Der Fischer und der Dschinni**: Hier handelt es sich um die bekannte Geschichte vom Geist in der Flasche und der Erlösung des verzauberten Jünglings.

3. **Der Träger und die drei Damen**: Ein Träger wird von drei Damen zu einem festlichen Abend eingeladen; es tauchen dann drei Bettelmönche und Kalif Harun ar Raschid mit seinem Wesir und seinem Diener auf. Die Damen und die Bettelmönche erzählen ihre Geschichten, darunter ist die Geschichte vom Magnetberg, die der dritte Bettelmönch erzählt.

4. **Die drei Äpfel**: In dieser kürzeren, kriminalistischen Erzählung geht es um ein weiteres Erlebnis des Kalifen Harun ar Raschid und seines Wesirs Dschaafar, ausgehend vom Fund der Leiche eines Mädchens.

5. **Die beiden Wesire Nuraddin von Ägypten und Badraddin von Basra**: Diese überaus verwickelte Geschichte ist mit derjenigen von den drei Äpfeln verknüpft; sie wird vom Wesir erzählt, der, wenn die Geschichte spannend ist, das Leben seines schuldig gewordenen Sklaven retten kann. Badraddin Hasan, die

Hauptfigur, ist der Sohn von Nuraddin; es geht in der Hauptsache darum, dass Badraddin seine Cousine heiraten will, was erst nach vielen Abenteuern gelingt.

6. **Der Bucklige, der Freund des Kaisers von China**: Ein Schneider und seine Frau laden einen Buckligen zum Essen ein, dieser stirbt an einer Fischgräte. Der Schneider und seine Frau legen den Toten einem jüdischen Arzt vor die Türe, der sich des Toten wiederum entledigt, weil er glaubt, am Tod schuld zu sein. Mehrere Personen meinen schließlich, sie hätten den Buckligen getötet. Jede dieser Personen erzählt selbst wieder eine Geschichte; in derjenigen, die der Schneider erzählt, kommt ein Friseur vor, der wiederum Geschichten erzählt, so dass insgesamt eine verschachtelte Struktur entsteht.

7. **Nuraddin Ibn Bakkar und die Sklavin Schamsannahar**: Hier geht es um eine abenteuerliche Liebesgeschichte zwischen dem persischen Königssohn Nuraddin Ibn Bakkar und einer Sklavin und Konkubine Harun ar Raschids, die mit dem Tod der Liebenden endet.

8. **Die Sklavin Anis al-Dschalis und Nuraddin Ibn Chakan**: Auch dies ist eine Liebesgeschichte; ein Wesir kauft eine Sklavin für den Sultan, in die sich sein Sohn verliebt. Nach vielen Verwicklungen und Intrigen kommt es zu einem guten Ende für die Liebenden.

9. **Dschullanar vom Meer und ihr Sohn, König Badr**: Diese märchenartige Geschichte handelt von einem persischen König, der eine Sklavin kauft, die sich als Tochter eines Meereskönigs erweist. Hauptthema ist dann die hindernisreiche, mit vielen zauberischen Verwandlungen und abenteuerlichen Auseinandersetzungen verbundene Liebes- und Heiratsgeschichte ihres Sohnes Badr.

10. **König Kamarassaman und seine Söhne al-Amdschad und al-Asad**: Diese märchenhafte Liebesgeschichte handelt von Kamarassaman, dem Frauenhasser, der nicht heiraten will. Ein Ifrit und eine Ifritin nehmen sich der Angelegenheit an und legen Kamarassaman ein schönes Mädchen ins Bett. Die Geschichte bricht ohne wirkliches Ende ab.

Diese Geschichten sind auf zweihundertzweiundachtzig Nächte aufgeteilt und sie enthalten z.T. weitere eingeflochtene Geschichten, so dass man insgesamt auf fast 40 Geschichten kommt. Dass es keine 1001 Nächte sind, muss insofern nicht verwundern, als die Zahl 1001 wohl einfach die Bedeutung »unfassbar viele« hatte. Man weiß allerdings nicht, ob die Handschrift ursprünglich umfangreicher war.

Über die Vorgeschichte von *Tausendundeiner Nacht* ist wenig bekannt (vgl. Marzolph/van Leeuwen: 2004, 17ff.). Der Titel *Tausendundeine Nacht* ist erstmals um 1150 in Ägypten dokumentiert (arabisch »Alf laila wa-laila«); welche Geschichten diese Sammlung damals enthielt, wissen wir nicht.

Die Rahmengeschichte kann man weiter zurückverfolgen: Im 10. Jahrhundert wird sie in schriftlichen Zeugnissen erwähnt. Aus dem 9. Jahrhundert stammt, als ältestes Zeugnis für die Sammlung, ein in Ägypten gefundenes Titelblattfragment *Alf Laila* (Tausend Nächte).

Ferner ist dokumentiert, dass es wohl seit dem 8. Jahrhundert eine persische Sammlung mit dem Titel Hezâr Afsân (Tausend Geschichten) gab, die schon in alten Quellen in Verbindung mit *Tausendundeiner Nacht* gebracht wird (vgl. Marzolph/van Leeuwen: 2004, 588ff.). Ihr Inhalt ist unbekannt, wahrscheinlich enthielt sie die Rahmengeschichte mit dem König und Schahrasad und ist vielleicht schon im

8. Jh.: *Hezâr Afsân* (*Tausend Geschichten*), persische Sammlung, Inhalt unbekannt, vermutliche Vorstufe für die arabische Sammlung *Alf Layla* (*Tausend Nächte*), Inhalt ebenfalls unbekannt

↓

9. Jh. der Titel *Alf Layla* erstmals dokumentiert

↓

10. Jh.: Rahmengeschichte mit Schahrasad und Dinarasad in Quellen erwähnt

↓ ← Geschichten aus Syrien/Zweistromland

Um 1150: Titel *Alf Layla wa-Layla* (*Tausendundeine Nacht*) zum ersten Mal dokumentiert (in Kairo)

↓ ← Geschichten aus Ägypten

Wohl 15. Jh.: **Älteste erhaltene Handschrift von *Alf Layla wa-Layla*** (BN Paris), wohl in Syrien geschrieben

1701: *Sindbad, der Seefahrer* in französischer Übersetzung hsg. von Antoine Galland (die arabische Fassung ab 9. Jh. in Bagdad entstanden)

↓

1704–1717: *Les mille et une nuits* von Antoine Galland, 12 Bände ←

14 Geschichten von Hanna Diab, u.a.: *Ala ed-Din mit der Wunderlampe, Ali Baba und die vierzig Räuber*

↓

1814–1842: Erste arabische Ausgaben (Kalkutta I, Breslau, Bulak, Kalkutta II)

Geschichten aus weiteren Quellen

↓

1921–1928: *Die Erzählungen aus den Tausendundein Nächten* übertragen von Enno Littmann, nach Kalkutta II und anderen Quellen (Insel-Taschenbuch 2004)

↓

1984: Kritische Ausgabe der Pariser Hs. durch Muhsin Mahdi

↓

2004: *Tausendundeine Nacht*, Übersetzung der Pariser Hs. von Claudia Ott

8. Jahrhundert ins Arabische übersetzt worden (Irwin: 2004, 64). Auf die persische Herkunft verweisen bei *Tausendundeiner Nacht* auch die ursprünglich persischen Namen Schahrasad und Schahriyar der Rahmengeschichte.

Der persische Geschichtenbestand ist im 8./9. Jahrhundert durch arabische Geschichten in Syrien und im Zweistromland mit den Zentren Damaskus und Bagdad ergänzt worden (typisch ist dafür die Figur des berühmten Kalifen Harun ar Raschid, der in den Geschichten auftaucht). Es ist die Zeit des Kalifats der Abbasiden, 8.–11. Jh., das von Lybien bis an den Indus reichte, mit Bagdad als Hauptstadt, die sich »Madinat as-Salam«, Stadt des Friedens, nannte. 1258 wurde Bagdad von den Mongolen zerstört.

Kairo löste Bagdad als Zentrum der arabischen Welt ab, schon das Kalifat der Fatimiden 972–1171 und vor allem dann das Sultanat der Mamluken 1250–1517. In Kairo wurde die Sammlung durch weitere Geschichten ergänzt, z.B. durch »Die beiden Wesire Nuraddin von Ägypten und Badraddin von Basra« (vgl. Marzolph/van Leeuwen: 2004, 318).

Meist wird die Entstehungsgeschichte von *Tausendundeiner Nacht* noch weiter nach Indien zurückverfolgt, aber für diese Herkunft gibt es keine sicheren Belege. Die Tendenz der Mythen- und Märchenforschung, die Wurzeln immer in Indien, also dem Ursprungsland des Indogermanischen, zu suchen, hat manchmal einen fast ideologischen Charakter. Gewiss gibt es indische Einflüsse auf *Tausendundeine Nacht*, aber auch solche aus der griechischen (z.B. der Odyssee) und der lateinischen Literatur. Insofern ist es etwas irreführend, wenn auf dem Cover von Ausgaben und auch von Sekundärliteratur fast immer indische Buchmalereien zu finden sind.

Nach dem Blick auf die insgesamt ungewisse Vorgeschichte komme ich auf die Handschrift aus dem 15. Jahrhundert zurück. Sie nimmt für das weitere Schicksal der Sammlung eine Schlüsselrolle ein. Sie bildet den Kernbestand der ersten gedruckten Ausgabe von *Tausendundeiner Nacht*; diese Ausgabe ist nicht auf Arabisch, sondern als Übersetzung oder – wie man vielleicht eher sagen muss – Adaption ins Französische 1704 erschienen, redigiert von Antoine Galland. Mit diesem Werk der »Mille et une Nuits« von Galland beginnt vor 300 Jahren die eigentliche Ruhmesgeschichte von *Tausendundeiner Nacht*.

Antoine Galland war ein Orientalist, der arabische Schriften übersetzte und herausgab. 1701 veröffentlichte er die Geschichten von Sindbad dem Seefahrer, nach einem wohl im 9. Jahrhundert in Bagdad entstandenen, inzwischen verloren gegangenen Manuskript. Galland hörte dann von der Sammlung *Tausendundeine Nacht* und nahm an, der Sindbad-Roman sei ein Teil davon. Auf der Suche nach einem Manuskript von *Tausendundeiner Nacht* stieß er dann auf die erwähnte Handschrift aus dem 15. Jahrhundert, die einem Freund aus Syrien zugeschickt worden war (und jetzt in der Bibliothèque Nationale in Paris liegt). Galland gab sie auf Französisch als »Mille et une Nuits« heraus und ergänzte sie, weil er sie für unvollständig hielt, durch weitere arabische Erzählungen, eben z.B. durch die Abenteuer des Sindbad, die er schon vorher separat herausgegeben hatte. Gallands Publikation ist mehr als nur eine Übersetzung. In seiner großen Monographie über Leben und Werk von Galland stellt Abdel-Halim fest, dass Galland die umständlich und schlecht geschriebenen Vorlagen zu einem Kunstwerk umgeformt habe: »Le recueil original, diffus et mal écrit, se transforma sous la plume française en un livre uni réalisant toutes les qualités de l'oeuvre d'art.« (Mohamed Abdel-Halim: 1964, 292)

Durch die Publikation von Galland geschah nun etwas, was sich wohl nur durch den damaligen zeithistorischen Kontext erklären lässt: Gallands *Mille et une Nuits* wurden zu einem ungeheuren Erfolg. Das hängt mit der in Frankreich damals in höfischen Kreisen gerade herrschenden Märchenmode zusammen. 1697 hatte Perrault seine Märchensammlung *Histoires ou Contes du Temps passé, avec des Moralitéz* herausgegeben, zur gleichen Zeit erschienen von Madame d'Aulnoy die *Contes des fées* in vier Bänden (1696–1698). Weitere Feenmärchensammlungen folgten in kürzester Zeit. Gallands *Mille et une nuits* reihten sich in diese Mode ein, sie wurden also von Anfang an in Europa als Märchen rezipiert (allerdings noch nicht im Sinne des auf Schlichtheit und Volkstümlichkeit hin orientierten Märchenbegriffs der Brüder Grimm – der entstand erst 100 Jahre später). Durch das orientalische Kolorit gaben *Mille et une nuits* der Märchenmode einen zusätzlichen Reiz, das Wunderbare konnte durch die neuen Motive eine Steigerung erfahren. Es entwickelte sich eine Orientmode, die sich auch in der Architektur und der Kunst auswirkte und bis heute mit dem damals entstandenen Rokokostil verbunden ist. In Frankreich entstanden im 18. Jahrhundert über 700 im orientalischen Stil gehaltene Liebes- und Abenteuerromane, die ohne Gallands *Mille et une Nuits* so kaum möglich gewesen wären. Das Spektrum reichte von unterhaltendem Lesestoff bis zu Werken Voltaires, der behauptete, *Les mille et une nuits* vierzehnmal gelesen zu haben. Auch in anderen Ländern, vor allem in England, kam es zu entsprechenden Entwicklungen.

Der große Erfolg seiner Ausgabe führte dazu, dass Galland seine *Mille et une Nuits* durch mehrere weitere Bände ergänzte – schon weil der Verleger davon profitieren wollte. Eine solche Erweiterung bot sich nicht zuletzt deshalb an, weil der Titel *Mille et une Nuits* eine Vervollständigung nahe legte. So kam es, dass der ursprüngliche Bestand kräftig erweitert wurde. Wie aber kam Galland zu weiteren Geschichten für seine Sammlung? Wichtig war seine Bekanntschaft mit einem syrischen Christen, Hanna Diab, der aus Aleppo stammte. Diab erzählte Galland insgesamt 14 Geschichten, darunter die Geschichte von »Ali Baba und den 40 Räubern«, von »Ala ed-Din mit der Wunderlampe« und die »Geschichte vom Ebenholzpferd«. Von keiner dieser Geschichten gibt es ein arabisches Manuskript, das älter als die Ausgabe von Galland wäre.

Die heutige Forschung stuft insbesondere »Ala ed-Din« nicht als eine typisch arabische Erzählung ein. Dass gerade diese Geschichte im abendländischen Kulturkreis so bekannt geworden ist, hängt vielleicht mit ihrer eher europäischen Moral, dass der Erfolg dem Tüchtigen gebühre, zusammen.

Nicht nur Galland, sondern auch andere machten sich in der Folgezeit auf die Suche nach weiteren Manuskripten, und zwar nicht nur in Bibliotheken, sondern auch auf Bazaren in arabischen Ländern. Und, so könnte man sagen, wo gesucht wird, wird auch gefunden, vor allem, wenn Verkäufer und Vermittler daran verdienen können. Eine hübsche Szene schildert der Orientforscher Hammer-Purgstall zu Beginn des 19. Jahrhunderts. Er berichtet von zwei Engländern, die, wie er selbst auch, in Ägypten auf der Suche nach einer Handschrift von *Tausendundeiner Nacht* waren:

> Clarke suchte [...] wie ich eine Handschrift von Tausendundeiner Nacht. Seine erste Frage bei unserem Wiedersehen war, ob es mir schon gelungen sei, diese Handschrift zu finden. Ich mußte es mit Bedauern verneinen [...] Er fragte mich um den Titel von Tausendundeiner Nacht auf Arabisch, schrieb sich die Worte ›Elf leila, we leila‹ auf, sagte zu seinem Reisegefährten: »Komm Cripps, wir wollen das gleich finden.« Ich lachte ihn aus. [...] Die beiden Engländer ließen sich von der Mittagshitze nicht abhalten, sie setzten sich mit Sonnenschirmen auf Esel und trabten durch die Straßen, wobei Clarke unaufhörlich schrie: »Elf leila, we leila«. Nach kaum zwei Stunden kamen sie mit der Versicherung zurück, sie hätten ein vollständiges Exemplar gefunden [...]. (Grotzfeld: 1984, 2)

Man kann sich vorstellen, wie zuverlässig so gefundene Quellen sind.

Die arabischen Handschriften zu *Tausendundeiner Nacht* sind überwiegend erst nach dem Erscheinen der Ausgabe von Galland entstanden und deshalb als Quellen für eine »echte« arabische Überlieferung nach Meinung der jüngsten Forschung fragwürdig. Aufsehen erregte die Entdeckung einer arabischen Handschrift zu »Ali Baba«, und auch zwei arabische Fassungen von »Ala ed-Din« tauchten auf – aber es handelt sich, wie sich herausstellte, dabei samt und sonders um Fälschungen, nämlich um bearbeitete Übernahmen aus Galland. Deshalb sind auch Angaben wie diejenige in der Inselausgabe irreführend, in der Littmann sagt, dass er »Ali Baba« aus dem erst 1910 entdeckten arabischen Urtext übersetzt habe: »Diese Erzählung ist erst 1910 im arabischen Urtexte bekannt geworden durch Macdonalds Ausgabe der Oxforder Handschrift; nach ihr habe ich hier übersetzt.« (Littmann II: 2004, 791) So steht es auch noch in der neuen Inselausgabe. Von einem Urtext zu sprechen ist problematisch, weil der arabische Text nach allem, was wir heute wissen, von Gallands Fassung abhängig ist, also ein Rückimport vom Französischen ins Arabische darstellt. Solchen Fragen hat sich vor allem Muhsin Mahdi, der Herausgeber der Pariser Handschrift, in seinen bahnbrechenden philologischen Forschungen gewidmet (zu Ali Baba vgl. Mahdi: 1995, 72ff.).

Gallands *Mille et une Nuits* erschienen rasch auch in anderen Sprachen, eine englische und eine deutsche Übersetzung des ersten Bandes z.B. bereits 1706. Um 1800 gab es etwa 80 Gesamtausgaben von *Tausendundeiner Nacht* in verschiedenen europäischen Sprachen – aber, man mag es kaum glauben, noch keine arabische Ausgabe. *Tausendundeine Nacht* war, so kann man sagen, ein europäisches Werk. Wenn Galland nicht im historisch richtigen Augenblick – nämlich auf dem Höhepunkt der französischen Feenmärchenmode – die Handschrift von *Tausendundeiner Nacht* entdeckt und herausgegeben hätte, gäbe es dieses Werk im kulturellen Bewusstsein nicht.

Welche Bedeutung die Geschichtensammlung auch in der deutschen Klassik hatte, mag ein Zitat aus einem Brief von Johann Heinrich Voss zeigen, der übrigens auch Gallands *Mille et une Nuits* übersetzt hatte:

> Bei der Wolzogen [...] Neulich war ich dort eingeladen; die Schiller fand ich schon da, dann kam Frau von Stein und Amalia von Imhoff (jetzt Helvig). Gegen acht Uhr kam Schiller und unvermutet auch Goethe. Was das für eine Freude erregte, glaubst Du nicht. Wir blieben bis 11 Uhr zusammen. Das war ein seliger Abend, was haben wir gelacht bei Tische, wo Schiller aus der Tausend und einen Nacht erzählte und Goethe dazu die allerernstesten und zugleich komischsten Anmerkungen machte. (Mommsen: 1981, 34)

Arabische gedruckte Ausgaben entstanden erst in der ersten Hälfte des 19. Jahrhunderts, also mehr als 100 Jahre nach der Gallandschen Ausgabe; vier ambitionierte Ausgaben sind wichtig geworden und bilden in der Regel die Grundlage für neuere sog. vollständige Übersetzungen. Die erste arabische Ausgabe ist in Kalkutta, also in Indien, entstanden, und zwar unter dem Patronat des College von Fort William in Kalkutta, das der Ostindien-Gesellschaft unterstand. Dies ist deshalb aufschlussreich, weil es zeigt, dass sogar der erste arabische Druck ein Produkt des Kolonialismus ist. Dass es auch bei den arabischen Ausgaben nicht ohne Trug vor sich ging, zeigt die Breslauer Ausgabe von 1824–1843. Der Herausgeber sagt, er habe eine vollständige Handschrift von *Tausendundeiner Nacht* aus Tunesien erhalten – diese ist aber, wie wir heute wissen, eine Fälschung. Die Breslauer Ausgabe ist wichtig, weil Goethe eine Übersetzung zu der Zeit gelesen hat, als er an *Faust II* arbeitete. So erklärt sich der Einfluss von *Tausendundeiner Nacht* auf dieses Werk.

Die arabischen Ausgaben von *Tausendundeiner Nacht* sind also alle beeinflusst von Gallands Ausgabe und stellen Texte aus unterschiedlichen Quellen zusammen. Ein großer Teil der arabischen Handschriften, die im 18. Jahrhundert auftauchten, sind offensichtlich unter dem Einfluss der eifrigen Suche der Europäer nach Quellen für *Tausendundeine Nacht* entstanden. Man kann also sagen, dass *Tausendundeine Nacht,* so wie das Werk in unserem Bewusstsein verankert ist, ein Produkt europäischer Kolonisierung darstellt.

Für das Weiterwirken von *Tausendundeiner Nacht* in Deutschland im 20. Jh. ist vor allem die sorgfältig kommentierte Übersetzung von Enno Littmann wichtig, die 1921–1928 erschienen ist und auf dem Text der arabischen Ausgabe Calcutta II beruht, mit Ergänzungen aus anderen Quellen. Diese Ausgabe umfasst etwas mehr als 4500 Seiten. Hugo von Hofmannsthal hatte zu dieser Ausgabe das Vorwort geschrieben, aus dem das oben angeführte Zitat stammt. In Hofmannsthals Werk sind auch die Einflüsse von *Tausendundeiner Nacht* unschwer zu erkennen. Überhaupt ist die Wirkung der Sammlung auf die europäische Literatur auch im 20. Jahrhundert enorm. Joyce spielt in seinem *Ulysses* auf sie an, ebenso Proust in seiner *Recherche du temps perdu*. Eine zentrale Funktion spielt *Tausendundeine Nacht* bei Borges, der in Essays und erzählenden Schriften immer wieder darauf zurückkommt. Im arabischen Kulturkreis galt *Tausendundeine Nacht* traditionell als mindere Literatur – die Hochschätzung ist also eine ausgesprochen europäische Sichtweise. Allerdings hat sich in jüngster Zeit ein Wandel angebahnt: Bei Taufik-el-Hakim, bei Salman Rushdie, bei Nagib Machfus (vor allem in seinem gesellschaftskritischen Roman *Die Nacht der Tausend Nächte)* werden die Erzählungen und insbesondere die Figur der Schahrasad zum Ausdruck schöpferischer, geistiger Freiheit und damit zum Gegenbegriff zu politischer und religiöser Bevormundung.

## 2. Vergleich von Übersetzungen

Aufschlussreich ist ein genauerer Textvergleich verschiedener Ausgaben. Den meisten Menschen heute ist *Tausendundeine Nacht* in irgendeiner der vielen für Kinder aufbereiteten Sammlungen begegnet. Diese Rezeption als Kinderliteratur geht darauf zurück, dass durch die Grimmschen Märchen – der erste Band erschien 1812 – im 19. Jahrhundert das Märchen zu einem Prototyp der Kinderliteratur und *Tausendundeine Nacht* seinerseits als Märchensammlung eingestuft worden ist. Das hat sich auch auf den Stil der deutschen Übersetzungen ausgewirkt. Die Brüder Grimm charakterisieren *Tausendundeine Nacht* selbst folgendermaßen:

> Bei weitem die größte Anzahl aber besteht aus Märchen die dem Inhalt nach trefflich, der Darstellung nach reizend und von zarter Schönheit sind. (Volkmann: 2004, 23)

Als Beispiel für die stilistische Beeinflussung deutscher Übersetzungen durch die Grimmschen Märchen sei der Anfang der »Geschichte des Lastträgers und die drei Damen« (»Der Träger und die drei Damen« nach Ott) in Littmanns Übersetzung zitiert:

> Es war einmal ein Lastträger in der Stadt Baghdad; der war unverheiratet. (Littmann I: 2004, 97)

Die Formulierungen »Es war einmal« und »der war unverheiratet« erinnern stilistisch an die Grimmschen Märchen (»Es war einmal eine alte Geiß, die hatte sieben junge Geißlein [...]«). Claudia Ott dagegen übersetzt:

> Es ist mir zu Ohren gekommen, o glücklicher König, dass in der Stadt Bagdad einmal ein Junggeselle lebte, der als Träger arbeitete. (Ott: 2004, 98)

Das ist nun nicht mehr Grimmscher Märchenstil.

Eine Anpassung an die durch die deutsche Märchentradition begründete Stilerwartung stellt auch die Mäßigung der erotischen Schilderungen in den älteren Übersetzungen dar (man vergleiche dazu Grimms oben zitierte Charakterisierung »von zarter Schönheit« – in diese Richtung haben ja auch die Brüder Grimm ihre Märchen stilisiert). Dafür findet sich bereits in der Rahmengeschichte ein typisches Beispiel, nämlich die Stelle, wo Schahriyars Bruder die Untreue von dessen Frau entdeckt. Er sieht, wie diese während der Abwesenheit von Schahriyar mit Sklavinnen und Sklaven in den Garten geht und sich mit einem Geliebten trifft. Die Sklavinnen und Sklaven ziehen sich aus und die Königin ruft ihren Geliebten. Bei Littmann heißt es nun:

> Da kam ein schwarzer Sklave und umarmte sie, und auch sie schloß ihn in ihre Arme, und er legte sich zu ihr. Ebenso taten die Sklaven mit den Sklavinnen; und es war kein Ende des Küssens und Kosens, des Buhlens und Liebelns, bis der Tag zur Neige ging. (Littmann I: 2004, 21)

Was hier erzählt wird, ist zwar nicht moralisch, aber sprachlich recht dezent geschildert. Solche Rücksichtnahme auf Wohlanständigkeit gibt es bei Claudia Ott nicht mehr; bei ihrer Übersetzung begreift man, warum *Tausendundeine Nacht* durchaus auch als erotische Literatur einen berüchtigten Ruf hatte:

> Die Herrin aber rief. »Masud! Masud!«, worauf ein schwarzer Sklave aus dem Wipfel eines Baums zur Erde sprang, mit einem Satz bei ihr war, ihre Waden hob, sich zwischen ihre Oberschenkel warf und sie beschlief. Und so sah es nun aus: Die zehn lagen auf den zehn, Masud auf der Herrin, bis zum Mittag hörten sie nicht auf damit. Als sie endlich ihr Geschäft beendet hatten, erhoben sie sich alle, wuschen sich [...]. (Ott: 2004, 12)

Bei Littmann bleibt es der Phantasie des Lesers überlassen, was er unter dem Buhlen und Liebeln verstehen will; bei Claudia Ott ist es eindeutig, worum es geht.

Die Abmilderung erotischer Drastik findet sich schon bei Galland, der die Kunst der Anspielung besonders gekonnt einsetzt. Nachdem die Königin Masoud gerufen hat, heißt es bei ihm:

> Et aussi-tôt un autre Noir descendit du haut d'un arbre, et courut à elle avec beaucoup d'empressement. La pudeur ne permet pas de raconter tout ce qui se passa entre ces femmes et ces Noirs, et c'est un détail qu'il n'est pas beaucoup de faire. Il suffit de dire que Schahzenan en vit assez pour juger que son frère n'étoit pas moins à plaindre que lui. (Galland: 1774, 8f.)

> [Und sofort stieg ein weiterer Schwarzer vom Baum herunter und lief mit großer Eile zu ihr. Die Scham erlaubt es nicht, all das zu erzählen, was sich zwischen diesen Frauen und diesen Schwarzen ereignete, und es ist auch ein Detail, um das man sich nicht weiter zu kümmern braucht. Es reicht zu sagen, dass Schahzenan genug sah, um beurteilen zu können, dass sein Bruder nicht weniger als er selbst zu bedauern war.]

Von Galland über Littmann bis zu Claudia Ott gewinnt der Erzählstil immer mehr die sinnliche Direktheit, die dem arabischen Original eignet. Insofern kann man sagen, dass mit Otts Übersetzung ein neuer, unverfälschter Zugang zu *Tausendundeiner Nacht* in der ursprünglichen Gestalt geschaffen worden ist.

### 3. Thesen zur rezeptionsästhetischen Interpretation

In einem letzten Teil seien einige Überlegungen darüber angestellt, was *Tausendundeine Nacht* für die Leser und Hörer bedeutsam macht. Die Vielfalt der Geschichten macht zwar generelle Aussagen etwas problematisch; aber im kulturellen Bewusstsein erscheinen *Tausendundeine Nacht* doch als ein mehr oder weniger einheitliches Konstrukt. Die folgenden Thesen stützen sich einerseits auf Rezeptionsdokumente (Rezensionen, Äußerungen von Schriftstellern, wissenschaftliche Literatur) und sollen andererseits weiterführende Gedanken anregen.

1. Die Geschichten aus *Tausendundeiner Nacht* gelten als Inbegriff des Erzählens:
   – In ihnen wird fabuliert um des Fabulierens (und nicht etwa um der Belehrung) willen, hier ist man weit weg von trockener Schulmeisterlichkeit. Insofern verkörpert *Tausendundeine Nacht* die Autonomie des Literarischen, was einer der Gründe dafür sein mag, dass die Sammlung in der Klassik und Romantik (also in der Zeit der Herausbildung einer Autonomieästhetik) besondere Bedeutung erlangt hat.
   – *Tausendundeine Nacht* öffnet eine Welt des Wunderbaren und erlaubt so eine Flucht vor nüchterner Wirklichkeit. Jorge Luis Borges hat dies folgendermaßen formuliert: »Man hat Lust, sich in Tausendundeiner Nacht zu verlieren; man weiß, dass man beim Betreten dieses Buchs sein armseliges menschliches Los vergessen kann.« (Borges: 1987, 54) Dieses Hineintreten in die Unendlichkeit

der erzählenden Phantasie entspricht offensichtlich einem anthropologischen Grundbedürfnis des Menschen. Mit dem Stichwort »Nacht« im Titel ist ein Gegenbegriff zur Tageswelt genannt, das orientalische Kolorit und die Weite der Welt, die sich in den Geschichten auftut – von China bis Ägypten reichen die Schauplätze –, bilden den Gegensatz zur engen Gebundenheit, die einem das wirkliche Leben oft auferlegt. Erst recht werden in den vielen Verwandlungen, von denen in den Geschichten erzählt wird, die Beschränkungen der Wirklichkeit außer Kraft gesetzt.

- Grenzenlosigkeit wird in *Tausendundeiner Nacht* auch im Rezeptionsprozess erfahren: Man kann nicht aufhören zu lesen oder zuzuhören (so ergeht es ja auch dem König Schahriyar), Geschichten sind in Geschichten hineingewoben, so als wenn der Text einen nicht mehr loslassen wollte.
- Schließlich ist das Grundmotiv der Sammlung, das Erzählen gegen den Tod, von existenzieller Bedeutung: Im Erzählen wird das Leben gewonnen, ohne Erzählen gäbe es kein gelebtes Leben.

2. Die Erzählungen aus *Tausendundeiner Nacht* sind von intensivster Sinnlichkeit und zugleich geistvoll. Sinnlicher Genuss wird z.B. bei der Schilderung kulinarischer Köstlichkeiten entfaltet. Die Erzählung vom »Träger und den drei Damen« beginnt damit, dass der Träger von einer Dame engagiert wird, um ihr beim Einkauf die Waren zu tragen. Ausführlich wird geschildert, was die Frau beim Obsthändler, beim Fleischer, beim Nussverkäufer, beim Drogisten und beim Süßwarenhändler kauft. Bei Letzterem geht es um die folgenden Waren:

> Kairiner süße Stückchen, geflochtene Zöpfe nach Art der Armenier in Bailakan, dreieckige Blätterteigkrapfen, gefüllt und mit Moschus parfümiert, eine weiche, lockere Süßspeise mit dem Namen »Wunder von Umm Salih«, osmanisches Schmelzgebäck, in Sesamöl frittierte Dattelpasteten, Mandel-Honig-Gelee, süße Fladen aus Marzipan, Amberkämme, Küchlein mit dem Namen »Finger von Banid«, Witwenbrot, eine persische Spezialität mit Namen »Basanud«, Kadi-Häppchen, eine Sorte, die man »Iß und sag danke« nannte, Zuckerbiskuits der Marke »Für feine Leute« und »Liebesplätzchen«. (Ott: 2004, 100)

Nicht minder betörend sind die Schilderungen der Gärten, die als Abglanz des Paradieses gelten, und schließlich und vor allem die Beschreibungen der Frauen und des Liebesgenusses, z.B. (wiederum aus »Der Träger und die drei Damen«):

> Es war ein Mädchen, fünf Spannen hoch gebaut, mit wohlgeformten, festen Brüsten, voller Schönheit und Anmut, Glanz und Vollkommenheit, von aufrechter und ebenmäßiger Figur. Ihre Stirn war so weiß wie der weiße Stirnfleck des Halbmonds, ihre Augen wollten es den Augen der Gazellen und Bergantilopen nachtun, sie hatte Augenbrauen, so schön und so rund wie die Mondsichel im Monat Schaaban, und Wangen wie der rote Mohn. Ihr Mund war wie der Siegelring Suleimans, mit Lippen, rot wie Karneole, und Zähnen, wie Perlen aufgereiht in einer Fassung aus Korallen. Ihr Hals war wie ein schlankes persisches Weißbrot auf der Tafel eines Sultans, ihre Brust war frisch wie ein Springbrunnen, und ihr Busen ähnelte zwei prächtigen Granatäpfeln. Ihr Bauchnabel faßte zwei Unzen Behennußöl, und darunter saß etwas, das glich einem Kaninchen mit flauschig behaarten Ohren. (Ott: 2004, 101 – die Schilderung bezieht sich auf die Schwester der Frau, mit der der Träger eingekauft hat)

Auch Männer werden entsprechend vorgestellt, z.B. der junge Badraddin in der Geschichte von den »Beiden Wesiren Nuraddin von Ägypten und Badraddin von Basra«:

> Er war eine Versuchung für alle Liebenden und eine Erfrischung für die Sehnsüchtigen, er redete mit süßen Worten, und mit seinem anmutigen Lächeln brachte er selbst den Vollmond in Verlegenheit. Dabei wiegte er verführerisch den Körper hin und her, als wäre es der Zweig einer ägyptischen Weide, und seine Wangen konnten es mit den Rosenblüten aufnehmen oder mit dem roten Mohn. (Ott: 2004, 238)

Aber es ist nicht nur Sinnlichkeit, die in den Geschichten entfaltet wird. Es ist zugleich eine kultivierte Welt; so heißt es in »Der Träger und die drei Damen«, der erotischsten Geschichte der Sammlung, nachdem die Hauptgänge des Essens, zu dem der Träger eingeladen worden war, beendet sind:

> Die vier setzten sich, tranken und führten geistreiche Gespräche. Sie hatten die Tafel abgetragen und durch frische Früchte ersetzt, ebenso die Getränke. So saßen sie eine Weile und aßen und tranken gemeinsam, knabberten Nüßchen, lachten und schmusten miteinander. (Ott: 2004, 112)

So verbinden sich geistreiche Gespräche, Essvergnügen und Liebesspiel.

In besonderem Maße verkörpert sich die Verbindung von Sinnlichkeit und Geistigkeit in der Figur des Harun al Raschid (historisch ein Zeitgenosse Karls des Großen), der in seiner Menschlichkeit und Größe gezeichnet wird: gewitzt, geistreich, sinnenfroh, neugierig (Letzteres wird vor allem deutlich, wenn er verkleidet mit seinem Wesir durch Bagdad streift). Auch wenn die Geschichten nicht belehrend sind, so sind die Figuren immer wieder auch moralisch sympathisch. Herder sprach – in einer etwas spekulativen Deutung – davon, dass von den Persern die Phantasie in *Tausendundeine Nacht* eingegangen sei, von den Arabern die Sittlichkeit (Stemmrich-Köhler: 1992, 80).

3. *Tausendundeine Nacht* entfaltet seine Wirkung auch als emanzipatorische Literatur, und zwar in zweierlei Hinsicht:
- In den Geschichten kommen starke, selbstbewusste Frauen vor. Hauptbeispiel ist Schahrasad, die den König bekehrt und erotische Geschichten erzählt. Das steht im Gegensatz zum bürgerlichen Frauenbild des 19. Jahrhunderts und mag einer der Gründe sein, warum um die Jahrhundertwende von 1900 im Kontext des Symbolismus *Tausendundeine Nacht* besondere Beachtung fand.
- Vor allem in der heutigen islamischen Welt entfaltet *Tausendundeine Nacht* auch eine Wirkung als Herrschaftskritik und Gegenwelt zu rigider fundamentalistischer Moral.

4. In der Gegenwart wird *Tausendundeine Nacht* zunehmend zum Gegenbild des heutigen Bagdad. Wenn in »Der Bucklige, der Freund des Kaisers von China« ein Jude, ein Muslim und ein Christ sich Geschichten erzählen, dann ist ein Bild der friedlichen und toleranten Weitläufigkeit der orientalischen Gesellschaft bewahrt, das heute zu verschwinden droht. In den Schilderungen der Stadt Bagdad entfaltet sich in den Erzählungen eine Pracht, die im schärfsten Kontrast zu den Trümmerbildern steht, die heute über unsere Fernsehschirme flimmern.

*Tausendundeine Nacht* ist gewiss vom 18. bis ins 20. Jahrhundert hinein für ein verklärtes Bild des Orients instrumentalisiert worden, das zum Teil wenig mit der Realität der dortigen Region zu tun hatte. Heute tritt an die Stelle des verklärenden Orientbildes das des Terrors mit der Gefahr, dass der Westen ein Gefühl der Überheblichkeit kultiviert – *Tausendundeine Nacht* mag (und sollte) eine andere Tradition west-östlichen Austauschs im Bewusstsein erhalten.

## Schluss

Noch mit keinem Wort habe ich in meinen Ausführungen erwähnt, was der Übersetzerin Claudia Ott besonders wichtig ist: die vielen in die Geschichten eingestreuten Gedichte. Ein Beispiel soll hier den Abschluss bilden, ein Gedicht, das, wie ich meine, die tiefste Botschaft von *Tausendundeiner Nacht* zum Ausdruck bringt. Es steht in der Geschichte von den »Beiden Wesiren Nuraddin von Ägypten und Badraddin von Basra«, ziemlich am Anfang, wo sich Nuraddin nach einem Streit mit seinem Bruder entschließt wegzugehen. Das Gedicht handelt vom Aufbruch, davon, dass das Leben langweilig wäre, wenn immer alles gleich bliebe. Nur wer die Mühe des Aufbruchs auf sich nimmt, kann auch das Leben genießen. Ohne Veränderung würden unsere Sinne stumpf. In dieser Einsicht kann man die moderne ästhetische Verfremdungstheorie vorweggenommen sehen:

> Zieh fort! Du findest für die, die du zurückläßt, Ersatz.
> Und müh dich! Nur in der Mühe kannst du dein Leben genießen.
>
> Im Bleiben sehe ich weder Kraft noch Ziel, darum sollst
> Du deine Heimat vergessen und dich für die Fremde entschließen.
>
> Ich habe doch geseh'n, wie das stehende Wasser verdirbt.
> Wenn es nicht fließt, wird es faulig. Gutes Wasser muß fließen!
>
> Und stünde die Sonne ständig am Himmel, sie würde
> Vor Langeweile alle Araber und Perser verdrießen.
>
> Ja, selbst den Vollmond würde, wenn er nicht unterginge,
> Wohl kaum ein Auge betrachten, ohne sich müde zu schließen.
>
> Und käme der Löwe nicht aus dem Dickicht, er würde nichts reißen.
> Verließe der Pfeil nicht den Bogen, du könntest ihn niemals schießen.
>
> Das rohe Gold ist in seiner Mine nicht mehr wert als Erde.
> Die Aloe, bleibt sie an ihrem Platz, muß als Brennholz es büßen.
>
> Doch wandert sie aus in die Fremde, wie hoch ist ihr Ansehen dort!
> Und verläßt der Goldstaub die Mine, so kannst du als Gold ihn begrüßen.
> (Ott: 2004, 229)

Das Bild von der Aloe, die dann, wenn sie in die Fremde zieht, dort hohes Ansehen gewinnt, mag hier als abschließendes Bild für *Tausendundeine Nacht* gelten, für die Geschichtensammlung, die nach Frankreich und von da ins ganze Abendland ausgewandert ist und nur dadurch ein golden glänzendes Ansehen gewonnen hat.

**Literaturverzeichnis:**

**Primärliteratur:**

**Galland, Antoine** (traduits par): *Les mille et une nuits. Contes arabes.* Nouvelle édition. Tome premier. Paris: Compagnie des Librairies 1774.

**Haddawy, Husain** (translated by): *The Arabian Nights. Based on the text of the Fourteenth-Century Syrian Manuscript edited by Muhsin Mahdi.* New York: Norton 1990.

**Littmann, Enno** (übertragen v.): *Die Erzählungen aus den Tausendundein Nächten.* 6 Bde. Frankfurt/M.: Insel 2004.

**Machfus, Nagib**: *Die Nacht der Tausend Nächte.* Zürich: Unionsverlag 2000.

**Ott, Claudia** (übers. v.): *Tausendundeine Nacht. Nach der ältesten Handschrift in der Ausgabe von Mushin Mahdi erstmals ins Deutsche übertragen von Claudia Ott.* München: C.H. Beck 2004.

**Forschungsliteratur:**

**Abdel-Halim, Mohamed**: *Antoine Galland, sa vie et son œuvre.* Paris: Nizet 1964.

**Borges, Jorge Luis**: »*Tausendundeine Nacht*«. In: ders.: *Die letzte Reise des Odysseus.* München: Hanser 1987, S. 45–60.

**Grotzfeld, Heinz** u. **Sophia**: *Die Erzählungen aus »Tausendundeiner Nacht«.* Darmstadt: Wissenschaftliche Buchgesellschaft 1984.

**Irwin, Robert**: *Die Welt von »Tausendundeiner Nacht«.* Frankfurt/M.: Insel 2004.

**Mahdi, Muhsin**: *The Thousand and One Nights.* Leiden: Brill 1995.

**Marzolph, Ulrich** u. **Richard van Leeuwen**: »*The Arabian Nights*«. *Encyclopedia.* 2 vol. Santa Barbara: ABC CLIO 2004.

**Mommsen, Katharina**: *Goethe und »1001 Nacht«.* Frankfurt/M.: Suhrkamp 1981.

**Pflitsch, Andreas**: *Mythos Orient. Eine Entdeckungsreise.* Freiburg: Herder 2003.

**Stemmrich-Köhler, Barbara**: *Zur Funktion der orientalischen Poesie bei Goethe, Herder, Hegel.* Lang: Frankfurt/M.: 1992.

**Volkmann, Helga**: *Mit goldenen Lettern. Leben und Lieben in »1001 Nacht«.* Göttingen: Vandenhoeck & Ruprecht 2004.

**Walther, Wiebke**: »*Tausendundeine Nacht*«. *Eine Einführung.* München: Artemis 1987.

# *El Cantar de Mio Cid.* Das spanische Heldenepos

Thomas M. Scheerer

Einerseits: Der Cid ist ein überaus erfolgreicher Kämpfer gegen die Mauren. Noch als toter Held kann er, auf sein Pferd gebunden, feindliche Horden in die Flucht schlagen. So erzählt es eine der vielen Romanzen, und so wurde es noch 1961 in dem Film *El Cid* (mit Charlton Heston und Sofia Loren) auf das Dramatischste gestaltet. Andererseits: Als der historische Cid im Sommer 1099 starb, war kein Kampf gegen die Mauren. Sein Leichnam konnte gar nicht gegen sie ins Feld geführt werden. Man brachte ihn in das Kloster San Pedro de Cardeña nahe Burgos. Heute liegen seine sterblichen Überreste unter einer schweren Bronzeplatte vor dem Hauptaltar der Kathedrale von Burgos.

Einerseits: Angesichts falscher Anschuldigungen und ungerechter Verbannung hat sich der Cid über Jahre hinweg gegen alle Widrigkeiten als treuer Vasall seines Königs und als unbeugsamer Verteidiger des Christentums ausgezeichnet. So sagen es das Heldengedicht, die Romanzen und ein Teil der Geschichtsschreibung. Andererseits: Der Cid war nicht der treue Vasall eines einzigen Königs. Einige Jahre seines Lebens diente er einem muselmanischen Herrscher, und zeitweise handelte er in eigener Machtfülle. Er war ein politisch geschickter und militärisch erfolgreicher Kriegshauptmann, ein Haudegen und Raufbold, auch ein käuflicher Söldner, der die Mehrung der eigenen Reichtums und territorialen Einflusses über die Loyalität zu Landesherren stellte.

So ist das mit Helden und Mythen: Was erzählt und literarisch gestaltet wird, muss nicht der historischen Wahrheit entsprechen. Es ist im Gegenteil normal, dass das jeweils Erzählte mehr den Kenntnissen vom Hörensagen und den Interessen der Erzählenden in ihrer jeweiligen Situation entspricht als einer etwa überzeitlich geltenden, objektiven Faktenlage. Andererseits würde uns manche historische Figur heute überhaupt nicht mehr interessieren, hätten sich nicht Legenden und Mythen um sie gerankt. Als kulturelles Phänomen bedingen beide einander: Gäbe es den Mythos nicht, dann hätte man nicht in überaus detailbesessener Forschung dem historischen Cid nachgespürt (und im Verlaufe dessen, nicht einmal nebenbei, sehr viel Wissen über die politischen, sozialen, juristischen und ideologischen Verhältnisse im Spanien des Mittelalters zusammengetragen). Aus dem anderen Blickwinkel gesehen: Eine gewisse Prominenz muss dieser Heerführer gehabt haben, denn Legenden und Mythen um eine einzelne historische Figur entstehen nicht beliebig.

Wer war denn nun der Cid? Was bedeutet er für die spanische Literatur- und Kulturgeschichte? Diesen Grundfragen sei in drei Schritten nachgespürt. Im ersten Teil geht es um das erste literarische Bild des Cid (den *Cantar de Mio Cid*), im zweiten Teil wird das literarische Bild mit dem konfrontiert, was man inzwischen über den historischen Cid weiß; im Schlussteil sei an Beispielen gezeigt, in welcher

Weise die Figur des Cid bis in die jüngste Vergangenheit hinein immer wieder für bestimmte Interessen in Anspruch genommen werden konnte.

## Das erste Heldenbild (*Cantar de Mio Cid*)

Es gibt – sieht man von einer Kopie aus dem 16. Jahrhundert ab – eine einzige Handschrift vom Heldenepos vom Cid. Es handelt sich dabei um eine Abschrift aus der Zeit um 1350. Aus welcher Zeit die mögliche Vorlage oder sehr wahrscheinlich zwei Vorlagen stammten, ist Gegenstand der diffizilsten philologisch-historischen Forschungen gewesen. Man kann heute annehmen, dass der Kopist das Manuskript aus zwei Teilen kompiliert hat, die kurz vor 1207 entstanden. Zu berücksichtigen ist aber auch, dass es eine reiche mündliche Erzähltradition gab, deren schriftliche Spuren in zahlreichen Romanzen überdauern. Wir haben sonst verstreute schriftliche Erwähnungen, zum Beispiel eine Beschreibung der Waffenausrüstung des Cid in einem *Carmen Campidoctoris* ungewisser Datierung (frühestens 1090, spätestens zweite Hälfte des 12. Jahrhunderts) oder die *Historia Roderici* (wohl Mitte 12. Jahrhundert), die wie das Notat von Zeugenaussagen einzelne Begebenheiten wiedergibt (zu diesen und weiteren Quellen vgl. Horrent: 1973, Smith: 1983). Man hat aufgrund der spärlichen Quellenlage immer wieder betont, wie erstaunlich es ist, dass das erste epische Werk der spanischen Literatur schon so »fertig« erscheint – konsequent aufgebaut sowie sprachlich und stilistisch sorgfältig gestaltet. Da am Anfang einige Seiten fehlen, trägt die Handschrift keinen Titel. Die einzige im Text enthaltene Gattungsangabe findet sich zu Beginn des Zweiten Gesangs, der wie ein absoluter Textanfang formuliert ist und deswegen Grund zu der Annahme gibt, der Kopist habe zwei Vorlagen zusammengefügt: *Aquis conpieça la gesta/de mio Cid el de Bivar* (v. 1085). Eine *gesta*, die Erzählung der *res gestae* (der vollbrachten Taten) des Cid haben wir also vor uns. Man hat sich angewöhnt, das literarische Werk mit dem in der Romantik gewählten und populär gewordenen Titel *Poema de Mio Cid* zu benennen. Korrekter ist die gelehrtere Bezeichnung *Cantar de Mio Cid*, denn »Cantar« ist die Gattungsbezeichnung für den epischen Heldengesang. »Cid« leitet sich von arabisch »saiyid« ab und bedeutet bis heute in der Form »sidi« oder »sí« so viel wie »Herr« oder »Meister«. Ursprünglich barg die Bezeichnung eine höhere Ehrerbietung, denn sie war als Ehrentitel für eine bestimmte Nachfolgelinie des Propheten Mohammed reserviert. Zu Lebzeiten des Cid war »Mio Cid« (Mein Herr) kein offizieller Titel, aber man kann annehmen, dass er von seinen Leuten mit dieser oder einer ähnlichen Anrede bedacht wurde, die dann ebenso ehrerbietig wie liebevoll und familiär gewirkt haben mag.

Der *Cantar de Mio Cid* umfasst 3733 Verse, die in drei große Abschnitte (Gesänge) gegliedert sind. Der erste Gesang beginnt *in medias res:* Der Cid reitet mit einem Gefolge von Getreuen in die Verbannung. Er war von Feinden am Hofe bei seinem König Alfonso zu Unrecht denunziert worden. Bei allem Groll fasst er den Weg in die Verbannung beinahe wie ein Glück auf, kann er doch nun seine Fähigkeiten und seine Treue zum König beweisen. Seine Familie, die Gattin Jimena und zwei Töchter, lässt er in der Obhut des Klosters San Pedro in Cardeña zurück. Durch eine List verschafft er sich Geld: Zwei Getreue geben bei Juden eine Truhe in Zahlung, die angeblich wertvolle Gegenstände birgt, in Wahrheit aber mit Sand gefüllt ist. Sie machen sich mit dem erlösten Geld davon und haben natürlich nicht die Absicht, die Truhe jemals wieder auszulösen. Es werden dann die Erfolge des Cid und seiner Leute erzählt: In einem Gebiet südöstlich von Kastilien, im Tal des Henares und in der Gegend von Catalayud – damals ein Niemandsland, das zwischen christlichen und maurischen Siedlern oder Eroberern umstritten war – gewinnt der Cid in mehreren Schlachten Land und Reichtümer. Durch einen Getreuen, seinen Neffen Alvar Fáñez, sendet er Geschenke an seinen König, der sich von diesen Beweisen der Treue langsam gnädiger stimmen lässt. Der Cid dringt weiter nach Osten vor und nimmt den Grafen von Barcelona gefangen. Der erste Gesang endet mit der großmütigen Freilassung des einst mächtigen Grafen.

Der zweite Gesang führt zu einem ersten Höhepunkt in der Karriere des Cid. Nach verschiedenen Kämpfen in der Levante gelingt es ihm, Valencia einzunehmen. Wieder sendet er Alvar Fáñez mit Geschenken zum König. Daraufhin dürfen Frau und Töchter nach Valencia ausreisen; auch wird ein Bischof für Valencia ernannt. Als der Cid nun noch von Valencia aus den marokkanischen König Yusuf besiegt, hat er die Gunst von König Alfonso wiedererlangt. Zum Zeichen der neuen Harmonie wünscht der König die Verheiratung der Töchter des Cid mit zwei kastilischen Adligen, den Infanten von Carrión. Der Cid hat zwar Bedenken, doch er stimmt schließlich der ehrenvollen, vom König gewünschten und garantierten Doppelhochzeit zu. Mit den Feierlichkeiten endet der zweite Gesang.

Der dritte und letzte Teil des *Cantar* beginnt mit einer tiefen Schmach für den Cid und endet mit seiner glänzenden Rehabilitation. Die Schwiegersöhne erweisen sich als Feiglinge: Als im Palast in Valencia ein Löwe ausbricht, stellen sie sich ihm nicht entgegen; als es in den Kampf gegen die Mauren geht, beteiligen sie sich nicht. Da sie vom Gefolge des Cid verspottet werden, sinnen sie auf Rache. Sie erbitten (was der Cid nicht verweigern kann) die Rückkehr mit ihren Frauen in das heimatliche Carrión. Auf der Reise kommt es dann zu der »Beleidigung von Corpes« (*la afrenta de Corpes*, vv. 2697–2862): Die Infanten entkleiden ihre Frauen, schlagen sie mit Gürteln und Sporen bewusstlos, lassen sie für tot liegen und machen sich davon. Ein Neffe des Cid ist dem Zug heimlich gefolgt, entdeckt die geschändeten Frauen und rettet sie. Der erniedrigte und erzürnte Cid muss die Ehre der Familie wieder herstellen. Er fordert vom König Gerechtigkeit. Dieser beruft einen Gerichtstag nach Toledo ein: Dort fordert der Cid die Mitgiften seiner Töchter zurück und die Bestrafung der Infanten. Diese werden von Gefolgsleuten des Cid in einem Urteilskampf in Carrión besiegt. Nun ist der Cid auf dem Höhepunkt seiner Macht. Seine Ehre ist wieder hergestellt, sein König musste ihm Genugtuung widerfahren lassen. Eine erneute Ehe seiner Töchter, diesmal mit den Thronfolgern von Aragón und Navarra, lässt seine Familie in höchsten aristokratischen Rang aufsteigen. Hinsichtlich der ersten Tochter des Cid, Cristina, entspricht dieser Ausgang den historischen Tatsachen. Sie heiratet den Infanten von Aragón, beider Sohn wird König von Navarra werden. Hinsichtlich der zweiten Tochter handelt es sich um eine literarische Erfindung; sie heiratet den Grafen Ramón Berenguer III. von Barcelona (Horrent: 1973, 88):

> ¡ved qual ondra creçe/al que en buen ora naçio
> quando señoras son sus fijas/de Navarra y de Aragón!
> Oy los reyes d'España/sos parientes son
> A todos alcança ondra/por el que en buen ora naçio. (vv. 3722–3725)
>
>> Seht, wie viel Ehre dem zuwächst, der zu guten Stunde geboren wurde,/da seine Töchter Herrinnen werden von Navarra und Aragón!/Heute sind die Könige von Spanien seine Verwandten/Allen wächst Ehre zu durch den, der zu guter Stunde geboren wurde.

Es lässt sich leicht zeigen, dass das Werk einem entschiedenen Gestaltungswillen entspricht. Zwar weist er die typischen Merkmale der aus der Oralität entstandenen schriftlichen Fixierung auf, und man kann nicht ausschließen, dass er *auch* zum Zwecke des Auswendiglernens und des mündlichen Vortrags niedergeschrieben wurde. Die Strophen (*tiradas, series*) sind weniger durch inhaltliche Abschnitte gebildet. Ihr sehr unterschiedlicher Umfang (zwischen 3 und 199 Verse!) ist offenbar vornehmlich durch die mnemotechnisch wichtigen Assonanzen definiert. Die Länge der anisosyllabischen Verse ist nicht streng geregelt. Die weitaus meisten haben einen Umfang von 12 bis 16 Silben. Da wir zu dieser frühen Zeit keine Informationen über mögliche Aussprachregeln für poetische Silben haben, lässt sich der Grad von Regularität oder Abweichung nur schwer entscheiden. Doch der Handlungsaufbau, die realistischen Beschreibungen, die Verwendung biblischer Anklänge und die Personencharakteristiken zeigen, dass der Schreibende sich als gestaltender Künstler verstanden haben muss. Besonders deutlich wird das an der Hauptfigur.

Der Cid erscheint in allen Hinsichten als eine makellose Idealgestalt. *El que en buen ora naçio* (der zu guter Stunde geboren wurde): Diese periphrastische Benennung kommt leitmotivisch immer vor. Sie wird den Hörern oder Lesern geradezu eingehämmert. Es soll kein Zweifel sein, dass das Leben des Cid von Anfang an und aufgrund schicksalhafter Bestimmung richtig und gut verläuft, eben unter einem guten Stern steht. Das gilt zunächst für den Christen, dem Unrecht geschehen ist, der aber nur kurz seufzt, dann sein Schicksal annimmt, weil es von »bösen Feinden« gemacht wurde und nicht auf ihn selber zurückgeht. Er vertraut auf Gottes Hilfe, um die Gunst seines Königs wieder zu erlangen (vv. 6–9).

> Sospiro mio Çid ca mucho avie grandes cuidados.
> Ffablo mio Çid bien e tan mesurado:
> »¡Grado a ti, señor, padre que estas en alto!
> ¡Eso me han buelto mios enemigos malos!« (vv. 6–9)
>
>> Es seufzte Mio Cid, denn er hatte großen Kummer./Es sprach Mio Cid gut und so zutreffend:/»Ich danke dir, Herr, Vater der du bist im Himmel!/Das haben mit meine bösen Feinde angetan!«

Die dem Cid zugeschriebene Idealität zeigt sich ebenso in der Rolle des treusorgenden Ehemannes und Familienvaters sowie in seiner perfekten Rolle als Vasall des Königs und als Herr seiner Leute. Der persönliche, soziale und politische Modellcharakter des Helden drückt sich in Termini der Ehre (*ondra*, im heutigen Spanisch *honra* und *honor*) aus. Der Cid erscheint dabei als ein »selbstloser Held« (Neuschäfer: 1964), der nicht für den eigenen Ruhm, sondern für seine Untergebenen, für seine Familie, letztlich auch für den König und für die Ordnung der feudalen Welt kämpft. Am Ende geschieht ihm eine völlige Rechtfertigung: Auf dem Hoftag von Toledo und nach dem Urteilskampf gegen die Infanten von Carrión erscheint er als besser, gerechter und mächtiger als sein König.

**Der historische Cid: Rodrigo**

»Die überlieferten schriftlichen Quellen, die das Leben von Rodrigo Díaz behandeln, lassen sich bequem an einem Tag durchlesen« (Fletcher: 1999, 143). Eine Voraussetzung ist, dass man Arabisch, Lateinisch und Spanisch zu lesen vermag (die Quellen und ihre modernen Ausgaben benennt Fletscher, a.a.O., Kap. 6; Textauszüge der Quellen mit französischer Übersetzung bieten Epalza/Guellouz: 1983, zur Interpretation der Quellen auch Horrent: 1973). Doch damit ist es nicht getan, denn die Interpretation der Quellen hat sich als langwierig und schwierig erwiesen. Für unseren Zusammenhang ist die wichtigste Erkenntnis: Der *Cantar de Mio Cid* beruht zwar auf dem Leben einer historischen Person und nimmt reale historische Ereignisse auf (etwa die Verbannung und die Eroberung von Valencia), doch in wesentlichen Zusammenhängen und erst recht im Gesamtbild des Protagonisten handelt es sich um eine die historischen Tatsachen verfälschende Darstellung, der auch erfundene Episoden (der Betrug an den Juden, die Gefangennahme des Grafen von Barcelona, die erste Ehe der Töchter) hinzugefügt wurden. Um den Grad und den Sinn der Legendenbildung ermessen zu können, braucht man Einblicke in das Leben des historischen Cid und in den politischen Kontext der Zeit (die folgende Darstellung extrahiert die wichtigsten Aspekte aus Horrent: 1973 und Fletcher: 1999).

Die um 1043 geborene historische Person hieß Rodrigo (Rodric, Ruy) Díaz de Vivar (Bivar). Der letzte Namensbestandteil bezeichnet seinen Herkunftsort Vivar, einen kleinen Flecken nördlich von Burgos, der heute Vivar del Cid heißt. Sein Vater war wohl ein *rico-omne*, ein wohlhabender Grundbesitzer und möglicherweise Berater des Königs Fernando I. von Kastilien. Eine Quelle sagt, er sei »vornehmer als andere« gewesen, was auch heißen kann, anderen waren noch vornehmer. Dieser Sohn des niederen oder mittleren Landadels wird am Hofe als Gefährte von Ferdinands Sohn Sancho erzogen, der 1065 zum König Sancho II. von Kastilien wird. In ersten Zweikämpfen und Feldzügen hat Rodrigo sich so bewährt, dass er die Stellung des Befehlshabers der königlichen Kerntruppe und obersten Waffenverwalters einnimmt (lat. *armiger*, roman. *alférez*). Schon in den zeitgenössischen Quellen wird er auch *campi doctor* oder *campi doctus* genannt (Gelehrter des militärischen Feldes, Militärexperte oder Kriegsausbilder). Hieraus bildet sich der häufig dem Cid zugesprochene Ehrentitel Campeador. Die politische Entwicklung sollte es mit sich bringen, dass Rodrigo schon in so jungen Jahren seine formal höchste und faktisch wichtigste Position an einem Hofe innehatte, denn aus den Nachfolgekämpfen unter den Söhnen von Fernando I. ging Alfons als Sieger hervor, nachdem Rodrigos König Sancho einem Mordanschlag zum Opfer gefallen war. Alfons VI. hat eine für zeitgenössische Verhältnisse lange und erfolgreiche Herrschaft ausgeübt. Er war insgesamt 44 Jahre auf dem Thron, zunächst ab 1065 in León, dann von 1072 bis 1109 als König von Kastilien, León und Galicien. An seinem Hof erscheint Rodrigo wieder, steigt zwar nicht in den Rang des *armiger* auf, ist aber ein einflussreicher Mann. Er wird Schutzherr des Klosters von Cardeña und er darf Jimena heiraten, die Nichte des Königs und Tochter des Grafen von Oviedo. »Für Rodrigo bedeutete (die Hochzeit) wohl die Verbindung mit einem Clan, der etwas bedeutender war als seine eigene Familie. Und Jimena heiratete einen aufstrebenden Mann mit guten Verbindungen und Aussichten« (Fletcher: 1999, 195). Die Bedeutung Rodrigos am Hof Alfons' VI. geht daraus hervor, dass er zahlreiche Dokumente unterschrieben und beglaubigt hat. So darf er als Richter fungieren, obwohl er weder nach seinem Adelsstand noch nach seiner Ausbildung (er ist kein *grammaticus*) dazu berufen wäre (Horrent: 1973, 15). Um an einem Beispiel deutlich zu machen, welchen Umständen wir die Unterschrift Rodrigos unter königlichen Dokumenten verdanken, sei die Geschichte der Truhe von Oviedo erwähnt: In der dortigen Kathedrale befand sich eine Truhe mit geretteten Reliquien aus der Zeit der ersten maurischen Eroberungen. Vor langer Zeit hatte man es gewagt, den Deckel etwas zu heben, war aber von einem so hellen Licht geblendet worden, dass man weitere Versuche unterließ. Erst Alfons und sein Hofstaat wagten es (in der Mitte der Fastenzeit, am Freitag, dem 13. März 1075), die Truhe zu öffnen. Man fand einen unglaublichen Schatz von Reliquien: Teile vom Kreuz Christi, Stücke vom Brot des letzten Abendmahls, Flaschen mit dem Blut Jesu und der Milch der Jungfrau Maria, Reliquien von Johannes dem Täufer sowie von mehr als sechzig weiteren Heiligen. Am Tag nach der Entdeckung wurde ein königliches Diplom angefertigt, das unter anderen die Unterschrift des Zeugen Rodrigo trägt.

Doch zurück zur Politik. Im Sommer 1081 fällt Rodrigo bei Alfons VI. in Ungnade. Wie kam es dazu? Alfons VI. war ein sehr erfolgreicher Herrscher geworden. Er hatte die Tributpflichten der maurischen Herrscher von Badajoz, Zaragoza und Sevilla verlängern und erweitern können. Deren jährlich fälliger Tribut wurde aber nicht gebracht, sondern musste abgeholt werden. Diese Aufgabe übernahmen jeweils die wichtigsten Aristokraten mit ihrem Gefolge. Rodrigo wird nach Sevilla entsandt, andere waren nach Granada geschickt worden. Aus unbekannten Gründen lässt letztere Gesandtschaft sich vom maurischen Herrscher von Granada anwerben, um gegen Sevilla zu ziehen. Rodrigo erfährt davon, unterbricht seinen Weg, stellt sich den Söldnern entgegen und setzt sie gefangen Das sind wohlgemerkt Leute wie er: kastilische Adlige. Darunter befindet sich sogar der Graf García Ordóñez, der mindestens so einflussreich ist wie Rodrigo. Beide kannten sich aus der Zeit bei Sancho II., und der Graf gehörte zu den Garanten von Rodrigos Ehevertrag. Rodrigo lässt die Gefangenen zwar bald frei (wohl nach gehöriger Ausplünderung), setzt den Weg nach Sevilla fort und bringt den Tribut an den Hof, doch von nun hat er dort mächtige Feinde. Es bedarf noch einer weiteren Eigenmächtigkeit – er plündert auf eigene Faust in der Umgebung von Toledo –, und die Gegner können den König bewegen, Rodrigo zu verbannen.

Was der *Cantar* verschweigt: Rodrigo zieht nicht auf eigene Faust ins Niemandsland. Er verdingt sich als Söldner. Zuerst wendet er sich nach Barcelona, kann aber mit dem Grafen nicht handelseinig werden, so dass er nach Zaragoza weiterzieht und in den Dienst des maurischen Herrschers Al-Muqtadir tritt. Von 1081 bis 1085 ist Rodrigo als Kriegsherr für ihn tätig, erobert die Stadt Denia, verhandelt mit dem maurischen Herrscher von Valencia und schlägt angreifende Aragonesen, also christliche Landsleute, zurück. Warum Rodrigo sich 1086 oder zu Beginn 1087 wieder mit Alfons VI. versöhnt, ist ungeklärt (zu den komplizierten politischen Verhältnissen vgl. Horrent: 1973, 27ff.). Jedenfalls wird in diesem Jahr die Verbannung aufgehoben und Rodrigo kehrt in hoher Gunst an den Hof zurück. Möglicherweise hatte die Schwächung von Zaragoza durch den Tod des dortigen Herrschers zu dem Seitenwechsel beigetragen. Ebenso plausibel ist die Vermutung, dass der König den in Zaragoza erfahrenen Rodrigo brauchte, denn die 1086 begonnene Invasion der Almoraviden stellte eine große Bedrohung dar. Deren Armee war weitaus größer und stärker als alle auf der Halbinsel vorhandenen maurischen Kräfte zusammen. Sie kontrollierten innerhalb von Monaten den größten Teil des südlichen Spanien. Alfons braucht offenbar Rodrigo an dieser Front. In einem königlichen Privileg gesteht er ihm zu, dass alles ihm gehören werde, was er erobert, und dass er es vererben könne. Aber Rodrigo ist inzwischen so reich und mächtig geworden, dass er ungeachtet seiner Loyalitätspflichten unabhängig vom König und auch gegen diesen handeln kann. Die Vorgänge um die Eroberung von Valencia legen diese Erklärung nahe: Valencia zu beherrschen, war wichtig, damit es nicht den Almoraviden in die Hände fiele, die von dort aus den Zugang zum Nordosten und endlich auch zum Zentrum der Halbinsel gewinnen würden. Alfons zieht gegen Valencia, sichert die Umgebung und bereitet eine Belagerung vor. Während Alfons auf diese Weise vor Valencia gebunden ist, macht Rodrigo sich selbständig: Er überfällt und plündert Katalonien und wendet sich dann nach Kastilien, um dort das Gebiet seines alten Freundes und Feindes Graf García Ordóñez zu plündern. Als Alfons sich gezwungen sieht, die Belagerung Valencias abzubrechen, wendet Rodrigo sich dorthin, belagert die Stadt einige Monate lang und nimmt sie im Mai 1094 ein. Es gelingt ihm, die Stadt fünf Jahre lang gegen die anrennenden Almoraviden zu halten. Im Juli 1099 stirbt Rodrigo Díaz de Vivar in Valencia. Die Kastilier sind nicht stark genug, um die Stadt ohne ihn lange zu halten. Im Zuge der Räumung im Frühjahr 1102 veranlasst die Witwe Jimena, dass der Leichnam des Cid zusammen mit seiner gesamten Hinterlassenschaft in das Kloster San Pedro de Cardeña nahe Burgos geschafft wird.

**Interessen am Helden**

Der Hiatus zwischen historischer Faktizität und literarischer Gestaltung macht aus dem *Cantar de Mio Cid* ein Werk der literarischen Propaganda. Er verdankt seine Niederschrift sichtlich einem bestimmten, interessegeleiteten Weltbild. Nimmt man dieses nicht zur Kenntnis, bewertet den *Cantar* gar als weitgehend zuverlässige historische Quelle oder hypostasiert die in ihm geschilderten Verhältnisse zu historischen Tatsachen, dann verkennt man die Eigenheiten des literarischen Werks. Das ist bis zur Mitte des 19. Jahrhunderts durchaus geschehen, führte danach einerseits zu diffizilen Auseinandersetzungen in Geschichtswissenschaft und Philologie, andererseits zu ideologischen Aneignungen der Cid-Figur jenseits jeder wissenschaftlichen Befassung. Es rät sich also, die Grundzüge der propagandistischen Haltung zu resümieren.

Die Propaganda ist religiöser, sozialer und politischer Natur. Die Stilisierung des Cid zum idealen Christen ist offensichtlich. Dass die Jahre Rodrigos als Söldner eines maurischen Herrschers aus der Erzählung getilgt werden, mag nach modernen Maßstäben eine Geschichtsfälschung sein, doch darf man in der Bewertung nicht anachronistisch werden. Die Lebensverhältnisse im mittelalterlichen Spanien waren nicht durch einen starren Antagonismus verfeindeter Religionen und durch eine kontinuierliche Rückeroberung christlichen Landes von den maurischen Besatzern gekennzeichnet. Es bestanden lange Phasen des friedlichen Zusammenlebens, des Handels, der kulturellen Austausches und auch der familiären Wechselbeziehungen. Diese »convivencia« wird von einem Teil der Historiker und Intellektuellen geradezu als kulturelle Errungenschaft und als Reichtum der spanischen Tradition angesehen (besonders seit der Studie von Américo Castro). Ein Christ in Diensten eines maurischen Herrn war nicht so ungewöhnlich, wie es uns erscheinen mag. So war auch Rodrigo nicht der einzige christliche Söldner am Hofe von Zaragoza. Um es kürzer zu sagen: Das Dienstverhältnis zu einem Maurenkönig tangierte sein Christentum gar nicht.

In sozialer Hinsicht beobachtet man ein beträchtliches Gefälle im Konflikt zwischen dem Landedelmann (von eher niederem Adel) und dem König. Zwischen dem Ausgangspunkt (Verbannung des Cid ) und dem Ergebnis der Handlung (prachtvolle Rehabilitation des Cid) wird eine Rivalität entfaltet, die man sozial genau beschreiben kann: Auf der einen Seite steht nicht nur ein Grundherr, der seinen relativen Wohlstand eigenem Land und den Einfluss am Hofe seinen Fähigkeiten verdankt. Nur kurz erwähnt wird, dass er zumindest ideelle Verbündete hat. Die Leute von Burgos bewundern ihn beim Auszug ins Niemandsland und sie bedauern, dass sie ihm nicht helfen dürfen, weil der König es verboten hat. Die *burgueses e burguesas* (v.7) sind, wie man heute lesen kann, »Bürger und Bürgerinnen« (und nicht, wie man früher verstand, »Einwohner und Einwohnerinnen von Burgos«, *burgaleses e burgalesas*). Erzählt wird also aus einer Perspektive »von unten«, wie Américo Castro sie schon beschrieben hat (Castro: 1954, 448), in der die ländlichen Grundherren und die städtischen Bürger die »Sympathieträger« sind. Sie haben Sympathie füreinander, erfreuen sich der Sympathie des Dichters bzw. Schreibers und werden für die Hörer und Leser sympathisch gemacht. Die unsympathische Gruppe wird vom König und dem hohen Adel gebildet: Alfons VI, der Graf García Ordóñez, die Infanten von Carrión, der Graf von Barcelona … So leichtfertig es wäre, aus diesen Verhältnissen (wie es gelegentlich geschieht) auf einen »demokratischen« Charakter des *Cantar* zu schließen, so offensichtlich ist die adelsfeindliche oder zumindest adelskritische Allianz. Man kann in dem Geschehen eine Kritik an der Hofaristokratie und eine an den König gerichtete Aufforderung (wenn nicht eine symbolische Drohung) sehen, sich nicht vom hohen Adel abhängig zu machen, sondern auf den Wert und die Loyalität der ländlichen Grundherren und der städtischen Bürger zu vertrauen. (Zu den adelsfeindlichen Absichten vgl. Rodríguez-Puértolas: 1977, 151). In diesem Kontext entfaltet sich eine in verstreuten Bemerkungen untergebrachte Herrscherlehre, wobei stets das Bild des Cid mit dem des Königs kontrastiert wird. Ausgangspunkt ist der vieldiskutierte Vers *Dios, qué buen vasallo, si oviesse buen señor(e)* (*Gott, welch' guter Vasall, wenn er einen guten Herrn hätte*, v. 20; zur Deutung vgl. Armand: 1972, López Estrada: 1982, 63–68). Hier wird eine Störung der feudalen Ordnung festgestellt: Weder ist der Cid ein guter Vasall, noch der König ein guter Herr, aber dem Cid wird die Fähigkeit zugesprochen, ein guter Vasall zu sein, während bei dem König bis zum Ende Zweifel bleiben. Die Entwicklung des Geschehens wird nun beweisen, dass der Cid ein guter Vasall ist und dass er ein guter Herr sein kann. Das erkennt man, um nur ein Beispiel zu nennen, im folgenden Lob des Cid, der seine Ritter und sein Fußvolk reich gemacht habe, so dass er auf ihre Treue zählen könne: *Qui a buen señor sirve, siempre vive en deliçio* (*Wer einem guten Herrn dient, lebt immer in Wonne*, v. 850). Wenn auch der König am Ende richtig und gerecht handelt, so geschieht es nach seiner Reue über die Ungerechtigkeiten gegen den Cid (vv. 1890ff.) und nachdem dieser ihm gezeigt hat, wie ein guter Herrscher mit großem Unrecht (der Beleidigung von Corpes) umgeht. Auf dem Hoftag von Toledo wird der König dann regelrecht »vorgeführt«. Man lese, wie zerknirscht er das Geschenk des Cid, dessen Lieblingspferd Babieca, ablehnt: *ca por vos e por el cavallo, ondrados somos nos* (*Denn durch Euch und Euer Pferd sind wir geehrt*, v. 3521). Zeitgenössische Hörer oder Leser werden den höhnischen Spott verstanden haben: Diesen König ehrt noch die Anwesenheit eines Pferdes …

Die nachhaltigste Wirkung hat die im *Cantar* entwickelte politische Propaganda entwickelt. Der Cid befindet sich als *Kastilier* in Rivalität zu einem König, der wiederholt als »Alfonso el de León« (vv. 1927, 3536 und öfter) apostrophiert wird und dessen Hofadel aus León stammt. Gerade weil eine solche Rivalität keine dynastische und nur eine schwache historisch-politische Grundlage hatte (Alfons war ja ein Sohn des Königs von Kastilien und war nur in den Jahren der Nachfolgekämpfe König von León gewesen), erweist sie sich in der literarischen Gestaltung als ein propagandistisches Mittel zur apologetischen Aufwertung Kastiliens (Rodríguez-Puértolas: 1977, 147 ff.). Alles Nicht-Kastilische wird gelegentlich verspottet und ironisch degradiert: die Mauren, die Juden, aber auch Katalanen, Valencianer und eben Leonesen (ebd., 152). Der Triumph des Cid auf dem Hoftag zu Toledo bedeutet zugleich eine symbolische Erniedrigung der Leonesen und ihres Königs. Dieser schwört nach wie vor unter Anrufung des leonesischen Heiligen Isidor: *¡Hyo lo juro par Sant Esidro el de Leon/que en todas nuestras tierras non ha tan buen varon!* (*Ich schwöre es beim Heiligen Isidor von León/dass es in allen unseren Landen keinen so guten Mann gibt*, vv. 3509f.). Am Ende bietet der König dem Cid an, neben ihm auf dem Thron Platz zu nehmen, denn *mejores sodes que nos* (*besser seid Ihr als wir*, v. 3116). An drei Beispielen sei abschließend gezeigt, wie die propagandistisch gefärbte Legendenbildung um den Cid von jeweils interessierter Seite verwendet werden konnte (nach Fletcher: 1999).

1. Das Kloster San Pedro de Cardeña war, wie erwähnt, der Familie des Cid besonders verbunden. Dass Jimena den Leichnam des Cid dorthin überführen ließ und selber später dort bestattet wurde, sollte sich als Glücksfall für das Kloster erweisen. Dessen Mönche gerieten im Laufe des 12. Jahrhunderts in Streitigkeiten, fochten einen langen Rechtsstreit aus, den sie zwar gewannen, der sie aber kirchenpolitisch isolierte (sie waren nicht bereit, der Vorherrschaft von Cluny zu folgen). Mit dem Leichnam des Cid und seiner Hinterlassenschaft hatten sie einen Schatz, den sie nun weidlich zum Wohle des Klosters ausnutzen konnten. Bald blühte in Cardeña ein Cid-Kult, der wohl auch für rückwirkende Ausschmückungen der Geschichte des Campeador verantwortlich ist. Die Berichte von der pompösen Überführung

des Cid aus Valencia und von seinem späten Wirken stammen aus dieser Zeit. Der Leichnam wurde nahe dem Hochaltar auf einem kostbaren elfenbeinernen Schemel aufgebahrt, in Seide gekleidet, das Schwert Tizón in der Hand haltend. Wunderbare fromme Legenden ranken sich alsbald um den toten Helden. Zum Beispiel die Geschichte von dem jüdischen Jüngling: Dieser dringt heimlich in die Kirche ein und zupft den Cid am Bart. Der macht darauf Anstalten sein Schwert zu zücken, woraufhin der erschreckte Jüngling sich zum Christentum bekehrt. Als nach zehn Jahren dem einbalsamierten Cid die Nasenspitze abfällt, beschließt der Abt, ihn endlich an der Seite Jimenas zu begraben. Als im 16. Jahrhundert die Gräber noch einmal geöffnet wurden, entströmte ihnen ein angenehmer Duft, der als Zeichen von Heiligkeit galt, und es begann nach langer Dürre wieder zu regnen. Im Kloster von Cardeña hatte sich die Überzeugung herausgebildet, mit Rodrigo de Vivar einen Heiligen zu beherbergen. Und in der Tat wurde in der Mitte des 16. Jahrhunderts, unter Philipp II., beim Vatikan die Kanonisierung betrieben. Dieses Bemühen blieb aber vergeblich. Im Jahre 1921 wurden die Sarkophage in die Kathedrale von Burgos überführt, wo sie sich heute befinden. Babieca, das Pferd des Cid, soll zur Mutter einer berühmten Pferdezucht geworden sein. Die Stute wurde nach ihrem Ableben vor der Pforte des Klosters von Cardeña begraben. Das Missverständnis, den *Cantar de Mio Cid* als historische Quelle aufzufassen, hat noch bis mindestens 1948 Auswirkungen gehabt. In jenem Jahr soll der Herzog von Alba in einer archäologischen Grabung nach den Knochen Babiecas gesucht haben.

2. In der Mitte des 19. Jahrhunderts begann man, dem historischen Cid nachzuforschen. Der junge niederländische Orientalist Reinhart Dozy veröffentlichte einen Aufsatz, in dem er eine neu entdecke arabische Quelle verwertete. Er beschrieb den historischen Rodrigo illusionslos als den Söldner, Plünderer und illoyalen Heerführer, der er wohl gewesen ist; er zweifelt auch die christliche Vorbildlichkeit des Helden an. Diese Art unsentimentaler historischer Faktenarbeit rief jenen Gelehrten auf den Plan, der sein langes Forscherleben zu großen Teilen der Figur des Cid widmete: Ramón Menéndez Pidal (1869–1968). Seine Befassung mit dem Thema war familiär angeregt worden, denn sein Onkel, der Marquez de Pidal, war zeitweise im Besitz des Manuskript des *Cantar de Mio Cid* gewesen. In seiner großen, 1929 zuerst veröffentlichten Studie *La España del Cid* (dt. 1936/1937) verarbeitet Menéndez Pidal nicht nur eine ungeheure Materialfülle. Er stellt sein Wissen auch in den Kontext einer großen Vision, die man kastilisches Sendungsbewusstsein nennen könnte. Don Ramón war geprägt von dem Historiker und Philologen Marcelino Menéndez y Pelayo (1856–1912) und dessen staatskatholischer, nationalistischer und imperialistischer Sicht der spanischen Geschichte. Spaniens weltgeschichtliche Bedeutung liegt demnach in der Wahrung der katholischen Orthodoxie gegen alle Angriffe der »Heterodoxie« (von den mittelalterlichen Ketzern über die Mauren, die Juden, die Rationalisten des 18. Jahrhunderts bis hin zu den Freimaurern) und in der Verbreitung des Christentums zunächst über die Iberische Halbinsel, dann in die Neue Welt. Der historische und moralische Kern dieser geschichtlichen Sendung sei Kastilien. Menéndez Pidal nun sah im Cid die Verkörperung des idealen Kastiliers, des Hüters des Glaubens, des Kämpfers gegen die Ungläubigen, des treuen Vasallen, des perfekten Herrn über seine Untergebenen, des sorgenden

Ehemannes und Familienvaters. Historische Faktenforschungen, die diesem Bild widersprachen, tat er als »Cidophobie« ab. Seine Vision, wie Menéndez Pidal sie selber nannte, bedeutete einige Vorentscheidungen (man könnte sich auch historische Fehler nennen). Die drei wichtigsten Grundzüge dieser Idealisierung sind: 1. Die Annahme, der *Cantar de Mio Cid* sei weitgehend historisch zuverlässig. Menéndez Pidal datiert den *Cantar* auf etwa 1140, in Teilen sogar vorher. Damit sei er gerade mal vier Jahrzehnte nach dem Tode Rodrigos niedergeschrieben worden. Diese – wie man heute weiß – zu frühe Datierung führt in der Interpretation zum Zirkelschluss, wie er sich in Formulierungen wie der folgenden findet: »Wir wollen nun dem Dichter folgen, dessen Bericht so gut den geschichtlichen Ereignissen entspricht« (Menéndez Pidal 1: 1936/1937, 220). 2. Für Menéndez Pidal gibt es den Typus des geborenen Helden – verkörpert eben vom Cid. Ein solcher Held wird sich immer durchsetzen, gleichgültig in welch schwerer politischer Lage er sich befindet. Der »geborene Held« eignet sich auch dazu, historische Wissenslücken zu füllen. Zum Beispiel wissen wir nicht, warum Rodrigo den Weg nach Sevilla unterbrach, um gegen die in die Dienste Zaragozas gewechselten kastilischen Landleute vorzugehen. Menéndez Pidal: »Rodrigo, dem Alfons seit sieben Jahren keine Gelegenheit mehr gegeben hatte, sich als Held zu zeigen, sah, dass seine Stunde gekommen war« (Menéndez Pidal 2: 1936/1937, 186). 3. Die spanien- und weltpolitische Rolle Kastiliens stand für Menéndez Pidal fest: Allein Kastilien als Zentrum Spaniens, allein die Kastilier mit ihren Tugenden, konnten das Reich einigen, die Mauren vertreiben, die Neue Welt entdecken und erobern sowie das bis dahin größte bekannte Weltreich schaffen, das zudem ein katholisches war.

3. Ist es ein Wunder, dass sich nationalistische Propagandisten eines katholischen Spanien dieser Vision auch im 20. Jahrhundert bemächtigten? Das geschah übrigens durchaus zum Widerwillen von Menéndez Pidal, der auch unter beruflichen Nachteilen eine unpolitische Distanz zum Franco-Regime behielt. Zum Abschluss sei auszugsweise zitiert, wie Richard Fletcher diese Rezeption charakterisiert:

> Der von Menéndez Pidal gezeichnete Cid – der Katholik, der Kastilier, der Kreuzritter […] war für die Propagandisten Francos unwiderstehlich. Schon in einer frühen Phase des Konflikts traten die Nationalisten mit dem Anspruch auf, es handle sich bei ihrer Bewegung um einen ›Kreuzzug‹ […]. Propagandistisch schlachtete man die Tatsache aus, dass Franco ebenso wie der Cid eine Beziehung zu Burgos hatte. Im Jahre 1937 wurde dort eine Zeitschrift mit dem Titel Mio Cid gegründet: Ihr erster Leitartikel verkündete das Ziel, ›die Standarte des Cid in ganz Spanien aufzurichten.‹ In demselben Jahr erschien eine Sammlung moderner Balladen, die ausdrückliche Vergleiche zwischen dem Cid und Franco enthielten. […] Unmittelbar nach dem Kriege wurde das große Reiterstandbild des Cid, das in Burgos steht, in Auftrag gegeben. La España del Cid wurde Pflichtlektüre für Kadetten an spanischen Militärakademien und blieb es noch lange. (Fletcher: 1999, 330)

Diese vorläufig letzte, ideologisch veranlasste Aneignung des Mythos vom Cid mag es fraglich erscheinen lassen, ob die literarisch idealisierte Figur im heutigen Spanien, das seit der Verfassung von 1978 gerade die Vielfalt seiner Regionen und Sprachen wieder entdeckt und in der staatlichen Organisation anerkennt, überhaupt noch eine Anziehungskraft als nationale Identifikationsfigur auszuüben vermag.

## Literaturverzeichnis:

### Primärliteratur:

*Poema de Mio Cid.* Edición de Colin Smith. Madrid: Cátedra 1983.

*El Cantar de Mio Cid.* Übers. u. eingel. v. Hans-Jörg Neuschäfer. München 1964 (Klassische Texte des romanischen Mittelalters in zweisprachigen Ausgaben, 4).

*Der Cid. Das altspanische Heldenepos.* Übers. v. Fred Eggarter. Anm. u. Nachw. v. Alfred Thierbach. Stuttgart 1985 (Reclams Universalbibliothek 759).

### Forschungsliteratur:

**Armand, Octavio**: »El verso 20 del *Cantar de Mio Cid*«. In: *Cuadernos Hispanoamericanos* XC/269 (1972), S. 339–348.

**Barton, Simon**: *The World of El Cid.* Manchester 2000.

**Castro, Américo**: *La realidad histórica de España.* México 1954.

**Deyermond, Alan**: *»El Cantar de Mio Cid« y la épica medieval.* Barcelona 1987.

**Epalza, Mikel de** u. **Suzanne Guellouz** (eds.): *Le Cid. Personnage historique et littéraire. Anthologie de textes arabes, espagnols, français et latins avec traductions.* Paris 1983.

**Fletcher, Richard**: *El Cid. Leben und Legende des spanischen Nationalhelden.* Weinheim/Berlin 1999 (zuerst engl. 1989).

**Horrent, Jules**: *Historia y poesía en torno al »Cantar del Cid«.* Barcelona 1973.

**Lacarra, María Eugenia**: *El »Poema de Mio Cid«. Realidad histórica y ideología.* Madrid 1980.

**López Estrada, Francisco**: *Panorama crítico sobre el »Poema del Cid«.* Madrid 1982.

**Menéndez Pidal, Ramón**: *La España del Cid.* Madrid 1929 (dt. *Das Spanien des Cid.* 2 Bde. München 1936/1937; die deutsche Ausgabe enthält nicht den wissenschaftlichen Apparat des Originals).

**Marcos Marín, Francisco**: »Estudio preliminar«. In: *Cantar de Mio Cid.* Ausg. Marcos Marín, a.a.O., S.3–58.

**Neuschäfer, Hans-Jörg**: »Der selbstlose Held. Überlegungen zur Form der Idealität im *Cid*«. In: *El Cantar de Mio Cid.* Ausg. Neuschäfer, a.a.O., S. 7–22.

**Rodríguez-Puértolas, Julio**: »El *Poema de Mio Cid*: nueva épica y nueva propaganda«. In: Alan Deyermond (ed.): *Mio Cid Studies.* London 1977, S.141–159.

**Smith, Colin**: *The Making of the »Poema de Mio Cid«.* Cambridge/London/Melbourne 1983 (span.: *La creación del» Poema de Mio Cid«.* Barcelona 1985; zum Teil textgleich mit der Einleitung für die Cátedra-Ausgabe; vgl. dort S. 15–133).

# Meister Eckhart *Deutsche Predigten*[1]

## Freimut Löser

Paris. Place de Grève. 1. Juni 1310. Eine riesige Zuschauermenge ist zusammengeströmt. Vertreter der weltlichen Behörden, die kirchlichen Würdenträger und unzählige Angehörige des einfachen Volkes werden Zeugen, wie eine Frau den Scheiterhaufen besteigt. Sie beteuert laut ihre Reue und ihre wahrhaft fromme Gesinnung. Umsonst. Die Chroniken berichten zwar, dass das Publikum von Mitleid ergriffen und zu Tränen gerührt war. Und dann lodern doch die Flammen. Die Frau, die den Feuertod stirbt, heißt Marguerite Porète. In ihren Händen hält sie das Buch, das zu ihrer Verurteilung geführt hat. Es verbrennt mit ihr.

Siebzehn Jahre später: Köln. Dominikanerkirche. 13. Februar 1327. Meister Eckhart, Doktor der heiligen Theologie und berühmter Prediger, besteigt die Kanzel. Ein dominikanischer Mitbruder verliest ein lateinisches Schriftstück, das Eckhart selbst Punkt für Punkt in deutscher Sprache den versammelten Brüdern und der Gemeinde erläutert. Der Vorgang hat kirchenrechtliche Bedeutung, denn es handelt sich um die Maßnahme eines Angeklagten. Auch Meister Eckhart ist einem Anklageverfahren unterworfen. Er verteidigt sich mit einem allgemeinen Widerruf, ohne jedoch einen konkreten Irrtum einzuräumen. Die kirchenrechtliche Funktion seines Widerrufs besteht in der grundsätzlichen Bekundung der eigenen Rechtgläubigkeit und in der Erklärung der Bereitschaft, Irrtümer in der eigenen Lehre zurückzunehmen, wenn sie ihm denn nachgewiesen werden. Damit entzieht sich Eckhart einem Ketzerprozess gegen seine eigene Person, der bei einem Schuldspruch – wie im Fall Marguerites – den Tod hätte bedeuten können. Der Prozess gegen ihn richtet sich nach diesem Schritt fortan nicht mehr gegen seine Person, sondern legt nur einzelne Sätze des Angeklagten auf den Prüfstand. Eckhart ist kirchenrechtlich versierter als Marguerite; er ist ausgebildeter Theologe und er weiß sich zu wehren.

Was verbindet die beiden Szenen, worum geht es in beiden Prozessen? Über Marguerite weiß man wenig (im Grunde nur das, was man ihren Prozessakten und ihrem eigenen Buch entnehmen kann). Über Meister Eckhart sind wir besser informiert.

Marguerite Porète stammte aus dem wohlhabenden Bürgertum von Valenciennes (in Nordfrankreich, heute nahe der belgischen Grenze); sie war Begine, das heißt, sie lebte zusammen mit anderen Frauen ein religiöses Leben in Jungfräulichkeit, Armut und Gehorsam; Beginen stammten oft aus reichen Elternhäusern,

---

[1] Die Größe eines literarischen Werkes kann beispielsweise nach seiner sprachschöpferischen Kraft, der Stringenz seines Aufbaus oder nach seiner Wirkung bemessen werden. All dies steht für Meister Eckharts deutsche Werke außer Frage. Die Annäherung hier folgt eher spirituellen Gesichtspunkten. Der Vortragsstil ist beibehalten. Am Ende finden sich einige Lektürehinweise.

verzichteten aber auf jeden Besitz, ernährten sich durch ihre Handarbeit; sie pflegten die Kranken und versorgten die Armen, aber sie taten dies in einer eigenen frei bestimmten klosterähnlichen Gemeinschaft, in so genannten Beginenhöfen (in Amsterdam kann man beispielsweise einen vollständig erhaltenen solchen Beginenhof besichtigen). Die frommen Frauen lebten nicht in einem Kloster eines der vielen kirchlichen Orden, sondern organisierten sich selbst, frei und unabhängig – und schon das musste der Amtskirche suspekt sein. Und: Marguerite hatte ein Buch geschrieben, den *Spiegel der einfachen Seelen* (*Le Mirouer des simples ames*). Das Buch in der französischen Volkssprache war damit für alle, die lesen konnten, verständlich, nicht nur für die Lateinkundigen, und auch das war damals suspekt. Schlimmer noch: Marguerite war Laiin, nicht theologisch ausgebildet, und sie war eine Frau. *Mulier taceat in ecclesia* (»die Frau hat in der Kirche zu schweigen«) ließ sie sich nicht sagen. Sie ergriff das Wort. Und noch schlimmer: Marguerites Buch behauptete, der Mensch könne Gott gleich sein und über alle Tugenden hinaus die absolute Freiheit erlangen – und das war mehr als suspekt. Schon im Jahr 1300 hatte deshalb der Bischof von Cambrai in Valenciennes ihr Buch verbrennen lassen und jeden, der es verbreitete, unter die Anklage der Häresie gestellt. Marguerite blieb standhaft bei ihren Aussagen und las in den Beginenhäusern und auf öffentlichen Plätzen aus ihrem Buch vor. So wurde sie schließlich eingekerkert und der Häresie angeklagt: Man riss 15 Sätze ihres Buches aus dem Zusammenhang und prangerte sie als ketzerisch an. Das Gericht scheute keinen Aufwand. Nicht weniger als 21 namhafte Theologen wurden um Gutachten gebeten. Man gab Marguerite – das muss gesagt werden – jede Gelegenheit zum Widerruf. Als sie nicht widerrief, sondern auf der Wahrheit ihrer Lehren beharrte, wurde sie als rückfällige Häretikerin verurteilt und dem Feuertod überantwortet. Ihr Buch hat in Abschriften überlebt.

Über Meister Eckhart sind wir besser informiert. Das beginnt mit dem Titel. ›Meister‹ – das ist der höchste akademische Grad, den man an einer mittelalterlichen Universität erwerben konnte: Das deutsche Wort »Meister« steht für das lateinische *Magister* (damals etwa so viel wie »Professor«). Der Magister-Grad steht im Mittelalter also für die universitäre Lehrbefugnis, die Lehrbefähigung, und er steht für das geschriebene Wort. Ein Magister der Theologie war ein Meister des Wissens, der heiligen Schrift, der *scriptura* (gehörte also in den Bereich des Buches).

Aber gerade dieser Meister Eckhart hat gesagt, lieber wäre ihm ein Lebemeister als tausend Lesemeister. »*Solte ich einen meister suochen der geschrift*«, fährt er fort, »*den suochte ich ze Parîs und in hôhen schuolen* [...] *Aber wolte ich in frâgen von vollkomenem lebenne, daz kunde er mit niht gesagen.*« Die Meister der Schrift, so sagt Eckhart also, kennen die Antwort auf die Frage nach dem richtigen Leben nicht. Ironischer Weise wird der Mann, der dies sagte, selbst fast immer ›Meister‹ genannt.

Wenn seine Zeitgenossen genauso wie spätere Jahrhunderte von ihm als ›Meister‹ sprechen, dann wird damit immer auch seine große Bildung und seine Universitätskarriere aufgerufen.

Wichtiger aber ist Folgendes: In seinen deutschen Predigten sprach Eckhart vor Nonnen, vor Beginen (wie Marguerite), häufig vor einem Laienpublikum; er tat dies, weil er nach seiner eigenen Aussage versuchen wollte, die Ungelehrten zu lehren, damit aus Ungelehrten Gelehrte würden. Die *simplices*, wie die Kirche die einfachen ungebildeten Laien nannte, bezogen sich auf Eckhart auch als ›Meister‹ – und sie brachten damit ihren Respekt für den gelehrten Mann zum Ausdruck, der sich der Aufgabe stellte, die Ungelehrten nicht nur einfach Wissen, Buchwissen und Wissenschaft (*scientia*) lehren zu wollen, sondern wahres Wissen, tiefere Weisheit (*sapientia*).

Und: Für sein Publikum war Eckhart zeitlebens ein ›Meister‹, der das, was er lehrte, auch lebte. Zahlreiche dominikanische Nonnen berichteten in ihren Lebensbeschreibungen davon, wie sie Eckhart persönlich trafen, und wie tief sie von seinen Lehren und von seiner Person beeindruckt waren. Er wurde zur Figur von Legenden, Gedichten und Liedern. Wer Eckhart nicht versteht, so sagt ein Gedicht der Nonnen, der kann es nur Gott klagen, denn in den hat der göttliche Schein nicht gestrahlt: »*Der wîse meister Eckhart wil uns von nihte sagen/Der daz niht enverstât, der mac ez gote klagen.*«

Wer war nun dieser Meister Eckhart, dessen Lehren seine Zuhörerinnen und Zuhörer so tief beeindruckten? Eckhart wurde als Spross eines thüringischen Adelsgeschlechts bei Tambach im Thüringer Wald in der Nähe von Gotha um 1260 geboren. In jungen Jahren trat er in den Dominikanerorden ein, als Novize im Erfurter Predigerkloster. Man nimmt an, dass er dann – etwa um 1280 – am *studium generale* (der Ordensschule) der Dominikaner in Köln seine erste akademische Ausbildung erhielt. Sein erstes gesichertes Lebensdatum sind die Jahre 1293/94. In dieser Zeit ist er in Paris am *studium generale* der europäischen Dominikaner nachweisbar. Zu dieser Zeit ist er bereits *baccalaureus* der Theologie. Heute würde man sagen: Er hat sein Grundstudium längst beendet und ist auf dem Weg zu akademischen Würden. Um den höchst denkbaren Studienabschluss zu erreichen, hält er eine Sentenzenvorlesung (zur Exegese biblischer Schriften). Nach seinem Studienabschluss und der Rückkehr nach Deutschland werden ihm zwei wichtige Posten anvertraut: Zunächst (1294) ist er Prior (also Vorsteher) des Ordenshauses in Erfurt, dann auch Vikar (»Verwaltungschef«) der Region Thüringen. Wo er wenige Jahre zuvor als junger Mönch begann, ist er jetzt also Leiter einer ganzen Region. Im Jahr 1302 folgt ein weiterer Karrieresprung: Eckhart wird auf den dominikanischen Lehrstuhl in Paris berufen. Sein Lebensweg führt ihn in europäische Dimensionen. Der in Paris angelegten akademischen Karriere folgt sofort die in der Ordensverwaltung: Schon im Jahr 1303 wird Eckhart nach der Teilung der deutschen Dominikanerprovinz zum ersten Provinzial der *Saxonia* ernannt. Die deutsche Ordensprovinz, mit mehr als 120 Ordenshäusern von Holland bis Böhmen, von Schleswig bis Südtirol reichend, war verwaltungstechnisch zu groß geworden. Man teilte sie in einen westlichen (*Teutonia* genannten) und einen östlichen Teil (*Saxonia*). Ordensoberer (*Provinzial*) dieser neu geschaffenen Provinz *Saxonia* wird Meister Eckhart. Er steht ihr sieben Jahre vor, bis ins Jahr 1310. In diesem Jahr wählen ihn die Wahlberechtigten der zweiten noch größeren und wichtigeren deutschsprachigen Provinz (der *Teutonia* eben) zu ihrem *Provinzial*. Das Generalkapitel (die Versammlung aller Ordensoberen) der europäischen Dominikaner in Neapel bestätigt die Wahl aber nicht (wohl um einem Streit der Provinzen vorzubeugen). Die dominikanische Ordensleitung schickt Eckhart vielmehr noch einmal als Professor der Theologie nach Paris. Damals waren diese Ämter zeitlich begrenzt. Und diese Professur ein zweites Mal ausüben zu können, war eine hohe Ehre. Diese war vor Eckhart nur einem widerfahren: seinem berühmten Ordensbruder Thomas von Aquin. In Paris lebte Eckhart im Dominikanerkloster St. Jacques, unter einem Dach mit seinem Ordensbruder Wilhelm von Paris, jenem Wilhelm von Paris, der im Fall der Marguerite Porète als »Chefinquisitor« agiert hatte. Und spätestens hier muss Eckhart mit dem Buch, den Lehren und den Aussagen der Marguerite bekannt geworden sein.

Sein Amtsvorgänger Thomas von Aquin hatte sich nach seiner zweiten Pariser Lehrtätigkeit zum allseits geachteten Ordenslehrer aufgeschwungen, zum Kirchenlehrer, der nur 50 Jahre nach seinem Tod heilig gesprochen wurde: Im Jahr 1323, noch zu Lebzeiten Meister Eckharts. Und Eckhart? Seiner Pariser Professur folgt ein auf den ersten Blick erstaunlicher Karriere-»Sprung«. Nach 1313 findet man ihn in Straßburg im deutschsprachigen Südwesten. Dort hat man dem Pariser Ex-Professor die geistliche Betreuung der dominikanischen Nonnen in der *Teutonia* anvertraut. Keine kleine Aufgabe, wenn man bedenkt, was das rein zahlenmäßig bedeutet: Die *Teutonia* zählte zu dieser Zeit 65 dominikanische Nonnenklöster – in allen anderen 17 Provinzen des Ordens in ganz Europa sind es zusammen genommen nicht mehr. Keine kleine Aufgabe auch, wenn man bedenkt, um was es ging: Gerade in den Nonnenklöstern hatte sich eine Form der Mystik verbreitet, die der gerade erst verketzerten Frömmigkeit Marguerites nahe stand: unmittelbare Gotteserkenntnis in religiöser Verzückung, Erlangung der Selbstvervollkommnung, Selbstkasteiung und Selbstaufgabe bis hin zum physischen Tod. Die Aufgabe Eckharts bestand jetzt darin, diese Formen der Frömmigkeit in die kirchlicherseits für richtig gehaltenen Bahnen zu lenken.

Zehn Jahre lang nimmt er diese Aufgabe wahr. Danach (seit 1323) ist er in Köln bezeugt. Dort lehrt er in lateinischer Sprache die jungen Mönche an der dominikanischen Ordenshochschule; dort predigt er aber auch in der Volkssprache; seine Predigten ziehen ein großes Publikum an, sie ziehen andererseits die Aufmerksamkeit der selbsternannten Rechtgläubigen auf sich. Eckhart muss sich gegen die Anklage verteidigen, dass er einfache Gemüter in Fragen des Glaubens und der Moral in die Irre geleitet habe. Die Untersuchungen gegen ihn beginnen im Jahre 1326 in Köln (und sie werden bezeichnenderweise angestoßen durch zwei Ordensbrüder, denen der Reformeifer ihres Vorgesetzten Eckhart zuwider war, und die sich gegen ein strengeres, geordneteres und frömmeres Leben im eigenen Kloster zur Wehr setzten). Der Erzbischof von Köln, Heinrich von Virneburg, schon zuvor als Jäger von Ketzern und Beginen hervorgetreten, greift die Vorwürfe auf und unterzieht Eckhart einem Inquisitionsverfahren. Das ist gegen jedes Kirchenrecht, denn die Angehörigen des dominikanischen Ordens sind nicht einem Bischof, sondern nur dem Papst unterstellt. Dennoch muss sich Eckhart wehren. Und sein Auftritt in der Kölner Kirche am 13. Februar 1327 ist Teil dieser Verteidigungsstrategie. In Köln hat man Notizen aus Eckharts Predigten gemacht, eine Kommission hat eine Liste verdächtiger Sätze zusammengestellt, aus dem Zusammenhang seiner deutschen Schriften herausgerissen und ins Lateinische übersetzt – wie im Fall der Marguerite. Ohne den nötigen Zusammenhang und in der lateinischen Übersetzung klingen die Sätze teilweise unverständlich, teilweise gefährlich. Man schickt diese Kölner Liste nach Avignon zum Papst, der in dieser

Zeit dort residiert. Eckhart muss nach Avignon reisen, um sich vor dem Papst selbst zu verteidigen. Es hilft ihm nichts. Am 27. März 1329 verdammt die Bulle *In agro dominico* Papst Johannes' des XXII. 17 Artikel aus Eckharts Werken als häretisch, 11 als übel klingend, gefährlich und häresieverdächtig. Hauptvorwurf: Eckhart habe in seinen volkssprachlichen Predigten seine Irrtümer auch den *simplices* gepredigt und damit die Herzen und Sinne der einfältigen Leute vernebelt. Eckhart selbst hat dies nicht mehr erlebt. Er war im Jahr 1328 unter ungeklärten Umständen gestorben.

Eckharts Bücher sind nie verbrannt worden. Teile aber gingen verloren. Und so haben sie nicht in ihrer ganzen Breite überlebt. Was bleibt, ist eindrucksvoll genug: Eckhart war Lehrer und Prediger. Aufgabe des Lehrers, des Magisters und Lesemeisters war die Universität, die akademische und theologische Lehre, die Ausbildung der Prediger; der Lebemeister und Prediger Eckhart aber lehrte die Ungelehrten in ihrer eigenen Volkssprache. Überlebt haben große Teile seiner lateinischen Werke im *opus tripartitum* (Bibelkommentare, scholastische Fragen, akademische Diskussionen) und Sermones, aber auch – in etwa 200 mittelalterlichen Handschriften – seine deutschen Werke: drei Traktate und vor allem die Predigten. Gerade gibt eine kleine Arbeitsgruppe an der Universität Eichstätt den vierten Band von künftig wohl etwa 150 deutschen Predigten heraus. Worum geht es darin?

Es geht um jenen – trotz des damals tragischen Ausgangs – glücklichen Moment in der Geschichte der Religion des Mittelalters, in der eine religiös motivierte Laienbewegung und einer der bedeutendsten Theologen der Zeit zusammenfanden; es geht darum, wie einer, der Brücken zu bauen versucht zu einem Ufer, das in die Häresie abdriftet, selbst unter den Vorwurf der Ketzerei gestellt wird; es geht um die zentralen Inhalte der deutschen Mystik. Es geht um große Werke der Literatur.

Eckhart hat in einer Predigt die Kernsätze seiner Lehre zusammengefasst. Kurt Ruh, einer der Ersten überhaupt, der sich in der Germanistik der geistlichen Literatur des Mittelalters richtig zuwandte, hat diese Sätze Eckharts als ›geistliches Predigtprogramm‹ bezeichnet. Eckhart gilt bei vielen als ›schwierig‹ – und das hat (glücklicherweise) verhindert, dass er in der gegenwärtigen Mystik- und Esoterikwelle so populär ist wie beispielsweise Hildegard von Bingen. Aber Eckhart ist ganz einfach zu verstehen. Man muss nur gut zuhören:

> Wenn ich predige, dann pflege ich von vier Dingen zu sprechen. Erstens von Abgeschiedenheit und daß der Mensch frei und ledig sein muß – von sich selbst und von allen Dingen. Zweitens pflege ich davon zu sprechen, daß man wieder hineingebildet und zurückgeformt werden soll in das einzige und einfältige, wahrhaft eine Gut, das Gott ist. Zum dritten sage ich, daß man die große Edelkeit und den Adel bedenken muß, den Gott der Seele mitgeteilt hat, damit der Mensch mit diesem Adel wieder in einem Wunder zu Gott zurückgelangt. Viertens spreche ich von der Lauterkeit, Reinheit und Klarheit der göttlichen Natur – welche Klarheit und Reinheit die göttliche Natur besitzt, das ist unaussprechlich. Gott ist ein Wort, ein ungesprochenes Wort.

Zum Ersten spricht Eckhart also von Abgeschiedenheit. Was ist damit gemeint? Im Mittelalter gab es (und auch heute noch gibt es) viele Menschen, die glaubten (und glauben), das Heil sei nur in der Abkehr von der Welt zu finden. Für diese Menschen bedeutete damals »Abgeschiedenheit« den Rückzug von der Welt, das Leben in einer klösterlichen, weltabgewandten Gemeinschaft, oder – noch besser – das

Eremitentum. Menschen zogen sich in die Einsamkeit der Wälder, in die Ödnis der Berge zurück oder sie ließen sich gar – als so genannte Inklusen – einmauern (und nur durch ein kleines Loch in der Wand mit Nahrungsmitteln versorgen). In diesem freiwilligen Rückzug von der Welt, in der Besinnung nur auf Gott allein, in freiwilliger Selbstkasteiung sahen sie die einzige Möglichkeit, zu Gott zu finden. Das ist es nicht, was Eckhart meint und will. »Abgeschiedenheit« bedeutet für ihn nicht Einsiedlertum oder den Rückzug hinter Klostermauern. »Abgeschiedenheit« ist eine Haltung, keine Lebensform: Ich kann mitten in der Welt stehen, und die Welt doch nicht wichtig nehmen. Ich kann mitten im Trubel »abgeschieden« sein, dann nämlich, wenn ich ganz bei mir bin.

Im Mittelalter stritt man sich darum, welche Lebensform die bessere sei. Die *vita activa*, das aktive Stehen in der Welt und das Annehmen der Herausforderungen, die die Welt in sich trug, oder die *vita passiva*, der Rückzug von der Welt, die selbstvergessene Versenkung in sich selbst und in Gott. Die beiden Beispielfiguren dafür waren immer schon Maria, die Schwester des Lazarus, und Martha: Maria, die selbstvergessen und ganz versunken zu den Füßen Christi sitzt und ganz ihm hingegeben ist, und Martha, die geschäftig in der Küche werkelt. Hatte nicht Christus gesagt, Maria habe den besseren Teil erwählt? War also die *vita passiva* nicht besser als das Wirken in der Welt? Eckhart aber lobt Martha. Man muss in der Welt wirken (man kann Gott, sagt Eckhart, auf der Straße genauso finden wie in der Kirche). Aber dieses Wirken in der Welt bedeutet gleichzeitig den Verzicht auf das eigene Selbst. »Abgeschiedenheit« meint vor allem eines: Freiheit von der eigenen Person. Wer sich von der Welt zurückzieht, wer in der Einsamkeit Gott sucht, der findet, meint Eckhart, dort vor allem nur eines: sich selbst. Die Visionen, die er vielleicht hat, können Trugbilder sein, die ihm die eigene Psyche vorgaukelt. Das Wirken in der Welt kann nicht Selbstzweck sein: Die Liebe zum Nächsten, Mitleid und karitatives Wirken kann sich als wahre Tugendhaftigkeit äußern. Aber wahre Tugend kann man nicht haben, man muss sie immer neu erwerben. Aber wenn ich auch Tugenden erwerbe, wenn ich gerecht lebe, wenn ich auch noch so viele gute Werke tue, so muss ich immer wissen: Diese Werke sind nicht mein Verdienst. Gott selbst ist es, der sie in mir und durch mich wirkt. Ich bin nur Gottes Werkzeug. Und: Gott fragt nicht nach meinen einzelnen Tugenden, er fragt danach, was ich bin. Gerechtigkeit und Nächstenliebe, die guten Werke – alle diese Dinge schaffen keinen Zugang zu Gott; schon gar nicht, wenn ich glaube, dass ich damit einen Zugang zu Gott erwerben und rechtmäßig besitzen kann. Ein gutes Werk, das ich darum tue, um Gott zu gefallen, mich bei ihm »anzubiedern« oder um in den Himmel zu gelangen, ist wertlos. Weil ich dieses gute Werk zu einem Zweck tue und mein eigenes Streben damit höher stelle als Gott. Den Zugang zu Gott kann mir nur Gott eröffnen. Ich kann ihn deshalb in der Welt, wo er sich offenbart, ebenso finden wie im Rückzug in die Einsamkeit. Die Grundvoraussetzung dazu, dass ich ihn finde, kann ich nur schaffen, indem ich mich ganz und gar von mir selbst (von meinem eigenen Ich, von meinem eigenen Streben) befreie. Erst wenn ich von meinem eigenen Ich völlig losgelöst bin, erst wenn ich, wie Eckhart sagt, ein leeres Gefäß bin, dann findet Gott in mir den Platz, den er braucht, um sich zu entfalten.

»Abgeschiedenheit«, wie Eckhart sie versteht, heißt deshalb Freiheit und Befreiung vom eigenen Ich, vom Egozentrismus, die Auflösung der Grenzen zwischen

Ich und Umwelt, die Hingabe an Gott und an seine Schöpfung. Das ist es, was auch Marguerite Porète meinte, wenn sie von der vernichteten Seele spricht, oder was die Nonnen im Lied besingen, wenn sie sagen, Eckhart spreche vom Nichts. Im Vergleich zur Allmacht Gottes ist der Mensch ein reines Nichts. Das muss er verstehen, wenn er Gott verstehen will.

Damit kommt ein anderer, für Eckhart sehr wichtiger Begriff ins Spiel: Armut. Die Diskussion um die freiwillige Armut Christi und seiner Jünger, der Streit um die Armut hat das Mittelalter bewegt und erregt wie kein Zweiter. Im frühen 13. Jahrhundert hatte der heilige Franziskus, hatten seine Gefährten und die Brüder seines Ordens (und nach der heiligen Klara auch die Schwestern) allen vorgelebt, wie das gehen konnte: Auf allen Besitz, auf jedes Eigentum zu verzichten und den höchsten, den einzig wahren Reichtum dabei zu finden: Gott. Franziskus bedeutete für das Mittelalter mindestens zweierlei: Er bedeutete den freiwilligen Verzicht des Reichen auf seinen Reichtum, die Hinwendung des Wohlhabenden zu den Armen. Er bedeutete auch, dass die Armen, die Entrechteten, aus der untersten Schicht der Bevölkerung einen neuen Weg zu Gott finden konnten: »*Beati pauperes*« hieß es im Evangelium, »Selig die Armen«.

Eckhart ist da in anderer Hinsicht vielleicht noch radikaler als Franziskus: Armut, wahre Armut, das heißt für ihn nicht nur den Verzicht auf den Reichtum dieser Welt. Armut heißt konsequent: Verzicht auf Eigentum. Dafür erfindet er das Wort: Eigenschaft. Ein Mensch ohne Eigenschaft, das ist in Eckharts Augen einer, der freiwillig auf alles Eigene verzichtet, nicht nur auf den eigenen Besitz und auf die Reichtümer dieser Welt. Ein Mensch ohne Eigenschaft, das ist einer, der auf sein eigenes Streben, sein eigenes Wollen, seinen eigenen Willen verzichtet. Ein Mensch, der soweit geht, dass er nur den Willen Gottes will. Eckhart fordert deshalb sogar, dass man im Gebet, im wahren Gebet auf jedes Bitten verzichten muss. Nicht: »Gib mir Gesundheit, gib mir dies oder jenes«. Wer Gott, sagt Eckhart, um einen Schuh oder um eine Kuh bittet, der macht aus Gott einen Schuh oder eine Kuh. Weil er will, dass Gott ihm das gibt, was er will. Gott will aber nur um eines gebeten sein: um Gott. Damit läuft für Eckhart jedes Gebet, jedes wahre Gebet, auf eine einzige Bitte hinaus: Nicht mein Wille geschehe, sondern Deiner. Oder wie es im Vaterunser heißt: »Dein Wille werde«. Wenn man so bittet, sagt Eckhart, dann kann Gott gar nicht anders, er muss uns zuhören. Und so besitzt der wahrhaft Arme, der, der auf alles verzichtet, sogar und zuletzt auf sich selbst, so besitzt der wahre Bettler den höchsten Reichtum, nämlich Gott. Aber natürlich besitzt er Gott nicht, denn Gott lässt sich nicht besitzen, er wird nie anders erreicht, als dass er sich selbst den Menschen schenkt. Wie aber erreicht man diese göttliche Gnade? Man muss auf sich selbst verzichten, um Gott zu finden.

Und damit sind wir bei Eckharts zweitem Punkt: Zweitens, sagt er, geht es darum, wie man in das einzige und einfältige Gut zurückfindet, das allein Gott ist. Im Grund geht es jeder Form von Mystik (sei es in der christlichen, sei es in den Upanischaden, bei den islamischen Sufis, oder sei es im fernöstlichen Zen-Buddhismus) um das Verhältnis des Einen zum Vielen. Gott ist das wahrhaft Eine, wir sind aus ihm ausgeflossen, wir sind das Viele. Wie führt der Weg zurück? Mystik hat eigentlich immer Eines (das Eine) zum Ziel: die unmittelbare Erfahrung des Göttlichen, die Vereinigung mit dem Grund und mit der Ursache alles Seienden. Ziel ist die Vereinigung. Mittel sind oft Askese (Selbsterniedrigung und Selbstkasteiung), Meditation (Versenkung) und Kontemplation (Mitfühlen mit Gott). Mystik wird also definiert als *cognitio Dei experimentalis*, als unmittelbare Gotteserkenntnis durch die eigene Erfahrung. Man empfindet und erlebt Gott durch Visionen (indem man ihn schaut), und durch Auditionen (indem man Gottes Stimme hört). Eines ist auch klar: Eine solche Gotteserfahrung kann nicht festgehalten werden; sie ist nur in wenigen gnadenvollen Momenten möglich: Eckhart nennt das den »Durchbruch«. Aber das ist nur wenigen gegeben. Es gab und gibt eine Mystik der Erfahrung und der Empfindung (man spricht von praktischer oder Erlebnismystik). Das hat Eckhart selbst, wie er sagt, nie erlebt und es blieb ihm fremd. Im Mittelalter gab es Formen der Frömmigkeit und der Mystik, die nach dieser unmittelbaren Gotteserfahrung strebten, und die uns heute befremden: Gebetsübungen, in denen man stundenlang und tagelang dieselben Worte wiederholte, um sich selbst zu vergessen, ekstatische Verzückungen, in denen Nonnen in ihrer Vorstellung das Jesuskind säugten oder Christi Wunden befühlten; es gab blutige Selbstkasteiungen. Eckharts eigener Schüler, Heinrich Seuse, trug ein Nagelkreuz auf der Brust und schlug sich blutig, um die Passion Christi selbst nachzuerleben. Diese Form der Frömmigkeit lehnt Eckhart ab. Denn sie kann uns täuschen, und sie kann zu falscher Sicherheit, zu Selbstgerechtigkeit, dem Bewusstsein der Erwähltheit und zu Überheblichkeit führen.

Daneben gibt es aber auch eine spekulative Mystik. Eine Mystik des Denkens, die sich Eckhart eröffnet hat, und die sich jedem erschließen kann. Wie immer man Mystik versteht, es geht immer um den Punkt, den Eckhart benennt: Wie ist die Rückkehr zu dem Einen möglich, aus dem wir alle hervorgegangen sind? Eckharts Antwort ist deutlich: Nicht auf dem Weg, den vor allem die Nonnen zu seiner Zeit zu beschreiten versuchten, nicht über Selbstkasteiungen, Visionen, Entrückung und Verzückung. Eckharts Weg führt über die Reflexion.

Und damit sind wir schon bei dem dritten (und vorletzten) Punkt von Eckharts ›Predigtprogramm‹. Was kann es bedeuten, wenn ein Prediger des Mittelalters, der doch gerade die Armut, den Selbstverzicht, die Aufgabe alles eigenen Wollens gefordert hat, so selbstsicher und überzeugt vom Adel der menschlichen Seele spricht, von ihrer Edelkeit, die ihr die Rückkehr zu Gott ermöglichen soll? Eckharts Begriff vom ›Adel der Seele‹ nimmt Bezug auf einen Streit, der das Mittelalter bis dahin entzweit hatte. Es gab zwei Positionen; und beide nahmen ihren Ausgangspunkt in der Heiligen Schrift. Das erste Wort Gottes »*Ego sum qui sum*« (»Ich bin, der ich bin«) beschrieb ihn als das Sein – das erste Wort des Johannes-Evangelium (»*In principium erat verbum*« = »Am Anfang war das Wort«) beschrieb ihn als das Wort. Sein Leben lang hat Eckhart um diese Positionen gerungen. War Gott das Sein, und – wie die Franziskaner im Mittelalter behaupteten – damit die Liebe oder war er das Wort, die Sprache und – wie sein dominikanischer Orden lehrte – also die Vernunft? Heute mag uns das seltsam vorkommen. Aber zur Zeit Eckharts tobte ein wahrhaft ernsthafter, ein entzweiender, ein heftiger Streit darum, ob Gott besser durch die Liebe oder besser durch die Vernunft zu erfassen sei. Eckhart fand eine einfache Antwort: durch beides.

Als Gott die Welt schuf, als er sich selbst vergoss, ausströmte, sich mitteilte, von Einem in Vieles verwandelte, da geschah es aus Liebe. Und als er den Menschen schuf, sich selbst zum Bild, ganz gleich, da teilte er ihm auch eines mit: den Funken der Vernünftigkeit. Der Mensch ist kreatürlich, geschaffen, und die Liebesempfindung ist Teil dieser Geschaffenheit, denn sie ist Gefühl, Mensch und Tier gemein, aber der höchste Teil der menschlichen Seele, Eckhart nennt dies das Seelenfünklein, dieser Teil ragt in Gott hinein, ist unmittelbarer Teil Gottes, nicht geschaffen, sondern von Gott geboren als sein Sohn. Am nächsten steht in der Ordnung der Seele diesem Teil seines Wesens der Verstand, der ihn von allem anderen Geschaffenen unterscheidet. Man kann Gott also über die Mittel des Verstandes erfassen, man kann ihn erkennen; aber bei ihm bleiben, festhalten an ihm kann dieser Teil des menschlichen Geistes nicht; dazu braucht es die Liebe. Nur wer Gott erkennt und ihn liebt, der kann wahrhaft zu ihm gelangen und bei ihm bleiben. Wichtig dabei ist noch eines: Indem Gott sich selbst ausspricht, schafft er die Welt. Gott spricht sich aus und damit den Sohn (*logos*-Theologie). Gott spricht – und das Wort, das er spricht, ist etwas in ihm und eins mit ihm, aber auch etwas Neues, es ist *sein* Wort und doch etwas Zweites. Der Sohn. Gott selbst gebirt seinen Sohn, indem er ihn spricht. Gott spricht Christus in die Welt hinein: »Im Anfang war das Wort und das Wort war bei Gott«. Das Eine ist Zwei geworden und doch Eines geblieben. Das zu verstehen, ist nicht einfach, sagt Eckhart. Aber wer es versteht, der habe seine Theologie verstanden. Christus wird Mensch, er wird nicht irgendein Mensch, sondern Mensch wie wir. Er nimmt die, so heißt es bei Eckhart, »allgemeine Menschennatur« an. Er wird Mensch wie wir, unser Bruder. Das aber heißt, konsequent zu Ende gedacht, dass wir alle Gottes Kinder sind, wie Christus. Eckhart sagt: »Gott gebirt sich selbst. Er gebirt sich in mich hinein. Wir alle sind Gottes Kinder, gleichgültig, ob wir Christen, Heiden oder Juden sind.« Jeder Mensch, fährt Eckhart fort, ist Gottes Kind und als Gottes Kind hat er die Möglichkeit, mit dem Vater vereint zu sein. Im obersten Teil seiner Seele, im ›Seelenfünklein‹ ragt er immer in Gott hinein, ist er immer Bestandteil Gottes und hört nie auf, es zu sein. Insofern ist bei Eckhart jeder Mensch Gottessohn – wie Christus.

Und damit sind wir beim vierten (und letzten) Punkt von Eckharts Programm: Der Klarheit und Reinheit der göttlichen Natur, die unaussprechlich sei und ungesprochen bleibe. Von der *logos*-Theologie und der Vorstellung von Gottes Sohn als Wort des ewigen Vaters war schon die Rede. Wir müssen uns jetzt fragen, wie sich Eckhart die Schöpfung, das Verhältnis des Schöpfers zu den Kreaturen, des Vaters zu seinem Sohn vorstellt. Mystik, haben wir gesagt, trägt immer den Wunsch in sich, zum Einen, zum Alleinigen zurückzukehren. Dem entsprechend bedeutet Schöpfung den Ausfluss, das Sich-Ergießen des Einen aus sich selbst hinaus ins Viele (man spricht von Emanation). Das klingt kompliziert und ist doch einfach: Es gibt Eines. Ein Einziges. Die Gottheit. Dieses Eine wird sich seiner selbst bewusst, indem es sich ausspricht. Es ist nicht nur. Es denkt. Es erkennt sich selbst. Und es denkt sich selbst. Es spricht sich aus. »*Ego sum qui sum*«, sagt Gott. Aber indem er dies ausspricht, ist da sein Wort. Eins mit Gott und doch verschieden. Und damit hat Gott seinen Sohn aus sich selbst heraus hervorgebracht. Er strömt weiter. Gott strömt aus und schafft so die Welt und den Menschen. Der Mensch ist nach dem Bild Gottes geschaffen, er ist Gottes Spiegelbild. Stellen wir uns einen Spiegel vor und das Bild, das sich darin abzeichnet. So ist, sagt Eckhart, der Mensch Spiegelbild Gottes. Die Kreatur ist geschaffen: der Spiegel. Aber ist das Spiegelbild Gottes geschaffen? Sind wir nicht – rein als Spiegelbild betrachtet – Gott gleich? Schauen wir nicht den Spiegel an, sondern betrachten uns nur als Spiegelbild, so sind wir in der Lage unsere Gottesebenbildlichkeit zu erkennen, mehr noch: unsere Gottgleichheit. Und damit sind wir wieder beim Anfang: Dann, wenn der Mensch alles Kreatürliche, alles Geschaffene, alles Weltliche in sich ablegt (den Spiegel), erkennt er, dass er ganz nah bei Gott, in Gott, Gott selbst ist. So, wie wir aus Gott ausgeflossen sind, so können wir also in ihn zurückfließen. Diese Möglichkeit, in Gott zurückzukehren, besteht für jeden, überall, immer. Und zwar deswegen, weil Gott die Welt nicht zu irgendeinem Zeitpunkt geschaffen und vollendet hat, sondern weil er sie immer schafft. Der Mensch, das Geschöpf, die Kreatur, die Welt, all dies ist Nichts, weil es nur ein Spiegelbild ist, ein trüber Schatten des wahren Seins. Eine flüchtige Illusion. Es erhält sein Sein nur dadurch, dass Gott vor dem Spiegel steht und sein Bild in ihn wirft. Würde Gott sich auch nur einen Moment abkehren, wo wäre das Bild? Ein reines Nichts. Oder um es anders zu sagen: Gott hat die Welt, die Kreaturen, er hat den Menschen nicht irgendwann erschaffen, vollendet und dann losgelassen, er schafft sie jeden Augenblick neu. Er hält sie in der Hand. Die Welt, die Kreatur, der Mensch – all dies ist nichts ohne Gott. Nur durch ihn bekommt alles jeden Moment neu sein Sein. So erschafft Gott die Welt in jedem Augenblick und hat sie doch ewig erschaffen. Die Schwierigkeit besteht darin, dass die Wahrheit, die Reinheit und Lauterkeit Gottes (auf der anderen Seite des Spiegels) für das Spiegelbild ewig unerreichbar bleibt. Denn wir sind Gottes Bild (aber eben nur als Abbild), sein eigentliches Sein bleibt uns unerreichbar. Die menschliche Sprache ist nie in der Lage die Vollkommenheit Gottes zu »be-sprechen«. Gott ist jenseits unserer Sprache. Alles, was wir von Gott sagen können, ist unzureichend, nicht ausreichend, nicht hinlänglich. Unsere Sprache ist unvollkommen vor der göttlichen Einfaltigkeit. Und deshalb ist Gott unaussprechbar. Man nennt das *theologia negativa*. Alles, was man von Gott sagen kann, ist Teil unserer Sprache, ist Teil dieser Welt. Gott aber ist nicht von dieser Welt. Alles, was man damit über ihn sagen kann, trifft ihn nicht. Gott bleibt dunkel, unerkannt, ein Geheimnis. Ewig unaussprechlich. Und doch kreist menschliche Sprache und menschliches Denken um ihn. Im unaufhörlichen (nie zu Ende zu bringenden) Versuch, ihn zu benennen. Man kann ihn erkennen (wissen, dass es ihn gibt) mit dem Verstand, man kann ihn lieben und an ihn glauben. Mit den Mitteln der Sprache beschreiben kann man ihn nie. Und doch muss man gerade das immer wieder versuchen. Es gibt aber, so wusste Meister Eckhart, Momente im menschlichen Sein, in denen man Gott ganz nahe kommt, in denen man zu ihm »durchbricht«, in denen man – dann, wenn man ganz tief bei sich selbst ist und sich deshalb selbst vergessen kann – plötzlich weiß, dass Gott im Menschen ist.

Und damit haben Eckharts mittelhochdeutsche Worte *abegescheidenheit, ledic sîn selbes, einvaltiges guot, edelkeit der sêle, lûterkeit götlicher natûre* bis heute ihre Aktualität behalten. Dass seine Predigten auch in ganz anderen Zusammenhängen als »Große Werke der Literatur« gelten können, das will »erlesen« werden:

## Literaturverzeichnis:

### Primärliteratur:

**Meister Eckhart:**
– *Deutsche Predigten. Eine Auswahl. Mittelhochdeutsch/Neuhochdeutsch.* Auf der Grundlage der kritischen Werkausgabe und der Reihe »Lectura Eckhardi«. Hg., übers. u. kommentiert v. Uta Störmer-Caysa. Stuttgart 2001 (RUB 18 117).
– *Die deutschen Werke.* Bd. I–III und V: Hg. v. Josef Quint. Stuttgart 1958ff., Bd. IV: Hg. v. Georg Steer unter Mitarbeit v. Wolfgang Klimanek u. Freimut Löser. Stuttgart 1997ff. (kritische Ausgabe).
– *Die lateinischen* Werke. Bd. I–V: Hg. v. Ernst Benz, Karl Christ, Bruno Decker u.a. Stuttgart 1956ff.

### Einführungen:

**Alois Haas:** *Meister Eckhart als normative Gestalt geistlichen Lebens.* Einsiedeln 1979 (Kriterien 51).

**Freimut Löser:** Art. »Mystik« und »Predigt«. In: Horst Brunner/Rainer Moritz (Hgg.): *Literaturwissenschaftliches Lexikon.* Berlin 1997, S. 237–240 und 274–275 (einführend in die Zusammenhänge).

**Kurt Ruh:** *Meister Eckhart. Theologe, Prediger, Mystiker.* München 1985.

# Eduard Mörike *Mozart auf der Reise nach Prag*

Mathias Mayer

Eduard Mörike ist kein Kandidat für die große Literatur. Auch wenn heute, im Jahr seines 200. Geburtstages, vor allem der Südwesten Deutschlands ihm außerordentliche Würdigung zuteil werden lässt, kann man nicht erwarten, Mörike künftig unter die ganz Großen gerechnet zu sehen. Das heißt freilich auch nicht, dass man sich auf Georg Lukács und sein gehässiges Urteil zurückbeziehen müsste, wonach Mörike nichts anderes als ein »niedlicher Zwerg« sei, den es etwa neben Heine oder Büchner kaum ernstzunehmen gelte. Heine selbst hatte gespottet, Mörike »besinge nicht bloß Maykäfer, sondern sogar Lerchen und Wachteln, was gewiß sehr löblich ist« (Heine 10: 1993, 270). Auch Mörikes philosophische Freunde warfen ihm vor, sich mit romantischen Märchen abzugeben statt ein großes zeitgenössisches Thema zu bearbeiten. Zwar ist inzwischen längst deutlich geworden, dass man Mörike nicht mehr auf den idyllischen Rückzug in biedermeierliche Sicherheiten festlegen kann, – dazu sind seine Texte zu raffiniert, zu doppelbödig, zu psychologisch. Aber selbst mit einer solchermaßen wohl etwas gerechteren Einschätzung lässt er sich nicht unter die ›Großen‹ puschen.

Vielleicht könnte man statt dessen so ansetzen: Mörike als einen Autor bewusster, durchschauter, ja kalkulierter Kleinheiten wahrzunehmen, die nicht gegenüber dem Großen nur unterlegen sein müssen, sondern die ihr eigenes Gewicht haben. Kleinheit also nicht als schiere Unfähigkeit zur Größe, sondern als quasi minimalistisches Prinzip, das um seine eigene Begrenztheit ebenso weiß wie um die generelle Fragwürdigkeit von Größe. Ein solches Relativitätsprinzip von Kleinheit und Größe kann man zeitgenössisch aus der berühmten Vorrede zu den *Bunten Steinen* von Adalbert Stifter beglaubigen, wo es heißt:

> Weil wir aber schon einmal von dem Großen und Kleinen reden, so will ich meine Ansichten darlegen, die wahrscheinlich von denen vieler anderer Menschen abweichen. Das Wehen der Luft das Rieseln des Wassers das Wachsen der Getreide das Wogen des Meeres das Grünen der Erde das Glänzen des Himmels das Schimmern der Gestirne halte ich für groß: das prächtig einherziehende Gewitter, den Bliz, welcher Häuser spaltet, den Sturm, der die Brandung treibt, den feuerspeienden Berg, das Erdbeben, welches Länder verschüttet, halte ich nicht für größer als obige Erscheinungen, ja ich halte sie für kleiner, weil sie nur Wirkungen viel höherer Geseze sind. Sie kommen auf einzelnen Stellen vor, und sind die Ergebnisse einseitiger Ursachen. (Stifter 2,2: 1982, 10)

Das listige Plädoyer für eine ›kleine Literatur‹ kann man bei dem Mörike-Leser Franz Kafka wiederfinden, der wohl gerade durch die Kunst des Kleinen zu einem der Größten wurde. Und Theodor W. Adorno war es dann, der in seiner Rede über Lyrik und Gesellschaft Mörike den »geschichtsphilosophischen Takt« bescheinigte, nämlich das präzise zum Ausdruck zu bringen, »was zu seinem Augenblick wahrhaft sich füllen ließ«. Damit ist bezeichnet, wie Mörike gerade aus der Bewusstheit der selbst wahrgenommenen Grenze seine unverwechselbare Authentizität gewinnen konnte. Sie ist immer wieder wahrgenommen worden, unter den Zeitgenossen u.a. von Theodor Storm und Gottfried Keller.

## I Ein Jubiläumstext – zwischen den Künsten

Mörikes Mozart-Novelle ist vielleicht mehr ein kleines Werk der großen Literatur – ein großes Werk der Literatur ist sie, wenn man sich auf die verkleinerten Maßstäbe einer solchen Erzählung einzulassen bereit ist. Dass sie hier vorgestellt werden soll, geschieht nicht ohne Seitenblick auf das Jubiläum ihres Autors, der vor 200 Jahren geboren wurde – ein Anlass, der, zugegeben, seine Beliebigkeit hat, denn Mörike ist auch im nächsten und übernächsten Jahr nicht weniger gut als im Jubiläumsjahr; und doch hat sich der Autor auf dieses Spiel mit den Jahreszahlen selbst eingelassen, denn 1856, als die Novelle im Buchhandel erschien, beging man gerade den 100. Geburtstag Mozarts. Mörike hatte also selbst ein solches Datum vor Augen, als er an seinem Werk schrieb. Daraus könnte man eine gewisse Berechtigung ableiten, den Text der Novelle als Bestandteil einer kulturellen Erinnerungsarbeit zu verstehen, womit schon eine grundsätzliche Möglichkeit angesprochen wäre, zu überlegen, was große Werke der Literatur oder zumindest kleine Werke der großen Literatur auszeichnet: Es ist dies die Aufgabe, Literatur als kulturelles Gedächtnis zu lesen, d.h. den literarischen Text in seinem Charakter als Erbe wie auch als Speicher ernstzunehmen, ihn also als Medium der Zeitüberbrückung zu respektieren. Mörikes Mozart-Novelle, das kann man schon sagen, ist keine Eintagsfliege, sondern ein Beitrag geschichtlicher Selbstverständigung von Kunst.

Ein weiterer Zug dieser Novelle liegt in seiner nicht nur historischen, sondern auch medialen, intermedialen Brückenfunktion: Ein literarischer Text, der einem Genius der Musik Ausdruck verleiht und dabei auch Bildimaginationen evoziert, die im Falle Mörikes auch konkrete Gestalt angenommen haben.

So gibt es von der Hand Mörikes, der sich auch gerne mit dem Zeichenstift betätigt hat, eine Porträtzeichnung Mozarts, die einen nicht eben schönen, aber auffallend introvertierten Künstler zeigt, der ausdrücklich als der *junge* Mozart charakterisiert ist. Mag man diese kleine Zeichnung von gerade 8 × 9 cm aus dem Mergentheimer Hausbuch auch nicht für die beste von der Hand Mörikes halten, so zeigt sie doch *seinen* Blick auf Mozart: Es ist ein Blick ins Innere, Innerliche, es ist nicht der ins Platte verkitschte heitere Mozart, auch nicht so sehr der dämonische, sondern ein verhaltener, melancholischer Künstler (vgl. Mörike: 2004, 9). Ferner gibt es eine Zeichnung einer Rokokokutsche ähnlich der, in der Mörike das Ehepaar Mozart auf der Reise nach Prag fahren lässt (vgl. Pörnbacher: 1985, 5).

Wollte man diese Brücken zwischen Text, Musik und Bild als Kennzeichen dieses Werkes großer Literatur in Anspruch nehmen, so könnte man auch weniger freundlich sagen, dass man es dieser Erzählung wünscht, dass sie von einer Verfilmung verschont bleibe (vgl. Panagl: 1991). Wie leicht müsste man sich vorstellen können, dass sich hier Landschafts- und Schlossszenen mit mozartscher Musik untermalt aneinanderreihen lassen, dass Mörikes Erzähltechnik wechselnder Sprecherinstanzen als Vorwegnahme filmischer Schnitttechniken erkannt werden könnte ... Indessen scheint gerade der Wert dieses Textes in seiner literarischen Vermittlung dieser Aspekte zu liegen, d.h. als zweite Definitionsmöglichkeit großer Literatur könnte man überlegen, ob nicht der literarische Text eine intermediale Vermittlung zu übernehmen hat, zwischen Bildlichkeit und musikalischer Akustik, die als Rhythmik den mündlichen oder schriftlichen Text prägt.

Um was geht es in dieser Erzählung, der letzten großen Arbeit, die Mörike fertiggestellt hat? Der Autor war gerade einmal über fünfzig Jahre alt, aber schon seit mehr als 10 Jahren im Ruhestand. Zwar blieben ihm bis zu seinem Tod 1875 noch fast zwanzig Jahre, aber ein ähnlich umfangreiches Werk brachte er nicht mehr heraus. Dabei ist die Mozart-Novelle von durchaus harmlosem Umfang, ein Text von 60 bis 80 Druckseiten.

## II Inhalt und Entstehung

Eine nur im Kern historische Episode aus Mozarts Leben bildet den Angelpunkt dieser Erzählung: Die Uraufführung des *Don Giovanni* fand Ende Oktober 1787 im Prager Ständetheater statt, aber der Aufenthalt des Komponisten mit seiner Frau auf dem böhmischen Schloss ist Mörikes eigene Erfindung. Bei einer Rast in einem Dorf begeht Mozart im Garten des gräflichen Schlosses unbeabsichtigt einen Frevel, denn während er einer musikalischen Erinnerung nachhängt, pflückt er von einem dort aufgestellten Pomeranzenbaum eine Frucht ab und zerstört damit das Festgeschenk für die im Schloss schon lange vorbereitete Verlobungsfeier. Da die Braut aber eine Verehrerin seiner Musik ist, liegt dem Grafen alles daran, Mozart und seine Frau in die Festgesellschaft aufzunehmen. Viele humorvolle, geistreiche und bald auch sehr ernsthafte Gesprächsszenen sind die Folge, in denen Mozart sogar Teile aus der neuen Oper vorspielt. Am anderen Morgen erhält er vom Grafen eine eigene Reisekutsche geschenkt. Einzig die feinfühlige junge Braut hat inzwischen in Mozart den tragischen Zug einer sich selbst verzehrenden Frühvollendung wahrgenommen.

Erst im Jahr 1852 lassen sich konkretere Spuren von Mörikes Arbeit an einer Mozartnovelle in den Zeugnissen nachweisen – doch zieht er damit die Bilanz aus einer eigentlichen lebenslangen Affinität zu Mozart. Denn schon Mörikes Lieblingsbruder August, der 1824 vermutlich freiwillig aus dem Leben geschieden war, hatte eine besondere Vorliebe für die Musik Mozarts entwickelt, und Mörike blieb der gemeinsame Besuch einer *Don Giovanni*-Aufführung in Stuttgart im August 1824 deshalb besonders in Erinnerung, weil er nur wenige Tage vor dem Tod des Bruders stattfand und überdies in jenen besonders unruhigen Sommer fiel, in dem Mörike seine Distanzierung von Maria Meyer zu bewältigen versuchte, die er später in die »Peregrina« seiner Lyrik und in die Zigeunerin Elisabeth im *Maler Nolten* verwandelte (vgl. Mayer: 2004). Zeitlebens blieb Mörike die Erinnerung an diese *Don Giovanni*-Aufführung im Gedächtnis, noch 1843 berichtet er davon, dass er sich vor einer »angekündigten vollständigen Aufführung« fürchte, weil sie ihn zu sehr an die noch immer traumatisch präsente Vergangenheit von 1824 erinnere (Mörike 14: 1994, 96). Wann Mörike den Plan gefasst hat, sich dichterisch mit Mozart auseinanderzusetzen, ist nicht bekannt, wir wissen nur über seinen Freund

Wilhelm Hartlaub, dass Mörike »ein Fragment Dichtung aus seinem Leben [...] einmal im Sinn« hatte (Pörnbacher: 1985, 61). 1847 hat Hartlaub den Freund auf die soeben auf deutsch erschienene Mozart-Biographie von Alexander Oulibicheff hingewiesen, mit der Mörike sich dann ausführlich beschäftigte (vgl. Mayer: 1985, 244f.). Im Sommer 1852 ist Mörike schon konkret mit der Stelle über die »silbernen Posaunen« in der Kirchhof-Szene des *Don Giovanni* befasst, doch verzögert sich die Ausarbeitung der Novelle durch die Arbeit am *Stuttgarter Hutzelmännlein*, das 1853 erscheint. In diesem Jahr fördert Mörike auch die Mozartnovelle beträchtlich, er bietet sie bereits dem Verleger an, aber auch hier ist Mörike ein Mann der letzten Minute, denn noch wenige Wochen vor der – natürlich wieder einmal längst verzögerten Manuskriptabgabe – behauptet er, seine Aufgabe sei es gewesen,

> ein kleines Charaktergemälde Mozarts (das erste seiner Art so viel ich weiß) aufzustellen, wobei, mit Zugrundlegung frei erfundener Situationen vorzüglich die heitere Seite zu lebendiger concentrirter Anschauung gebracht werden sollte. Vielleicht daß ich später in einem Pendant auch die andern, hier nur angedeuteten Elemente seines Wesens und seine letzten Lebenstage darzustellen versuche. (Mörike 16: 2000, 205f.)

Sowohl die Charakterisierung des Textes wie auch der weitere Plan passen gar nicht mehr zu der Novelle, wie wir sie vorliegen haben, denn nun ist Mozart keineswegs von der heiteren Seite gesehen, vielmehr liegt bereits der Schatten des Todes über ihm, ohne dass dazu die Beschäftigung mit seinen letzten Lebenstagen erforderlich wäre. Erst in den letzten Wochen der Arbeit, im Mai und Juni 1855, muss Mörike die Novelle also in die endgültige Gestalt gebracht haben.

Erschienen ist die Novelle zunächst einmal als Fortsetzungswerk, in vier Abteilungen im Juli und August 1855 im *Morgenblatt für gebildete Leser*, wobei Mörike jede dieser vier Gruppen mit einem eigenen Motto überschrieben hat, die er später wieder aus dem Text herausnahm. Ende des Jahres erschien dann die Buchfassung im Verlag Cotta, mit den Standorten Stuttgart und Augsburg. Das Erscheinungsjahr wurde dabei auf 1856 vordatiert, um damit den Jubiläumscharakter auf Mozarts hundertsten Todestag hin sichtbarer zu machen. Kurz danach kommt es zu einer zweiten Auflage, ein für Mörike ungewöhnlicher Erfolg, und Paul Heyse nahm schließlich die Novelle noch in seinen *Deutschen Novellenschatz* auf. So wurde dieses Werk früh schon neben den Gedichten der bekannteste Text des Autors.

### III Großes im Kleinen

Zu den Besonderheiten dieser Erzählung gehört ihr virtuoser Umgang mit der Zeit. Schon der Titel stellt die Bewegung durch den Raum in den Mittelpunkt der Erwartung, Mozart ist »auf der Reise«, unterwegs, und diese Bewegung nimmt Zeit in Anspruch. Gleichwohl fängt die Erzählung diese Bewegung wie in einer Art Standbild ein, sie hält die Reise und die Zeit an, die erzählte Zeit der Novelle umfasst nicht mehr als 24 Stunden. Aber dieser anscheinend beliebig aus dem Leben des Protagonisten herausgeschnittene Tag wird auf eine raffinierte Art und Weise gestreckt, denn indem Mörike Mozart in einen Dialog mit der – gräflichen – Gesellschaft treten lässt, bietet er die Gelegenheit, diesen Zeitpunkt in einer extremen Weise zu dehnen. Nicht nur Episoden aus Mozarts Leben, aus seiner Kindheit, werden im Text gesprächsweise oder als Erinnerung vorgestellt, auch Mozarts künftiges Schicksal, sein früher Tod, schon vier Jahre nach der Handlungszeit der Novelle, ist in indirekten Spiegelungen im Text präsent, denn »den Einen traurigen Gedanken, zu sterben« verfolgt Mozart »wie eine endlose Schraube«, heißt es im Text (Mörike 6/1: 2005, 233). Auch über Mozarts Tod hinaus reicht die Imagination der Zeit, indem er vor falschen Propheten warnt, die sechzig oder siebzig Jahre nach seinem Tod auftreten würden – womit Mörike listig genug den Text in die eigene Zeit von 1850 verlängert, so dass von einigen nachgedacht wurde, ob diese Wendung an die Adresse Richard Wagners gerichtet sein könnte. Aber auch die Lebensepoche Mozarts wird in einen größeren Kontext gestellt, indem etwa die Geschichte des Orangenbäumchens, von dem er unerlaubterweise eine Frucht gepflückt hat, schließlich bis in die Generation Ludwigs XIV. zurückverfolgt wird und Mörike es auch an Anspielungen auf die bevorstehende Französische Revolution nicht fehlen lässt. Der Orangenfrevel ist als metaphorischer Spiegel der revolutionären Gewalt gelesen worden, der Gärtner dann als Vertreter des Volkes und ›Don Giovanni‹ selbst, der so genannte »Höllenband«, als Symptom dieses radikalen Umbruchs (vgl. Perraudin: 1989; Benn: 1972). Der eine Tag der Novelle umspannt daher einen Rahmen von gut 150 Jahren. Diese Schichtung unterschiedlicher Zeitaspekte bleibt allerdings nicht nur künstlerische Virtuosität, sondern sie ist einem Bewusstsein von der Relativität der Zeit geschuldet, ein Phänomen, das nicht zuletzt für die Modernität dieser Novelle bürgt, wird doch erst im modernen Erzählen des 20. Jahrhunderts die Zeit zum Hauptthema und -medium.

Ähnliche Dehnung, die gesprächsweise erfolgt und damit unaufdringlich wirkt, kann auch für die Raumgestaltung behauptet werden. Das Mährische Gebirge, das die Reisenden gerade hinter sich gelassen haben, ist nicht zuletzt ein symbolischer Ort, denn die gleich anfangs angesprochene »Tannendunkelheit« des böhmischen Waldes korrespondiert mit dem »Tännlein«, das im abschließenden Gedicht der Novelle dann als ein memento mori, als Grabpflanze vorgestellt wird.

> Ein Tännlein grünet wo,
> Wer weiß, im Walde;
> Ein Rosenstrauch, wer sagt,
> In welchem Garten?
> Sie sind erlesen schon,
> Denk es, o Seele,
> Auf deinem Grab zu wurzeln
> Und zu wachsen.
>
> Zwei schwarze Rößlein weiden
> Auf der Wiese,
> Sie kehren heim zur Stadt
> In muntern Sprüngen,
> Sie werden schrittweis gehn
> Mit deiner Leiche;
> Vielleicht, vielleicht noch eh'
> An ihren Hufen
> Das Eisen los wird,
> Das ich blitzen sehe! (Mörike 6/1: 2005, 285)

Dieses Gedicht wird aber als böhmisches Volkslied ausgegeben, obwohl es natürlich von Mörike stammt. Anfang und Ende des Textes sind somit markiert, Böhmisches fungiert dabei als Zeichen des Todes und der Dunkelheit. Wien und Prag signalisieren als Ausgangs- und Zielorte der Reise selbstverständlich den Rahmen dieser Reise, aber daneben werden in den Gesprächen auch andere Zentren des damaligen Europa aufgerufen: Die Welt Ludwigs XIV. ist auf Paris zentriert, im Gespräch mit seiner Frau stellt sich Mozart eine alternative Existenz am Hof des preußischen Königs in Berlin vor, und seine eigene Jugenderinnerung, die ihm angesichts der Pomeranzen einfiel, versetzt ihn noch einmal nach Neapel. Die Landkarte des Textes umfasst damit aber wesentliche Teile des kulturellen Europa.

## IV Künstlernovelle – Ästhetik der Geselligkeit

Diese Novelle ist nicht nur im biographisch-historischen Sinne eine Künstlernovelle über den Komponisten Mozart, sie ist zugleich ein Text über Kunst, über die Voraussetzungen und Bedingungen künstlerischer Produktivität. Denn nicht als Konkurrenz mit schon damals vorliegenden Mozart-Biographien ist die Novelle angelegt, sondern als literarischer Text, der sich einerseits die Freiheit nimmt, von der historischen Wahrheit abzuweichen – denn diesen Aufenthalt Mozarts auf dem Schloss gab es so nicht –, der sich andererseits aber auch die Verpflichtung auferlegt, über eben diese Freiheit Rechenschaft abzulegen. »Außerhalb der Fiktion der Erzählung existiert ein gemeinsames Wissen bei Erzähler und Leser, das, ohne expressis verbis formuliert zu sein, in die Erzählung verarbeitet ist« (Steinmetz: 1969, 103). Es ist also vor allem kein einfacher, sondern ein komplex geschichteter Text, der nicht nur etwas erzählt, sondern der auch dieses Erzählen selbst thematisiert, reflektiert und legitimiert. Das heißt, im Erzählen wird auch über das Erzählen nachgedacht – eine Qualität, die man auch für die Modernität Mörikes in Anspruch nehmen könnte.

Es sind vorwiegend zwei Aspekte, die dabei in Betracht kommen: Eine erzähltechnische und eine ästhetische Komponente. Die erzähltechnische Perspektive lässt sich so beschreiben, dass diese Novelle von ihrem Aufbau her eine Fülle unterschiedlicher Perspektiven versammelt, die nur durch die Regie eines übergeordneten Erzählers zusammengehalten werden, dass dabei aber dieser Erzähler nur als primus inter pares erscheint (vgl. Hart Nibbrig: 1973, 360). Das Erzählverfahren kann daher als ein quasi-demokratisches bezeichnet werden, es herrscht nicht die aristokratische Dominanz einer einzelnen Erzählerfigur vor, sondern sie delegiert ihre narrative Macht an verschiedene Binnenerzähler, die sich in ihrer subjektiven und zeitlichen Perspektivierung ebenso relativieren wie auch ergänzen. Das heißt, auch die von der Schloss-Gesellschaft wie dem Leser natürlich mit besonderer Aufmerksamkeit verfolgte Ich-Erzählung Mozarts gewinnt nach der erzähltechnischen Ökonomie des Textes keineswegs die Oberhand; ihr ist zwar eine besondere, allerdings fiktiv vermittelte Authentizität zu eigen, weil man gleichsam im Originalton den Meister selbst zu hören vermeint, sie wird aber im Gesprächsduktus der Novelle auch wieder in ihrem Anspruch ausgeglichen, etwa durch die deutlich unkünstlerische, bürgerlichere Perspektive von Constanze, die ebenfalls einen Teil der Wahrheit vertritt. Dieses Gesprächskonzept unterschiedlicher Binnenerzähler erlaubt auch sogar Zonen gleichsam unökonomischer Verschwendung, also Bereiche, die nicht direkt dem Erzählverfahren zuzuordnen sind, sondern sich ihm gegenüber verselbständigen, so etwa der Brief, der gleich zu Beginn zitiert wird, der Brief einer fiktiven Baronesse, die selbst im Rahmen dieser Novelle überhaupt nicht mehr in Erscheinung tritt. Dennoch wird hier einer weiteren Perspektive Stimme verliehen, wodurch der Text seine vielfach gebrochene Farbigkeit und Lebendigkeit gewinnt. – Dieses Arrangement diverser Erzählkomponenten erlaubt nicht nur eine Feinabstimmung subjektiver Wahrheiten, sondern auch subjektiver Erinnerungsspuren, so dass der Zeitfeldcharakter des Textes wesentlich mit der Aufspaltung der Erzählfunktion auf verschiedene Protagonisten zusammenhängt. Darin unterscheidet sich auch der spätere Mörike von seinen früheren Werken, besonders von der Tragik des *Maler Nolten*-Romans, wo eben die verschiedenen Erinnerungsschichten der Protagonisten in einen Abgrund der Vergangenheit zurückgeführt haben, der letztlich bodenlos blieb und damit die Figuren zerstören musste (vgl. dazu Bruch: 1992; Nuber: 1997, Schüpfer: 1996).

Andererseits lässt sich diese erzähltechnische Anordnung auch poetologisch, bzw. ästhetisch als Aussage über die Produktion von Kunst lesen: Indem der Künstler hier nicht als monomanische Ausnahme, sondern in seinem prekären Verhältnis zur Gesellschaft gezeigt wird, verliert er die romantische Zentralperspektive, gewinnt aber an geselliger Legitimation. Das Erzählverfahren der geteilten Verantwortung wäre daher auch als Antwort Mörikes auf die Frage zu lesen, wie sich künstlerisches Verfahren in der Gesellschaft legitimieren kann – nämlich nicht mehr im Sinne romantischer Ausschließlichkeit und Alleinvertretung, sondern im Bewusstsein seiner Begrenztheit und Teilhabe am gesellschaftlichen Prozess. Mörikes Ästhetik der Geselligkeit (vgl. Braungart/Simon: 2004), das, was Adorno mit bemerkenswerter Sensibilität als den geschichtsphilosophischen Takt gerühmt hatte, ist Zeichen einer Bewusstheit dafür, dass Kunst in der Mitte des 19. Jahrhunderts nicht mehr mit dem Alleinvertretungsanspruch der Kunstperiode auftreten kann, sondern dass sie sich als Teil des Ganzen allenfalls noch legitimieren kann, als Teil, der in seiner Unverwechselbarkeit allerdings unverzichtbar ist. Insofern gewinnt diese Künstlernovelle auch den Anspruch ästhetischer Standortbestimmung. Große Literatur, so könnte man wiederum zu folgern versuchen, zeichnet sich aus durch die Bewusstheit ihrer Position im gesamtgesellschaftlichen Gefüge.

## V Kunst – zwischen Erinnerung und Wiederholung

Die Mozartfigur ist bei Mörike in höchst lebendiger Spannweite präsentiert – als liebenswürdiges, beschränktes menschliches Mittelmaß, wenn die bürgerliche Perspektive der Ökonomie vorherrscht, dann aber auch als gefährdete Randfigur, wenn Melancholie und Todesahnung zum Durchbruch kommen (vgl. Braungart: 1990), oder aber als dämonische Übergestalt in der Konzeption des *Don Giovanni*. Die Künstlerfigur Mozart erscheint deshalb in diesem Werk unter doppeltem Augenmerk, in zwei Szenen künstlerischer Produktivität, die auf extreme Grenzzustände menschlicher Existenz hindeuten, auf Liebe und Tod. Innerhalb der Novelle werden wir anscheinend Augen- und Ohrenzeugen von zwei Kompositionsszenen, in denen wesentliche Teile der Opernpartitur bei ihrer Entstehung abgebildet werden: Da ist zunächst die Szene im Schlossgarten, der Frevel mit dem Orangenbaum und die daraus hervorgehende musikalische Reminiszenz, deren neapolitanischer Hintergrund aus Mozarts Jugend erst im Nachhinein eingeblendet wird; Thema dieser Inspiration ist das Hochzeitslied von Zerlina und Masetto. Könnte man hier von einer Erfindung sexueller Ekstase sprechen, denn die Deutung als »lustiger Volkstanz« greift wohl zu kurz (Immerwahr: 1975, 417), so korrespondiert ihr auf der anderen Seite, am Ende der Novelle, die Ekstase des Todes mit der Komposition der Kirchhof-Szene des *Don Giovanni*.

a) Mozart als anderer Adam – die Szene im Garten

Während Madame Mozart im Gasthof einen Mittagsschlaf hält, streunt ihr Mann durch die nähere Umgebung und stößt im Garten des Schlosses auf eine von Lorbeer und Oleander umstellte Orangerie mit einem Brunnen.

> Das Ohr behaglich dem Geplätscher des Wassers hingegeben, das Aug auf einen Pomeranzenbaum von mittlerer Größe geheftet, der außerhalb der Reihe, einzeln, ganz dicht an seiner Seite auf dem Boden stand und voll der schönsten Früchte hing, ward unser Freund durch diese Anschauung des Südens alsbald auf eine liebliche Erinnerung aus seiner Knabenzeit geführt. Nachdenklich lächelnd reicht er hinüber nach der nächsten Frucht, als wie um ihre herrliche Ründe, ihre saftige Kühle in hohler Hand zu fühlen. Ganz im Zusammenhang mit jener Jugendscene aber, die wieder vor ihm aufgetaucht, stand eine längst verwischte musikalische Reminiszenz, auf deren unbestimmter Spur er sich ein Weilchen träumerisch erging. Jetzt glänzen seine Blicke, sie irren da und dort umher, er ist von einem Gedanken ergriffen, den er sogleich eifrig verfolgt. Zerstreut hat er zum zweitenmal die Pomeranze angefaßt, sie geht vom Zweige los und bleibt ihm in der Hand. Er sieht und sieht es nicht; ja so weit geht die künstlerische Geistabwesenheit, daß er, die duftige Frucht beständig unter der Nase hin und her wirbelnd und bald den Anfang, bald die Mitte einer Weise unhörbar zwischen den Lippen bewegend, zuletzt instinktmäßig ein emaillirtes Etui aus der Seitentasche des Rocks hervorbringt, ein kleines Messer mit silbernem Heft daraus nimmt und die gelbe kugelige Masse von oben nach unten langsam durchschneidet. Es mochte ihn dabei entfernt ein dunkles Durstgefühl geleitet haben, jedoch begnügten sich die angeregten Sinne mit Einathmung des köstlichen Geruchs. Er starrt minutenlang die beiden innern Flächen an, fügt sie sachte wieder zusammen, ganz sachte, trennt und vereinigt sie wieder. (Mörike 6/1: 2005, 239f.)

Daraufhin stellt ihn der Gärtner zur Rede, der ihn gar des Mundraubs zeihen möchte, worauf Mozart launig reagiert »Zum Teufel, glaubt er denn, ich wollte stehlen und das Ding da fressen?« Als er erfährt, dass er einen Schaden an dem gehegten Festgeschenk angerichtet hat, schreibt Mozart einen Entschuldigungsbrief an die Gräfin, »Hier sitze ich Unseliger in Ihrem Paradiese, wie weiland Adam, nachdem er den Apfel gekostet« (*ib.*, 241). Der Sündenfall wird hier aber nicht nur als ironische Anspielung zitiert, auch wenn die zugehörige Eva derweil »sich des unschuldigsten Schlafes erfreut«, sondern die mythologische Urszene hängt aufs engste mit der musikalischen Erinnerung zusammen, die den Frevel ausgelöst hat. Wie Mozart später beim Abendessen den Gästen des Verlobungsfestes erzählt, überkam ihn beim Anblick der Pomeranzen ein Bild aus seiner Jugend, von einem

Aufenthalt in Neapel. Es ist eine Szene, die den damals Dreizehnjährigen tief beeindruckt hat, erlebt er doch in spielerischer Dezenz eine Art sexuelle Initiation, denn die Vorführung im Golf von Neapel zeigt den Kampf der Geschlechter. Schöne, verlockende Mädchen auf einem Schiff werden von zwei Gruppen idealischer, fast-nackter Jünglinge umworben, wobei die gegenseitige Eroberung vorwiegend als Austausch von Orangen zwischen den verschiedenen Schiffen ausgeführt wird. Zwischen den Mädchen und ihren Werbern gehen Dutzende von Orangen hin und her, »ein förmliches Kreuzfeuer«, »es war, als stürzten sie von selbst durch eine Kraft der Anziehung in die geöffneten Finger« (*ib.*, 250). Dieses Spiel zwischen den Geschlechtern lenkt aber von der Eroberung des Mädchenschiffes ab, wobei »ein großer, blau, grün und gold schimmernder Fisch« eine entscheidende Rolle spielt, denn die beiden männlichen miteinander konkurrierenden Parteien sind auf seine Eroberung fixiert, der, »bald da, bald dort, dem einen zwischen den Beinen, dem andern zwischen Brust und Kinn herauf wieder zum Vorschein kam«, leicht als ein phallisches Symbol identifiziert werden kann, zumal am Ende einer der Jünglinge als silberner Amor erscheint (vgl. dazu Brandstetter/Neumann: 1991; Kaiser: 1977; Kreutzer: 1994). Im Licht antiker Mythologie – die Jünglinge heißen Söhne des Neptun, einer davon erinnert besonders an Merkur, schließlich die Amorfigur – wird hier der Sündenfall zwischen den Geschlechtern nachgespielt, eine Szene, die die Phantasie des heranwachsenden Mozart beschäftigt hat und nun beim Anblick des Orangenbaumes fruchtbar wird; Mozart fehlte noch, so berichtet er weiter, die Melodie für die ländliche Hochzeit zwischen Zerlina und Masetto, die ihn nun im sinnlichen Umgang mit der Pomeranze überfällt, indem er sie aufschneidet und ihren Duft einatmet. Er ›frisst‹ sie eben nicht, es ist keine Wiederholung des biblischen Essaktes von Eva und Adam, sondern eine sublimierte Duftwahrnehmung, die sich nun als künstlerischer Einfall manifestiert. Mörike hat auf deutsch und italienisch die zugehörige Passage in den Text aufgenommen.

Die schon zitierte Inspirationsszene – Mozart »starrt minutenlang die beiden innern Flächen an, fügt sie sachte wieder zusammen, ganz sachte, trennt und vereinigt sie wieder« – ist dabei wie der Nukleus von Mörikes schöpferischer Phantasie, die auf verschiedenen Ebenen von der Erfahrung, vom Trauma der Trennung ausgeht, erscheint sie nun als Tod, Abschied oder Verrat, die er aber dann immer wieder versucht, dichterisch zu heilen, als Phantasie einer Wiedervereinigung. Verwundung und Heilung, Isolation und Verbindung, Einmaliges und Wiederholtes treffen hier beispielhaft aufeinander.

b) *Don Giovanni* und die Verschwendung – der Tod

Die andere große Inspirationsszene wird erst zu später Stunde auf dem gräflichen Schloss erzählt, Mozart hat Teile der Oper vorgespielt und kommt nun zu jener höchst unheimlichen Szene auf dem Kirchhof, wo Don Giovanni die Grabstatue des von ihm getöteten Komturs verlacht. Zu Beginn der Oper hatte er ja ins Haus der Donna Anna eindringen wollen und war auf den Widerstand ihres Vaters gestoßen, den er dann im Duell tötet. Auf dem Friedhof nun lädt Don Giovanni in seinem Überschwang die Statue zum Abendessen ein, nicht ahnend, dass dieser steinerne Gast die Einladung tatsächlich annehmen und den Gastgeber zur Strafe in die Hölle führen wird. Diese Schlüsselpassage hat Mörike folgendermaßen inszeniert:

> Mozart löschte ohne weiteres die Kerzen der beiden neben ihm stehenden Armleuchter aus, und jener furchtbare Choral *Dein Lachen endet vor der Morgenröthe!* erklang durch die Totenstille des Zimmers. Wie von entlegenen Sternenkreisen fallen die Töne aus silbernen Posaunen, eiskalt, Mark und Seele durchschneidend, herunter durch die blaue Nacht. (Mörike 6/1: 2005, 279)

Aber das Licht in dieser dunklen Nacht fällt nicht nur auf den mehr oder weniger verdienten Bühnentod des Protagonisten, auch wenn sein Untergang in einer Mischung von Lust und Angst eine dämonische Faszination auf den Komponisten ausübt. Ist er doch in mehr als einer Beziehung mit Don Giovanni verwandt (vgl. Braungart: 2004). Dessen erotischer Verschwendung – lebhaftester Ausdruck des Prinzips »1003« ist die sogenannte Champagnerarie – entspricht bei Mozart eine ökonomische Verschwendung, die Unfähigkeit, den eigenen Vorteil zu wahren und das Geld einzuteilen. Für die Zeitschriftenfassung hatte Mörike noch ein umfangreiches Zitat aus seiner Hauptquelle vorgeschaltet, in dem er auf diesen Zusammenhang eingeht. Das Kunstwerk verdankt sich geradezu dem Verschwenden, das letztlich zum Verschwinden, zur Verausgabung, zum Tod führt:

> Wenn Mozart, statt stets für seine Freunde offne Tafel und Börse zu haben, sich eine wohlverschlossene Sparbüchse gehalten hätte, wenn er mit seinen Vertrauten im Tone eines Predigers auf der Kanzel gesprochen, wenn er nur Wasser getrunken und keiner Frau außer der seinigen den Hof gemacht hätte, so würde er sich besser befunden haben und die Seinigen ebenfalls. Wer zweifelt daran? Allein von diesem Philister hätte man wohl keinen ›Don Juan‹ erwarten dürfen, ein so vortrefflicher Familienvater er auch gewesen wäre. (*Morgenblatt für gebildete Stände*, Juli und August 1855, Nr. 30–33)

Das Verzehrende in der Liebesglut des Opernhelden führt genauso zum Tod wie die melancholische Selbstunterhöhlung des Komponisten, die von allen Figuren der Novelle einzig die sensible Eugenie wahrzunehmen vermag:

> Es ward ihr so gewiß, so ganz gewiß, daß dieser Mann sich schnell und unaufhaltsam in seiner eigenen Gluth verzehre, daß er nur eine flüchtige Erscheinung auf der Erde seyn könne, weil sie den Überfluß, den er verströmen würde, in Wahrheit nicht ertrüge. (Mörike 6/1: 2005, S. 284)

Somit wird Don Giovannis Untergang, der nur im Sinne des Spießertums als gerecht gelten kann – Mörikes Mozart hat dagegen die größte Sympathie mit ihm –, auf Mozarts eigenen Tod hin geöffnet (vgl. Endres). Seine musikalische Verausgabung zeigt sich in der Exzessivität, mit der er auf Kosten seiner Gesundheit diese Schlussszene komponiert, sie gleichsam dem eigenen Tode abringt.

> Ich hatte dieß verzweifelte Dibattimento, bis zu dem Chor der Geister, in Einer Hitze fort, beim offenen Fenster, zu Ende geschrieben, und stand nach einer kurzen Rast vom Stuhl auf, im Begriff, nach deinem Cabinet zu gehen, damit wir noch ein bischen plaudern und sich mein Blut ausgleiche. Da machte ein überquerer Gedanke mich mitten im Zimmer still stehen. (Hier sah er zwei Sekunden lang zu Boden, und sein Ton verriet beim Folgenden eine kaum merkbare Bewegung.) Ich sagte zu mir selbst: »wenn du noch diese Nacht wegstürbest, und müßtest deine Partitur an diesem Punkt verlassen: ob dir's auch Ruh im Grabe ließ?« – Mein Auge hing am Docht des Lichts in meiner Hand und auf den Bergen von abgetropftem Wachs. (*ib.*, 280)

Mörike kommt hier – von einer ganz anderen Richtung her – auf das von Hegel viel lautstarker verkündete »Ende der Kunst« zu sprechen. Nicht allein der Reputationsverlust der Kunst, wie ihn Hegel bedacht hatte, wird in der Novelle abgebildet, so sinnfällig wie etwa durch die Verteilung der Erzählbeiträge, sondern noch gravierender leuchtet Mörike die Abgründe der Kunst aus, die sich im Falle Mozarts geradezu dem Tod, dem Ende des Lebens verdankt. Nur um den Preis einer solchen Lebensaufgabe, wie sie Mozart rückhaltlos verschwenderisch praktiziert, kann Kunst geschaffen werden. Liebe und Tod sind als anthropologische Rauschzustände der Verausgabung gleichsam schopenhauerische Zeugen solcher Exzessivität. Sie verschwenden sich indessen selbst und bringen sich zum Verschwinden. Hatte Mörike über die Reminiszenz der neapolitanischen Wasserspiele die Inspirationskraft der Libido dezent abgebildet, so tritt am Ende der Tod als nicht weniger inspirierendes Moment auf den Plan. Denn Mozart komponiert in der Nacht nicht nur die haarsträubende Szene einer Begegnung mit dem Untoten, was ein Skandalon für alle rationale Gewissheit ist, denn die Galionsfigur abendländischer Orientierung, kein Geringerer als Aristoteles, hatte in seinem Buch über die Seele behauptet, nur lebendige Körper hätten eine Stimme. Anders nun – und darin liegt das Grauen – beim steinernen Gast, von dem Mörike sagt: »Menschlichen Sprachen schon entfremdet, bequemt sich das unsterbliche Organ des Abgeschiedenen, noch einmal zu reden« (*ib.*, 279). Mörike setzt seinen Mozart aber auf eine doppelte Weise dem Tod aus: Zum einen, indem Mozart dem Tod selbst und seinem letzten Gericht unheimliche Stimme verleiht. Zum andern, indem er diese Szene nur schreiben kann, weil er schon seinen eigenen Tod vor Augen hat. Der Horizont der eigenen Endlichkeit wird somit zum kreativen Potential, der Tod fordert zur Bewältigung durch das dauerhaftere Kunstwerk heraus, das somit der eigenen Lebendigkeit abgerungen wird. Dass die Musen einen quasi-vampyrisch aussaugen, davon hatte schon Schiller gewusst. Und Thomas Mann wird einmal davon sprechen, es würde schwerlich auf Erden gedichtet werden ohne den Tod. »›Zum Leben‹, sagt einmal Hans Castorp zu Madame Chauchat, ›zum Leben gibt es zwei Wege: der eine ist der gewöhnliche, direkte und brave. Der andere ist schlimm, er führt über den Tod, und das ist der geniale Weg.‹« (Mann 11: ²1974, 613) – Sie sehen schon, ich möchte vorschlagen, Mörike doch, mit einem zugegeben kleinen Werk, unter die Großen aufzunehmen. Das in seiner lebenverschwendenden Ökonomielosigkeit sich behauptende Kunstwerk ist somit dem Ende des Lebens geschuldet, aber es verschwindet nicht so ohne weiteres, um einen hohen Preis hat es Teil an einem Überleben, auch 200 Jahre nach der Geburt seines Autors.

## Literaturverzeichnis:

### Primärliteratur:

**Mörike, Eduard**: *Werke und Briefe. Historisch-kritische Gesamtausgabe.* Hg. v. Hubert Arbogast, Hans-Henrik Krummacher u.a., 26 Bde. Stuttgart 1967ff.

## Forschungsliteratur:

**Benn, M. B.**: »Comments of an Advocatus diaboli in Mörike's *Mozart auf der Reise nach Prag*«. In: *German Life and Letters* 25 (1972), S. 368–376.

**Brandstetter, Gabriele** u. **Gerhard Neumann**: »Biedermeier und Postmoderne. Zur Melancholie des schöpferischen Augenblicks: Mörikes Novelle *Mozart auf der Reise nach Prag* und Shaffers *Amadeus*«. In: *Zur Literatur des Frührealismus*. Hg. v. Gunter Blamberger u.a. Frankfurt/M. u.a. 1991, S. 306–337.

**Braungart, Wolfgang** u. **Ralf Simon** (Hgg.): *Eduard Mörike – Ästhetik und Geselligkeit*. Tübingen 2004.

**Braungart, Wolfgang**: »Eduard Mörike. *Mozart auf der Reise nach Prag*. Ökonomie, Melancholie, Auslegung und Gespräch«. In: *Interpretationen. Erzählungen und Novellen des 19. Jahrhunderts*, Bd. 2. Stuttgart 1990, S. 133–202.

**Braungart, Wolfgang**: »Nachwort«. In: *Eduard Mörike. Sämtliche Erzählungen*. Hg. v. Wolfgang Braungart. Stuttgart 2004.

**Bruch, Herbert**: *Faszination und Abwehr. Historisch-psychologische Studien zu Eduard Mörikes Roman »Maler Nolten«*. Stuttgart 1992.

**Endres, Johannes**: »Im Garten der Zeit. Zu einem Landschaftselement bei Mörike«. In: *Literaturwissenschaftliches Jahrbuch der Görres-Gesellschaft* 41 (2000), S. 125–144.

**Hart Nibbrig, Christiaan L.**: *Verlorene Unmittelbarkeit. Zeiterfahrung und Zeitgestaltung bei Eduard Mörike*. Bonn 1973.

**Heine, Heinrich**: »*Der Schwabenspiegel*«. In: ders.: *Historisch-kritische Gesamtausgabe der Werke*. Hg. v. Manfred Windfuhr. Bd. 10: *Shakespeares Mädchen und Frauen und Kleinere literaturkritische Schriften*. Bearbeitet v. Jan-Christoph Hauschild. Hamburg 1993, S. 266–278.

**Immerwahr, Raymond**: »Apokalyptische Posaunen. Die Entstehungsgeschichte von Mörikes *Mozart auf der Reise nach Prag*«. In: Victor G. Doerksen (Hg.): *Eduard Mörike. Wege der Forschung*. Darmstadt 1975, S. 399–425.

**Kaiser, Hartmut**: »Betrachtungen zu den neapolitanischen Wasserspielen in Mörikes Mozartnovelle«. In: *Jahrbuch des Freien Deutschen Hochstifts* 1977, S. 364–400.

**Kreutzer, Hans Joachim**: »Die Zeit und der Tod. Über Eduard Mörikes Mozart-Novelle«. In: Hans Joachim Kreutzer: *Obertöne. Literatur und Musik*. Würzburg 1994, S. 196–216.

**Mann, Thomas**: »Einführung in den *Zauberberg*«. In: ders.: *Gesammelte Werke in 13 Bdn.*, Bd. 11. Frankfurt/M. ²1974.

**Mayer, Birgit**: *Eduard Mörikes Prosaerzählungen*. Frankfurt/M. u.a. 1985, S. 244–276.

**Mayer, Mathias**: *Mörike und Peregrina. Geheimnis einer Liebe.* München 2004.

**Mörike, Eduard**: *Eine phantastische Sudelei. Ausgewählte Zeichnungen.* Hg. v. Alexander Reck. Stuttgart 2004.

**Nuber, Achim**: *Mehrstimmigkeit und Desintegration. Studien zu Narration und Geschichte in Mörikes Maler Nolten.* Frankfurt/Main u.a. 1997.

**Panagl, Oswald**: »Mozart aus dritter Hand. Mörikes Mozart-Novelle als Singspiel und Film«. In: *Das Phänomen Mozart im 20. Jahrhundert. Wirkung, Verarbeitung und Vermarktung in Literatur, Bildender Kunst und in den Medien.* Hg. v. Peter Csobádi, G. Gruber, J. Kühnel u.a. Anif 1991, S. 275–292.

**Perraudin, Michael**: »*Mozart auf der Reise nach Prag*, the French Revolution and 1848«. In: *Monatshefte für deutschen Unterricht, deutsche Sprache und Literatur* 81 (1989), S. 45–61.

**Pörnbacher, Karl**: *Erläuterungen und Dokumente. Eduard Mörike. »Mozart auf der Reise nach Prag«.* Stuttgart 1985.

**Schüpfer, Irene**: *Es war, als »könnte« man gar nicht reden. Die Kommunikation als Spiegel von Zeit- und Kulturgeschichte in Eduard Mörikes »Maler Nolten«.* Frankfurt/M. u.a. 1996.

**Steinmetz, Horst**: *Eduard Mörikes Erzählungen.* Stuttgart 1969.

**Stifter, Adalbert**: »Vorrede«. In: ders.: *Werke und Briefe. Historisch-kritische Gesamtausgabe.* Hg. v. Alfred Doppler u. Wolfgang Frühwald. Bd. 2,2: *Bunte Steine. Buchfassungen.* Hg. v. Helmut Bergner. Stuttgart u.a. 1982, S. 9–16.

# Henrik Ibsen *Nora oder Ein Puppenheim*

## Eva Matthes

### 1. Gesellschaftliche Hintergründe

Henrik Ibsens *Et dukkehjem/Ein Puppenheim* bzw. *Ein Puppenhaus* (das ist die Übersetzung, die Ibsen selbst vorschlug) erschien am 4. Dezember 1879 in einer Auflage von 8000 Exemplaren und wurde am 21. Dezember 1879 in Kopenhagen uraufgeführt. Für das Verständnis des Stücks muss man sich folgende gesellschaftlichen Hintergründe vergegenwärtigen: Durch Industrialisierung und Verstädterung war die Familie im 19. Jahrhundert in Europa einem immensen Transformationsprozess ausgesetzt. Sie wandelte sich von der Familie des »ganzen Hauses« zur bürgerlichen Kernfamilie, die auch für die proletarische Familie zum Ideal wurde. Die vorindustrielle Familie war dadurch charakterisiert, dass sie eine Produktionsgemeinschaft, ein weitgehend autark wirtschaftendes Organisationssystem war, an dem der Mann als Oberhaupt, die Frau, die Kinder, aber auch Verwandte und selbst das »Gesinde« mit jeweiligen Aufgabenschwerpunkten beteiligt waren. Die Erziehung der Kinder erfolgte quasi nebenbei: durch frühzeitiges Eingebundensein in die familiären Arbeits- und Lebenszusammenhänge. Sowohl die bürgerliche als auch die proletarische Familie war (und ist) demgegenüber dadurch bestimmt, dass Wohnung und Arbeitsplatz auseinander traten – geblieben in der bürgerlichen Familie ist höchstens noch ein häusliches Arbeitszimmer des Mannes, in dem dieser vom Rest der Familie nicht gestört werden durfte. In der proletarischen Familie mussten auch die Frauen und Kinder in den Fabriken arbeiten, in der bürgerlichen Familie war die Nichterwerbstätigkeit der Frau und der Kinder ein zentrales Merkmal. Weitere zentrale Charakteristika waren die Betonung einer geschützten Privatsphäre gegenüber dem öffentlichen Raum, die Neudefinierung im Sinne einer Sentimentalisierung und Intimisierung von innerfamiliären Beziehungen und Rollen sowie die Erotisierung der ehelichen Beziehung. Die Frau wurde für die Gestaltung einer anheimelnden, intimen Privatsphäre für zuständig erklärt. Der durch sein öffentliches Wirken, das zur Sicherung des Lebensunterhalts der Familie dient, den Ernst und die Bürde des Lebens erfahrende Mann soll durch die Zuwendung und spielerische Heiterkeit seiner Frau Entspannung und Erholung, neue Kraft für seinen Einsatz in der Welt erfahren.

Ein Statussymbol der bürgerlichen Familie im 19. Jahrhundert (und noch bis ins 20. Jahrhundert hinein) ist die Existenz von Dienstpersonal, vorwiegend zur Kindererziehung. Die Hauptaufgabe der Frau besteht darin, idealische Gefährtin des Mannes zu sein. Der Mann sichert der Frau die bürgerliche Existenz, die Frau sichert ihm die Lebensfreude. Die Vorstellung einer gleichberechtigten Beziehung ist somit ausgeschlossen, die Frau bleibt auf die Ausgestaltung des bürgerlichen Binnenraumes beschränkt.

Allerdings: in ganz Europa entwickelte sich im 19. Jahrhundert eine Frauenbewegung, die gegen dieses Frauenbild opponierte, für die Frau die Entwicklung zu einem eigenständigen Menschen einforderte und ihr ein Wirken in der Öffentlichkeit ermöglichen wollte. Im letzten Drittel des 19. Jahrhunderts war die Frauenbewegung im öffentlichen Raum sehr präsent.

Ibsen war vor allem durch seine Bekanntschaft mit Camille Collett, der literarischen Sprecherin der norwegischen Frauenbewegung, mit jenem Gedankengut konfrontiert. Bereits 1855 hatte sie unter dem Titel *Amtmandes døttre*, in der deutschen Übersetzung *Die Amtmannstöchter*, anonym eine Erzählung veröffentlicht, die im Charakter einer sentimentalen Geschichte von unerfüllt bleibender Liebe die Unfreiheit der Frauen in einer von Männern beherrschten Gesellschaft attackierte. Seit diesem Zeitpunkt hatte Camille Collett sowohl schriftlich als auch mündlich ihren Kampf für die Befreiung der Frau fortgesetzt. Ibsen hatte sie in Dresden 1871/72 kennen gelernt und in München 1877 die Bekanntschaft mit ihr erneuert. 1889 schrieb er ihr, dass »jetzt viele Jahre her« seien, »daß Sie durch Ihren geistigen Lebensgang in irgendeiner Form hineinzuspielen begannen in meine Dichtung« (Brief v. 3.5.1889, in: Høst: 1977, 194). Ibsen hatte auch die Malerin Aasta Hansteen, eine weitere bedeutende norwegische Frauenrechtlerin, näher kennen gelernt. Als er 1874 Kristiania besuchte, hatte sie gerade eine gewaltige Kampagne gegen männliche Übergriffe gegenüber Frauen in Gang gesetzt, die in weiten Kreisen Aufsehen und Empörung erregte. Auch Ibsens Ehefrau Susannah war an den Ideen der Frauenbewegung sehr interessiert und versuchte, diese in ihrer Ehe umzusetzen. Dass Ibsen Frauenrechte ein Anliegen waren, zeigt sich zudem daran, dass er im Winter 1879 – also gerade während der Zeit, als er an *Ein Puppenheim* arbeitete – den Antrag stellte, dass in der Skandinavischen Vereinigung in Rom das Stimmrecht für Frauen eingeführt werden sollte. In der Begründung seines Antrags führt er unter anderem aus: »Gibt es jemand in dieser Versammlung, der zu behaupten wagt, daß unsere Damen an Bildung oder an Intelligenz oder an Kenntnissen oder an künstlerischer Begabung unter uns stehen? Ich nehme nicht an, daß sich sehr viele zu einer derartigen Behauptung erdreisten werden« (Ibsen: 1979, 233). Zu Ibsens großer Verärgerung wurde seinem Antrag allerdings nicht stattgegeben.

Jedoch wäre es nach eigenen Aussagen Ibsens zu kurz gegriffen, *Das Puppenheim* darauf zu reduzieren, ein Stück der Frauenemanzipation zu sein. Die Befreiung der Frau ist für ihn Ausdruck für die Befreiung des Menschen zu selbst bestimmtem Leben. In einer Rede, die er 1898 in Kristiania beim Fest des norwegischen Vereins für die Sache der Frau hielt, führt er hierzu Folgendes aus: »Ich bin mir nicht einmal darüber klar, was die Sache der Frau eigentlich ist. Für mich hat sie sich als eine Sache des Menschen dargestellt. Und liest man meine Bücher aufmerksam, wird man das verstehen. Es ist wohl wünschenswert, die Frauenfrage zu lösen, so nebenbei, aber das ist nicht meine ganze Absicht gewesen. Meine Aufgabe war die *Menschenschilderung* [...]. Für mich hat es sich immer als Aufgabe dargestellt, das Land emporzuheben und dem Volk einen höheren Standort zu verschaffen« (*ib.*, 251). Allerdings spricht er für diesen Prozess der Veredelung den Frauen eine besondere Bedeutung und Befähigung zu – er denkt durchaus – wie auch viele Vertreterinnen der bürgerlichen Frauenbewegung – in Geschlechterpolaritäten. Seine diesbezügliche Einschätzung der Frauen wird in der bereits erwähnten Antragsbegründung für das Stimmrecht der Frau in dem Skandinavischen Verein in Rom sehr deutlich: »[...] die Frauen haben etwas gemeinsam mit den wahren Künstlern, ebenso mit der Jugend überhaupt, etwas, was den praktischen Geschäftskniff ersetzt.« Er spricht von dem »genialen Instinkt« der Frauen, »der unbewußt das Rechte trifft«. »Ich fürchte die Damen oder die Jungen oder die Unerprobten ebensowenig wie ich die wahren Künstler fürchte. Aber was ich fürchte, das ist die Altmänner-Vernünftigkeit; was ich fürchte, sind die Männer mit den kleinen Aufgaben und den kleinen Gedanken, die Männer mit den kleinlichen Rücksichten und den kleinen Besorgnissen, diese Männer, die ihre ganze Denkweise und alle ihre Handlungen danach richten, gewisse kleine Vorteile zu erlangen für ihre eigenen alleruntertänigsten kleinen Persönlichkeiten« (*ib.*, 238).

Der Advokat Torvald Helmer in Ibsens *Ein Puppenheim* verkörpert diesen Typus Mann, der in seinem Stück somit nur derjenige sein kann, von dem sich seine zur Entwicklung und Veränderung fähige Kindfrau Nora befreit (vgl. hierzu auch Andreas-Salomé: 1910). Doch beschäftigen wir uns nun mit der Handlung des Stücks im Überblick.

## 2. Die Handlung des Stücks

In *Ein Puppenheim* wird das zu Beginn meines Beitrags geschilderte Verständnis einer bürgerlichen Kernfamilie mit den entsprechenden Geschlechterrollen sehr plastisch vor Augen geführt, schließlich aber in einer Konsequenz aufgelöst, die bis heute die Gemüter erregt – die Diskussion nach meinem Vortrag in der Ringvorlesung gab ein lebhaftes Zeugnis davon.

Bevor ich nun auf die Handlung des Stückes in den drei Akten zu sprechen komme, erscheint mir noch ein knapper Exkurs angebracht: Bei der Lektüre von *Ein Puppenheim* erinnerte ich mich an eine quellenmäßig dokumentierte Auseinandersetzung zwischen männlichen Lehrkräften an höheren Mädchenschulen und Helene Lange, einer der Hauptvertreterinnen der deutschen bürgerlichen Frauenbewegung. Jene sahen in ihrer Weimarer Denkschrift 1872 die Zielsetzung der höheren Mädchenbildung – für deren Erhalt sie aus Existenzgründen eintraten – darin, »dem Weib eine der Geistesbildung des Mannes in der Allgemeinheit der Art und der Interessen ebenbürtige Bildung zu ermöglichen, damit der [...] Mann nicht durch die geistige Kurzsichtigkeit und Engherzigkeit seiner Frau an dem häuslichen Herde gelangweilt und in seiner Hingabe an höhere Interessen gelähmt werde, daß ihm vielmehr das Weib mit Verständniß dieser Interessen und der Wärme des Gefühls für dieselben zur Seite stehe«. Dies war also der Versuch dieser männlichen Lehrkräfte, einerseits ihre beruflichen Perspektiven zu sichern, andererseits die patriarchalische bürgerliche Ehe zu erhalten und die vertraute Rolle der Frau festzuschreiben. Eindrucksvoll weist Helene Lange diese Auffassung zurück und formuliert in ihrer *Gelben Broschüre* 1887, dass es nicht darum gehen könne, dass »die Frau [...] gebildet werden« solle, »damit der [...] Mann nicht gelangweilt werde«, dass vielmehr der Mann »mehr als an jenem unselbständigen Abklatsch seiner selbst Gefallen finden (müsse) an einer selbständigen Persönlichkeit, die nicht nur *seine* Interessen teilt, die auch *eigene* Interessen hat, die ihm wiederum Teilnahme abnötigen« (Lange: 1928, 23).

Diese Art von Teilnahme lässt der Advokat Helmer seiner Frau Nora gegenüber schmerzlich vermissen. Wie sich das Verhältnis zwischen beiden gestaltet, wird bereits zu Beginn des ersten Aktes deutlich, der – wie auch die beiden folgenden – im Wohnzimmer der Familie Helmer spielt. Nora kommt vom Weihnachtseinkauf zurück – dass Ibsen das Stück auf 48 Stunden des Familienfestes Weihnachten zusammendrängt, hat hohe symbolische Bedeutung. An diesen Festtagen, die höchsten Stellenwert für das Selbstverständnis und die Selbstdarstellung der bürgerlichen Familie haben, wird das (scheinbare) Familienidyll zerstört, bricht die bürgerliche Familie auseinander. Wie ist nun also Helmers und Noras Beziehung beschaffen? Nora ist Helmers »Lerche«, sein »Zeisig«, sein »Eichhörnchen«, aber auch sein leichtsinniges, verschwenderisches Mädchen, das ihm Rechenschaft über ihr Tun und Lassen schuldig ist. Helmer sieht Nora nicht als gleichberechtigte Partnerin an. Die verbale Hinwendung Helmers zu Nora – ich vermeide bewusst den Terminus: das Gespräch zwischen beiden – ist Besitz ergreifend-erotisiert, und auch Nora lässt sich auf diese Ebene ein, sie kokettiert mit ihrem mädchenhaften Charme. Helmers Leben zu Hause ohne Nora wäre »langweilig«, sie weiß ihren Part gut zu spielen. Helmer ist befriedigt darüber, dass er im nächsten Jahr den Posten des Bankdirektors antreten kann, so dass der bürgerliche Wohlstand der Familie endgültig gesichert erscheint und Nora das Auskommen der Familie nicht mehr durch – unstandesgemäße – leichte Handarbeit unterstützen muss. Nora zeigt sich zunächst so, als würde sie in ihrer Rolle voll aufgehen und ihre Eigenständigkeit darauf beschränken, dass sie heimlich Makronen nascht. Dann taucht allerdings Frau Linde auf, eine frühere Schulfreundin Noras, und im Gespräch mit dieser wird deutlich, dass Nora ein ganz anderes Geheimnis hat: Helmer war schwer krank gewesen und nur eine Reise in den Süden konnte ihn retten; das Geld hierfür war allerdings nicht vorhanden. Nora hat die benötigte Geldsumme geliehen – wovon ihr Mann nichts weiß und nichts wissen darf, hat doch der Mann für die Frau und nicht umgekehrt da zu sein und zu sorgen – und zahlt seitdem die Summe einschließlich der Zinsen zurück, indem sie von ihrem Taschengeld nimmt, aber auch heimlich durch Schreibarbeiten Geld verdient. Geliehen hat sie das Geld von Rechtsanwalt Krogstad, der ihr nun bald zum Verhängnis werden soll. Ein erster Besuch Krogstads bei Helmer lässt das drohende Unheil ahnen. Krogstad, der vor Jahren unlautere Geschäfte tätigte und inzwischen bei der Bank, zu deren Direktor Torvald Helmer ernannt wurde, eine kleine Anstellung hat, sieht seiner Entlassung durch Helmer entgegen – für die dieser wiederum nur niedrige Beweggründe hat; die Entlassung will Krogstad allerdings nicht hinnehmen, geht es doch um seine Existenz. So kommt er auf die Idee, Nora zu erpressen. Es stellt sich heraus, dass Nora auf dem Schuldschein die Unterschrift ihres Vaters gefälscht hat – wofür sie keinerlei Unrechtsbewusstsein entwickelt –, so dass Krogstad sich anstrengen muss, ihr die Tragweite ihres Tuns für ihre bzw. die bürgerliche Existenz ihrer Familie klar zu machen. Nora versucht ihrer schließlich doch gelungenen Beunruhigung dadurch Herr zu werden, dass sie sich ihrer traditionellen Rolle versichert: »[Krogstad] der abscheuliche Mensch! Unsinn, Gewäsch. Hat gar nichts zu bedeuten. Der Weihnachtsbaum soll schön werden. Ich will alles tun, was dir Freude macht, Torvald; – ich werde für dich singen und tanzen und –« (Ibsen: 1988, 36). Hier bricht der Monolog ab, da Helmer hereinkommt.

Noras Beunruhigung ist jedoch so groß, dass sie das Helmer zunächst gegebene Versprechen, sich nicht für Krogstad zu verwenden, nicht einhält und sich somit erstmals offen gegen ihren Mann auflehnt – für ihr Anliegen zu gewinnen versucht sie ihn, indem sie ihm die vollkommene Erfüllung seiner männlichen Wünsche verspricht: »Ich würde Elfe spielen und im Mondschein für dich tanzen, Torvald«, »Die Lerche würde in allen Zimmern herumzwitschern, laut und leise«, aber damit hat sie keinen Erfolg, denn: Helmer: »I was, das tut die Lerche sowieso« (*ib.*, 47). Als Reaktion auf Noras Intervention schickt Helmer Krogstad den Entlassungsbrief. Krogstadt reagiert mit einem Erpressungsbrief an Helmer; er schreibt ihm von dem Schuldschein mit der gefälschten Unterschrift und fordert von Helmer, ihm (Krogstad) eine verbesserte Position in der Bank zu verschaffen. Verzweifelt versucht Nora, Helmer davon abzuhalten, zum Briefkasten zu gehen. Sie fleht ihn an, ihr beim Einstudieren der Tarantella, des Tanzes, den sie am Abend vorführen soll, zu helfen. Der Tanz wird zum symbolischen Akt ihrer Befreiung aus ihrer engen Geschlechterrolle; schon beim Üben überhört sie die korrigierenden Bemerkungen ihres Mannes; außerdem »(löst) sich ihr Haar und fällt über die Schultern herab« (*ib.*, 65). Diese Wildheit macht Helmer Angst: »Sei nun wieder wie sonst meine einzig kleine Lerche« (*ib.*, 66). Auf dem abendlichen Fest, auf dem Nora die Tarantella tanzt, fühlt sich Helmer von Nora sehr stark erotisiert; bezeichnend für männliche Phantasien scheint mir folgende Aussage zu sein: »Ach, weißt du – wenn ich so mit dir in Gesellschaft bin – weißt du, weshalb ich dann mit dir so wenig spreche, mich so fern von dir halte, dir nur gelegentlich einen verstohlenen Blick zuwerfe? Weißt du, warum ich das tu? Weil ich mir dann einbilde, du seist meine heimlich Geliebte, meine junge, meine heimliche Verlobte, und niemand ahnt, daß zwischen uns etwas besteht« (*ib.*, 76). Nora hat Helmer sexuell erregt; sein »Blut kochte«, als er ihr beim Tanzen zusah, er hielt es nicht mehr aus, »das war's, weshalb ich dich so früh mit heruntenahm« – obwohl Nora nicht gehen wollte; das »süße, kleine Ding« »schrecklichen Eigensinn« zeigte (*ib.*, 73) – die absolute Verfügungsgewalt des Ehemannes über seine Frau wird hier nochmals dokumentiert; sie hat sich seinen Wünschen zu fügen, ihm gehorsam zu sein wie ein Kind seinen Eltern.

Ich will mich nun noch auf die Interpretation der Schlussszene konzentrieren: Helmer liest Krogstads Brief. Nora ist der festen Überzeugung, dass Helmer sich hinter sie stellen und ihre Tat als Ausdruck höchster Liebe anerkennen wird. Mit diesem Bewusstsein des »Wunderbaren« – ein wichtiger Begriff in dem Stück – möchte sie sich umbringen, um Helmer von jeder Verantwortlichkeit für ihr Tun zu befreien. Diese Verantwortungsübernahme erwartet Nora von Helmer in konsequenter Verfolgung seiner Rolle: er muss sein Kind nach außen beschützen, für dessen Fehlverhalten in der Öffentlichkeit gerade stehen. Dadurch erführe für Nora dieses Rollenverständnis seine höhere Weihe. Aber sie wird bitter enttäuscht. Ihrem Weggang mit Selbstmordabsicht kommt Helmer zuvor. Aber in seiner Reaktion denkt Helmer nur an sich: »Mein ganzes Glück hast du vernichtet. Meine ganze Zukunft hast du verdorben« (*ib.*, 82), »[...] so jämmerlich muß ich sinken und zugrunde gehen wegen eines leichtsinnigen Weibes!« (*ib.*, 83). Für Nora bricht eine Welt zusammen. Ihr bisheriges Leben erscheint ihr als ein Leben der Lüge: »Ihr habt mich nie geliebt. Es machte euch nur Spaß, in mich verliebt zu sein« (*ib.*, 87). In das (An-)Klagen Helmers trifft ein neuer Brief von Krogstad ein, mit dem ihm dieser den Schuldschein zurückschickt. Krogstad hat inzwischen beschlossen, mit Noras Schulfreundin, Christine Linde, die seine große Liebe war, ein neues Leben zu beginnen; Frau Linde hat sozusagen läuternde Wirkung auf Krogstad ausgeübt; es gelingt ihr, Krogstad aus seiner emotionalen Verhärtung zu befreien. Nach Erhalt des zweiten Briefes schwenkt auch Helmer wieder völlig um: »ich schwöre dir: alles hab ich dir vergeben: Ich weiß ja, du tatest es aus Liebe zu mir« (*ib.*, 85). Helmer zieht für sich die Konsequenz, seine Frau zukünftig noch stärker als Kind zu behandeln bzw. noch stärker als der Erzieher oder wohl besser gesagt: als der Manipulateur der Frau aufzutreten. Durch das Vergeben werde die Frau doppelt das Eigentum des Mannes, »ist gleichsam neu geboren durch ihn; sie ist nun gewissermaßen zugleich seine Frau und sein Kind. Und das sollst du mir von jetzt an wirklich sein, du kleines, ratloses, hilfloses Wesen. Ängstige dich nicht mehr, Nora, sei nur immer offenherzig gegen mich, dann werde ich zugleich dein Wille und dein Gewissen sein« (*ib.*, 86) – dauerhafte Entmündigung als eheliches Projekt also. Aber das macht Nora nicht mehr mit. Sie will keine Puppe, keine Marionette in den Händen anderer mehr sein. Schonungslos analysiert sie ihr bisheriges Leben: »[…] du warst immer so freundlich zu mir. Aber unser Heim war nichts andres als eine Spielstube. Ich war deine Puppenfrau, wie ich Pappas Puppenkind war. Und die Kinder wiederum waren meine Puppen. Ich war recht zufrieden, wenn du mit mir spieltest, so wie die Kinder zufrieden waren, wenn ich mit ihnen spielte. Das war unsere Ehe, Torvald« (*ib.*, 88). Nora kann für sich nur die Konsequenz ziehen, zu gehen. Sie empfindet sich dabei nicht als Rabenmutter; denn sie war auch bisher in ihren Augen keine gute Mutter: Die Aufgabe der Erziehung hat sie dem Kindermädchen überlassen; sie hatte nicht die nötige Reife dafür. Ihre eigene, selbst bestimmte Erziehung wird nun zu ihrem Ideal – in dieser Hinsicht stimmt sie sehr stark mit den Forderungen der damaligen bürgerlichen Frauenbewegung überein, verkörpert diese gewissermaßen. Sie war bisher Kindfrau, ja, Puppe, den mündigen Status des Menschseins hat sie noch nicht erreicht. Auf dieser Basis ist die Ehe mit Helmer nicht fortsetzbar. Eine Erneuerung wäre nur auf einer vollständig veränderten Basis, als gleichberechtigte, dialogische Beziehung zwischen zwei Menschen möglich – das wäre das »Wunderbarste«, nun also im Superlativ, das Nora allerdings nur als Utopie denkbar erscheint. So ist es nur konsequent, dass Nora sich am Ende des Schauspiels aufmacht, ihr eigenes Ich zu finden. »Man hört, wie unten eine Tür dröhnend ins Schloss fällt« (*ib.*, 94).

## 3. Rezeptionsgeschichte

Im Folgenden sollen noch einige Aspekte der höchst aufschlussreichen Rezeptionsgeschichte herausgegriffen werden. *Ein Puppenheim* erschien am 4. Dezember 1879 in einer Auflage von 8000 Exemplaren, der bisher größten Erstauflage eines Ibsen-Werkes. Das Buch war augenblicklich ein sensationeller Erfolg. Die erste Auflage war in weniger als einem Monat vergriffen. Eine zweite Auflage von 4000 Exemplaren erschien im Januar und eine dritte von 2500 Exemplaren im März 1880. Einen entsprechenden Absatz hatte ein Theaterstück in Buchform bis zu diesem Zeitpunkt noch nie in Skandinavien gehabt. Die erste deutsche Ausgabe erschien

1879 zeitgleich mit der Originalausgabe als Nr. 1257 in Reclam's Universal-Bibliothek. Wilhelm Lange, der Übersetzer, änderte nicht nur den Titel in *Nora* ab – und verursachte hiermit eine Fixierung der Rezeption auf diese Frauenfigur des Stücks, er versetzte auch die Handlung des Stückes nach Deutschland und er erfand für verschiedene Figuren neue Namen.

Uraufgeführt wurde das Schauspiel am 21. Dezember 1879 am Königlichen Theater in Kopenhagen, es folgten in kurzen Abständen Aufführungen an den anderen großen skandinavischen Bühnen, die alle große Erfolge waren. Die deutsche Erstaufführung fand am 6. Februar 1880 in Kiel statt, zwei Wochen später erfolgte eine Inszenierung in Flensburg. Beiden Aufführungen wie auch denjenigen in Hamburg, Hannover, Dresden und Berlin, alle im Jahre 1880, lag ein veränderter Schluss zugrunde (in Berlin spielte man übrigens abwechselnd auch den originalen Schluss). Was war geschehen? Von dem ersten deutschen Übersetzer des Stückes, dem bereits erwähnten Wilhelm Lange, war Ibsen informiert worden, dass in Deutschland ein veränderter, abmildernder Schluss geplant sei. Aufgrund des Fehlens urheberrechtlicher Verträge zwischen Deutschland und den skandinavischen Ländern hatte Ibsen als Autor keinerlei Handhabe, um in Deutschland Konkurrenzausgaben und Umarbeitungen seiner Stücke zu verhindern. Ibsen wollte zwar keinen veränderten Schluss, aber da er ihn als unausweichlich ansah, sollte die Veränderung zumindest durch ihn erfolgen. Er formulierte einen Schluss, bei dem Nora, nachdem sie ihre schlafenden Kinder gesehen hat, doch bleibt, einen Schluss, bei dem der Muttermythos die Oberhand gewinnt und viele bürgerliche Sittenwächter erleichtert aufatmeten. Diesen neuen Schluss nahm Lange sofort in die deutsche Übersetzung auf. In einem Brief vom 18. Februar 1880 an den Direktor des Wiener Stadttheaters, Heinrich Laube, schreibt Ibsen: »Den geänderten Schluß habe ich nicht nach Überzeugung abgefaßt, sondern nur auf Wunsch eines norddeutschen Impresario [gemeint ist aller Wahrscheinlichkeit nach der Direktor des Hamburger Thalia-Theaters Maurice Chérie; E.M.] und einer Schauspielerin, die in Norddeutschland als Nora gastieren wird [Hedwig Niemann-Raabe; E.M.].« In einem Brief an die Redaktion der »Nationaltidende«, Kopenhagen, hatte er einen Tag vorher geschrieben: »Diese Änderung habe ich meinem Übersetzer gegenüber selbst als ›barbarische Gewalttat‹ gegen das Stück bezeichnet. Es ist also gänzlich gegen meinen Wunsch, wenn man von ihr Gebrauch macht.« In einem Brief Ibsens an Moritz Prozor vom 23. Januar 1891 heißt es schließlich: »Ich könnte fast sagen, daß gerade der Schlußszene wegen das ganze Stück geschrieben wurde« (Ibsen: 1979, 285, 284, 289). Der geänderte Schluss wurde nur in den ersten Jahren in Deutschland gespielt. Zum Erfolgsstück wurde *Nora oder Ein Puppenheim* in Deutschland und in Europa mit dem originalen Schluss. In Mailand spielte Eleonora Duse die Nora, die aus dieser Rolle eine der großen Rollen ihres Lebens machte, dieser Rolle damit aber auch den Nimbus einer der großen Rollen der Weltliteratur verlieh. Das Stück wurde in sehr viele Sprachen der Welt übersetzt und feierte auch über Europa hinaus Triumphe. In den USA gab es höchst erfolgreiche Tourneen von Küste zu Küste, in Südamerika Gastspiele aus Paris. Im Jahr 1900 war *Nora oder ein Puppenheim* Ibsens meist gegebenes Schauspiel und Ibsen selbst eine so unanfechtbare Autorität, dass Korrekturen an seinen Stücken nach dem Gutdünken von Schauspielerinnen und Theaterdirektoren oder unter Berufung auf das Publikum undenkbar erschienen.

Bemerkenswert an dieser Erfolgsgeschichte ist, dass sie zu großen Teilen nicht mit dem Rückenwind der Kritik, sondern gegen sie zustande kam. Einige kritische Stimmen will ich im Folgenden zu Gehör bringen. Der Kritiker und Theaterleiter M. W. Brun betrachtete es als »psychologisch verfehlt«, dass Nora Helmer nicht beichtet und Vergebung erlangt. Er wirft in seiner Besprechung vom 24. Dezember 1879 in *Folkets Avis* dem ganzen 3. Akt Neuheitsfanatismus vor, was dazu führe, »daß sich das ganze Vergnügen, das er [Ibsen; E. M.] uns in den ersten beiden Akten bereitete, im 3. Akt verflüchtigt und wir in einer überaus peinlichen Stimmung zurückgelassen werden, buchstäblich angewidert durch eine Katastrophe, welche in der rohesten Art sich von gewöhnlicher Menschlichkeit unterscheidet, um das Unwahre zu erhöhen, was in ästhetischer, psychologischer und dramatischer Hinsicht gleichermaßen empörend ist. Ich frage sie: gibt es unter tausenden von Müttern eine, die sich benehmen würde, wie sich Nora benimmt, die Ehemann, Kinder und Heim verlassen würde, bloß um ›ein Mensch‹ zu werden. Ich antworte mit Überzeugung: Nein und noch einmal Nein!« (Keel: 1990, 41). Der Erfolgsdramatiker und Journalist Paul Lindau schreibt in seiner ausführlichen Besprechung in der »Gegenwart. Wochenschrift für Literatur, Kunst und öffentliches Leben« im November 1880 unter anderem Folgendes: »Nora beklagt sich, daß sie von ihrem Manne immer nur wie ein leichtsinniges, fröhliches, lustiges Ding behandelt worden ist, das nur dazu da ist, Sonnenschein in die Familie zu bringen, zu lachen und zu scherzen, – ein Kind, das mit den Kindern wie mit lebendigen Puppen spielt. Wir fragen uns aber: woraus leitet Nora den Anspruch her, anders behandelt zu werden? Benimmt sie sich nicht genau wie eine kleine Frau, die man nicht ernsthaft nehmen kann, die ein liebenswürdiger, heitrer Cumpan für's Leben ist, die das Dasein des geplagten Mannes mit Rosen bestreut?« Und nun kommen die entscheidenden Aussagen, die den Bogen zu den Geschlechterideologien der damaligen Zeit spannen: »Und ist das eine der Frau so vollkommen unwürdige Aufgabe? Muß die Frau wirklich an allen schweren Sorgen, die den Mann bedrücken, den vollen Antheil haben, und kann man sich nicht denken, daß die Aufgabe der Gattin schon recht würdig gelöst ist, wenn sie durch ihr heiteres, angeregtes Wesen dem Manne in den Mußestunden so viel Frische und Kraft gibt, daß er den harten Kampf des Daseins erfolgreich führen könne, wenn sie eine zärtliche, erheiternde Gattin und liebende Mutter ist?« (*ib.*, 47f.). Den Frauen eine Transzendierung dieser Rollenzuschreibung vorzuführen, bezeichnet der Kritiker gar als »unsittlich« und höchst gefährlich (*ib.*, 49). Den Begriff der »Unsittlichkeit« greift auch Karl Frenzel in seiner Besprechung in der *Deutschen Rundschau*, dem maßgebenden Organ des nationalliberalen Bildungsbürgertums der Bismarckzeit, auf: »Und dies Verlassen ihres Mannes, ihrer unerwachsenen Kinder, soll nicht unsittlich, soll tragisch sein? […] Ibsen's Nora stellt den Begriff der Pflicht einfach auf den Kopf; während sie die verkörperte Eigensucht ist, hält sie sich für die verkörperte hingebende Liebe« (*ib.*, 51). In dasselbe Horn stößt auch nochmals der ehemalige katholische Priester und volkswirtschaftliche Publizist Carl Jentsch in seiner Besprechung in den *Grenzboten. Zeitschrift für Politik, Litteratur und Kunst* im Jahr 1900: »Diese Nora ist eben nicht der Wirklichkeit entnommen, sondern im Studierzimmer konstruiert […], um daran die neue Ehetheorie zu demonstrieren, die eine nicht eben neue Unsitte leichtfertiger Weiber rechtfertigen soll […]. Der einmal geschlossene Ehevertrag bindet [allerdings; E. M.] so lange, als er nicht in ordnungsmäßiger Weise aufgelöst ist« (*ib.*, 59). Eine – soll ich sagen: elegantere? – Lösung sucht Paul Schlenther in seiner Einleitung in Henrik Ibsens Sämtliche Werke in deutscher Sprache, Bd. 6, ebenfalls im Jahr 1900, anzubieten: »Am wenigsten darf die Nora der Schlußszene, wie es oft auf den Theatern vorkommt, als Sprachrohr des Dichters erscheinen. Sie ist ein Wesen für sich, dessen Gewissen geweckt wird durch die plötzliche Einsicht in eigene Schwachheit. Nora ist kein Typus mehr. Zahllose Frauen machen in der Ehe früher oder später Noras Erfahrungen, aber sie folgen nicht Noras Beispiele. Sie halten aus und halten Haus dem ›fremden Mann‹. Und auch in diesem Aushalten liegt eine sittliche Pflichterfüllung« (*ib.*, 58). In den meisten Besprechungen wird Helmer mit Sympathie betrachtet, anders allerdings von Edvard Brandes, der in seiner Rezension des Stückes für *Ude og Hjemme* v. 4. Januar 1880 Helmer als »intellektuellen Aristokraten ohne Verstand, anmaßend konservativ, teils aus Überzeugung, teils aus Pragmatismus, mittelmäßig, doch im Besitz aller Meinungen der guten Gesellschaft« charakterisiert (Keel: 1990, 42). Wenige männliche Kritiker fanden anerkennende Worte für das Stück. So schreibt zum Beispiel der Rechtsanwalt und Publizist Max Bernstein in den *Münchner Neuesten Nachrichten* im März 1887 unter anderem: »Der Mann, welchen das Weib nicht zu achten vermag wie den Inbegriff des Verehrungswürdigen, nicht zu lieben vermag mehr als ihr Leben – der sei ihr ein fremder Mann! Die Kinder, welche sie, selbst noch nicht erzogen, nicht zu erziehen vermag zu edlen und freien Menschen – die soll sie verlassen! Ein Mensch zu werden, ein ganzer, großer, starker, thatfroher Mensch – das ist das erste heiligste Gebot! Und die Kraft dieses Gebotes: Alles verlassen, hinaus in die Ferne, in die Fremde, in das Leben, in den Kampf, und, wenn es sein muß, in das Elend! So denkt und thut Nora; so hat Henrik Ibsen gedacht und gethan« (*ib.*, 56).

Welche Äußerungen zu dem Stück gab es nun von Frauen? Auch hierzu einige Beispiele: »Das Wunderbare geschieht nicht alle Tage«, schrieb die norwegische Frauenrechtlerin Gina Krog am 12. Januar 1880 in der Zeitung *Aftenbladet*, »aber für uns, die wir darauf gewartet haben, daß es gesagt werden sollte, für uns war es, als wir es hörten, als wenn jetzt das Fest eingeläutet würde nach diesen vielen Alltagen, als ob jetzt das Wunderbare seinen Anfang nähme«. Und sie endete mit einem Dank an ihn, »dem wir dieses Wunderbare verdanken, wir rufen ihn aus, wir können die schwere Dankesschuld nicht länger in Schweigen tragen. Wir danken [...], weil er das Urteil über uns spricht, so klar und streng und ohne Schonung, danken für den Kampf gegen Lüge und Unrecht und für die keimende Hoffnung auf einen verjüngenden Frühling« (Ibsen: 1979, 337).

Gertrud Bäumer, eine der Hauptvertreterinnen der »gemäßigten« bürgerlichen Frauenbewegung in Deutschland, betont in einem Aufsatz in der *Frau* aus dem Jahre 1910, dass *Nora* »von dem eigentlichen Kampfplatz der Frauenfrage herstamm[t]« (Bäumer: 1910, 672). Besonders deutlich machten dies die im Nachlass Ibsens enthaltenen Entwürfe des Dramas – was Bäumer an Auszügen daraus eindrucksvoll belegt (vgl. *ib.*, 674ff.). In der letztendlichen Dramenfassung sei das dem Mann polar in Reinheit gegenüberstehende ethische Prinzip Frau aufgeweicht worden. Nora habe nun eine »starke Dosis sittlicher Minderwertigkeit« bekommen (*ib.*, 675). Es lebe »in der letzten Fassung alles Naturhafte, Ungezügelte, Kindische der Nora viel stärker. Der Widerstreit des in höherem Sinne Frauenhaften ihrer Natur mit dem unerlösten Evatum ist kräftiger« (*ib.*, 676). Bäumers Fazit lautet, dass in der *Nora* »das aus der Frauenfrage stammende Hauptmotiv bei der Verarbeitung aus seiner theoretischen Geradlinigkeit herauswuchs« – was aber wohl durchaus der Lebenswirklichkeit entsprochen habe (*ib.*, 677).

Die Schriftstellerin Lou Andreas-Salomé legt in ihrem 1910 erschienenen Werk *Henrik Ibsens Frauen-Gestalten* eine ebenfalls sehr stark vom Denken in Geschlechterpolaritäten geprägte Interpretation von *Nora* vor. Mit ihrer positiven Konnotation des Weiblichen kommt sie m.E. der Intention Ibsens sehr nahe, auch wenn sie im Blick auf Nora weiblich und kindlich in eins fallen lässt. Nora sei die Entwicklungsfähige, die nach wahrem Menschsein und wahrer Liebe strebe, Helmer der Veränderungsresistente, der es sich in seinem Puppenheim wohlig eingerichtet habe. »Die kindliche Liebe will aufschauen, aufstreben am Geliebten, sich emporranken an ihm; und achtlos entfällt ihr darüber das Spielzeug und die Puppe früherer Tage. Helmer, der selbstgefällige, selbstbewußte ›Erwachsene‹, der nicht mehr über sich selbst hinaufblicken mag, – wählt sich in seiner Liebe gerade ein Spielzeug und eine Puppe für die Mußestunden zwischen seinen wichtigsten Beschäftigungen. Er wählt ein ›Eichhörnchen‹, das ihm possierliche Sprünge vormachen kann, wenn er sich langweilt, eine ›Lerche‹, die ihm den Mißmut fortzwitschert, ein ›Naschkätzchen‹, das schon Zuckerplätzchen genügend beglücken, wenn er sich einmal in Gebelaune befindet« (Andreas-Salomé: 1910, 20f.). Nora und Helmer lebten in gegensätzlichen Welten, und Helmer sei Noras Liebe nicht würdig. Sie habe denn auch nicht Helmer, sondern sein Ideal geliebt und nachdem sie sein wahres Gesicht erkannt habe, könne er ihr nur noch erschreckend fremd sein. Noras Weggang interpretiert Andreas-Salomé als »naive Entschlossenheit ihres kindlichen Idealismus« (*ib.*, 39), wobei jener wiederum die Chance biete, den verhärteten Helmer zum Umdenken zu bewegen. »Ihm [Helmer] ist, wie wenn in ihm selber, nach langem, schwerem Schlummer, noch einmal das Kind erwacht sei, – das Kind, das noch *werden* kann, das noch einen Aufblick über sich selbst hinaus kennt und sich, unbekümmert um alle mögliche Würde und Haltung, verlangend streckt, um *größer* zu werden« (*ib.*). Der Keim der Veränderungsbereitschaft sei allerdings noch so schwach entwickelt, dass Noras Weggang unverzichtbar sei. »Er muß die Tür hinter ihr in das Schloß fallen hören« (*ib.*). Mit dieser Interpretation unterstreicht Andreas-Salomé die Bedeutsamkeit und die Konsequenz des Schlusses, wie es auch Ibsen selbst immer wieder getan hat.

Zu einer ganz anderen Bewertung des Schlusses kommt hingegen die Norwegerin Else Høst in ihrer Besprechung von *Nora* in der Zeitschrift *Edda* im Jahre 1946. Ibsen erzähle mit sehr viel Sympathie für und Seelenverwandtschaft mit Nora einen Traum vom irdischen Glück, von der vollkommenen Ehe; nachdem dieser Traum geplatzt war, hätte Nora nach Meinung Høsts sterben müssen. Allerdings: »Wenn die dichterische Botschaft zu Ende ist, macht das aktuelle Emanzipationsstück allein weiter. Die Folgen können nicht ausbleiben. Im Verhältnis zu den übrigen Teilen des Stückes ist die Schlußszene zu einer trockenen und toten Demonstration geworden – vergebens sucht Noras drastischer Entschluß und die direkte Verkündigung der Moral deren innere Leere zu überdecken [...]. Durch den sich am Schluß von *Ein Puppenheim* dokumentierenden künstlerischen Niedergang zeigt sich überaus deutlich, wie wenig Ibsen vermag, wenn er nur als realistischer Tendenz-

und Kampfdichter auftritt« (Høst: 1977, 195). Deshalb sei es »gerade die kindliche, die erwartungsvolle, die ekstatische und die gebrochene Nora, die in unserer Erinnerung weiterlebt und das zeitgebundene Gesellschaftsdrama zu ewiger Dichtung emporhebt – gerade diese Nora, und nicht die Frauenrechtlerin« (*ib.*, 195f.). Anders sieht dies Dieter Bänsch in seiner *Nora oder Ein Puppenheim*-Interpretation aus dem Jahre 1991, um noch eine gegenwartsnahe Interpretation anzuschließen: »Es muß der Erfahrung hunderttausender bürgerlicher Leserinnen und Zuschauerinnen entsprochen haben, daß Nora, die Beispiel-Frau, zwanghaft die bloß Natürliche sein soll und zugleich die plappernde Puppe; ebenso muß es aber dieser Erfahrung entsprochen haben, daß in der Zurückstauchung auf Puppenexistenz und ideologisch verfügte Natürlichkeit sich auch eine Kraft sammelte, eine elektrisierend kollektive Kraft, das Puppendasein, überhaupt den Panzer der über das Geschlecht verhängten Konventionen zu durchbrechen. Es muß offen bleiben, mit welchem Grad von Bewußtsein Ibsen dieses dialektische Prinzip gehandhabt hat. Aber es ist da und es ist beim Beschauen und Lesen des Schauspiels das durchgehend wirksame« (Bänsch: 1991, 57).

Ich komme zum **Schluss**:

Ich habe mich bei der Darstellung von *Ein Puppenheim* auf die beiden Hauptpersonen Nora und Helmer konzentriert und auch die Rezeptionsgeschichte entsprechend beleuchtet, wobei ich ihr allerdings keinen Zwang antun musste, da die entsprechende Fokussierung auch bei ihr überwiegt. Den anderen Personen im Stück kommen jedoch durchaus wichtige Rollen zu, wie dies m.E. überzeugend der norwegische Literaturwissenschaftler Jørgen Haugan in seinem 1977 erschienenen Buch zu Henrik Ibsens Methode herausgearbeitet hat: »In der Enttäuschung erwacht Nora zum Erlebnis ihres eigenen Ich, eines Ich, das unterdrückt und von allen vernachlässigt wurde. Es ist diese Ich-Kraft, die sie aus dem Puppenheim hinaus treibt, es ist aber ein […] Hals über Kopf gefaßter Entschluß. Eine tief desillusionierte Frau geht, um ohne Geld und ohne Ausbildung einen Platz in der Gesellschaft zu finden. Alles, was Nora in ihrer Indignation vergißt – die rauhe Wirklichkeit der Gesellschaft – hält Ibsen in den Nebenfiguren fest, die dadurch eine Spiegelfunktion erhalten: Krogstad hat die gleiche Wechselfälschung wie Nora begangen, ist aber entdeckt worden und hat Stellung und bürgerliche Achtung verloren. Frau Linde hat sich auch für andere aufgeopfert wie Nora, hat aber am eigenen Körper erfahren müssen, welche Macht die ökonomischen Privilegien der Männergesellschaft dem Mann über die Frau geben« (Keel: 1990, 68). Jørgen Haugan hätte auch noch das Kindermädchen anführen können, welches zwar nur in einer einzigen Szene auftritt, auf die – wie Ibsen in einem Brief an die Direktion des Kristiania Theaters am 16. November 1879 schreibt – jener jedoch »aus mehreren Gründen starkes Gewicht« legte (*ib.*, 20). Noras Kindermädchen für ihre drei Kinder hatte auch bereits Nora aufgezogen und ihr die Mutter ersetzt, da diese gestorben war. Ihr eigenes Kind hatte sie fremden Leuten übergeben, sie klärt Nora, die naiv fragt, warum sie das wollte, auf, dass sie als junge Frau aus einfachen Verhältnissen mit einem unehelichen Kind für sich und das Kind keine anderen (Überlebens-)Chancen hatte. Über den Vater des Kindes sagt sie: »[...] der schlechte Mensch tat ja gar nichts für mich« (Ibsen: 1988, 42). Die Szene ist auch noch insofern wichtig, als Nora zu diesem Zeitpunkt bereits zur Karrierenrettung ihres Mannes wegen ihrer Wechselfälschung an einen Selbstmord denkt und andeutet, dass sie ihre Kinder bei dem Kindermädchen – nicht zuletzt aus ihrer eigenen Erfahrung heraus – in besten Händen wisse, eine Szene übrigens, die auch bei der Interpretation von Noras Weggang mit herangezogen werden könnte.

Undurchsichtig bleibt für mich die Bedeutung des Doktor Rank, der – wie wir im zweiten Akt erfahren – Nora liebt. Wäre Rank Noras Ideal eines wunderbaren Ehemannes näher als Helmer gekommen? Aber vielleicht überzeugt ja die Interpretation, die Andreas-Salomé anbietet: Nora will sich von Doktor Rank zur Begleichung des Wechsels Geld leihen, unterlässt dies allerdings, nachdem sie sein Liebesgeständnis vernommen hat. »Das ist die ganze Nora, wie sie in diesem Gespräch auftritt: unbedacht, kindisch und zugleich mit dem feinen Takt und Instinkt einer reifen Frau; – leichtsinnig, der Lüge und auch etwas der Koketterie fähig, und dennoch lauter bis in die Wurzeln ihres Wesens hinein; – unerzogen, aber voll der edelsten natürlichen Anlagen zur höchsten Selbsterziehung« (Andreas-Salomé: 1910, 30f.).

Doch auch, wenn wir Nora etwas weniger aufgeladen interpretieren wollen, bleibt die Aufforderung von *Ein Puppenheim* bestehen, uns immer wieder aus festgefahrenen Rollenstereotypen zu befreien und den Aufbruch zu neuen Ufern zu wagen. Mit Nora sollten wir erkennen, dass der Mensch sich selbst als Aufgabe gestellt ist und aufgefordert ist – in bester aufklärerischer Tradition – an seiner Menschwerdung zu arbeiten. Hierzu sind manchmal auch schmerzhafte Verzichte oder Weggänge mit offenem Ausgang unabdingbar!

**Literaturverzeichnis:**

**Primärliteratur:**

**Ibsen, Henrik**:
– *Ein Puppenheim. Stück, Vorarbeiten, Materialien.* Hg. u. übers. v. Angelika Gundlach. Frankfurt/M. 1979.
– *Nora (Ein Puppenheim). Schauspiel in drei Akten.* Aus dem Norwegischen übertragen v. Richard Linder. Nachbemerkung v. Aldo Keel. Stuttgart 1988.

**Forschungsliteratur:**

**Admoni, Wladimir**: *Henrik Ibsen.* München 1991.

**Allphin, Clela**: *Women in the plays of Henrik Ibsen.* New York 1975.

**Andreas-Salomé, Lou**: *Henrik Ibsens Frauen-Gestalten.* Jena 1910 (Nora S. 17–40).

**Bänsch, Dieter**: *Henrik Ibsen: »Nora oder ein Puppenheim«. Grundlagen und Gedanken zum Verständnis des Dramas.* Frankfurt/M. 1991.

**Bäumer, Gertrud**: »Programm und Kunst in Ibsens Gesellschaftsdramen«. In: *Die Frau* 17 (1910), S. 671–681.

**Giesing, Michaela**: ›Ibsens Nora und die wahre Emanzipation der Frau‹. Frankfurt/M. 1984.

**Høst, Else**: »*Nora*« *(1946)*. In: *Henrik Ibsen*. Hg. v. Fritz Paul. Darmstadt 1977, S. 180–196.

**Keel, Aldo** (Hg.): *Erläuterungen und Dokumente: Henrik Ibsen. Nora (ein Puppenheim)*. Stuttgart 1990.

**Lange, Helene**: *Kampfzeiten*. Bd. 1. Berlin 1928.

**Rieder, Werner**: *Ibsens »Nora« und das Publikum – Rezension und Kollusion in der Bundesrepublik Deutschland*. München 1984 (Dissertation).

**Woker, Gertrud**: »Ibsens Bedeutung für die Frauenbewegung«. In: *Die Alpen* 5 (1910), S. 33–40.

# Gottfried Keller *Das Sinngedicht*[1]

Theo Stammen

*Für Irene Lamberty*

## I. Vorrede

Unter dem Titel *Der Schatz deutscher Prosa* schreibt Friedrich Nietzsche in seinem Werk *Menschliches, Allzumenschliches – Ein Buch für freie Geister* (1886):

> Wenn man von Goethes Schriften absieht und namentlich Goethes *Unterhaltungen mit Eckermann*, dem besten deutschen Buche, das es gibt: was bleibt eigentlich von der deutschen Prosa-Literatur übrig, was es verdiente, wieder und wieder gelesen zu werden? Lichtenbergs Aphorismen, das erste Buch von Jung-Stillings *Lebensgeschichte*, Adalbert Stifters *Nachsommer* und Gottfried Kellers *Leute von Seldwyla* – und damit wird es einstweilen am Ende sein. (KSA 2, 599)

Es mag auf den ersten Blick überraschen, den Namen Gottfried Kellers in diesem exklusiven schmalen Kanon der deutschen Literatur des 18. und 19. Jh. aufgeführt zu finden. Es ist klar und eindeutig, dass Keller von Nietzsche unter die raren deutschen Klassiker dieser Epoche eingereiht wird. Und dies – wie wir aus anderen Zeugnissen wissen – aus intimer Kenntnis des Werks.

Eine erstaunlich ähnliche Qualifikation Kellers findet sich bei Walter Benjamin. In seinem bekannten Essay *Gottfried Keller – zu Ehren einer kritischen Gesamtausgabe seiner Werke* spricht Benjamin von der »neu-alten Wahrheit, die Keller unter die drei oder vier größten Prosaiker der deutschen Sprache aufnimmt« (Benjamin II: 1977, 284).

Friedrich Nietzsche nennt in seinem Text die Novellensammlung *Die Leute von Seldwyla* als das exemplarische Werk, das für ihn Keller den Rang eines Klassikers vermittelte; doch wird man nicht dieses Werk allein nennen wollen: Die zweite Novellensammlung, die den Titel *Zürcher Novellen* trägt, vor allem aber der in zwei verschiedenen Fassungen vorliegende große Roman *Der grüne Heinrich*, haben Keller eigentlich den Ruhm eines klassischen Prosa-Autors verliehen. Hinzu kommt natürlich noch eine ganze Reihe von Einzel-Novellen und -Erzählungen und nicht zuletzt die Lyrik. Schließlich sind noch zwei weitere Novellensammlungen zu erwähnen: Einmal die *Sieben Legenden*, in denen sich Keller mit Marienlegenden befasste und sie auf höchst poetische und zugleich humane Weise literarisch adaptierte. War ihm doch, »als ob in der überlieferten Masse dieser Sagen nicht nur die

---

[1] Im Folgenden wird das Gedicht nach dieser Ausgabe zitiert: Gottfried Keller: Das Sinngedicht. Novellen. Heraugegeben und mit einem Essay versehen von Gerhard Kaiser. Frankfurt 2000.

kirchliche Fabulierkunst sich geltend mache, sondern wohl auch die Spuren einer ehemaligen mehr profanen Erzählungslust oder Novellistik zu bemerken seien, wenn man aufmerksam hinblicke« (Vorwort zu *Sieben Legenden*).

Zum andern *Das Sinngedicht*, erschienen zuerst 1882, mit dem sich der folgende Vortrag ausführlicher und genauer befassen wird. Dieses Werk hat sicher nicht die Popularität und Volkstümlichkeit erzielt wie *Die Leute von Seldwyla* und *Zürcher Novellen*.

Während sich »Seldwyla« als ein schweizerisches »Schilda« und die Seldwyler selbst als die schweizerischen »Schildbürger« präsentieren und die *Zürcher Novellen* den politischen Stadtgeist von Zürich und Umgebung lebendig und konkret vorstellen, entführt uns das *Sinngedicht* in eine eher künstliche Welt, eher die des Biedermeier mit seiner Privatheit und Idylle, mitunter auch Spießigkeit.

Dass diese Sammlung gleichwohl ihre Schätzung und Anerkennung bei den zeitgenössischen Lesern fand, verdeutlicht ein Brief von Nietzsche. Es ist wenig bekannt, dass Keller und Nietzsche zeitweise in Briefwechsel untereinander standen; und in einem Brief vom 14. Okt. 1886 geht Nietzsche auf sein Leseerlebnis des *Sinngedichts* ein. Nietzsche schreibt an Keller: Seine Mutter habe ihm aus dem *Sinngedicht* vorgelesen. »Wir beide haben Sie aus vollem Herzen gesegnet (auch aus vollem Halse: denn wir haben viel gelacht): so rein, frisch und körnig schmeckte uns dieser Honig.«

Nietzsches Lob bezieht sich auf *Das Sinngedicht*, das 1882 in erster Auflage erschienen war. Vergleicht man die drei großen Novellensammlungen von Gottfried Keller untereinander, so fallen zwei wichtige Unterschiede auf, die dazu geeignet sind, die besondere Qualität des *Sinngedichts* hervorzuheben und zugleich auch unsere nachfolgenden Interpretationen des Textes zu inspirieren und zu orientieren.

Der erste greifbare Unterschied betrifft den *Rahmen* oder die *Rahmenerzählung*. Es ist angemessen, hier etwas weiter auszuholen:

In der abendländisch-europäischen Literatur haben sich Novellensammlungen oder -zyklen seit dem späten Mittelalter zunehmend ausgebildet. Eine der bekanntesten und berühmtesten und zugleich vorbildlichsten ist sicher G. Boccaccios *Das Dekamerone*, in dem an zehn Tagen (*deka hemerai*) von einer kleinen auserwählten Gesellschaft junger Frauen und Männer jeden Tag zehn Geschichten erzählt werden, um den vor der Pest aus Florenz aufs Land geflüchteten Personen den Aufenthalt auf dem Land möglichst abwechslungsreich und unterhaltsam zu gestalten. Aus Zeitvertreib, jedoch nicht ohne lehrhafte Ambition, werden Geschichten sehr verschiedener Art erzählt. Die so erzählten Geschichten werden durch eine *Rahmenerzählung* zusammengehalten, wobei ein Mitglied der Gesellschaft jeweils für den Tag das Regiment hat und die Themen und Orientierung der Geschichten und somit die gesellige Redeordnung in Ablauf und Zielsetzung bestimmt.

Die von Boccaccio im 14. Jh. exemplarisch gestaltete Novellensammlung *Das Dekamerone*, das in der italienischen Muttersprache erzählt und aufgeschrieben ist, hat viele Nachahmer gefunden: In nahezu allen europäischen Literatursprachen finden sich ähnliche Sammlungen: von Chaucers *Canterbury Tales* über Cervantes *Exemplarische Novellen* bis zu den Novellensammlungen des 18./19. Jahrhunderts.

In der deutschen Literatur hat im ausgehenden 18. Jh. kein Geringerer als Johann Wolfgang Goethe Bedeutendes für die Rezeption und Einbürgerung der

Novellen als literarische Gattung in die deutsche Literatur geleistet: mit seinen *Unterhaltungen deutscher Ausgewanderten* (1795/96) vor allem, in denen er das »ungeheure Ereignis« der Französischen Revolution »dichterisch gewältigen« wollte.

In der Nachfolge Goethes steht – neben den Romantikern und neben Adalbert Stifter mit seinen *Bunten Steinen* und *Studien* auch – Gottfried Keller mit seinen drei oben genannten Novellensammlungen. Auch sie haben eine Kompositionsform, die die einzelnen Novellen in einen Rahmen integrieren, so dass sie ein integriertes Ganzes bilden. Allerdings – und da liegt ein fundamentaler Unterschied zwischen den *Leuten von Seldwyla* und *Zürcher Novellen* einerseits und dem *Sinngedicht* andererseits: Die Rahmenerzählungen der beiden erstgenannten Sammlungen sind eigentlich nur ›Vorreden‹ von einigen wenigen Seiten von erläuternder, nicht erzählerischer Art. Ein Rahmen im eigentlichen Sinn bildet diese »Vorrede« schon deswegen nicht, weil sie durch keine entsprechende »Nachrede« (Nachwort) abgeschlossen werden, so dass die Novellen wirklich »eingerahmt« erscheinen. Die »Vorrede« hat die (begrenzte) Hauptfunktion, einen thematischen Kontext herzustellen, durch den die einzelnen Novellen oder Erzählungen untereinander zu einem lockeren Zusammenhang verbunden werden.

Bei der dritten Novellensammlung, dem *Sinngedicht*, ist die Gestaltung des Verhältnisses von Rahmen und Einzelnovelle gründlich anders: viel *dichter* und komplexer: Es gibt – wie auch bei Boccaccios *Dekamerone* und bei Goethes *Unterhaltungen deutscher Ausgewanderten* – eine regelrechte *Rahmenerzählung*; Rahmenerzählung und Einzelnovellen durchdringen sich aufs intensivste. Die Komposition ist so geartet, dass die Integration von Rahmen und Erzählungen so eng ist, dass die Einzelnovellen kaum mehr aus dem Kontext des Rahmens herausgelöst und separat gelesen oder gar ediert werden können. Bei Goethes *Unterhaltungen deutscher Ausgewanderten* ist dies allein für das abschließende »Märchen« noch möglich; gleichwohl kann auch das »Märchen« im vollen Sinn doch lediglich im Kontext und in der Integration mit dem Rahmen oder der Rahmenerzählung gelesen und verstanden werden, weil es aus der Entwicklung geselligen Miteinanderseins und Miteinanderredens aus der Rahmenerzählung konsequent hervorgeht und sich darauf rückbezieht.

Zu diesem Typus von Rahmenerzählung gehört auch Kellers *Sinngedicht*; wie wir nachher sehen werden, sind die Einzelnovellen mit dem Ganzen der Rahmenerzählung so innigst verflochten, dass eine Auflösung des Ganzen oder Herauslösung einzelner Teile notwendig zu einer *Zerstörung* der Einheit und ihres Verstehens, zumindest zu einer Beeinträchtigung der Gesamtkomposition führen muss. Indes: nicht nur durch die Art und Weise, wie Keller Rahmenerzählung und Novellen des *Sinngedichts* zu einer erzählerischen Einheit verschmolzen hat, unterscheidet sich diese dritte Novellensammlung von den beiden vorangehenden; hinzu kommt noch die *besondere dichterische Qualität* des *Sinngedichts*.

Walter Benjamin, dessen Keller-Essay oben bereits angeführt wurde, hat im Hinblick auf Kellers (späte) Novellistik an anderer Stelle noch auf einen anderen wesentlichen Aspekt aufmerksam gemacht (Benjamin II: 1977, 440). Er spricht hier von der »Durchdringung des Erzählerischen und des Dichterischen«. Dieser »wesentliche Zuwachs, den dem Deutschen die nachromantische Epoche gebracht hat, sei in Kellers Prosa am vollsten verwirklicht«. Dieses Diktum trifft auf besondere Weise für das *Sinngedicht* zu: dominiert in den *Leuten von Seldwyla* und den *Zürcher Novellen* jeweils deutlich in den Novellen das »Erzählerische« in bunter Variation und opulentem Reichtum, so trifft – wie im einzelnen noch zu zeigen sein wird – die von W. Benjamin hervorgehobene »Durchdringung des Erzählerischen und des Dichterischen« eindeutig für das *Sinngedicht* zu und macht das *Besondere* dieser Dichtung aus.

Wahrscheinlich beruht die unverwüstliche *Popularität* der beiden ersten Novellensammlungen auf diesem Vorrang des »Erzählerischen«, während die »Durchdringung« beider Elemente: des »Erzählerischen« und des »Dichterischen« eine kompliziertere ästhetische Wahrnehmungsfähigkeit voraussetzt, weswegen das *Sinngedicht* längst nicht die gleiche Popularität wie die beiden anderen Novellensammlungen für sich erwerben konnte. Dies stellt auch an die Interpretation des *Sinngedichts* – wie wir sehen werden – höhere Anforderungen, weil eben die von Benjamin hervorgehobene »Durchdringung« von »Erzählerischem« und »Dichterischem« zu beachten und zu bedenken ist, weil sich daraus die besondere literarische Qualität des *Sinngedichts* ergibt, auf deren Erkenntnis es hier ankommt.

Zwei kurze abschließende Vorbemerkungen zur Einführung seien mir noch gestattet:

– eine erste auf den Titel *Das Sinngedicht* bezogene;
– eine zweite auf die *Entstehungsgeschichte* des *Sinngedichts* hinweisende.

Zum Verständnis des Titels *Das Sinngedicht* sind mehrere Verstehensebenen zu unterscheiden und für sich zu bedenken.

– Zunächst bezeichnet das Wort »Sinngedicht« eine *literarische Gattung*, die in der älteren Literaturgeschichte eine nicht zu unterschätzende Bedeutung und Wirkung besaß. Dies vor allem deswegen, weil der *lehrhafte* oder *didaktische* Charakter für diese Gattung typisch war. Dabei steht der deutsche Begriff »Sinngedicht« für »Epigramm« (vgl. Neumann: 1969).

Merkwürdig auf den ersten Blick ist nur, dass hier eine *Prosadichtung*, eben eine Novellensammlung, mit diesem Namen bezeichnet wird. Rein positivistisch gesehen macht das keinen erkennbaren Sinn. Denn ein Epigramm oder Sinngedicht ist eine *Versdichtung*.

– Auf den zweiten Blick jedoch, d.h. spätestens nach der Lektüre des ersten Kapitels mit dem etwas kryptischen Titel »Ein Naturforscher entdeckt ein Verfahren und reitet über Land, dasselbe zu prüfen« weiß der Leser indes, dass der Titel *Das Sinngedicht* sich in der Tat auf ein solches *Gedicht*, auf ein einzelnes bestimmtes Epigramm bezieht, das im Ganzen dieser Novellensammlung eine entscheidende Rolle spielt. Welche Rolle, das kann an dieser Stelle noch nicht verraten werden!

Soviel sei indes geoffenbart, dass das infragestehende Sinngedicht, das in Kellers *Sinngedicht* eine so bedeutsame Rolle spielt, dass es dem ganzen Werk sogar den Namen gibt, von dem deutschen Barockdichter Friedrich von Logau (1604–1655) stammt, dessen kurze Lebenszeit überwiegend in die schreckliche Epoche des *Dreißigjährigen Kriegs* fällt, unter dessen Wirkungen und Auswirkungen Logau auch persönlich schwer zu leiden hatte. Kurz bevor er 1655 verarmt und verzweifelt unglücklich stirbt, gibt er – unter dem Pseudonym »Salomon von Golaw« – seine Sammlung von 3560 Sinngedichten heraus, die er in chronologischer Reihenfolge anordnet. Wie bei so manchem deutschen Barockdichter geht auch das Andenken Logaus und seiner Gedichte im 18. Jh. mehr und mehr verloren – hätte nicht Lessing in seinen »Litteratur-Briefen« an Logau erinnert und ihn »einen von unseren größten Dichtern« genannt und eine Auswahl seiner Sinngedichte wieder abgedruckt.

An dieser Stelle sei noch erwähnt, dass Logau einer der zahlreichen »Sprachgesellschaften« des deutschen Barockzeitalters angehörte, und zwar der »Fruchtbringenden Gesellschaft« vom Palmenorden. Sprachgesellschaften dieser Art hatten besondere Obacht auf die *Reinheit* der deutschen Sprache (d.h. Reinigung von allzu vielen Fremdwörtern). Das dürfte auch der Grund dafür sein, dass Logau seine Gedichte nicht »Epigramme«, wie sonst damals üblich, sondern »Sinngedichte« nannte. Weil er sich – soweit bekannt – nahezu ausschließlich der kleinen Form des Epigramms widmete, trug er als Mitglied des Palmenordens den Beinamen »Der Verkleinernde«.

Ich erwähne Logau und seine Wiederentdeckung durch Lessing nicht aus rein antiquarischem Interesse, sondern deswegen, weil im ersten Kapitel von Kellers *Sinngedicht* der junge Naturforscher Herr Reinhart, dem die einsame Forschung in der abgedunkelten Studierstube à la Faust die Augen krank macht, auf die Bodenkammer hinaufeilt, wo er »in Schränken eine verwahrloste Menge von Büchern stehen hatte, die von halbvergessenen menschlichen Dingen handelten«. Hier zieht er einen Band der Lachmannschen Lessing-Ausgabe heraus, in welchem u.a. die *Sinngedichte* Friedrich von Logaus stehen. Den Band aufschlagend findet er ein Sinngedicht Logaus, das ihn tief beeindruckt und ihn vom Augenblick der Lektüre an buchstäblich umtreibt. So bekennt er emphatisch:

> Dank Dir, Vortrefflicher (Lessing), der mir durch den Mund eines noch älteren Toten (Logau) einen *so schönen Rat* gibt. O, ich wüßte wohl, dass man dich nur anzufragen braucht, um gleich etwas Gescheites zu hören.

Was Gescheites in dem Logauschen Sinngedicht steht, bleibt noch unerwähnt – auf jeden Fall hat es fürs erste die Wirkung, der Novellensammlung den Titel *Das Sinngedicht* zu geben und zugleich die *Handlung* der Rahmenerzählung in Gang zu setzen.

Soweit die literatur- oder motivgeschichtliche Herleitung und Deutung des Titels; er stammt also von dem Logauschen Sinngedicht, dessen zufälliges Auffinden im ersten Kapitel erzählt wird und das wie ein *Motto* über dem Ganzen der Novellensammlung steht, die Handlung der Rahmenerzählung bestimmt und bis zum glücklichen Ende begleitet. Wir werden nachher sehen, dass der Titel durchaus auch noch andere Deutungen zulässt, insofern er sich auf die poetisch-symbolische Auslegung der Novellensammlung im Ganzen beziehen lässt und sie – obwohl sie ein *Prosatext* ist – wegen der Dominanz des Dichterischen einfach als »Gedicht« erscheinen lässt.

Es bleibt noch daran zu erinnern, dass Keller in seinen frühen Notizen und Briefen zum *Sinngedicht* auch von »Galatea«-Novellen spricht. So z.B. am 2.4.1855 an seinen Verleger Vieweg: »Bis zum 1. Juni aber werde ich die Novellen unter dem Titel »Galatea« schreiben.« (Jeziorkowski: 1969, 345.) Wir werden sehen, dass auch diese Bezeichnung auf Logau verweist, und zwar auf einen zentralen Aspekt des hier gemeinten Epigramms, insofern der Name »Galathee« im *Epigramm* vorkommt. Erwähnenswert weil für das Kellersche *Sinngedicht* im Ganzen die Tatsache wichtig ist, dass in der Literatur des 18. Jh. sich der Name »Galatea« mit der »Pygmalion«-Geschichte aus Ovids *Metamorphosen* verbindet dergestalt, dass die von dem Bildhauer Pygmalion geschaffene und dann zum Leben erweckte Statue den Namen Galathee erhält (vgl. Neumann: 1997).

Als Letztes soll uns in dieser Vorrede die Entstehungsgeschichte von *Das Sinngedicht* noch kurz beschäftigen. Auffallend ist, dass Keller sich mit diesem Novellen-Komplex sehr lange befasst hat, länger als 20 Jahre: Die Anfänge liegen in der (eher unglücklichen) »Berliner Zeit« der 50er Jahre, als er sich hauptsächlich mit der *ersten* Fassung des *Grünen Heinrich* abmühte. Man kann mithin für die Zeit von 1853–1857 von einer *ersten* Phase der Arbeit am *Sinngedicht* sprechen. Wie die überlieferten Zeugnisse belegen, versiegt das Interesse an diesem Stoff auch in den nächsten Jahrzehnten nicht. Es wird vielmehr festgehalten, und es finden sich deutliche Spuren davon in Briefen und anderen Äußerungen und Notizen Kellers (Vgl. Jeziorkowski: 1969, 337–396.). Im eigentlichen Sinn wird jedoch die Arbeit erst in den späten 70er und frühen 80er Jahren wieder aufgenommen – übrigens wieder parallel zum *Grünen Heinrich*, dessen *zweite* Fassung damals entsteht. Man kann also im Hinblick auf die Entstehungsgeschichte des *Sinngedichts* von einer *zweiten Phase* 1880–1882 sprechen. Die erste Ausgabe des *Sinngedichts* erschien dann 1882 in Berlin bei Hertz.

Es ist in diesem Kontext nicht unwichtig, dass Gottfried Keller sein *Sinngedicht* bereits im ersten Satz mit einer ziemlich präzisen Zeitbestimmung beginnen lässt: »Vor etwa fünfundzwanzig Jahren […]« heißt es dort; und dies bedeutet, legt man die erste Phase der Arbeit Kellers an seiner Novellensammlung (1851–1853) zugrunde, etwa 1825, mithin noch zu Goethes Lebzeiten beginnt die im *Sinngedicht* erzählte Zeit.

Nach Kellers weiterer Einschätzung standen die Naturwissenschaften zu dieser Zeit »wieder auf einem höchsten Gipfel, obgleich das Gesetz der natürlichen Zuchtwahl noch nicht bekannt war«. Über das Gesetz der natürlichen Zuchtwahl hatte Charles Darwin (1809–1882) in seinem Hauptwerk *On the Origin of Species by Means of Natural Selection or the Preservation of Favoured Races in the Struggle for Life* (*Über die Entstehung der Arten durch natürliche Zuchtwahl*) 1858 geschrieben; die deutsche Übersetzung erschien 1860. Diese relativ präzise Fixierung der erzählten Zeit, die noch dadurch ergänzt wird, dass Reinhart das Logausche *Epigramm* in einem Band der Kritischen Lessing-Ausgabe von Karl Lachmann fand, der 1838 erstmals erschienen war, ist nicht unwichtig. Es wird sich zeigen, dass diese Zeitbestimmungen eng mit dem *Paradigmenwechsel* in dieser Novellensammlung von einem naturwissenschaftlich inspizierten »Experiment« zu einer dialogischen Kommunikation, die sich des Geschichtenerzählens von menschlichen oder moralischen Dingen bedient, zusammenhängt. Besonders bemerkenswert ist, dass die entscheidende Markierung der »erzählten Zeit« durch den Bezug auf ein epochales Datum aus der Geschichte der modernen Naturwissenschaften, auf das Erscheinungsjahr von Charles Darwins Hauptwerk *Über die Entstehung der Arten durch die natürliche Zuchtwahl* (1858) gewonnen wird. Soviel zur Einführung!

Unser weiteres Vorgehen ergibt sich aus der Vorrede jetzt konsequent: Es wird vor allem darauf ankommen, »die Durchdringung des Erzählerischen und des Dichterischen«, von dem Walter Benjamin als die besondere Leistung Gottfried Kellers so nachdrücklich sprach, am *Sinngedicht* aufzuzeigen. Wir versuchen, diese Wendung Benjamins als den Schlüssel zum Verständnis des *Sinngedichts* einzusetzen. Dabei gilt es von vorneherein festzuhalten, dass das hier sogenannte »Dichterische« – trotz des Spielcharakters, den es auszeichnet – ein durchaus ernstzunehmendes und auch zu beherzigendes *Erkenntnis-* und *Erziehungsprogramm* darstellt, dem Keller im Aufbau und Durchführung seiner Novellensammlung folgt.

## II. Hauptteil: *Das Sinngedicht*

### 1. Überblick über die Komposition des *Sinngedichts*

Ich gebe Ihnen zunächst einen Vorblick auf die Komposition des *Sinngedichts*:

Auf den ersten Blick erscheint merkwürdig, dass Keller das *Sinngedicht* in Kapitel eingeteilt hat und dass die einzelnen Novellen im Verlauf des Werkes als nummerierte Kapitel erscheinen. Das erinnert durchaus an die Gliederung von Goethes *Wanderjahre,* die auch sonst in mancher Hinsicht als kompositionelles Vorbild für das *Sinngedicht* gelten können: das Ganze umfasst dreizehn unterschiedlich umfangreiche Kapitel.

Die ersten sechs Kapitel sowie das letzte beinhalten – wie die etwas altertümlich anmutenden Überschriften signalisieren – eine *Rahmenerzählung*, die sich von Kapitel zu Kapitel fortschreitend als »Experiment« entfaltet, das im letzten Kapitel seine Auflösung findet. Dieses »Experiment« ist angelegt in dem *Epigramm* von Logau, das so eine zentrale Funktion im Ganzen des Werkes zu erfüllen hat. Die Kapitel sieben bis zwölf enthalten – wie bereits an den Kapitelüberschriften leicht erkennbar – *Novellen* von sehr unterschiedlichem Umfang und Charakter, die von verschiedenen Personen der Rahmenerzählung in geselligem Kontext vorgetragen und vor den beteiligten Zuhörern zur Diskussion gestellt werden.

Man darf vermuten, dass die Rahmenerzählung mit ihrem Thema zunächst (über die ersten sechs z.T. sehr kurzen Kapitel) eine Entwicklung zu durchlaufen hat und eine gewisse Dynamik (»Fahrt«) aufnehmen muss, bevor der Einsatz der Novellen für den Sinn des Ganzen wichtig und angemessen ist und das letzte Kapitel schließlich den Abschluss der Komposition bieten kann.

### 2. Das »Experiment«

Das dichterische *Erkenntnis-* und *Erziehungsprogramm* des so komplex komponierten *Sinngedichts* bietet sich am Beginn der Erzählung als ein seltsames »Experiment« dar, auf das der junge Herr Reinhart, die männliche Hauptfigur des Werkes und seines Zeichens ein privatisierender Naturwissenschaftler, aufgrund seiner übertriebenen naturwissenschaftlichen Methodenstrenge und Empirieversessenheit verrückterweise kommt und das er mit einer ebensolchen Entschlossenheit und Konsequenz in die Tat umzusetzen sucht und dazu von zu Hause aufbricht.

Das Wörtchen »verrückterweise« wird hier mit Bedacht verwendet; denn Herr Reinhart ist – bei aller Liebenswürdigkeit und Sympathie, die von ihm zunehmend auch auf den Leser ausstrahlt – doch unverkennbar einer jener *Sonderlinge*, von denen das Kellersche »bestiarium litterarium« zum anhaltenden Vergnügen der Leser so überaus reichlich bevölkert ist und mit denen der Dichter in seinen Novellen seinen bis zur Satire und Groteske gesteigerten, nicht selten grausamen Spaß treibt. (Man denke etwa an »Die drei gerechten Kammacher« aus den Seldwyler Geschichten.)

Es empfiehlt sich für unsere folgende Textanalyse, zuerst auf die ersten sechs Kapitel, die im Wesentlichen das merkwürdige Geschehen der Rahmenerzählung in Gang bringen, einzugehen. Dabei gebührt dem ersten, nur wenige Seiten umfassenden Kapitel besonders sorgfältige Aufmerksamkeit, insofern es die für das ganze Werk entscheidend wichtige Exposition des »Experiments« bietet und zugleich die Strategie seiner Durchführung erörtert. Daher ist jeder einzelne Satz und jede einzelne Wendung des ersten Kapitels eigentlich von gehobener Bedeutung und will zunächst einzeln, sodann im Zusammenhang und Wechselverhältnis bedacht sein. Die besondere *Dichte* und damit auch *Schwierigkeit* des Verstehens dieses Textes resultiert aus seiner von Keller bewusst inszenierten *Intertextualität*, d.h. aus der Adaption und Einschmelzung literarischer Motive und Bezüge zu anderen literarischen Werken – eigenen und fremden. Einige dieser Bezüge werden von Keller selbst erwähnt und dadurch auch für den Leser erschlossen, andere bleiben verborgener und erschließen sich erst wiederholter sorgfältiger Lektüre.

Wie bereits in der »Vorrede« zu diesem Vortrag von mir erwähnt, stellt Keller uns zunächst seinen *Haupthelden* vor: »Herr Heinrich«, wie er im ersten Kapitel genannt wird, wird uns in einer ungewöhnlichen Situation bekannt gemacht, die ihn auf dem Sprung zu einem *Existenzwechsel* zeigt:

> Der junge Tagesschein erleuchtete die Studierstube eines *Doctor Fausten*, aber durchaus ins *Moderne*, *Bequeme* und *Zierliche* übersetzt. (9)

Gegenüber der Zeit, in der der Autor zu schreiben beginnt, ist diese Situation um fünfundzwanzig Jahre zurückversetzt (wenn wir vom Beginn des ersten Arbeitens (1851) an zurückrechnen, so kommen wir in die Lebenszeit des alten Goethe, der an der Vollendung seines *Faust der Tragödie II. Teil* arbeitete. Keller hält es für wichtig darauf abzuheben, dass »eben die *Naturwissenschaften* wieder auf einem *höchsten Gipfel* standen, obgleich das *Gesetz der natürlichen Zuchtwahl* noch nicht bekannt war.«

Zunächst wird expliziert, anschaulich vorgestellt, inwiefern sich das Arbeitszimmer des jungen Reinhart vom aus Goethes Gedicht bekannten Studierzimmer von *Faust* unterscheidet – bis in die Instrumente und die Bücher, von denen nachdrücklich gesagt wird, »dass kein einziges Buch von menschlichen oder moralischen Dingen oder, wie man vor hundert Jahren gesagt haben würde, von *Sachen des Herzens* und des schönen Geschmackes« handelte (10). Dabei stellt er dar, dass der junge Wissenschaftler einen Versuch aufgebaut und durchgeführt hat, der exakt den Versuchsanordnungen zur *Farbenlehre Goethes* entspricht – bis zu dem in den Fensterladen gebohrten Loch, um einen einzigen Lichtstrahl einzufangen und durch einen Kristall zu lenken, das man heute noch in Goethes Weimarer Arbeitszimmer erkennen kann. Die Entsprechungen des Vergleichs sind unübersehbar. Mit Bedacht und bedeutsamen Folgen wird indes eine *Abweichung* des jungen Naturwissenschaftlers von seiner üblichen täglichen Arbeit eingeführt: Es »öffnete Herr Reinhart eines Tages seine Fensterläden und ließ den Morgenglanz, der hinter den

Bergen hervorkam, in sein Arbeitsgemach, und mit dem Frühgolde weckte eine frische Sommermorgenluft daher und bewegte kräftig die schweren Vorhänge und die schattigen Haare des Mannes« (9).

Auch als er bald darauf »wieder die Fenster vor der schönen Welt mit allem, was draußen lebte und webte«, verschloss, vermochte er nicht mehr zur Regelmäßigkeit naturwissenschaftlicher Beobachtung der Spektralfarben zurückzukehren. Es geht jetzt urplötzlich eine gründliche Wandlung mit ihm vor. Denn:

> Da fühlte er einen leisen stechenden *Schmerz im Auge*; er rieb es mit der Fingerspitze und schaute mit dem anderen durch das Rohr, und auch dieses *schmerzte*.

Eine Einsicht stellt sich urplötzlich ein: dass er »durch das anhaltende Treiben sich die Augen zu verderben (angefangen habe), namentlich aber durch den unaufhörlichen Wechsel zwischen dem erleuchteten Kristall und der Dunkelheit, wenn er sich in dieser seine Zahlen schrieb« (10) und dass, »wenn die Augen krank würden, es aus war mit allen sinnlichen Forschungen«. Und es »beschlichen ihn seltsame Gedanken« (11). Es wird ihm augenblicklich klar, dass »er seit Jahren das *Menschenleben* fast vergessen« hatte und dass er einst auch gelacht und gezürnt, töricht und klug, froh und traurig gewesen (war). Die bisherige Belanglosigkeit »der moralischen Dinge« wird ihm fragwürdig. Das in ihm aufsteigende *Unbehagen* und die »Besorgnis um seine Augen« verändern seine Wahrnehmung der Schönheit und der lebendigen schönen Gestalt, und es »gelüstet« ihn auf einmal, »auf das durchsichtige Meer des Lebens hinauszufahren, das Schifflein im reizenden *Versuche der Freiheit* da und dorthin zu steuern, wo liebliche Dinge lockten« (12). Wir werden bald erfahren, dass es keine Dinge, sondern Mädchen sind, die ihn locken.

Aber bedenklich für ihn ist, dass er in sich dazu keinen noch so geringen Anhaltspunkt spürt, dass ihn »nicht das kleinste Verhältnis zur Übung menschlicher Sitte« einfällt. Denn: »Er hatte sich (durch sein eingezogenes Leben als experimentierender Naturwissenschaftler) *vereinsamt* und *festgerannt* […]« So »ward ihm schwül und unleidlich«. Rettung und Erlösung aus dieser Situation bringt ihm der Entschluss, die Fensterläden wieder weit auseinander zu werfen, »damit es hell werde«: um ihn und in ihm! Sodann eilt er in eine Bodenkammer hinauf, »wo er in Schränken eine verwahrloste Menge von Büchern stehen hatte, die von den halbvergessenen *menschlichen Dingen* handelten«. Er greift aus der Büchermasse zufällig einen Band *Lessing* heraus: »Es war ein Band der Lachmannschen Lessingausgabe und zwar der, in welchem die Sinngedichte des Friedrich von Logau stehen, und wie Reinhart ihn aufschlug, fiel ihm dieser Spruch in die Augen«. Und jetzt liest er das *Sinngedicht* oder *Epigramm* von Logau, das dem ganzen Werk den Namen *Das Sinngedicht* hat zukommen lassen; das *Epigramm* von Logau lautet:

> *Wie willst du weiße Lilien zu roten Rosen machen?*
> *Küß eine weiße Galathee: sie wird errötend lachen.*

Dieses *Epigramm* ist für den jungen Reinhart mit den kranken Augen wie eine Offenbarung; er ruft gegen Lessing aus:

> Dank dir, Vortrefflicher, der mir durch den Mund des noch älteren Toten (Logau) einen so schönen Rat gibt! O, ich wusste wohl, dass man dich nur anzufragen braucht, um gleich etwas Gescheites zu hören.

Er liest wiederholt das kurze *Epigramm*, um dann schließlich auszurufen:

> Welch ein köstliches Experiment! Wie einfach, wie tief, klar und richtig, so hübsch abgewogen und gemessen! Gerade so muß es sein: errötend lachen! Küß eine weiße Galathee, sie wird errötend lachen! (13)

Mit diesen Sätzen ist zugleich der Entschluss gefasst, das »Experiment«, das ihm in dem Logauschen *Epigramm* enthalten scheint, unmittelbar in die Tat umzusetzen. Sofort werden Reisekleider eingepackt; sofort muss der alte Diener das erste beste Mietpferd auf mehrere Tage bestellen. Und: »Er anbefahl dem Alten die Obhut seiner Wohnung und ritt eine Stunde später zum Tor hinaus, entschlossen, nicht zurückzukehren, bis ihn der *lockende Versuch* gelungen« (13). Dazu hat er das *Epigramm* auf einen Papierstreifen geschrieben und wie ein *Rezept* in die Brieftasche gelegt.

Dieses erste Kapitel, dessen Inhalt wir jetzt im Ganzen rekonstruiert haben, stellt Bezüge in verschiedene Richtungen her und hat insofern eine *Schlüsselstellung* für das Ganze des *Sinngedichts* inne. Fürs Erste werden mit dem Ausritt des jungen Naturwissenschaftlers Reinhart die Weichen für die nächsten fünf Kapitel gestellt, in denen das »Experiment« der menschlichen Gattenwahl erprobt werden soll.

Fürs Zweite wird die damals (der zweiten Hälfte des 19. Jh.) sich bereits anbahnenden *Spannung zwischen Natur- und Geistes- oder Kulturwissenschaften* erkennbar und wirksam. Man weiß: »Der Streit der zwei Kulturen«. Der durch den plötzlichen Augenschmerz in Besorgnis und Unruhe versetzte Naturwissenschaftler Reinhart, der seit Jahren »das Menschenleben« und die »menschlichen oder moralischen Dinge« fast vergessen hat, wird zuletzt durch Logaus *Epigramm* nachdrücklich darauf verwiesen, dass die Erforschung des einzigen Lichtstrahls im verdunkelten Raum kein Ersatz ist für die schöne Welt vor den Fenstern mit allem, was da draußen lebt und webt.

Dass die moralischen Dinge *nicht* (wie er zu sagen pflegte) ohnehin nur gegenwärtig flattern wie ein entfärbter und heruntergekommener Schmetterling in der Luft, sondern dass »die menschliche *Gestalt*, und zwar nicht in ihren zerlegten Bestandteilen (wie der Naturwissenschaftler sie seziert und analysiert), sondern als *Ganzes*, wie sie schön und lieblich anzusehen ist und wohllautende Worte hören lässt« (11f.), bedeutsam und interessant ist. Und schließlich, dass diese neue Wahrnehmung der wirklichen und nicht der naturwissenschaftlich aufbereiteten »Natur« ihn gelüsten lässt, »auf das durchsichtige Meer des Lebens hinauszufahren, das Schifflein im reizenden Versuch der Freiheit da und dorthin zu steuern, wo *liebliche Dinge locken*« (12).

Die spontane und zufällige Lektüre des Logauschen *Epigramms* in dem Band der Lessingschen Werke, von Lachmann ediert, setzt den (noch) Naturwissenschaftler Reinhart in Bewegung und Aktion, weil er sich vorstellt, er könne den Rat aus Logaus *Epigramm* in ein »Experiment« analog zu einem naturwissenschaftlichen Experiment umsetzen und es so in einer Art empirischer Feldforschung durchführen. Noch scheint er die Herausforderung an das *Menschliche* in sich nicht recht begriffen zu haben.

Besitzt die Hauptfigur (Herr Reinhart) zu Beginn (noch) den ungetrübten Glauben an die Effizienz und Validität des naturwissenschaftlichen »Experiments« – auch bei der Übertragung auf die »menschlichen oder moralischen Dinge« – so ist das erste Kapitel des *Sinngedichts* doch von deutlichen Spuren einer Wissenschaftskritik, einer Kritik vor allem an der Zuständigkeit und Leistungsfähigkeit naturwissenschaftlicher Methodik durchsetzt; denn die naturwissenschaftliche Vorgehensweise wird eindeutig als *Verengung* des menschlich relevanten Wissens gesehen, so dass es (dieses Wissen) das Wesentliche menschlicher Beziehungen nicht zu fassen vermag; kurz und bündig mit Bezug auf die ersten Sätze dieses Kapitels: das (noch nicht entdeckte) »Gesetz der natürlichen Zuchtwahl«, wäre (würde es entdeckt) nicht in der Lage, Relevantes zur Liebeswahl in humanen Beziehungen zu sagen! Das wird das »Experiment« vielfältig belegen! Es bedarf dazu eines anderen Wissens: *eines Wissens von den menschlichen Dingen.*

### 3. Die Erprobung des »Experiments«

Die sodann in den Kapiteln zwei bis sechs versuchte Umsetzung des »Experiments«, wie es im ersten Kapitel exponiert und angegangen wird, können wir hier aus Zeitgründen nur im Zeitraffer-Tempo in ihren wichtigsten Stationen und Aussagen skizzenhaft präsentieren. Wie bereits erwähnt, gehören sie alle noch zur Rahmenerzählung und dienen dazu, das »Experiment« in verschiedenen Stadien der Erprobung vorzuführen; die Kapitelüberschriften geben dazu bereits wichtige Hinweise und sind als Wegweiser zu lesen:

Kapitel zwei: »Worin es zur einen Hälfte gelingt.«
Kapitel drei: »Worin es zur anderen Hälfte gelingt.«

Mit dem »es« ist jeweils das »Experiment« gemeint, wie es im *Epigramm* von Logau vorgegeben ist und wie es vom Herrn Reinhart als Anweisung und Versuchsanordnung gelesen wird.

»Zur einen Hälfte« und »zur anderen Hälfte gelingt« – das ist so zu verstehen: Auf seinem Ausritt ins umgebende Land begegnet Reinhart zuerst der »schönen Zöllnerin«, die ihm vor dem Überqueren der Brücke den »Brückenzoll« abfordert. Den will er nur entrichten, wenn sie eine Weile mit ihm plaudert und ihre Geschichte erzählt. Nachdem sie dies getan und endlich ihr Geld haben will, sagt er ihr, an sein »Experiment« denkend:

> Ich gebe Dir den Zoll nicht, feines Kind, bis Du mir einen Kuß gegeben hast!

Dazu ist sie nach einiger Widerrede schließlich bereit:

> Er legt das Geld in ihre Hand; da hob sie den Fuß in den Steigbügel, er gab ihr die Hand und sie schwang sich zu ihm hinauf, schlang ihren Arm um seinen Hals und *küsste ihn lachend. Aber sie errötete nicht,* obgleich auf ihrem weißen Gesicht der bequemste und anmutigste Platz dazu vorhanden war. (17)

Das »Experiment« nach dem *Epigramm* von Logau war also misslungen. Das musste sich Herr Reinhart auch gestehen: »Fürs erste […] ist der Versuch nicht gelungen; die notwendigen Elemente waren nicht beisammen«. Um noch hinzuzufügen: »Aber schon das Problem ist schön und lieblich; wie lohnend müsste erst das Gelingen sein« (17).

Eine zweite Chance zu seinem »Experiment« erhält er im dritten Kapitel, in dem er zu einem befreundeten und gastlichen Pfarrhof findet, auf dem er neben Pfarrherrn und Pfarrfrau auch eine Pfarrtochter trifft, gar sehr schüchtern und ständig verlegen errötend. Als er ihr nachdrücklich mitteilt, »dass er sie infolge eines heiligen Gelübdes ohne Widerrede küssen müsse«, lässt sie ihn gewähren. »Zitternd stand sie still, und als er sie nun umarmte, erhob sie sich sogar auf die Zehen und küsste ihn mit geschlossenen Augen, über und *über mit Rot begossen*, aber *ohne zu lächeln*; vielmehr so ernst und andächtig, als ob sie das Abendmahl nähme.« Auch der zweite Versuch scheitert also! »Wiederum nicht gelungen«, muss Reinhard gestehen; er findet aber immer mehr Gefallen an seinem »Experiment«, »aber immer reizender wird das Kunststück, je schwieriger es zu sein scheint!« (21).

Die folgende Episode, die im vierten Kapitel ebenso knapp erzählt wird, bringt Herrn Reinhart die Erkenntnis, »keine unnützen Versuche mehr zu unternehmen und sich des lieblichen Erfolges im voraus würdig zu machen« (26). Das klingt vielversprechend. Denn obwohl die Wirtstochter, die ihm als nächste Frauensperson begegnet, ihm die Begeisterung hervorlockt: »Wie voll ist doch die Welt von schönen Geschöpfen und sieht keines dem andern ganz gleich!« (22), so findet er in dieser Begegnung doch keine passende Gelegenheit, sein »Experiment« fortzusetzen. Im Gegenteil: Er scheut davor regelrecht zurück.

Stattdessen lässt er sich von seinem Weg weglocken; hat doch die Pfarrerstochter ihm einen Brief an eine Freundin zum Überbringen aufgetragen, die auf einem etwas abgelegenen Landsitz wohnt. Damit wird eine wichtige *Wendung* in der Verfolgung des »Experiments« angekündigt, eine Wendung, die sich bald als eine tiefgreifendere Wandlung des Herrn Reinhart zu sich und seiner Aufgabe herausstellt.

Insofern sind die beiden folgenden Kapitel (Kapitel fünf und sechs) *Übergangskapitel*, die für das *Sinngedicht* im Ganzen einen folgenreichen Perspektivenwechsel oder gar *Paradigmenwechsel* bringen.

Kapitel fünf zeigt bereits in seinem Titel an, dass Herr Reinhart jetzt in einen für ihn neuen *Lernprozess* eintreten wird: »Herr Reinhart beginnt die Tragweite seiner Unternehmung zu ahnen« (28ff.).

Durch *zwei* Erzählmomente wird dieser Lernprozess vorbereitet: Einmal dadurch, dass sich der Reiter von dem Moment an, da er die Hauptstraße verlässt, um den Gutshof zu finden, zunehmend *verirrt*. »So verlor er sich in einem Netze von Holzwegen und ausgetrockneten Bachbetten, bald auf und ab, bald in düsterer Tannennacht, bald unter dichtem Buschwerke«, eine Situation, die ihm zutiefst unangenehm ist »Was mir in dieser Wildnis ersprießen wird, rief er unmutig aus« (28). *Verirren*: ein klassisches Motiv der europäischen Literatur, man denke an Dante. Schließlich gerät er mit seinem Pferd in Anlagen und Parks. Nirgends kann er einen Überblick gewinnen; er muss sich »als ein *Eindringling* und *Parkverwüster*« vorkommen; denn sein »Pferd zerriss unbarmherzig mit seinen Hufen den fein gehärteten Boden, zertrat Gras und wohlgepflegte Waldblumen und zerstörte die Rasenstufen, die über kleine Hügel führten.« Schließlich landeten Herr und Pferd vor einem vergoldeten Drahtgitter, aus dem die beiden – durch das Schnauben des Pferdes verraten – durch »ein schlankes Frauenzimmer in weißem Sommerkleide, das Gesicht von einem breiten Strohhute überschattet«, befreit und in den Hof gelassen wurden; mit einer einladenden, aber schnippischen Geste , »ob es ihm vielleicht nunmehr belieben werde, mit den vier Hufen seines Pferdes aus dem misshandelten Garten herauszuspazieren«.

Reinhart erkennt, dass es die Freundin der Pfarrtochter sein muss, der er den Brief zu übergeben hat. Bei der Übergabe – und das ist das zweite wichtige Erzählmoment dieses Kapitels – unterläuft ihm eine folgenreiche Verwechslung: Statt des Briefes übergibt er den Zettel mit dem Logauschen *Epigramm*, den er mit dem Brief in seiner Brieftasche trägt: als *Rezept*, wie wir wissen.

Es ist schon ein feiner Einfall Kellers, diese Verwechslung gleich bei der ersten Begegnung zwischen Reinhart und Lucia (so heißt die Dame, wie wir bald erfahren) zu inszenieren: noch bevor auch nur ein Wort zwischen ihnen gesprochen wird, erhält sie das *Epigramm*.

»Den Brief – so heißt es weiter – hielt er samt der Brieftasche in der Hand und entdeckte sein *Versehen* erst, als die Dame das Papier schon ergriffen und gelesen hatte« (31). Ein merkwürdig produktives »Versehen«, insofern als Herr Reinhart jetzt eine *Mitwisserin* um sein »Experiment« hat, das er nunmehr nicht mehr allein fortsetzen kann, sondern nur noch im gemeinsamen Gespräch mit Lucia oder Lucie fortentwickeln kann.

Dieser Diskurs ist auch kein naturwissenschaftliches Experiment mehr, was es bei den drei Reiseerlebnissen des Reinhart noch weitgehend war; vielmehr ist jetzt »von menschlichen oder moralischen Dingen oder [...] von Sachen des Herzens und des schönen Geschmacks« mehr und mehr die Rede.

Dieser Diskurs mit Lucia wird nun den weiteren Verlauf der Rahmenerzählung des *Sinngedichts* bis zum Ende dominieren. Damit verwandelt sich das naturwissenschaftlich inspirierte »Experiment«, dem Reinhart allein nachjagte und in den ersten drei Episoden sozusagen »more geometrico«, d.h. nach naturwissenschaftlicher Methodik exekutierte, zu einem *kulturgenetischen* »Erzählduell« zwischen Reinhart und Lucia, in dem die jetzt – ab Kapitel sieben – eingeflochtenen und von Reinhart, Lucia und dem Onkel abwechselnd erzählten Novellen als *Exempla moralischer menschlicher Beziehungen* zentrale Bedeutung für das in einen moralischen Diskurs verwandelte »Experiment« zugewiesen bekommen. Es erzählt Reinhart drei, Lucie ebenfalls drei Novellen und der Onkel noch eine Novelle zusätzlich, wobei der *Wechsel* des Erzählers seinen Grund in der Erzählstrategie der Rahmenerzählung hat: als konkurrierende und sich ergänzende Argumentationen zum übergreifenden Thema des *Sinngedichts*: eben der richtigen *Liebeswahl*.

## 4. Die Novellen des *Sinngedichts*

Die Novellen des *Sinngedichts* will ich jetzt in einem mehr oder weniger vereinheitlichenden Verfahren des Vergleichens und des Kontrastierens – jeweils mit Bezug auf das im *Epigramm* von Logau angelegten »Experiment« – Ihnen vorstellen und erläutern und diesen Versuch dann in das dreizehnte und letzte Kapitel münden lassen, in dem – so der Titel – »das Sinngedicht sich bewährt«. Dabei kann ich nicht auf jede der Novellen gleich ausführlich eingehen.

Ein etwas summarisches Verfahren, vorwiegend aus *Zeitgründen*, obwohl ja von den Seitenzahlen her leicht erkennbar ist, dass diese sieben Novellen die eigentliche *Erzählmasse* des *Sinngedichts* ausmachen. Man kann die sieben Novellen in mehr als eine sinnvolle Ordnung bringen; als eine erste solche Ordnung mag die Anordnung gelten, in der die Erzählungen im *Sinngedicht* aufeinander folgen; eine andere Ordnung wäre die nach dem Erzähler; es war schon erwähnt, dass je drei Novellen von Reinhart und Lucie und eine vom Onkel erzählt werden. Erwähnenswert ist sicher auch noch, dass es für alle Geschichten einen einheitlichen *Erzählort* gibt: das *Landhaus* von Lucie und ihrem Onkel, in dem Reinhart als Gast aufgenommen wurde und in dem er eine längere Zeit zubringt.

In dieser Hinsicht wie auch in anderen wesentlichen Kompositionsdingen gibt es einige bemerkenswerte *Parallelen* zwischen Kellers *Sinngedicht* und Goethes *Unterhaltungen deutscher Ausgewanderten*. Dazu gehört vor allem das *Moment des Geselligen*, das sowohl die *Bedingung der Möglichkeit* des Erzählens wie auch in wesentlicher Hinsicht sein *Gegenstand* und Problem bzw. sein problematischer Gegenstand ist, um dessen angemessene Restituierung es in der Folge der erzählten Novellen geht.

### Von einer törichten Jungfrau

Die erste, in Kapitel sieben erzählte Erzählung, trägt den Titel »Von einer törichten Jungfrau«. Sie sei hier nur im Hinblick auf einige bemerkenswerte formale Elemente kurz charakterisiert:

Diese Novelle besitzt im Ganzen dieser Komposition von Rahmenerzählung und Novellenfolge einen eigentümlichen und strategisch besonders wichtigen Status. Hier hat Keller auf engstem Raum (von ganz wenigen Seiten) den eben bereits angedeuteten *Übergang* von dem »more geometrico« betriebenen naturwissenschaftlichen Experiment zu dem dialogisch-kommunikativ sich vollziehenden Gespräch zwischen Lucia und Reinhart, das sowohl die Geschichten als Novellen *erzählt* als auch *kommentiert*, gestaltet. Dabei wird das Hauptthema der *Liebes-* oder *Gattenwahl*, das im ersten Kapitel für den Naturwissenschaftler Reinhart noch in Analogie zum Thema der »Zuchtwahl« gestanden hatte, zu der zentralen Thematik der »menschlichen oder moralischen Dinge«, die einer besonderen, andersartigen *Logik* folgen, die hier herausgefunden werden soll.

Diese Art *Paradigmenwechsel* von der *Zuchtwahl-* zur *Liebeswahl*-Thematik vollzieht sich in der Novelle »Von einer törichten Jungfrau« auf die Weise, dass die bereits als dritte Episode der Rahmenerzählung von Reinhart erzählte, aber nicht beendete Geschichte jetzt von Lucia aus einer umgreifenderen Kenntnis der Lebensgeschichte dieser törichten Person weiter- und zu Ende erzählt wird und dabei von der *Experimenterzählung* zu einer *moralischen Novelle* mutiert, die mitmenschliches Interesse erweckt.

Charakteristisch für diese Geschichte ist zudem noch, dass das *Erzählen* einer moralischen Geschichte von jetzt an im *Sinngedicht* durchwegs von einem *moralischen Diskurs* zwischen Reinhart und Lucia begleitet wird, der das erzählte Geschehen immer wieder analysiert, kommentiert und auch kritisch reflektiert.

So besehen nimmt die kurze Novelle »Von einer törichten Jungfrau«, die für sich genommen keine herausragende literarische Bedeutung hat, im Ganzen des *Sinngedichts*, d.h. im Übergang von ihrem *experimentellen* zum *moralisierenden* Charakter, eine sehr wichtige Position ein, die auch für alle nachfolgenden Novellen von großer Bedeutung ist. Dies mag bereits dadurch äußerlich in Erscheinung treten, dass diese Novelle seltsamerweise von zwei Erzählern je zur Hälfte erzählt wird und im Wechsel des Erzählers zugleich auch den bezeichneten Paradigmenwechsel im Thema vornimmt. Ein höchst subtiles Kunstverfahren.

## Regine

Die zweite der eingelegten Novelle, die den Titel »Regine« trägt und im achten Kapitel von Reinhart ausführlich erzählt und in einigen erläuternden Gesprächen zwischen Reinhart und Lucia kommentiert wird, ist eine der umfangreichsten und zugleich gewichtigsten der Sammlung.

Sie ist im strengen und eigentlichen Sinn eine »Pygmalion«-Geschichte, insofern sie das letztlich vergebliche und scheiternde Bemühen eines Mannes vorführt, sich – analog zu Pygmalion aus der griechischen Sage – eine Gestalt zu schaffen, die in jeder Hinsicht *sein Geschöpf* ist (vgl. Neumann: 1997, 555ff.). Die männliche Hauptfigur Erwin Altenauer ist ein später Spross einer nach Boston (USA) ausgewanderten und dort zu Wohlstand gelangten deutschstämmigen Familie, der in geschäftlichen und diplomatischen Diensten in die Alte Welt zurückkehrt, um sich hier eine Frau als Partnerin fürs Leben zu gewinnen.

Sein Auge fällt bald auf »eine *Dienstmagd* [...] von so herrlichem Wuchs und Gang, dass das ärmliche, obgleich saubere Kleid das Gewand eines Königskindes aus alter Fabelzeit zu sein schien« (60). Diese Magd – das ist Regine, deren Namen auch den Titel dieser Novelle abgibt: »Regine«. Schon bald steht für Erwin der Entschluss fest, Regine auf Dauer an sich zu binden und sie durch ein ausgeklügeltes, letztlich fremdbestimmendes Bildungs- und Erziehungsprogramm aus ihrer in jeder Hinsicht düsteren und beschränkten Herkunftswelt heraus und für die »Große Welt« der Bostoner Gesellschaft, in der Erwin zu Hause ist, fitzumachen. So heißt es: »Erwin tat ihr die Ehre an, weil er bereits den Gedanken groß zog, sich hier aus *Dunkelheit* und *Not* die Gefährtin zu holen« (69). Er hatte sich (ohne Regine einzubeziehen) vorgenommen, in Regine »eine rechtsinnige und mustergültige deutsche Frauengestalt über den Ozean zurückzubringen« (57). Seine Absicht war, »in Reginen [...] ein Bild verklärten deutschen Volkstums über das Meer zu bringen, das sich sehen lassen dürfe und durch ein außergewöhnliches Schicksal nur noch idealer geworden sei« (77). Mit außergewöhnlichem Schicksal wollte Erwin natürlich seinen prägenden männlichen Bildungseinfluss auf Regine selbstgewiss ins rechte Licht rücken und damit experimentieren.

Doch ganz so leicht und ohne Hindernisse verlief das Bildungsunternehmen allerdings nicht, insofern Regine nicht für sich allein ist, sondern Mitglied einer weitläufigen, durch mannigfaltige Not und Misswirtschaft in arge Bedrängnis geratenen Familie ist, durch die sie sich ganz und gar nicht ohne weiteres Erwin gegenüber als gleichrangig und ebenbürtig fühlen kann, sondern durch den düsteren *Schatten* ihrer Herkunft, der wiederholt, zumal von Seiten ihrer Brüder, über sie und ihr Schicksal fällt und ihre neue Beziehung gefährdet. Schließlich *zerbricht* sie an dem unüberwindlichen *Zwiespalt* zwischen Herkunftswelt und bürgerlicher Welt mit Reichtum und Wohlstand in Amerika und weiß keinen anderen Ausweg mehr, als sich das Leben zu nehmen, was sie auch tut.

Diese wie in einer Tragödie herbeigeführte Katastrophe der Heldin ist natürlich auch eine Katastrophe für Erwin Altenauer, den Pygmalion dieser Geschichte, und sein autoritäres Erziehungs- und Bildungsprogramm. Die einzelnen Stationen der

*Peripetie* dieser Katastrophe können hier nicht alle betrachtet werden. Nur soviel sei gesagt, dass Regines Schicksal durchaus einen tragischen Verlauf annimmt, wofür der beteiligte Mann durch sein unverantwortliches, ja insofern rücksichtsloses Handeln schuldig wird, da er die Möglichkeiten und Bedürfnisse von Regine so gar nicht zur Kenntnis nimmt und in Rechnung stellt.

Entsprechend kommentiert Lucia Regines Schicksal zum Schluss so:

> Regines Geschichte sei mehr eine Frage des *Schicksals* als der *Bildung*, doch will ich zugeben (fährt Lucia fort), dass eine schlimme *Abart* der letzteren (also: der *Bildung*) von Einfluss auf das Schicksal der armen Regine gewesen ist.

Luciens eigentliches *Urteil* über Erwin Altenauer lautet entsprechend harsch und vernichtend:

> Aber auch so bleibt sicher, dass es dem guten Herrn Altenauer eben unmöglich war, seiner *Frauenausbildung* den *rechten Rückgrat* zu geben. Wäre seine Liebe nicht von der Eitelkeit der Welt umsponnen gewesen, so hätte er die Braut gleich anfangs nach Amerika zu seiner Mutter gebracht und dieser das Werk (der Bildung und Erziehung) überlassen; dann wäre es wohl anders geworden. (116f.)

Diese aus dem Gang der Novelle »Regine« von Lucia gewonnene *Einsicht* wirkt, zurückbezogen auf die Rahmenerzählung (auf den Diskurs zwischen Reinhart und Lucia) bedeutsam und folgenreich auf Reinhart, insofern als sich die »Bewährung des Sinngedichts«, die im letzten Kapitel geschehen soll, vorbereitet und anbahnt, dass alles letztlich gut ausgehen wird. So heißt es, vom Erzähler vorgetragen:

> Wie es Leute gibt, deren Körperliches, wenn man es zufällig berührt und anstößt, sich durch die Kleidung hindurch fest und sympathisch anfühlt, so gibt es wieder andere, deren Geist einem durch die Umhüllung der Stimme im ersten Hören schon vertraut wird und uns brüderlich anspricht, und wo gar *beides zusammentrifft*, ist eine *gute Freundschaft* nicht mehr weit außer Weg. Dazukam, dass Reinhart heute mehr von *menschlichen Dingen*, wie die *Liebeshändel* sind, gesprochen hatte als in Jahren, in denen das naturwissenschaftliche Denken ihn allein beherrschte. (117)

Dies Bewegung der beiden Hauptfiguren der Rahmenerzählung aufeinander zu, die durch das weitere wechselseitige Geschichtenerzählen weiter vorangebracht wird, bewirkt vor allem in Reinhart sukzessive eine »*Schatzvermehrung* seiner Gedanken«. So auch durch die nächste Novelle, die den Titel »Die arme Baronin« trägt.

### Die arme Baronin

Zum Erzählen dieser Novelle wird Reinhart durch Lucia motiviert, die von dem durch männlichen Unverstand verursachten tragischen Ausgang von Regines Leben nicht erbaut ist. Denn auf die offene Anspielung des Onkels, sie würde noch als »alte Jungfrau enden«, antwortet sie:

> Das kann geschehen [...], wenn über das Heiraten solche Anschauungen aufkommen, wie ich sie aus dem Munde des Herrn Ludwig Reinhart habe hören müssen! Denk dir, Onkel, wir haben gestern bis Mitternacht *verunglückte Heiratsgeschichten* erzählt. Die *gebildeten Männer* verbinden sich jetzt nur mit Dienstmädchen, Bäuerinnen und dergleichen; wir *gebildeten Mädchen* aber müssen zur Wiedervergeltung unsere Hausknechte und Kutscher nehmen, und da besinnt man sich doch ein bisschen. (120)

Und auf ihre Anfrage, »Herr Reinhart, haben Sie nicht noch eine *Treppenheirat* zu erzählen?«, beeilt sich Reinhart, die Geschichte von der armen Baronin zu erzählen, die exakt durch das zufällige, aber folgenreiche Zusammentreffen der beiden Hauptfiguren der Novelle auf der *Haustreppe* ausgelöst wird und die – im Unterschied zu der Geschichte von Regine – nach etlichen Intrigen und Gefahren doch zu einem *guten Ende* gebracht wird.

Auch hier wird eine vom Leben betrogene und gedemütigte Frau (die Baronin) durch die Hinwendung und Sorge des jungen Rechtsgelehrten Brandolf vor Schlimmerem bewahrt, schließlich durch Heirat und Aufnahme in ein bürgerliches Zuhause gerettet; die drei (männlichen) Personen, Brüder von ihr, die sie ins Unglück gebracht hatten und darin hätten zugrunde gehen lassen, werden bestraft und verschwinden (nach Amerika) in einigermaßen desolate Verhältnisse. Ganz anders die Baronin: »Brandolfs Vater wurde achtundachtzig Jahre alt und versicherte, das verdanke er nur der *Lebensfreude*, welche von der stillen Gesundheit der Frau (Schwieger-)Tochter ausströmte.« Und mit Blick auf das schlimme Schicksal Reginens heißt der Schlusssatz dieser Geschichte: »So verschieden ist es mit der Dankbarkeit des Bodens beschaffen, in welchem eine *Seele verpflanzt* wird« (160).

Trotz dieses helleren und glücklicheren Ausgangs liegt dieser Geschichte von der armen Baronin indes das gleiche Schema wie der Geschichte von Regine zugrunde: Die Wendung ihres Schicksals zum Besseren vermag auch die Baronin nicht aus eigenen Kräften, sondern nur durch die Zuwendung und Hilfe eines Mannes zu erreichen, dem sie dadurch eine neue Identität und die Ablösung und Rettung von einer unglücklichen Vergangenheit verdankt.

### Don Correa

In der im elften Kapitel (wieder von Reinhart) erzählten Geschichte von dem portugiesischen Seehelden und Staatsmanne Don Correa findet sich diese Erzählstruktur noch ein drittes Mal. Allerdings mit einem kleinen Unterschied zu Beginn: »Und was mich betrifft«, nahm Reinhart das Wort, »so kenne ich einen dritten Fall von der Treppe herrührender Vermählung nicht, dafür aber einen Fall, wo ein vornehmer und sehr *namhafter Mann* seine *namenlose* Gattin buchstäblich vom Boden aufgelesen hat und glücklich mit ihr geworden ist« (196). Und dieser namhafte Mann trägt den klangvollen Namen »Don Salvador Correa de Sa Benavides«.

Zwischen zwei Kommandos, in einer Ruhepause, kommt diesem in jungen Jahren bereits tatenreichen und ausgezeichneten Helden in den Sinn, sich eben einmal eine *Lebensgefährtin* zu gewinnen:

> [...] und nun die Muße nicht ganz ungenutzt vorübergehen zu lassen, gedachte er zum ersten Male der Freuden der Liebe und hielt dafür, da es doch einmal sein müsse, es wäre jetzt am besten, auf die *Lebensgefährtin auszugehen*, ehe die Tage der Arbeit und des Kampfes zurückkehren. *Nachher sei diese Sache abgetan.* (197)

In dem letzten irrte sich Don Correa gründlich: in dieser in der Erzählweise deutlich an die *Exemplarischen Novellen* des Miguel de Cervantes erinnernden Erzählung wird der Seeheld auf lange und gefährliche und intrigenreiche Umwege geleitet und zu viel Geduld genötigt, bevor er seine Lebensgefährtin, eine Afrikanerin, eine frühere *Sklavin*, die ihm nach einem Sieg als Kriegsbeute zugefallen war, sicher und für immer mit sich verbinden kann.

Wir müssen es uns versagen, auf diese abenteuerreiche farbige und in ihrem Ablauf verschlungene Geschichte im Detail einzugehen; so viel ist indes wichtig festzuhalten, dass diese zuerst sich recht unernst eröffnende Geschichte schließlich auch ein gutes Ende nimmt.

Nur die Schlusszeilen mit ihrer schönen Mehrdeutigkeit der Worte und Gesten mag hier stellvertretend zitiert sein:

> Eines Tages, als das Geschwader (der Flotte, die Don Correa kommandiert) dem Ziele seiner Fahrt näher kam, erging sich Don Correa mit der Frau auf dem obersten Verdecke [...]
> »Hat das Meer auch eine Seele und ist es auch frei?« fragte die Frau.
> »Nein«, antwortete Don Correa, »es gehorcht nur dem Schöpfer und den Winden, die sein Atem sind. Nun aber sage mir, Maria, wenn du ehedem deine Freiheit gekannt hättest, würdest du mir auch deine Hand gereicht haben?«
> »Du frägst zu spät«, erwiderte sie mit nicht unfeinem Lächeln; »*ich bin jetzt dein und kann nicht anders wie das Meer!*«
> Da sie aber sah, dass diese Antwort ihn nicht befriedigte und nicht seiner Hoffnung entsprach, blickte sie ihm ernst und hochaufgerichtet in die Augen und gab ihm mit *freier und sicherer Bewegung die rechte Hand.* (250)

Diese Geste vermag mehr zu sagen als die Sprache: sie zeigt vor allem, dass diese *Verbindung* auch von Seiten der ehemaligen Sklavin als *frei* begründet wird und damit im Rahmen des *Sinngedichts* eine neue, höhere Stufe bedeutet. Gleichwohl bleibt auch hier – wie in den vorangehenden Geschichten, die Reinhart erzählt – eine deutliche *Asymmetrie* der Beziehung zwischen Mann und Frau bestehen. Wenn diese auch nicht in den bereits dargebotenen Novellen ausgeglichen und aufgehoben werden kann, so versteht Lucia doch in ihrer als letzte erzählten Novelle »Die Berlocken« den Spieß umzudrehen, ihre »satirischen Pfeile« abzuschießen und gewissermaßen die Ehre der Frauen zu retten, in dem sie dem tölpelhaften jungen »Helden« eine deutliche *Blamage* zuteil werden lässt.

### *Die Berlocken*

Der Titel »Die Berlocken« ist ein heute kaum gebräuchliches Wort und bedarf der Erklärung; es bedeutet zweierlei: einmal den »Uhrkettenschmuck« eines Mannes, der auf sich hält; zum andern ist es die Umsetzung der französischen Redensart »Battre la breloque«, was soviel heißen soll wie »verworrenes Zeug reden«.

Beide Bedeutungen passen auf den jungen Helden dieser Geschichte mit Namen Thibaut von Vallormes. Er ist Junker am französischen Hof unter Marie Antoinette, wo er für seine Pagendienste eine kostbare Uhr geschenkt bekommt mit dem Hinweis: die »Berlocken [also den Uhrkettenschmuck] müsse er sich mit der Zeit selbst dazu erobern« (253), was der Page allzu wörtlich nimmt und in die Tat umzusetzen beginnt, bis er zu einem fanatischen *Fetischisten* dieser Art von Schmuck wird und einfach nirgends widerstehen kann, sich die Berlocken anzueignen, wo immer sie sich seinen Blicken darbieten; zuletzt stiehlt er sie sogar. Auf jeden Fall verbreitet er durch seinen merkwürdig ichsüchtigen Trieb ziemliches Unglück unter den Frauen seiner Umgebung.

Im zweiten Teil der Novelle, auf den es hier besonders ankommt, wird er als Offizier nach Amerika versetzt – an die Grenze zu den Indianern. Dort verliebt er sich bald, von J.J. Rousseaus Enthusiasmus für die »guten Wilden« inspiriert, in ein »rotes Naturkind«, verfällt ihm so, dass er ihm schließlich alle seine Berlocken schenkt – als *Unterpfand* der Liebe, die – wie er denkt – sich bald durch eine Heirat erfüllen wird, die ihm auch die Berlocken zurückbringen wird. Da er sich indes mit dem »roten Naturkind« sprachlich nicht verständigen kann, fällt er bald einem noch schwereren Missverständnis zum Opfer. Dazu kommt er so: Die französischen Offiziere werden zu einem indianischen Fest geladen, wo ihnen zu Ehren ein indianischer Kriegstanz zum Besten gegeben wird. Man nimmt Platz, und Thibaut fühlt sich in der Nähe seiner Indianerin eher wohl: er »dünkt sich der Christofor Columbus zu sein, welchem sich der entdeckte Welttheil (Amerika) in Gestalt eines zarten (indianischen) Weibes *anschmiegt*« (265), eine ebenso sinnliche wie absurde Vorstellung, die Kellers Neigung zum Grotesken entspricht bzw. entspringt.

Unter den Tänzern macht bald ein besonders großer und bunt bemalter Bursche auf sich aufmerksam, er entpuppt sich als der Verlobte der Indianerin und – bei genauerem Hinsehen fällt es den französischen Gästen auf – trägt einen sonderbaren Schmuck unter der Nase: wie sich herausstellt die Berlocken des Herrn Thibaut von Vallormes, die die Indianerin ihrem Bräutigam für die Gelegenheit des Kriegstanzes verehrt hat. Am Ende des Tanzes schwingt er urplötzlich die Indianerin, seine Verlobte, wie ein geschossenes Reh auf seine Schulter und »rast, gefolgt von seinen Äxte schwingenden Genossen [...] aus dem Ring hinaus« und verschwindet (267). Lucia schließt ihre deftige und höhnische Geschichte nicht ohne Triumph mit dem Satz: »Der Herr von Vallormes bekam weder die Berlocken noch die Indianerin je wieder zu sehen« (267). Das geschah dem Herrn von Vallormes zu recht so. Wird er doch für sein doppelt unmögliches Verhalten »bestraft« und mit ihm die gesamte Männerwelt, die solche Ausgeburten des Verhaltens duldet.

Lucia hatte das »Erzählduell« mit Reinhart mit der Geschichte »Von der törichten Jungfrau« begonnen, in der erstmals ein Strafgericht auf einen jungen Mann niederging. Hier schließt sie es jetzt mit der Geschichte von den seltsamen Berlocken ab, die eine ähnliche satirische Tendenz verfolgt und ihre Streitlust markiert.

Ihre Absicht ist es, als Gegenstück und Vergeltung zu den »Pygmalion«-Erzählungen, die Reinhart in drei Varianten darbietet, die leere Nichtigkeit und Trivialität männlichen Gehabes und Verhaltens Frauen gegenüber, in einer satirischen Schreibweise, am Fall des Berlocken jagenden Thibauts zu denunzieren und zu demontieren. Das gelingt ihr bei Thibaut auf besonders skurrile Weise wirkungsvoll und durchschlagend: Thibaut wird verlacht und auf diese Weise schlicht vernichtet.

### Das dreizehnte Kapitel: »*In welchem das Sinngedicht sich bewährt*«
Es bleibt uns noch, über das dreizehnte und letzte Kapitel des *Sinngedichts* zu sprechen, »in welchem [so der Titel] sich das Sinngedicht *bewährt*«. Auf welche Weise es sich bewährt, das wird sich später weisen. Dieses abschließende Kapitel ist für das Verständnis des tieferen Gehalts des Kellerschen *Sinngedichts* im Ganzen von tragender Bedeutung. Und dies aus zwei Gründen:

– Einmal sicher deswegen, weil sich das Sinngedicht (das *Epigramm* von Logau ist jetzt gemeint) darin bewähren und damit zum Abschluss kommen soll. Dies geschieht auf überraschende und besondere Art und Weise.
– Zum andern aber auch dadurch, dass es in seinem ersten und weitaus umfangreichsten Teil die Lebensgeschichte von Lucia, von ihr selbst erzählt, enthält. Dies ist von besonderer Bedeutung für den positiven Abschluss des *Sinngedichts*, da wir bisher von Luciens Leben so gut wie nichts erfahren haben.

Es ist höchst seltsam, dass wir bis dahin (also bis kurz vor Schluss) weder von Reinharts noch von Luciens Lebensgeschichte etwas Genaues und Zusammenhängendes wissen; sie scheinen beide *keine Geschichte* zu haben und mit ihren Auftritten lediglich dazu zu dienen, Geschichten von anderen zu erzählen und gesprächsweise zu deuten. Das wird jetzt nachgeholt.

Über Reinharts Eltern (d.h. über seine familiäre Vorgeschichte) erfahren wir in der vom Onkel Luciens eingebrachten Erzählung »Die Geisterseher« (zehntes Kapitel) einiges. Und jetzt bietet uns Lucie, von Reinhart dazu bewegt, selbst ihre Lebensgeschichte.

Als Reinhart bei der ersten Begegnung mit Lucie im Haus ihre Bibliothek betrachtet, die überwiegend aus berühmten *Autobiographien* der europäischen Literatur von Augustinus über Rousseau bis zu Goethe und manchem anderen bestand und sie neugierig fragt: »Warum treiben Sie alle diese Dinge?« (39), antwortet sie ihm:

> Das *Geheimnis* ist ein sehr einfaches [...] und doch ist es allerdings eines: Ich suche die *Sprache der Menschen zu verstehen, wenn sie von sich selbst reden.* (273)

Denn in dem dialogischen Verfahren des Geschichtenerzählens in diesem sich ausspinnenden »Erzählduell« haben sich Reinhart und Lucia – das anfängliche naturwissenschaftliche »Experiment« längst hinter sich lassend und das Logausche *Epigramm* als Rezept dazu verbrennend – beständig weiter aufeinander zubewegt und einander angenähert, so dass dieses »Von-sich-selbst-Reden-müssen« für Lucie jetzt überfällig wird. Reinhart hört ihr schweigend zu, ohne sie in der Erzählung ihres Lebens zu unterbrechen. Was sie ihm in ihrer Erzählung zu offenbaren hat, ist eine für damalige Zeiten und Verhältnisse ungewöhnliche, ja befremdliche Jugendgeschichte, in der ein aus verfrühter Liebesneigung zu einem jungen Mann vollzogener, gegenüber der Öffentlichkeit zu verbergender *Konfessionswechsel* (vom Protestantismus zum Katholizismus) Luciens eine zentrale Bedeutung besitzt. Eine Kindheit ohne Vater, bald auch ohne Mutter, eine Erziehung in katholischem Kloster und protestantischem Pensionat und durch private Erzieherinnen – all dies führt zu einer frühen Verlassenheit, Zurückgezogenheit und Einsamkeit, die sie schließlich zum Zusammenleben mit dem Onkel auf dem Landgut führt in großer Zurückgezogenheit. So bekennt sie schließlich Reinhart:

> So kehrte ich vollständig verwaist in mein leeres Haus zurück [...] Ich hatte durch meine Streiche Jugend, Leben und Glück, oder was man dafür hält, mir selbst vor der Nase abgesperrt. Den Übertritt (zum Katholizismus) konnte ich nicht rückgängig machen, wenn ich nicht als eine abenteuernde Doppelkonvertitin in das Gerücht kommen wollte. In-

zwischen lernte ich mich mit der Idee trösten, dass meine Geschichte mich vor späterem Unheil, Unstern und vor Teufeleien bewahrt habe, die ich ohne diese Erfahrung noch hätte erleben oder anrichten können. Es gibt ja auch Krankheiten, die man den Kindern einimpft, damit sie später davor bewahrt bleiben! (294f.)

Diese Lebensgeschichte, zumal deren Bewertung aus Luciens Mund beeindrucken und *verwandeln* den eher trockenen Naturwissenschaftler Reinhart, der stets mit seinem unpersönlichen Familiennamen genannt wird und der kurz vorher noch den (untauglichen, ja unsinnigen) Versuch gemacht hat, in seinem Labor mit naturwissenschaftlichen Methoden an seinem eigenen Herzen, das sich längst für Lucie zu regen beginnt »die *Natur dieses Muskels*« zu *erklären*, lernt jetzt zu *verstehen* – nicht länger als Naturwissenschaftler, sondern als *liebender Mensch*, der von sich angesichts der Lebensgeschichte Luciens bekennen muss, er ermesse am Beispiel des *Guten* (das sie verkörpere), »wie teilnahmslos sein Leben bisher verlaufen sei, wie inhaltslos und auf wie leichtsinnige Weise er sogar vor ihr Angesicht geraten sei« (295).

Diese Annäherung, ja Verständigung zwischen Lucie und Reinhart führt sie aus dem Haus in Feld und Wald. »Wer möchte noch lesen! Lieber möchte ich hinaus ins Freie, den Tag entlang, und alle Sorgen von mir tun, das heißt, wollen Sie mithalten?« – »Da haben Sie recht!« lachte Lucie freundlich; »warum sollen wir uns nicht auch einen guten Tag machen? *Wir habens ja in uns, nicht wahr?*« Dass die Annäherung der beiden sich noch nicht vollkommen vollzogen hat, wird sichtbar, dass sie noch beim »Sie« stehen, aber auch daran, dass Reinhart auf Luciens Feststellung »Wir habens ja in uns, nicht wahr?« noch (ziemlich dumm) fragt: »Was denn?« (295).

Die wenigen letzten Seiten beschreiben den gemeinsamen Spaziergang; »sie machten sich wohlgerüstet auf den Weg und beobachteten aufmerksam alle *Merkwürdigkeiten*«. Unter anderem auch »eine große schöne Schlange, die im Bach geschwommen kam und die sich unfern von den beiden Lustwandlern aufs Trockene warf; »ein starker Krebs hing an ihrem Halse, vermutlich um sie anzufressen« (296). Wie immer man diese *Schlange-Krebs-Symbol* deuten mag: den beiden gelingt es, die Schlange von dem Krebs zu befreien. Lucie nimmt sogar – wenn auch widerstrebend – die Schlange in die Hand, um dann zu gestehen: »Wie froh bin ich, dass ich gelernt habe, die Kreatur in Händen zu halten! Und wie erbaulich ist das kleine Rettungsabenteuer!«

Der Eindruck, den die Schlange auf sie macht, ist tief: »Lucie schaute wortlos, aber mit wogendem Busen hin, und erst als die Erscheinung aus den Augen war, rief sie: Ach, von dieser schönen Schlange wünschte ich zu träumen, wenn ich einmal traurige Tage hätte. Gewiss würde mich der Traum beglücken« (297).

Nicht nur Natur und Wald, sondern auch ein Dorf, eine Schusterwerkstatt und der Gesang des Schusters erfreuen die beiden auf ihrem abschließenden Spaziergang:

> [...] und sang dazu sein Lied. Es war nichts Minderes als Goethes bekanntes Jugendliedchen *Mit einem gemalten Bande*,

das der Schuster »in einem verdorbenen Dialekt« vortrug.

Die entscheidende Strophe lautet:

> Fühle, was dies Herz empfindet,
> Reiche frei mir deine Hand,
> Und das Band, das uns verbindet,
> sei kein schwaches Rosenband!

Es ist für die späte Erzählweise Kellers charakteristisch, dass die entscheidende Aufforderung von einem *Zitat* ausgeht. Keller – das ist bekannt – war ein großer Goethe-Verehrer, und so ist es von besonderem Wert, dass es sich um einen goetheschen Vers handelt, von dem der entscheidende *Impuls* für die endgültige Verbindung von Reinhart und Lucia ausgeht, »von welchem hingerissen Lucie und Reinhart sich küssten«. Hier nun tritt ein, was der Titel des letzten Kapitels angekündigt hat: »In welchem das Sinngedicht sich bewährt.« Denn: »Lucie hatte die Augen voll Wasser und doch lachte sie, indem sie purpurrot wurde von einem lange entbehrten und verschmähten Gefühle und Reinhart sah deutlich, wie die schöne Glut sich in dem weißen Gesichte verbreitete.«

Wäre damit das »Experiment«, zu dessen Erprobung Reinhart sein Labor enthusiastisch verließ, geglückt? Wir erinnern uns an das Logausche *Epigramm*:

> Wie willst du weiße Lilien zu roten Rosen machen?
> Küss eine weiße Galathee; sie wird errötend lachen!

Lucie scheint davon überzeugt, denn:

> Bei Gott, jetzt haben wir doch Ihr schlimmes Rezept von dem alten Logau ausgeführt! Denn dass es mich gelächert hat, weiß ich, und rot werde ich hoffentlich auch geworden sein. Ich fühle jetzt noch ein heißes Gesicht! (300f.)

Und darauf Reinhart, das letzte Wort behaltend:

> Freilich bist du rot geworden, teure Lux … wie eine Morgenröte im Sommer! Aber auch ich habe wahrhaftig *nicht* an das *Epigramm* gedacht, und nun ist es doch gelungen! Willst du mir *deine* Hand geben?

Der letzte Satz Reinharts ist in doppelter Hinsicht bedeutsam: Einmal weil er mit dem »*Deine* Hand«(endlich) gegenüber Lucie zum »Du« übergegangen ist; zum andern (vielleicht noch wichtiger), dass er den Goetheschen Vers

> Reiche frei mir deine Hand!

aufnimmt und ins Alltagsdeutsche der Situation anpasst:

> Willst du mir deine Hand geben?

Doch ob sich hiermit zugleich das Logausche *Epigramm erfüllt* habe, darf bezweifelt werden. Zumindest hat sich der anfängliche Sinn des *Sinngedichts* als ein *Rezept* für ein naturwissenschaftliches Experiment verwendet zu werden, vollkommen verflüchtigt. Insofern kann man (mit Gerhard Kaiser) sagen: »Das Experiment, in welchem das Sinngedicht sich bewährte, gelingt, als es keines mehr ist: ausgelöst durch einen Zufall (den Gesang des Schusters), hingerissen beide, so dass nicht mehr unterschieden werden kann, *wer von beiden wen küsst*« (Kaiser: 1982, 370).

Das Geschehen, das sich im *Sinngedicht* Kellers von der ersten Seite, als Reinhart seine Schnapsidee des »Experiments« nach dem Rezept des Logauschen *Epigramms* angeht, bis zu dem Hingerissenwerden von Reinhart und Lucie durch die Goethe-Verse des Schustergesangs ist – das darf abschließend behauptet werden – eine »Education Sentimentale«. Eine »Erziehung des Herzens«, nicht unbedingt im Verständnis von Gustave Flaubert, der einen seiner Romane so betitelt hat, sondern eher in einer spezifisch *deutschen Variante*, besser: einer Kellerschen Variante.

Indem *Das Sinngedicht* einen Paradigmenwechsel vom (naturwissenschaftlichen) *Experiment* und *Erklären* zum *Geschichtenerzählen* und *Verstehen* vollzieht, verliert sich die anfängliche *Sprödigkeit* des *Erzählens* zugunsten des sich stets intensivierenden *Dichterischen*, das sowohl in der Rahmengeschichte als auch in den eingefügten Novellen immer dominanter wird. Und im Ganzen des *Sinngedichts* ereignet sich so, sukzessive sich steigernd und intensivierend bis zum absoluten Höhepunkt im letzten Kapitel die von Walter Benjamin hervorgehobene »Durchdringung des Erzählerischen und des Dichterischen«. Eben darin *erfüllt* oder *bewährt* sich das Sinngedicht, wie es der Titel des letzten Kapitels versprochen hat, auf umfassendere und menschlich bedeutendere Weise.

## Schluss

Meine Damen und Herren, ich danke für die von Ihnen aufgebrachte Geduld, mir auf den etwas verschlungenen Wegen der Darstellung, Erläuterung und Interpretation des Kellerschen *Sinngedichts* zu folgen. Vielleicht wird Ihnen beim Anhören dieses Vortrags zwischendrin der Gedanke oder die Frage gekommen sein, wieso ein Politikwissenschaftler sich ausgerechnet dieses Themas *Das Sinngedicht* angenommen hat, das so gar nichts Politisches enthält, zumindest nicht an bedeutsamer Stelle.

Gibt es nicht – auch gerade bei Gottfried Keller – Werke, in denen die *politische Welt*, das *Politische als Schicksal* in der modernen Welt (wie Napoleon 1806 zu Goethe gesagt hat) deutlich oder sogar mächtig in Erscheinung tritt? Das ist natürlich richtig und zutreffend. Gerade auch bei Gottfried Keller: Man denke vorzüglich an die *Zürcher Novellen* oder an den unvollendeten Roman *Martin Salander*, der im eigentlichen Sinn als ein *politischer Roman* wird gelten dürfen.

Demgegenüber möchte ich Ihnen gestehen, dass ich *Das Sinngedicht* deswegen zum Gegenstand dieses Vortrags gewählt habe, weil Keller – wie Walter Benjamin es so treffend formuliert hat – hier die »Durchdringung des Erzählerischen und des Dichterischen« auf eine so gesteigerte Weise gelungen ist, dass bei dieser Lektüre das *Poetische* des Werks für sich zu sprechen und zu wirken beginnt und dabei keine Unterstützung oder Ergänzung durch so Profanes wie das Politische braucht, um uns in seinem menschlichen Gehalt unmittelbar und nachhaltig zu berühren. Es bedarf dazu lediglich des Sich-Öffnens und -Aussetzens gegenüber dieser gelungenen Durchdringung des Erzählerischen und des Dichterischen, um von diesem vorzüglich poetischen Werk erbaut und erfreut zu sein.

Angesichts dieser dichterischen Vorzüge und Qualitäten des Kellerschen *Sinngedichts* gibt es eigentlich nur eine Rettung, die hier als *Empfehlung* ausgesprochen sei: Sich das Buch zu kaufen und mit der Lektüre bald zu beginnen! Vielleicht noch heute Abend.

**Literaturverzeichnis:**

**Primärliteratur:**

**Keller, Gottfried**:
– *Das Sinngedicht. Novellen.* Hg. u. mit einem Essay vers. v. Gerhard Kaiser. Frankfurt 2000.
– *Gottfried Keller.* Hg. v. Klaus Jeziorkowski. München 1969 (Dichter über ihre Dichtungen, Bd. 4).
– *HKKA.* Hg. v. Walter Morgenthaler, Karl Grob, Peter Socker u.a. Basel/Zürich 1996ff. (Auf 32 Bände veranschlagt, noch nicht abgeschlossen).
– *Sämtliche Werke in sieben* Bänden. Hg. v. Thomas Böning, Kai Kaufmann, Dominik Müller u.a. Frankfurt 1985ff.
– *Das Sinngedicht. Novellen. Mit Illustrationen.* Hg. u. mit einem Nachwort vers. v. Gerhard Kaiser. Frankfurt 1982.

**Forschungsliteratur:**

**Benjamin, Walter**: »Gottfried Keller. Zu Ehren einer kritischen Gesamtausgabe seiner Werke«. In: ders.: *Gesammelte Schriften.* Bd. II: *Aufsätze, Essays, Vorträge.* Hg. v. Rolf Tiedeman u. Hermann Schweppenhäuser. Frankfurt/M. 1977, S. 283–295.

**Ders.**: »Der Erzähler. Betrachtungen zum Werk Nikolai Lesshows«. In: ders.: *Gesammelte Schriften.* Bd. II: *Aufsätze, Essays, Vorträge.* Hg. v. Rolf Tiedeman u. Hermann Schweppenhäuser. Frankfurt/M. 1977, S. 438–465.

**Darwin, Charles**: *On the Origin of Species by Means of Natural Selection, or the Preservation of Favoured Races in the Struggle for Life.* London 1859 (Dt. Übersetzung: *Ueber die Entstehung der Arten im Thier- und Pflanzenreich durch natürliche Züchtung oder Erhaltung der vervollkommneten Rassen im Kampfe um's Daseyn.* Nach der 2. Aufl. mit einer geschichtlichen Vorrede u. and. Zusätzen des Verfassers für diese dt. Ausg. aus dem Engl. übers. u. mit Anm. vers. v. Heinrich G. Bronn. Stuttgart 1860).

**Kaiser, Gerhard**: *Gottfried Keller – Das gedichtete Leben.* Frankfurt 1981 (TB-Ausgabe 1987).

**Lessing, Gotthold Ephraim, Moses Mendelssohn** u.a. (Hgg.): *Briefe, die neueste Litteratur betreffend.* Berlin/Stettin 1795–1765.

**Ders.**: *Sämtliche Schriften.* 13 Bde. Hg. v. Karl Lachmann. Berlin 1838–1840.

**Muschg, Adolf**: *Gottfried Keller*. München 1977.

**Neumann, Gerhard** (Hg.): *Deutsche Epigramme*. Stuttgart 1969.

**Ders.**: »Der Körper des Menschen und die belebte Statue. Zu einer Grundformel in Gottfried Kellers *Sinngedicht*«. In: Mathias Mayer u. Gerhard Neumann (Hgg.): *Pygmalion. Die Geschichte des Mythos in der abendländischen Kultur*. Freiburg/Breisgau 1997, S. 555–591.

**Nietzsche, Friedrich:** *KSA*. Hg. v. Giorgio Colli u. Mazzino Montinari. München/New York 1980.

# Bram Stoker *Dracula*

## Martin Middeke

Bram Stoker notiert im Jahre 1890: »Beschreibe alten toten Mann, der wieder lebendig gemacht wird« und arbeitet sieben Jahre an einer Geschichte, die ursprünglich »Der Untote« heißen sollte. Obwohl Stoker über ihn las und obwohl Transsylvanien einer der Schauplätze der Handlungen des Romans ist, hat der Walachenfürst Vlad Tepes mit Stokers Dracula kaum etwas zu tun. Stoker war selbst nie in Südosteuropa, und alles, was er von dort berichtet, hat er sich erzählen lassen und in den Bibliotheken von London und Whitby recherchiert. Penibel schreib er sich genaue Abfahrtszeiten von Zügen, Kochrezepte und Beschreibungen Siebenbürger Trachten auf. Als sein Roman dann endlich am 26. Mai 1897 erscheint, sind die Meinungen geteilt. »Stellenweise liest es sich wie eine bloße Aneinanderreihung absurder und unglaublicher Ereignisse«, urteilt unter anderem *The Athenaeum*. Nur *The Sketch* liegt richtig, wenn der anonyme Rezensent konstatiert: »Der Roman wird noch im Jahr 2000 aufgelegt.«

Stokers *Dracula* ist nachgerade zu einem modernen Mythos geworden, jedes Kind kennt die Figur, dennoch muss auch angesichts einer langjährigen Beschäftigung der Forschung mit diesem Roman im bloßen Kontext von Trivialliteratur gefragt werden, ob Stokers *Dracula* nun doch ›nur‹ ein berühmt-berüchtigter Text oder doch ein ›großer‹ Roman ist. Dazu müssen methodisch zweierlei Wege bestritten werden: Zum einen gilt es den historisch-kulturellen Kontext des Romans zu betrachten, zum anderen muss letztlich, wenn es um ästhetische Wertmaßstäbe geht, die Analyse der Form des Textes Auskunft über seinen künstlerischen Rang geben. Betrachten wir aber zunächst den historisch-kulturellen Kontext und folgende Bemerkung eines Zeitgenossen zum Zustand englischer Gegenwartsgesellschaft in der Zeitschrift *Reynolds Newspaper* vom 21. April 1895:

> What does all this perpetual discussion of sex mean? Wherefore this constant analysis of the passions? How comes it that the novels of to-day are filled with nothing but sex, sex, sex? Influenza is not the only new disease which has come to reside among us. Another more terrible and potent plague has seized hold of the nation – sex-mania.

Der Versuch der Verteidigung moralischer Werte, der aus dem vorangestellten Zitat spricht, verdeutlicht die Angst viktorianischer (Sexual-)Moral vor der Degeneration einer ganzen Kulturstufe, die Überzeugung gleichsam, dass die englische Gesellschaft am Ausgang des neunzehnten Jahrhunderts und mit ihr die gesamte westliche Zivilisation in Folge drohender Zersetzung ihrer moralischen Werte ihrem Untergang entgegensehen. Dem Szenario der »sex-mania«, das der Verfasser entwirft, liegt ein in der Diagnose zunächst pessimistisch anmutender, in Wirklichkeit jedoch letzten Endes optimistischer Glaube an den freien Willen des Individuums zugrunde. Diesen hatte John Stuart Mill bereits im Jahre 1859 postuliert, als er optimistisch schrieb, dass der Mensch Herr über sich selbst, seinen Körper und seinen Geist sei. Demgegenüber weist etwa Sigmund Freuds psychoanalytisches Verständnis der Träume und der in ihnen artikulierten Tiefenstruktur des unbewussten menschlichen Verarbeitens von eigener Vergangenheit, von Wünschen und Sehnsüchten auf die moderne Sicht menschlicher Psychologie hin, die dem Individuum, das sich seiner selbst bewusst geworden ist, auseinandersetzt, dass es genau *nicht* Herr im eigenen Haus ist. Die Träume und Phantasien, die Bram Stokers Meisterwerk *Dracula* thematisiert, sind für die Charaktere in *Dracula* nun als Einforderung von Optionsspielräumen menschlicher Subjektivität im Sinne von Bewusstsein, Selbstbewusstsein, Erkenntnis und Freiheit gegen die Restriktivität einer bigotten viktorianischen Gesellschaft zu lesen.

Stokers Gesamtwerk thematisiert dieses Spannungsfeld, da es sich um Charaktere zentriert, die individuelle wie soziale moralische Werte gegen sämtliche psychischen Komplikationen und all die Faszination, die mit diesen Komplikationen einhergeht, zu behaupten suchen. *Dracula* erscheint im Jahre 1897, zu einer Zeit also, in der Sigmund Freud an der *Traumdeutung* arbeitet. Friedrich Kittler hat darauf verwiesen, dass Stoker bereits im Jahre 1893 in der *Society for Psychical Research* Freuds *Vorläufige Mitteilung über den psychischen Mechanismus hysterischer Phänomene* in Form von Referaten gehört haben soll. Einmal vernommen, ist solches Wissen im Grundsatz freilich unhintergehbar, so dass David Glovers Frage mehr als berechtigt erscheint, ob Stokers Entwurf jener ›moral Vikings‹ in seinen Romanen nicht eher als Flucht vor offenen Geheimnissen zu deuten sei. Tatsächlich steht es meiner Ansicht nach außer Frage, dass Stoker mit der Reise Jonathan Harkers nach Transsylvanien die Reise ins Herz der Finsternis des menschlichen Unbewussten meint. Und wenn der Fürst dieser Finsternis umgekehrt aus der transsylvanischen Wildnis in die westliche Zivilisation dringt, um sich ihrer zu bemächtigen, dann dürfte ebenso klar sein, dass dies keine Idee eines Romanciers sein kann, ›der nicht gehört hat, dass Ich werden kann, wo Es war‹.

Die Angst vor Degeneration und Dekadenz und vor der mit beidem einhergehenden Infragestellung der Sexualmoral impliziert zudem die Frage nach der Genderspezifik von Sexualität, die den zeitgenössischen Diskurs der New Woman durchdringt. Linda Dowling und Andreas Höfele haben auf die strukturellen Parallelen zwischen der New Woman und den *decadents* wie auch auf die typischen, misogynen viktorianischen Haltungen gegenüber sich selbst bestimmender weiblicher Sexualität hingewiesen. Wie der *decadent* versucht die New Woman, den Weg zu einer Neudefinierung der Geschlechterrollen über die Betonung ihres sexuellen Selbstbewusstseins zu finden, ein Weg, der seitens der herrschenden männlichen Geschlechtermoral als wild, böswillig, wollüstig und unrein pathologisiert wird und zu einer deren fruchtbarsten Chiffren die Femme Fatale und der Vampir in Frauengestalt avanciert. Den zivilisierten Kräften bleibt scheinbar, wie in *Dracula* demonstriert, nur das Mittel, einen Pfahl durch das Herz des Bösen zu treiben, quasi als Zentralsymbol des Todes der Frau, deren sexueller Sinn geweckt wurde.

Es ist bezeichnend, dass die Redeanteile Draculas im Text, von den einleitenden Kapiteln, die ihn im Gespräch mit Jonathan Harker zeigen, einmal abgesehen, verschwindend gering sind. Ebenso bezeichnend ist es, dass Dracula überhaupt nur aus der Retrospektive derer, die ihn erinnern, in Erscheinung tritt, was ihn von Beginn an zur Verkörperung einer ungreifbaren, paradoxen *présence/absence* macht. Dracula ist der Inbegriff des Wunsches, des Begehrens, Ausdruck eines uralten Verlangens. Jonathan Harker erinnert sich, dass ihm Dracula von der Geschichte und Genealogie seiner Familie erzählt hat, was bei Harker den Eindruck hinterlässt, dass Dracula »a whole history of the country« (40) selbst verkörpert. Draculas Physiognomie erscheint Harker als widersprüchlich undatierbar: »The mouth, so far as I could see it under the heavy moustache, was fixed and rather cruel-looking, with peculiarly sharp white teeth; these protruded over the lips, whose remarkable ruddiness showed astonishing vitality in a man of his years« (28).

Die atmosphärisch dichte Darstellung der transsylvanischen Landschaft, über die Dracula herrscht, verstärkt zum Eindruck, dass Dracula das inverse Gegenteil abendländischer, temporal strukturierter Rationalität ist – Inbegriff des Anderen einer fremdartigen, die Naturgesetze aufhebenden Gegenwelt. Sein Schloss befindet sich »on the very edge of a terrible precipice« (39), von wo es über eine wildromantische Traumlandschaft ragt, aus der es kein Entrinnen zu geben scheint. Die Landschaft ist eine charakteristische Nachtlandschaft, die nur von traumgleich-mysteriösem Sternen- und Mondlicht sowie von chimärenhaft leuchtenden Nebeln illuminiert erscheint.

Dracula ist in der Lage, sich in und aus Staub oder Nebel der Mondlichtstrahlen (zurück) zu verwandeln. Draculas polymorpher Körper versteht es, verschiedenste Gestalten wie die des Wolfes oder der Fledermaus anzunehmen – wilde, ungezähmte, unheimliche Tiere, negative sowie in ihrer Funktion ironische Brechungen aller Domestizierungsversuche. Und wie Elisabeth Bronfen richtig zeigt, hebt der untote Körper Draculas damit vor allem eine christlich teleologische Vorstellung vom Tod als Quasi-Schlaf vor dem Jüngsten Gericht vollkommen auf. Das Unheimliche der Erscheinung Draculas scheint auf den ersten Blick darin begründet zu sein, dass es Jonathan Harker und uns weder bekannt noch vertraut ist. Die Tatsache gleichwohl, dass Dracula keinen Schatten wirft und kein Spiegelbild hat, suggeriert ein eher Freudsches Verständnis des Unheimlichen, das verborgenes (oder verdrängtes) Heimisches als die Basis des Unheimlichen ausmacht. Wenn Harker Dracula im Spiegel nicht sieht, zeigt dies im Grunde von Beginn an, dass der Vampir eine Projektion von Harkers Unbewusstem verkörpert. Jeder Reizschutz ist nur nach außen und nicht nach innen möglich. Was liegt näher, als so zu tun, als ob die Reize nicht von innen, sondern von außen her wirkten? Und wenn dem so ist, wen außer sich selbst sollte Harker dann im Spiegel sehen können? Dass Dracula für Jonathan Harker im Spiegel unsichtbar bleibt, deutet an, dass Jonathan der unbewussten Tiefen seiner eigenen Psyche zwar intuitiv gewahr wird, diese jedoch verdrängt.

Es ist im psychoanalytischen Sinne absolut folgerichtig, dass sich Dracula als die Verobjektivierung des Lustprinzips in einer rücksichtslosen Sexualität offenbart, die jeder Reglementierung widerstrebt, da sie außerhalb der Zeit stattfindet und alle Versuche, sie zu zügeln, zu durchkreuzen sucht. »And you, their best beloved one,« flüstert er Mina zu, »are now to me flesh of my flesh; blood of my blood; kin of my kin; my bountiful wine-press for a while; and shall be later on my companion and my helper« (343). Von der offensichtlichen semantischen Inversion der Worte Jesu Christi zunächst einmal abgesehen, äußert sich hier das Lustprinzip Erwachsener, das nicht im Immergleichen, sondern in der Veränderung, in der radikalen Erneuerung, Auffrischung und im unentwegten Wandel die Bedingung für bleibende Lustbefriedigung und andauernden Genuss sieht.

Nach und nach erkennt Harker, dass das Schloss ein Gefängnis und er selbst der Gefangene ist. Ein wichtiges Leitmotiv des Romans stellen in diesem Zusammenhang die vielen verschlossenen Türen dar, die Harker (und uns) zeigen, dass es aus dem Unbewussten kein Entrinnen gibt. Das Lustprinzip, das seinem Bewusstsein entgegentritt, äußert sich auch bei Harker in ambivalent empfundener sexueller Begierde, die ihm selbst erregend und abstoßend zugleich erscheint. Die Probe aufs Exempel konstituiert dabei sein Erlebnis mit den drei Vampirfrauen in Draculas Schloss. Diese drei sind vormalige Opfer Draculas und nun ebenso untote Schattenwesen in dessen temporalem Niemandsland. Weibliche Vampir-Sexualität lässt eben keine »fair lady sitting down to pen, with much thought and many blushes, writing her ill-spelt love letter« (49) erwarten, sondern eine ungezügelte Begierde, vor der Harker intuitiv zurückschreckt und die er (aus Gründen des Reizschutzes) mit bezeichnenden Tiermetaphern belegt. Es steht gleichwohl außer Frage, dass die drei weiblichen Vampire Projektionen seiner eigenen aggressiven Oralsexphantasien darstellen.

> I was afraid to raise my eyelids, but looked out and saw perfectly under the lashes. The fair girl went on her knees and bent over me, fairly gloating. There was a deliberate voluptuousness which was both thrilling and repulsive, and as she arched her neck she actually licked her lips like an animal, till I could see in the moonlight the moisture shining on the scarlet lips and on the red tongue as it lapped the white sharp teeth. Lower and lower went her head as the lips went below the range of my mouth and chin and seemed about to fasten on my throat. Then she paused, and I could hear the churning sound of her tongue as it licked her teeth and lips, and could feel the hot breath on my neck. Then the skin of my throat began to tingle as one's flesh does when the hand that is to tickle it approaches nearer – nearer. I could feel the soft, shivering touch of her lips on the supersensitive skin of my throat, and the hard dents of two sharp teeth, just touching and pausing there. I closed my eyes in a languorous ecstasy and waited – waited with a beating heart. (52)

Im ekstatischen Gefühl sind moralische Kategorien aufgehoben. Harker bekennt geradeheraus: »I felt in my heart a wicked, burning desire that they would kiss me with those red lips« (51). Die moralische Wertung, dass diese Begierde ›böse‹ sei, leitet sich allein von internalisierter Reflexion der traditionellen Sexualmoral her. Christopher Craft hat in einem der wichtigsten Aufsätze zu *Dracula* überzeugend dargelegt, dass der Vampirmund die komplementären Kategorien von ›aktiven, tapferen Männern‹ und ›passiven, guten Frauen‹ im Sinne Coventry Patmores *angel in the house* auflöst. Craft verweist auf eine Farbsymbolik, in der das Rot des Blutes (und der Liebe) und das Weiß der Zähne (und der Unschuld) ineinander übergehen, was stereotyp kategorische Bedeutungszuweisungen dieser Metaphern eher ambivalent diversifiziert als eindeutig festlegt. Vampir-Weiblichkeit zeigt keine häusliche Heilige, nichts Engelhaftes, keine pflegende, kümmernde und, wenn überhaupt, dann im Stillen leidende, sorgende Mutter; keine Ehefrau, die mit Milde ausgleichend die den Lastern, Gefahren und Anfechtungen des öffentlichen Lebens ausgesetzte Existenz ihres Ehemannes komplementär mit einem ›trauten Heim‹ versöhnt.

Lucy Westenra etwa muss nicht erst von Dracula besucht und gebissen werden, um Lust zu fühlen. Viele Kritiker verweisen auf die zivilisations- und kulturkritischen Aspekte, die Lucys Metamorphose in eine ›Untote‹ zugrunde liegen, und die aus dem Charakter die (exemplarische) Projektion einer Kunstfigur machen. Schon ihr Name vereinigt geographische Spezifizierung (›West‹) mit dem traditionell aufklärerischen Gestus ihres kulturellen Erbes (›Lucy / *luce*, -ra[y]‹) und dessen Zivilisationsstufe. In Lucys Charakter ist eine freizügige, frivole und sich ihrer Koketterie durchaus bewusste Sexualität von vornherein angelegt. In einer viel zitierten Stelle gesteht sie Mina, drei Heiratsanträge an einem Tag bekommen zu haben. Aus einem in der Tendenz einerseits eher narzisstisch motiviertem ›Mitgefühl‹ für die Abgewiesenen und ihrem Ehrgefühl, andererseits sicher jedoch aus Spaß und Lust an ihrer Begehrlichkeit konstatiert sie keck: »Why can't they let a girl marry three men, or as many as want her, and save all this trouble?« (76) Wie sehr dieses Lustprinzip gleichwohl vom Realitätsprinzip durchformt ist, beweist Lucys Schuldgefühl. Ihre Gedanken, so sagt sie, seien »heresy«, sie selbst sei »a horrid flirt« (75), und aus dem gleichen schlechten Gewissen heraus, mit dem sie sich auferlegt, solche Gedanken nicht noch einmal auszusprechen, willigt sie in eine sich selbst erniedrigende, ihre Subjektivität geißelnde Genderstereotypisierung ein: »why are men so noble when we women are so little worthy of them?« (76)

Auch später, als Dracula sie wieder und wieder besucht, als die Flügelschläge der Fledermaus den Reizschutz der Fensterscheibe zertrümmern und der Wolf sie anblickt, fühlt sie in dem sich zu drehen beginnenden Raum »a whole myriad of little specks [...] wheeling and circling round like the pillar of dust that travellers describe when there is a simoom in the desert« (174). Die sich, wie Elisabeth Bronfen meint, im ›psychosomatisch gestörten‹ Bild des Schlafwandelns manifestierende, vom Realitätsprinzip ausgehende Abspaltung der Denktätigkeit des Phantasierens und des (Tag-)Träumens wird offenkundig in der Abspaltung einer Nacht- und Tagespersönlichkeit aus einer ganzheitlich empfundenen Identität Lucys. Kittler stellt mit dem Blick auf Lucys Entwicklung im Roman fest, dass die Tagespersönlichkeit sich immer kränker und seltener, jedoch die Nachtpersönlichkeit sich immer herrischer und öfter zeigt, eine psychische Disposition ihres Charakters, die ›Jungfrauenmoral oder Sekretärinnenglück‹ Hohn spricht.

Neben den Träumen tritt das Lustprinzip in *Dracula* noch in anderer Form in Erscheinung, auf die die Kritik bislang überhaupt nicht hingewiesen hat: im Lachen. Wie der Traum, errichtet das Lachen eine Gegenwelt zur offiziellen Welt. Michail Bachtin zeigt, dass die Lachkultur des Mittelalters sich um bezeichnend leibliches Leben zentrierte: um Begattung, Geburt, Wachstum, Essen und Trinken und körperliche Ausscheidungen. Sie war charakterisiert von der ausdrücklichen Billigung des Fleisches, des geschlechtlichen Lebens, sowie – man denke etwa an Shakespeares *Midsummer Night's Dream* oder *Twelfth Night* – von der zeitweiligen Suspendierung hierarchischer Strukturen. Was entstand, war eine Gegenwelt utopischer Freiheit, »kleine Zeitinseln« sozusagen, »auf denen die Welt aus ihrer offiziellen Bahn gehen durfte«. Solch punktueller Universalismus des Lachens äußerte sich am deutlichsten im Rahmen des Karnevals gegen die offizielle Kirche, gegen den offiziellen Staat. Wie Draculas polymorpher Körper, der gegen alle Versuche der Bedeutungsfestlegung die *différance* betont, ist auch der Karneval »die umgestülpte

Welt«. Immer wieder wird eine sich gegen die offizielle Autorität auflehnende Vampirnatur mit unkontrolliertem, Angst einflößendem Lachen assoziiert. Mina erinnert sich an Lucys Bericht ihres Kliff-Erlebnisses: »she began to laugh. It seemed a little uncanny to me, and I listened to her breathlessly« (122). Jonathan Harker erinnert sich an den Moment, in dem ihn Dracula darauf vorbereitet, dass seine Zeit bald kommen würde, eine Botschaft, die von ebenso bedrohlich empfundenem Lachen begleitet wird: »There was a low, sweet ripple of laughter, and in a rage I threw open the door, and saw without the three terrible women licking their lips. As I appeared, they all joined in a horrible laugh, and ran away« (66). Die vielleicht in dieser Hinsicht spektakulärste, weil unerwartet vielschichtige Analyse des Lachens, die das Lustprinzip provoziert, kommt von Van Helsing, der angesichts der moralischen Fragwürdigkeit der wiederholten Bluttransfusionen an Lucy selbst von einem Anfall hysterischen Lachens heimgesucht wird, was auf seinen Psychiaterfreund Seward mehr als befremdlich wirkt. Ich zitiere die Stelle wegen ihrer zentralen Bedeutung für die Problematik des Lust- und Realitätsprinzips in *Dracula* in aller Ausführlichkeit:

> »Ah, you don't comprehend, friend John. Do not think that I am not sad though I laugh. See, I have cried even when the laugh did choke me. But no more think that I am all sorry when I cry, for the laugh he come just the same. Keep it always with you that laughter who knock at your door and say ›May I come in?‹ is not the true laughter. No! He is a king, and he come when and how he like. He ask no person; he choose not time of suitability. He say: ›I am here‹. […] at such moment King Laugh he come to me and shout and bellow in my ear: ›Here I am! Here I am!‹ till the blood come dance back and bring some of the sunshine that he carry with him to my cheek. Oh, friend John, it is a strange world, a sad world, a world full of miseries, and woes, and troubles; and yet when King Laugh come he make them all dance to the tune he play. Bleeding hearts, and dry bones of the churchyard, and tears that burn as they fall – all dance together to the music that he make with that smileless mouth of him. And believe me, friend John, that he is good to come, and kind. Ah, we men and women are like ropes drawn tight with strain that pull us different ways. Then tears come; and like rain on the ropes, they brace us up, until perhaps the strain become too great, and we break. But King Laugh he come like the sunshine, and he ease off the strain again; and we bear to go on with our labour, what it may be.« (210–11)

Das Lachen, wie die Träume, stellt hier eine Manifestation des Unbewussten, des Lustprinzips dar. Van Helsing unterstreicht dies, wenn er konstatiert, dass jener ›König Lachen‹ nach keiner günstigen Zeit fragt, sondern einfach ›kommt, wann er will‹.

Neu ist nun allerdings, dass das Lachen, das diesem Unbewussten Ausdruck verleiht, keineswegs als allein bedrohlich empfunden wird. Vielmehr hat es auch Konnotationen von Trost in einer Situation von Verletzlichkeit und Einsamkeit. König Lachen erscheint Van Helsing wie der ›Sonnenschein‹, er nimmt Schmerz und tröstet im Augenblick, wenn das Leben sonst nur den humorlosen Drahtseilakt der Selbstkontrolle und des Triebverzichts im Namen des zeit- und nutzenorientierten Realitätsprinzips bereithält. Van Helsing spricht von solch einer ›strange‹ und ›sad world‹ einer Welt, die voller ›miseries, and woes, and troubles‹ sei. Und jedes Mal, wenn der Druck oder die Anfechtungen einfach zu groß geworden sind, dann tritt

König Lachen auf den Plan, um den Druck von uns zu nehmen, um uns wenigstens momentan auf eine jener Bachtinschen Zeitinseln der Schmerzlinderung zu führen. Was für ein ausgetrocknetes Leben muss Van Helsing nur führen, wenn alle Kreatürlichkeit, wenn alles Sinnlich-Konkrete im Namen der sozialen Zeit, der Etikette, des Anstandes, der Ernsthaftigkeit verborgen werden muss? Nicht umsonst konstatiert Van Helsing gegenüber Seward, dass *sein* und nicht Lucys Zustand der eigentlich bedauernswürdigere sei:

> »Friend John, forgive me if I pain. I showed not my feeling to others when it would wound, but only to you, my old friend, whom I can trust. If you could have looked into my very heart then when I want to laugh; if you could have done so when the laugh arrived; if you could do so now, when King Laugh have pack up his crown and all that is to him – for he go far, far away from me, and for a long, long time – maybe you would perhaps pity me the most of all.« (212)

Wenn Van Helsing an einer anderen Stelle konstatiert, sein Leben sei »barren«, »lonely« und »full of work« (222), wird deutlich, dass er um die Zwiespältigkeit von Verdrängung weiß. Und was Stoker an dieser Stelle zeigen will, ist deshalb genau *kein* entweder schwarz oder weiß getünchtes moralisches Sittengemälde mehr, das uns klar vor die Augen bringt, wer die Bösen und wer die Guten sind. Vielmehr offenbart die Passage eine deutliche Sympathie mit dieser Art menschlicher Verletzlichkeit und Schwäche gegenüber den zeitlosen Kräften des primären Lustprinzips, die außerhalb (männlicher) Kontrollierbarkeit liegen. König Lachen kommt für den Moment, mindert die Schmerzen, damit, so Van Helsing, »we bear to go on with our labour, what it may be«. Das Lachen erschüttert jedoch nur stellenweise die Oberfläche Van Helsings, denn er bleibt grundsätzlich der Ansicht, dass das Lachen (und mit ihm der Karneval, das Triebhafte, das Sinnlich-Konkrete) im Sinne einer zivilisierten ›importance of being earnest‹ im Unbewussten, d.h. in der Wildnis archaischer Reste menschlicher Psychologie, verschüttet bleiben sollte.

Zur Vampirjagd: Damit ein zeitweilig am Lustprinzip orientiertes Leben nun ganz von einem nach pragmatischem Nutzen strebenden, dem Realitätsprinzip Folge leistenden Leben überlagert werden kann, mit dem Effektivität, gesellschaftlicher Fortschritt, Frömmigkeit, aber natürlich auch Furcht und Dogmatismus einhergehen, bedarf es einer die Triebverdrängung sichernden Disziplinierung und Kontrolle der Tätigkeit. Michel Foucault hat überzeugend argumentiert, dass der Wandel der Gesellschaft zu einer effektiven, abstrakten Industriegesellschaft massive Disziplinierungsmaßnahmen erforderlich machte. Eine der bedeutendsten war dabei die Kontrolle der Tätigkeit mittels Zeitplanung – der Festsetzung von Rhythmen, dem Zwang zu bestimmten Tätigkeiten und ihrer Abfolge sowie der Regelung bestimmter Wiederholungszyklen.

Zu dieser Art Disziplinarkontrolle gehört zunächst die *erschöpfende Ausnutzung vorhandener Zeit*. Immer wieder wird im Text auf die fatalen Folgen, Zeitverschwendung haben kann, hingewiesen. Der Amerikaner Quincey Morris unterstreicht, dass Dracula nur mit effektiver Zeitnutzung beizukommen sei: »Time is everything with him; and swift action on our part may save another victim« (290); wiederholt äußert Jonathan seine Angst, wertvolle Zeit zu verschwenden, »we are wasting precious, precious time« (348). »Time«, so Van Helsing, »is now to be dreaded – since once he [Dracula] put that mark upon your throat« (374). Zeiteinteilung hat in allen Fällen genau die Funktion, jene festen Ordnungsmuster wieder in den Griff zu bekommen, die Dracula verwirrt hat. In dieser Hinsicht ist Jonathan Harkers Beobachtung in Draculas Schloss von symbolischer Aussagekraft: »My watch was still unwound, and I am rigorously accustomed to wind it the last thing before I go to bed« (54).

Von gleicher Qualität und Funktion sind die den Roman strukturierenden Versuche der Charaktere, ihr Empfinden und ihre temporal ungeordneten Gedanken in Form von Schrift zu systematisieren. Dies geschieht auf der Ebene der Mikrostruktur der Charakterpsychologie wie auch auf der Makrostrukturebene des Romanganzen, auf der die produzierten und gesammelten Schriftstücke – Tagebucheintragungen, Memoranda, Zeitungsartikel, Logbucheinträge etc. – wiederum zu einem Gesamttext chronologisiert, datiert und so intersubjektiv nachvollziehbar gemacht werden. Ziel ist die Simulation einer Historie für die intrafiktionalen Leser, die aus der Erfahrung *immerfort fließender Zeit* (eine) nachvollziehbare *Geschichte* macht. Dem Roman geht ein, was die erzählte Zeit des Romans betrifft, retrospektives Einleitungswort voraus, ein narrativer Rahmen aus zeitlicher Distanz, der das Handlungsgeschehen, auf das er sich bezieht, als ›objektive‹ Geschichte vorstellt.

> How *these papers have been placed in sequence* will be made clear in the reading of them. All needless matters have been eliminated, so *that a history almost at variance with the possibilities of latter-day belief may stand forth as simple fact*. There is throughout no statement of *past events* wherein *memory* may err, for all the records chosen are exactly contemporary, given from the standpoints and within the range of knowledge of those who made them [meine Hervorhebungen]. (8)

Die Betonung der Historizität des Geschehens wird von der Datierung der einzelnen bruchstückhaften Textsequenzen und der damit einhergehenden chronologischen Ordnung verstärkt. Je weiter Jonathan anfangs nach Transsylvanien vorstößt, desto mehr sieht er sich in einem »imaginative whirlpool« gefangen, der feste Zeitpläne durcheinanderbringt: »It seems to me that the further East you go the more unpunctual are the trains« (10f.). Komplementär zu dieser Beobachtung verhält sich das beständige Rekurrieren auf sein Tagebuch, das er, wie alle Charaktere im Roman außer Van Helsing und Dracula, mit Akribie führt und das ihm wichtiges Medium der Erinnerung und also solches Mittel zum Zweck des retrospektiven Verstehens unmittelbaren Erlebens und der Selbstaussprache darüber wird: »There was a certain method in the Count's inquiries, so I shall try to put them down in sequence« (42f.). Nicht ohne einen gewissen Spott gegenüber der Pedanterie des Unterfangens erinnert Kittler daran, wie Harker, geradezu zwanghaft nach Wiederholung suchend, minutiös die Zahl der Gläser Wein, die Dracula ihm einschenkt, notiert, »um die vom wirklichen Wahnsinn subtrahieren zu können«. Dem Lustprinzips wird so ein gezielt *intersubjektiver* Rahmen des Realitätsprinzips übergestülpt. Diese Erkenntnis mag man geradezu als Motto der innerfiktionalen Logik wie des gesamten Kompositionsprinzips des Romans betrachten. Kittler hat darauf hingewiesen, dass in *Dracula* jeder Schritt des Gegenangriffs auf einer Lagebesprechung, auf Informationsbeschaffung, auf Informationsbündelung und Informationsdemokratisierung basiert.

Gruppenstärke, soziale Zeit und temporale Synchronisierung werden in *Dracula* nun von einem ganz entscheidenden Phänomen des Realitätsprinzips unterstützt: von *Technologie*. Im Vordergrund stehen dabei neben ›neuester‹ medizinisch-therapeutischer Verfahrensweisen wie etwa der Hypnose vor allem die Photographie, die Telegraphie, der Phonograph, die Stenographie und selbstverständlich die Schreibmaschine. Kittler spricht von einem »Medienverbund« als Mittel zivilisatorischer, temporaler Disziplinierung im Sinne des Realitätsprinzips. Jonathan schreibt sein Reisetagebuch in Stenographie, was Dracula als das archaische Lustprinzip nun wirklich nicht mehr nachvollziehen kann; Phonographen dienen zum Speichern spontan augenblickszentrierter Äußerungen – eine technologische Errungenschaft, die Sewards psychoanalytische Fallstudien überhaupt erst ermöglicht. Sprache wird auf diese Weise gespeichert, der Moment des Eindrucks wird potentiell endlos reproduzierbar.

Obendrein haben die Vampirjäger in *Dracula* mit der Schreibmaschine nun auch noch die technologische Antwort auf den offensichtlichen Nachteil zu langer Zugriffszeiten parat, die das auf die Zylinder des Phonographen eingeschriebene Material in Kauf nehmen muss. Und charakteristischerweise ist es Mina, deren selbst gestellte Aufgabe darin besteht, sämtliches gesprochene oder handschriftlich verfasste Datenmaterial zu transkribieren und so universell intersubjektiv lesbar und rekapitulierbar zu machen. Ziel ist es, die Synchronisation der Rezeption dieses Materials so effektiv wie möglich zu gestalten, minimale Zugriffszeiten zu ermöglichen und damit keine verschwendete Zeit mehr zu erlauben. Mina weiß, dass die technische Reproduzierfähigkeit des Materials von größter Bedeutung ist, deshalb fertigt sie unter der Verwendung von Durchschlagpapier gleich drei Kopien simultan an. Symbolisch gelingt es Dracula zwar, die Phonographenzylinder zu zerstören, gegen die im Schrank aufbewahrten Kopien der Kopien ist er gleichwohl machtlos. Und nur weil er diesen Sachverhalt erkennt, weicht er so schnell wie möglich nach Transsylvanien zurück. Das Ende der Lust ist in diesem nach höchster temporaler Effektivität strebenden Reproduktionsprozess in den Medien zumindest angelegt. Kittler stellt deshalb zwei Dinge zynisch überspitzt fest: »An die Stelle von Liebe«, schreibt er, »tritt das Büro«, eine Tatsache, die, wie Kittler meint, aus Stokers Roman weniger einen Vampirroman, sondern »das Sachbuch unserer Bürokratisierung« macht.

Dem Bewusstsein von Reinheit und psychischer Konformität entspricht die einseitig dichotome Bedeutungsdifferenzierung durch die (männliche) Gesellschaft in Jungfrau und Hure bzw. in Heilige und Vampir. Um dauerhaft zu verhindern, dass sich heilige Jungfrauen in vampirhafte Huren verwandeln, um überhaupt jeden Wandel einer etablierten moralischen Gesellschaftsordnung zu verhindern, wird über die temporale Differenz, die der Vampir verkörpert, die Serie der Wiederholung, das todbringende Ritual des Pfählens gesetzt: »I shall cut off her head and fill her mouth with garlic«, erklärt Van Helsing den Ablauf des Rituals, »and I shall drive a stake through her body« (241). Dieses Musterbeispiel teleologischen ›Handelns‹ im Roman ist jedoch von keiner geringeren moralischen Fragwürdigkeit als das triebhafte ›Verhalten‹ des Vampirs. Motivlich korrespondiert es mit den Bluttransfusionen an Lucy, die, wie ich bereits gezeigt habe, eine unverkennbar sexuelle Komponente aufweisen. Der Etikette entsprechend, bleibt es Arthur vorbehalten, den Gnade bringenden Pfahl in und durch Lucys Herz zu treiben:

> Arthur took the stake and the hammer, and when once his mind was set on action his hands never trembled nor even quivered. Van Helsing opened his missal and began to read and Quincey and I followed as well as we could. Arthur placed the point over the heart, and as I looked I could see its dint in the white flesh. Then he struck with all his might.
>
> The Thing in the coffin writhed; and a hideous, blood-curdling screech came from the opened red lips. The body shook and quivered and twisted in wild contortions; the sharp white teeth champed together till the lips were cut and the mouth was smeared with a crimson foam. But Arthur never faltered. He looked like a figure of Thor as his untrembling arm rose and fell. Driving deeper and deeper the mercy-bearing stake, whilst the blood from the pierced heart welled and spurted up around it. His face was set, and high duty seemed to shine through it; the sight of it gave us courage, so that our voices seemed to ring through the little vault. (259)

Es bedarf gar nicht vieler Kommentare um zu erkennen, dass es sich bei dieser ›Heldentat‹ um einen brutalen und an Dracula gemessen vergleichsweise rohen, unmenschlichen Gewaltakt handelt. Es ist die symbolische Ermordung und sexualhygienische Entmachtung des Lustprinzips durch eine Handlung, die, formal vom Deckmantel des Retten-Wollens, des Beschützens und der Aufrechterhaltung der Ehre legitimiert, im Grunde noch viel weiter geht als Dracula: es ist der korrektive Geschlechtsverkehr, der in Wirklichkeit so narzisstisch motiviert ist, dass er, wie in der Bildlichkeit der Szenerie angedeutet, selbst noch insinuieren kann, Lucy hätte dabei den besten Orgasmus in der Geschichte. Anders als Dracula, vergewaltigt und entmachtet Arthur sie nicht nur, sondern beleidigt und erniedrigt sie darüber hinaus auch noch. Arthur muss Lucy nämlich, bevor er seinen Pfahl ohne Zaudern und ohne zu erschlaffen in sie zu treiben in der Lage ist, zuerst zur Hure erklären – zur Medusa, deren Blicke töten können, zur Femme Fatale. Nur an Huren, also am Wertlosen, am ausgestoßenen menschlichen ›Abfall‹ kann man sich, um diese Denkweise noch pointierter zu paraphrasieren, ohne Zögern und ohne um seine Ehre fürchten zu müssen, zuerst bedienen, um sie dann schließlich *qua* Pfählung, dem ultimativen, weil todbringenden Geschlechtsakt, doch noch zu purifizieren. Bereits kurz nach dem Pfählungsritual weichen die Züge des Vampirs von Lucys Gesicht: »There in the coffin lay no longer the foul Thing that we had so dreaded and grown to hate that the work of her destruction was yielded as a privilege to the one best entitled to it, but Lucy as we had seen her in her life, with her face of unequalled sweetness and purity« (259). Bronfen zeigt, dass hier an die Stelle untoter Zeitlosigkeit die Erinnerung tritt – ein historisiertes, purifiziertes Erinnerungsbild. Ein solches freilich ist zu keiner aktiven Handlung mehr fähig – »Lucy«, so Bram Dijkstra, »has been transformed into that ideal creature of feminine virtue of the mid-nineteenth-century: the dead woman«. Mit anderen Worten, nur eine geschichtlich tote, da passive Frau ist eine akzeptable Frau, eine Frau ist in solchem Denken besser ohne als in Bewegung, besser tot als sexuell aktiv.

Sowohl aus der Perspektive des Lust- als auch aus der des Realitätsprinzips überwiegt ein Eindruck von Differenz und Ambivalenz, den die psychoanalytische Thematik realistischerweise auch nahe legt. Dieser Eindruck wird noch verstärkt, wenn man den Blick von der inhaltlich-psychologischen auf die formale Anlage des Romans richtet.

Beginnen wir aber zunächst kurz mit Ambivalenzen in der Motivstruktur. Stevenson hat darlegt, dass die Rot/Weiß-Symbolik in *Dracula* keineswegs als eine binäre Opposition mit eindeutig attributierbarem Inhalt zu interpretieren ist. Blut und Sperma, Schuld und Unschuld gehen fließend, so fließend wie Dracula selbst charakterisiert ist, ineinander über. Jonathan entgegnet Van Helsing, dass dieser nicht wissen könne, »what it is to doubt everything«. Ironischerweise beruft er sich dabei auf Van Helsings Physiognomie, »you couldn't with eyebrows like yours« (226). Dass diese Augenbrauen diejenigen Draculas different wie ein Spiegelbild wiederholen, fällt *uns*, jedoch nicht den Vampirjägern auf, ein Sachverhalt, der positivistisches Denken nicht nur hinterfragt, sondern *ad absurdum* führt. In der Tendenz sieht Van Helsing das selbst, wenn er konstatiert: »I want you to believe [...] in things that you cannot« (232). Für die hier angedeutete paradoxe *coincidentia oppositorum* von subjektiver und sozialer Zeit, von Lust- und Realitätsprinzip ist die *Demeter*, das Schiff, auf dem Dracula nach England reist, ein weiteres Leitmotiv. Demeter ist die griechische Göttin der Fruchtbarkeit, und der Mythos besagt, dass die Erde wegen Demeters Trauer über die Entführung ihrer Tochter Persephone öde und vom Hunger bedroht war; so sehr vom Hunger bedroht wie die Charaktere *Draculas*, wenn sie sinnlich-konkrete Kreatürlichkeit nur in Form von Projektionen ausleben können. Charakteristischerweise kann Demeter erst dann wieder *lachen*, so die Geschichte ihrer Tröstung nach den Orphikern, als die Frau Baubo (›der Bauch‹) vor ihr ihre Beine spreizt, ihr Gewand hebt und das Kind Iakchos Demeter aus dem Schoß der Baubo *anlacht*, was der Welt die Fruchtbarkeit und den Frohsinn zurückgibt. Mit dem Intertext des Mythos, und genau das scheint Stoker zu intendieren, klagt sich also das lustprinziporientierte Gegenteil der zivilisatorischen Versuche des Kapitäns ein, die *Demeter* auf Kurs zu halten. Stokers Roman genießt in diesem Zusammenhang ebenso das differentielle *Spiel* mit den Signifikanten. Jennifer Wicke hat das vielleicht wertvollste Beispiel angeführt: Als Van Helsing Lucys Grab vor ihrer Pfählung öffnen will, hält er eine Kerze in der Hand und, so der Text, »holding it that the sperm dropped in white patches which congealed as they touched the metal, he made assurance of Lucy's coffin« (236). Wer immer hier *nicht* zuerst an *spermaceti*, an Walrat denkt, dem mag die autoerotische und nekrophile Färbung der Metaphorik ins Auge fallen, die proleptisch auf das Vergewaltigungsszenario der Pfählung hinweist.

Das imponierendste formalstrukturelle Charakteristikum des Romans ist zweifellos seine Multiperspektivität. An den narrativen Aufbau von Mary Shelleys *Frankenstein* wie auch insbesondere an Wilkie Collins' *The Woman in White* erinnernd, gelingt es dem Roman so, wie nahezu alle Kritiker unisono feststellen, seine Rätsel schrittweise zu enthüllen, was ein intendiertes und nicht selten auch ironisches Spiel mit verschiedenen Informationshorizonten initiiert. Dies steht zunächst im Dienste der Authentizität, denn, wie oben gezeigt, haben die einzelnen im Nachhinein chronologisierten Tagebuchsequenzen die Funktion, unter den verschiedenen Produzenten dieser Sequenzen rezeptionelle *Simultaneität* herzustellen. So wird darstellbar, was sich an einem bestimmten Tag an verschiedenen Orten zur gleichen Zeit zugetragen hat, obwohl der Text die Sequenzen, die simultan stattfinden, linear nacheinander und nicht nebeneinander oder gar gemischt darbietet, was die Rezeption ersichtlich erschweren bzw. jedes Selbstverständnis einer

Historie auf den Kopf stellen würde. Eine ironische Seite hat dies zweifellos allein deshalb, weil ein Text, der so offensichtlich aus verschiedensten Textsorten wie Brief, Tagebuch, Reisebericht, medizinischer Fallstudie und Zeitungsbericht komponiert wird, selbst damit eben jenen *polymorphen* Körper Draculas annimmt, den er offenbar durch das Polymorphe auszuschalten versucht.

Karl Marx hat bekanntlich gesagt, dass große weltgeschichtliche Fakten und Personen sich zweimal ereignen: das eine Mal als Tragödie, das andere Mal als Farce. Schon Marx bringt dabei den Begriff der Parodie ins Spiel, die dieser Wiederholung mit Differenz unterliegt. Ich kann hier nicht die gesamte poetologische Parodiediskussion rekapitulieren, sondern beschränke mich auf zwei ihrer Funktionen. Wie Andreas Höfele gezeigt hat, dient das parodistische Verfahren u.a. der Hervorhebung der Differenzqualitäten des Neuen, es konstituiert einen Spiegel, der dem Alten vorgehalten wird, um seine Verbrauchtheit vorzuführen. Da *Dracula* der letzte große Roman seiner Art im 19. Jahrhundert ist, mag man sich fragen, ob diese Tatsache nicht allein angesichts der Intertextualität innerhalb der Gattung, die von *The Castle of Otranto, Melmoth the Wanderer, The Monk, Frankenstein* bis *Carmilla* reicht, auf die *Dracula* sich als *Gothic Novel* schon implizit bezieht und von der Stoker natürlich wusste, dem Text einen gewissen in Marx' Sinne farcenhaften, (selbst-)parodistischen Charakter zuspricht. Deutlicher wird der parodistische Gestus freilich in den Wiederholungsszenarien im Text. Das augenfälligste Muster dieser Betonung temporaler Differenz sind die dreimal wiederholten Bluttransfusionen an Lucy – »again the operation; again the narcotic; again some return of the colour to the shy cheeks, and the regular breathing of healthy sleep« (163). Henri Bergson hat konstatiert, dass Komödien ihre Komik aus der Wiederholung und der Inversion gleicher Situationen unter verschiedenen Umständen beziehen. »Stellen Sie sich bestimmte Personen in einer bestimmten Situation vor«, schreibt er, »dann kehren sie diese Situation um und vertauschen Sie die Rollen: das Ergebnis ist eine komische Szene«. Wiederholbarkeit und Umkehrbarkeit sind die Kennzeichen einer Maschine, bringen uns aber in dem Moment zum Lachen, wenn sie auf den Menschen übertragen werden. In einer ebensolchen Wiederholung und Inversion der moralischen Kategorien liegt die Komik der Transfusionen begründet, denn »hat sich eine komische Szene oft genug wiederholt, so […] wirkt [sie] an sich lustig, ganz unabhängig von den Ursachen, die bewirkt haben, dass wir sie lustig fanden«. Stoker bringt hier – und daran gibt es meiner Ansicht nach keinen Zweifel – genau das *Lachen*, das Lustprinzip in den Text zurück, das die Vampirjäger ihm austreiben wollen. Van Helsings Bemühungen einer vierfachen Bluttransfusion sind der blanken Lächerlichkeit preisgegeben, weil auch hier nur versteckte Wünsche unter dem Vorwand der Moral, der Wiederholung *ohne* Differenz, jener Wiederholung einer Maschine, befriedigt werden. Bigotte Tugend wird dann lächerlich, wenn sie demgegenüber unbeweglich und starr ist und die Vertreter dieser Tugend als geradezu unfähig ausweist, ihre Moral einer sich ändernden temporalen Wirklichkeit anzupassen. Komischer-, ja groteskerweise geht mit den Bluttransfusionen Lucys oben erwähnter Wunsch, alle vier Männer (in sich) zu haben, in Erfüllung – unter der Voraussetzung freilich, dass wir die Blut/Sperma-Entsprechung, die wir bei Dracula unterstellt haben, auch hier gelten lassen, was wir schon aus Gründen der Gerechtigkeit tun müssen. Lachen resultiert hier aus der Inversion, weil der Teufel des Lustprinzips ganz offensichtlich mit dem Beelzebub des Realitätsprinzips ausgetrieben wird. Van Helsings euphorische Äußerung »God sends us men when we want them« (180) liest sich deshalb klar parodistisch dekonstruierend und erzeugt eine Ambivalenz, die sich noch auf Van Helsings Gesicht während Lucys Beerdigung widerspiegelt: »I could see«, erinnert sich Seward, »Van Helsing's face grow white and purple by turns« (209).

Von ebenso parodistischem Gestus sind die unzähligen Bibelzitate zu lesen, mit denen sowohl Van Helsing als auch Dracula zu grotesk-farcenhaften Christus-Parodien avancieren. Van Helsing glaubt an einen Abtrünningen in seiner Gefolgschaft, »yet there is one who does not believe with me« (249), Dracula kommuniziert Mina geradezu in seine Gefolgschaft, wenn er sie »flesh of my flesh; blood of my blood« (343) nennt. Hier wie dort zeigt die paradoxe rot/weiß- und Blut/Sperma-Korrelation, dass eine (säkularisierte) Parodie christlicher Eucharistie stattfindet – sei es in Form von Vampirbissen oder in Form von Bluttransfusionen. Sowohl Van Helsing als auch Dracula glauben, dass derjenige, der von ihrem Blut trinkt und von ihrem Fleisch isst, offenbar in Ewigkeit leben wird, mit gleichwohl anderen Vorzeichen: der eine im Namen des Realitäts-, der andere im Namen des Lustprinzips. Und die parodistische Säule, durch die in Minas Traum die Bibelworte »a pillar of cloud by day and of fire by night« schimmern, weist auf ihren Intertext sogar direkt hin und legt auch die oben diskutierte Tag/Nacht-Problematik offen: »Der Herr zog vor ihnen her, bei Tag in einer Wolkensäule, um ihnen den Weg zu zeigen, bei Nacht in einer Feuersäule, um ihnen zu leuchten. So konnten sie Tag und Nacht unterwegs sein« (*Exodus*, 13:21; siehe auch *Numeri* 14:14 und *Nehemia* 9:12, 19). Mina ist sich nicht sicher, ob die Säule »spiritual guidance« bedeutet, denn diese parodistische Version der Bibelsäule »was composed of both the day and the night guiding« (309). Gerade die parodistische Differenz betont jedoch, dass die Wertmaßstäbe des Originals nicht mehr greifen, überholt und sowohl aus der Perspektive moderner Psychologie als auch aus derjenigen moderner Technologie nur noch als farcenhafte, groteske, unheimliche Inversionen darstellbar sind. Das Gleiche gilt angesichts der auch hier eingeforderten temporalen Differenz für das Ansinnen melodramatischer Lösungen. Melodramatische Elemente im Text, wie etwa der Todesmoment Lucys oder das naiv sentimentale Ableben Quincey Morris' am Ende des Romans, der ganz im Sinne melodramatischer Helden des 19. Jahrhunderts selbst im Todesmoment immer noch mit kontrollierter Standfestigkeit betont, »I am only too happy to have been of any service! Oh God! [...] it was worth this to die!« (448), können allein wegen der ihnen unterliegenden Thematik sinnvollerweise wirklich nur parodistisch selbstreflexiv gelesen werden. Aber es gibt noch einen anderen Grund dafür, der im intertextuellen Verfahren *Draculas* begründet ist. In einem fiktiven *Pall Mall Gazette*-Artikel beschreibt der fiktive Reporter, wie der entlaufene Wolf zurück zu seinem Wärter in den Londoner Zoo kommt:

> After all, however, there is nothing like custom, for neither Bilder nor his wife thought any more of the wolf than I should of a dog. The animal itself was as peaceful and well-behaved as that father of all picture-wolves, Red Riding Hood's quondam friend, whilst seeking her confidence in masquerade.
>
> The whole scene was *an unutterable mixture of comedy and pathos* [meine Hervorhebung]. (170)

Komödie und Pathos, Märchen und Maskerade werden hier offen thematisiert und als ›unaussprechlich‹ zurückgewiesen. Das Pathos wird so einerseits von einer Stimme des Romans melodramatisch verwandt, um andererseits von einer anderen Stimme dekonstruiert zu werden. Stoker als dem Autor beider Passagen sind die Diskurse beider Betrachtungsweisen augenscheinlich nicht fremd, zumal er im Theater der Londoner ›Nineties‹ genug melodramatischen emotionalen Überschwang gesehen und produziert hat, was ihm auch dessen Artifizialität *ad nauseam* klar gemacht haben dürfte.

Auch der Handlungsstruktur des Romans, die auf den ersten Blick linear einem klar umrissenen Ende zuzulaufen scheint, muss ihre Abgeschlossenheit abgesprochen werden. Es gibt meiner Ansicht nach keinen Grund für die Annahme, dass am Ende des Romans der viktorianische Konsens – bestehend aus Respektabilität, sexueller Sauberkeit, veräußerlichter Religion, kolonialistischer Tatkraft, moderner Wissenschaft – wiederhergestellt sei, auch wenn Dracula getötet wird und das Schandmal von Minas Stirn verschwunden ist. Das, wie ich meine, absolut Mindeste, was man konstatieren müsste, wäre, dass, wenn man schon ein Ende sieht, dies keinesfalls im Sinne eines ungebrochenen Happyends verstehen ist. Wenn man überhaupt das Wort ›Sieg‹ benutzen will, müsste man von einem Sieg des temporalen wie moralischen Fluxus oder demgegenüber von einem Pyrrhus-Sieg der Verdrängung sprechen. Dracula ist die Projektion allen Begehrens sämtlicher Protagonisten, und so gut man ihn auch verdrängen und ihn dem Diktat des Realitätsprinzips unterwerfen mag, so sehr strahlt er doch immer wieder in die Lebenswelt zurück. Unheimliches Empfinden, so Freud, wird immer dann wieder aktuell, »wenn *verdrängte* infantile Komplexe durch einen Eindruck wieder belebt werden oder wenn *überwundene* primitive Überzeugungen wieder bestätigt werden.« Charakteristischerweise töten die Vampirjäger Dracula nicht dem von ihnen zuvor so dringlich eingeforderten Ritual entsprechend. Sie weichen sowohl von der vorgeschriebenen Chronologie als auch von den notwendigen Instrumenten ab: Jonathan schneidet Draculas Kehle durch und Morris sticht sein Messer in Draculas Herz. Kein Wunder also, dass Draculas letzter Blick kein verzweifelter ist: »As I looked, the eyes saw the sinking sun, and the look of hate in them turned into triumph« (447). Auch die Verwandlung des Körpers zu Staub ist kein eindeutiges Indiz für den Sieg über Dracula. Zum einen, da Draculas polymorpher Körper auch schon zuvor die Gestalt von Staub angenommen hat, zum anderen, weil Dracula im Moment, da er zu Staub wird, nur dorthin zurückgeht, wo er immer schon war – in die infinit fließende Zeit, deren Chiffre der Staub selbst in christlicher Vorstellung seit jeher gewesen ist.

Es verhält sich so, wie Seward es für sein eigenes Tagebuch, die Historie seines Erlebens darstellt: »Truly there is no such thing as finality. Not a week since I said ›Finis‹, and yet here I am starting fresh again, or rather going on with the same record« (228). Und wenn Jonathan Harker nach Jahren den Epilog der Geschehnisse verfasst, so relativiert er selbst aus dem Zeitabstand das, was er eingangs noch forderte: die Darstellung einer objektiv gültigen, abgeschlossenen Historie: »I took the papers from the safe where they have been ever since our return so long ago. We were struck with the fact that, in all the mass of material of which the record is composed, there is hardly one authentic document! Nothing but a mass of typewriting, except the later note-books of Mina and Seward and myself, and Van Helsing's memorandum« (449). Der Text legt somit offen, dass er *nicht* abgeschlossen ist, dass die Auswahl des Materials eben nur eine *Auswahl* darstellt, offen für Interpretation und damit einem endgültigen, aristotelischen Ende gegenläufig. Wicke fragt berechtigt: »which is it, truth, origin, the authority of knowledge, or a ›mass of typewriting?‹« Wie *Dracula* zeigt, können Konventionen hier zwar pragmatisch effektive Hilfskonstruktionen, aber eben doch *nur* Hilfskonstruktionen sein, die nicht selten den Preis der Lebenslüge, der Verdrängung oder, wie gesehen, der Heuchelei fordern. Schein und Sein, Beweiskraft und (Selbst-)Täuschung, Oberfläche und Tiefe, Lust- und Realitätsprinzip, subjektive und soziale Zeit bleiben im Bewusstsein aneinandergekettet, ohne jedoch jemals deckungsgleich werden zu können. Gerade das Ende legt daher die formale wie innere Offenheit der Problematik und die Unmöglichkeit von Geschlossenheit dar. Der Leser verlässt den Roman in einem Gefühl des Liminalen, des Unheimlichen, das letztlich unkontrollierbar bestehen bleibt.

Gerade die Form des Romans spiegelt also die Unmöglichkeit des Versuchs, den unbewussten Tätigkeiten der menschlichen Psyche dauerhaft Widerstand zu leisten. Der Roman macht damit auf der einen Seite deutlich, dass ein Leben außerhalb der moralischen Konvention und außerhalb der Versuche, dieses Leben durch das Realitätsprinzip zu disziplinieren und zu strukturieren, geschichts- und gesichtslose Untote produziert. Daran gibt es keinen Zweifel. Aber auf der anderen Seite zeigt der Roman auch, dass ein Leben, welches das Lustprinzip, die Lebenstriebe, die Differenz, das Neue leugnet, verdrängt oder bekämpft, entweder im Sumpf des Bigotten, des Konservativen, der Heuchelei stecken zu bleiben oder schlicht aus Mangel an Sinnlich-Konkretem emotional zu vertrocknen droht. Damit ist auch der Wandel von gesellschaftlichem Rollenverhalten, Geschlechterrollen, Genderstereotypen eingeschlossen. Statt des Eindrucks, dass die traditionellen Rollenstrukturen zementiert werden, überwiegt, wie ich meine, der Eindruck ihrer Brüchigkeit; so brüchig und an sich moralisch fragwürdig wie das moralische Handeln aller Protagonisten im Text, deren moralische Siege, wie gesagt, nur die Pyrrhus-Siege der Verdrängung darstellen. Nun mag man einwenden, dass die Frauengestalten wie Mina und Lucy den Weg zur völlig selbstbestimmten *New Woman* nicht vollends gehen. Wichtiger ist, wie mir scheint, jedoch die Tatsache, dass der Text sie auf diesen Weg schickt und dass dieser Weg, einmal beschritten, unumkehrbar ist. »The die had been cast«, so Carol A. Senf, »there would be no return to the innocent heroines of the early Victorian novel«. Dracula ist die Chiffre für dieses Neue, und *Dracula* als Text ist nicht mehr in der Lage, die divergierenden Pole von Lust- und Realitätsprinzip, von freiem Willen und Determiniertheit, von Selbst- und Fremdbestimmung, von Rationalität und Triebgesteuertheit, von Wachsein und Schlaf, von Traum und Wirklichkeit auf einen unproblematischen gemeinsamen Nenner von *Identität* zu bringen. Bei aller Faszination für das Positivistische beschreibt *Dracula* eine Grenzen verwischende »disturbing mental landscape«, »a heterogeneous model of mental life in which the hidden, geologically layered dimensions of the mind can hold surprising consequences for our conscious selves«. Horst Breuer vermutet zu Recht, dass es »die Überanstrengung des Rationalismus in der modernen bürgerlichen und spätbürgerlichen Welt, die Überforderung der Selbstdisziplin und der versachlichten Lebenswelt« sind, welche »solche alptraumhaften Gegenreiche des Horrors und der Weltangst erzeugen und mit perverser Faszination ausstatten«. Breuers Analyse greift aber in zwei entscheidenden Punkten zu kurz: Einerseits bleibt es offen, ob der Gejagte oder die Jäger den wahren Horror erzeugen; andererseits zeigen sowohl der, nochmals, prinzipiell unhintergehbare Inhalt als auch die Form des Romans, dass von einer »trivialen Aufteilung des geschilderten Phantasiekosmos in Schurken und Helden, Feinde und Opfer, Monstren und Menschen« nun wirklich nicht die Rede sein kann, wenn man Thema und Form des Romans konsequent zu Ende denkt.

## Literaturverzeichnis:

### Primärliteratur:

Ich habe aus folgender Ausgabe zitiert: **Stoker, Bram**: *Dracula*. Harmondsworth: Penguin 1992. Die mit weitem Abstand beste kritische Ausgabe ist die von Nina Auerbach und David J. Skal herausgegebene Fassung (New York/London: W.W. Norton & Co.). Eine preisgünstige deutsche Fassung erscheint im Ullstein-Verlag.

### Forschungsliteratur:

**Bachtin, Michail M.**: *Literatur und Karneval. Zur Romantheorie und Lachkultur*. Frankfurt/Main: Fischer 1990.

**Bergson, Henri**: *Das Lachen. Ein Essay über die Bedeutung des Komischen*. Darmstadt: Luchterhand Literaturverlag 1988.

**Breuer, Horst**: »Dracula lebt: Zur Psychodynamik von Schreckensliteratur«. In: Dieter Petzold u. Eberhard Späth (Hgg.): *Unterhaltung. Sozial- und literaturwissenschaftliche Beiträge zu ihren Formen und Funktionen*. Erlangen: Junge & Sohn 1994, S. 139–153.

**Bronfen, Elisabeth**: *Over Her Dead Body: Death, Femininity and the Aesthetic*. Manchester: Manchester UP 1992.

**Carter, Margaret** (Hg.): *»Dracula«: The Vampire and the Critics*. Ann Arbor/London: UMI Research Press 1988.

**Craft, Christopher**: »›Kiss Me With Those Red Lips‹: Gender and Inversion in Bram Stoker's *Dracula*«. In: Elaine Showalter (Hg.): *Speaking of Gender*. New York/London: Routledge 1989, S. 216–242.

**Dijkstra, Bram**: *Idols of Perversity: Fantasies of Feminine Evil in Fin de Siècle Culture*. Oxford: Oxford UP, 1986.

**Dowling, Linda**: *Language and Decadence in the Victorian Fin de Siècle*. Princeton, N.J: Princeton UP 1986.

**Feldmann, Doris**: »Stoker's/Coppola's *Dracula*: Victorian Culture Then and Now«. In: Raimund Borgmeier, Herbert Grabes u. Andreas H. Jucker (Hgg.): *Anglistentag 1997 Giessen Proceedings*. Trier: WVT 1998, S. 369–378.

**Foucault, Michel**: *Überwachen und Strafen: Die Geburt des Gefängnisses*. Frankfurt/Main: Suhrkamp 1994 [$^1$1976].

**Freud, Sigmund**: »Das Unheimliche«. In: ders.: *Studienausgabe*. Bd. IV: *Psychologische Schriften*. Hg. v. Alexander Mitscherlich, Angela Richards u. James Strachey. Frankfurt/Main: Fischer 1989, S. 241–74.

**Ders.**: »Jenseits des Lustprinzips«. In: ders.: *Studienausgabe*. Bd. III: *Psychologie des Unbewussten*. Hg. v. Alexander Mitscherlich, Angela Richards u. James Strachey. Frankfurt/Main: Fischer 1989, S. 214–272.

**Glover, David**: »Bram Stoker and the Crisis of the Liberal Subject«. In: *New Literary History* 23.3 (1992), S. 983–1002.

**Henke, Christoph**: »Stoff, Medium, Zeit – Transformationen in/von Bram Stokers *Dracula*«. In: Gerald Echterhoff u. Michael Eggers (Hgg.): *Der Stoff, an dem wir hängen. Faszination und Selektion von Material in kulturwissenschaftlicher Arbeit*. Würzburg: Königshausen & Neumann 2002, S. 131–141.

**Höfele, Andreas**: »Dandy und New Woman«. In: Manfred Pfister u. Bernd Schulte-Middelich (Hgg.): *Die ›Nineties‹: Das englische Fin de siècle zwischen Dekadenz und Sozialkritik*. München: UTB-Francke 1983, S. 147–63.

**Ders.**: *Parodie und literarischer Wandel. Studien zur Funktion einer Schreibweise in der Literatur des ausgehenden 19. Jahrhunderts*. Heidelberg: Winter 1986.

**Kerényi, Karl**: *Die Mythologie der Griechen*. Bd. I: *Die Götter- und Menschheitsgeschichten*. München: dtv $^{17}$1994.

**Kittler, Friedrich**: *Draculas Vermächtnis: Technische Schriften*. Leipzig: Reclam 1993.

**Middeke, Martin** (Hg.): *Zeit und Roman: Zeiterfahrung im historischen Wandel und ästhetischer Paradigmenwechsel vom sechzehnten Jahrhundert bis zur Postmoderne*. Würzburg: Königshausen & Neumann 2002.

**Ders.**: *Die Kunst der gelebten Zeit: Zur Phänomenologie literarischer Subjektivität im englischen Roman des ausgehenden 19. Jahrhunderts*. Würzburg: Königshausen & Neumann 2004.

**Mill, John Stuart**: *On Liberty*. Hg. v. Gertrude Himmelfarb. Harmondsworth: Penguin 1974.

**Senf, Carol A.**: »*Dracula*: Stoker's Response to the New Woman«. In: *Victorian Studies* 26.1 (1982), S. 33–49.

**Stade, George**: »Dracula's Women«. In: *Partisan Review* 53.2 (1986), S. 200–215.

**Stevenson, John Allen**: »A Vampire in the Mirror: The Sexuality of Dracula«. In: *PMLA* 103.1 (1988), S. 139–149.

**Stott, Rebecca**: *The Fabrication of the Late-Victorian Femme Fatal. The Kiss of Death*. Basingstoke: Macmillan 1992.

**Wicke, Jennifer**: »Vampiric Typewriting: *Dracula* and its Media«. In: *English Literary History* 59.2 (1992), S. 467–493.

# Heinrich Mann *Professor Unrat* / Josef von Sternberg *Der blaue Engel*

## Hans Vilmar Geppert

Heinrich Mann hatte lebenslang eine große Neigung zum Theater. Er hat sich beispielsweise gern in Schauspielerinnen verliebt. Und diese Nähe (im Germanisten-Jargon: »die Bedeutung von Theatralität für die ästhetische Konstruktion seiner Texte«, Albert: 2001, 630) prägt auch sein Erzählen. Viele seiner Romananfänge haben etwas Dramatisch-Modellhaftes. Mann kann sie lesen wie die ersten Takte einer Opern-Ouvertüre oder das Hochgehen des Vorhangs im naturalistischen Theater oder die ersten pantomimischen Konstellationen im Stummfilm:

> Da er Raat hieß, nannte die ganze Schule ihn Unrat. (9)

Ist dieser Satz nicht strukturiert wie eine Bühne oder etwa wie der Anfang eines Balletts? Links »er«, der Einzelne, rechts »die ganze Schule«, die Allgemeinheit, die ihn wie in einem Diagramm der Mengenlehre zugleich einschließt und ausgrenzt. Oben der »Raat«, wie ein »Studienrat« oder »Rat und Hilfe wissen«, oben das Positive, unten der »Unrat«, die Negation.

Das ganz abstrakte, vollständig ausgeführte System ist unübersehbar: »Nichts könnte einfacher und natürlicher sein.« Der Einzelne steht in Opposition zum Ganzen, das Positive zu seiner Negation, das eingeschlossene »Innere« – so leer es zunächst noch bleiben mag – zum feindlichen »Außen«.

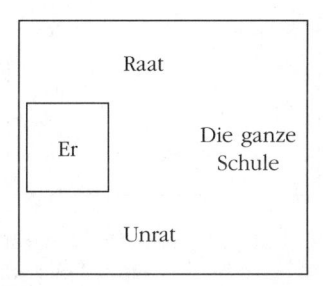

```
        Raat

   ┌──────┐
   │      │   Die ganze
   │  Er  │   Schule
   │      │
   └──────┘

        Unrat
```

In der Tat wird ja das System der Schule sehr schnell zum Modell der Stadt und, das war Heinrich Manns Absicht, zum Modell der Macht im Deutschland des Wilhelminismus erweitert; so hatten ja auch das Drama und die Bühne seit je öffentliche Konflikte modellhaft dialogisch veranschaulicht. Aber das hat eben auch etwas Abstraktes und Hypothetisches. Es geht in *Professor Unrat oder Das Ende eines Tyrannen* am Beispiel einer Schulgeschichte um ein systematisch inszeniertes Spiel von Macht und Unterdrückung, Ausgrenzung und Aggression, Systemerhalt und Systemzerstörung. Es geht um ein fiktives Machtexperiment.

Bevor ich das weiter ausführe, denn aus dem System selbst ergibt sich der Zusammenhang von Roman und Film, nicht aus den weitgehend abweichenden Handlungen, erlauben Sie noch zwei Überlegungen dazu, *dass* der Roman so systematisch strukturiert ist.

>Da er Raat hieß, nannte die ganze Schule ihn Unrat.

Es scheint so, dass sein Name, so wie er hineingeraten ist in dieses System von Feindseligkeiten, als das Heinrich Mann die Schule sieht, den alten Gymnasialprofessor – dem sein Autor ja auch viel »Sympathie entgegenbringt« (Martin: 1993, 65) – zu dem gemacht hat, was er jetzt ist:

>»Als Hilfslehrer war er noch'n ganz adretter Mensch.«
>»So? Was der Name tut. Ich kann ihn mir überhaupt nicht sauber vorstellen.«
>»Wissen Sie, was ich glaube? Er sich selber auch nicht. Gegen so'n Namen kann auf die Dauer keiner an.« (37)

Es ist bezeichnend, dass Heinrich Mann wie in einem Drama dem Dialog zweier Personen das letzte Wort des Kapitels und die weitestgehende Aussage überlässt. Aber es sind Personen, die sozusagen an der Rampe oder vorn neben der Bühne stehen, auf alle Fälle außerhalb des Systems. Und gerade dadurch wird dieses in seinem vollständigen Funktionieren ins Bewusstsein gehoben.

Sehen wir etwas genauer hin! Heinrich Mann inszeniert das Machtexperiment als Sprachspiel. Betrachten wir das Verhältnis von Sprache, Rede und Namen. Heinrich Mann lässt das System der Sprache, also ganz einfach die negative Funktion des Präfixes »un-«, das Wort »Rat« und damit erst den Namen »Raat« – »Unrat« determinieren.

| Sprache | : | Un – |
| ⇩ | | ⇩ |
| Rede | : | Rat |
| ⇩ | | ⇩ |
| Name | : | Raat |
| ⇩ | | ⇩ |
| Un – Name | : | Unrat |

Durch dieses Sprachspiel wird nicht nur der Un-Name in immer neuen Situationen der Rede immer neu generiert, selbst bei einer Feier, die eigentlich zu Ehren des alten Professors stattfindet. Die Funktionskette Sprache – Rede – Name setzt sich auch durch, wenn der Name ausdrücklich von den Schülern vermieden wird:

>»Ich kann hier nicht mehr arbeiten, Herr Professor. Es riecht auffallend nach Unrat.«
>(Und:) »Lohmann läßt einen nicht ruhig nachdenken, er sagt immer, hier riecht es nach Unrat.« (19)

Im ersten Fall bleibt das Wort in seinem Kontext, ist also nicht als Name gebraucht. Im zweiten Fall wird es zitiert, funktioniert also streng genommen nicht als Aussage, sondern ist Teil der Rede eines anderen, über die etwas gesagt wird. Später wird es verkürzt zu »Un-(bzw.)Raat« oder auch in einem Brief durchgestrichen, es bringt immer den Namen hervor, selbst dann noch, wenn dieser Name eine Leerstelle bleibt. Denn den Schüler Lohmann hasst Unrat gerade deswegen am meisten, weil »Lohmann ihm *nicht* seinen Namen gab« (19). Die Ausnahme bestätigt die Regel, die Abweichung die Norm, die Leerstelle das System. Das Machtsystem wird als Sprachsystem zum Sprachspiel und Sprachtheater.

Man hat fast den Eindruck, als habe Heinrich Mann nicht nur de Saussure, sondern auch Derrida oder Jakobson oder Lacan oder Greimas oder Genette gelesen. (Wer selbst diese Theorien kennen lernen möchte, greife natürlich zuerst zu Verf./ Zapf lff.: 2003ff.; Nünning: ²2001; Nöth: ²2000; Bauer: 1997) Man kann das Spiel der Negationen (»einer/alle«, »Rat/Unrat«) und Differenzen in der Tat und durchaus schlüssig weiterspielen, wenn man auch die »abwesenden« funktionalen Systemstellen zu den »präsentierten« Oppositionen »einer/alle« und »positiv/negativ« hinzuliest. Im Sprachsystem funktioniert das Pronomen »er« beispielsweise in Opposition zu »sie«, Dehnungen wie ausdrücklich in »Raat« in Opposition zu kurzen Phonemen. Endungen auf Konsonant differieren bedeutsam von Endungen auf Konsonant und -e. Kann, ja muss man dann »Raat« nicht nach Derrida so dekonstruieren, dass »unter« ihm ein Wort mit weiblicher Endung und kurzem a lesbar wird: »Ratte?«

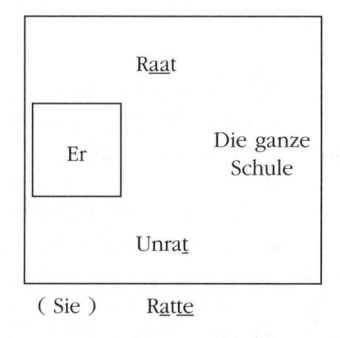

```
        ┌─────────────────────────────┐
        │            Raat             │
        │  ┌─────┐                    │
        │  │     │      Die ganze     │
        │  │ Er  │      Schule        │
        │  │     │                    │
        │  └─────┘                    │
        │            Unrat            │
        └─────────────────────────────┘

         ( Sie )      Ratte
```

Erscheint diese Lesart nicht nach Roman Jakobson metonymisch *per contiguitatem* im codierten Konnex zu »Unrat«, in dem sich Ratten oft aufhalten, aber auch metaphorisch, in der Gemeinsamkeit des Paradigmas »böse Tiere«, wenn etwa die Schüler ihren Lehrer betrachten, »wie ein gemeingefährliches Vieh, das man leider nicht totschlagen durfte« (11), oder wenn der ganze Roman immer wieder zu Tiermetaphern, vor allem der der »Katze« oder »Spinne« für Unrat findet? Ergibt sich dann nicht sehr klar eine Freud-Lacansche Lesart, nach der ein verdrängtes »über-schriebenes« Signifikat in der Tat in seiner systematischen Unterdrückung nur so »gelesen« werden kann, dass man nachverfolgt, wie es unter der »Signifikantenkette«: »Er«, »Raat«, »Die ganze Schule«, »Unrat«, »Sie«, »Ratte« »gleitet«, anders gesagt, entwirft dies nicht eine analytisch zu entdeckende, psychisch-soziale Dynamik, die Roman *und* Film auserzählen werden? Geht es nicht in der Tat und sehr klar um verdrängte Gefühle, Triebe, Lustprinzip, Leben, die in ihrem Verdrängt- und Unterdrücktsein böse, aggressiv, »ratten«-haft werden? Kann man dann nicht schließlich nach Greimas ein semantisches Quadrat von Negationen konstruieren, ein System der Macht-Ordnung und ihrer Gegensätze:

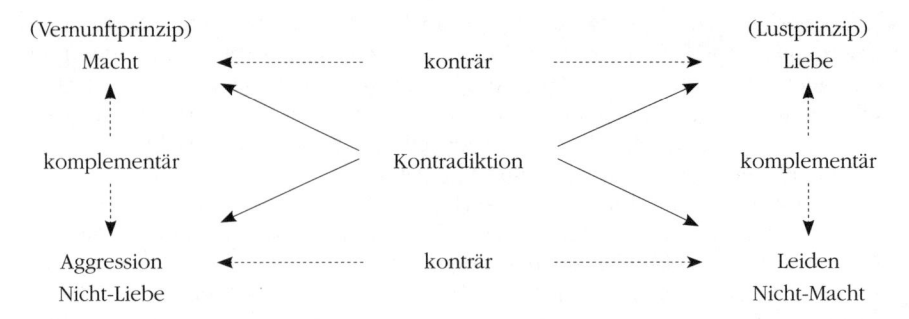

```
(Vernunftprinzip)                                              (Lustprinzip)
    Macht      ◄············  konträr  ············►   Liebe
      ▲                                                   ▲
      ┊                                                   ┊
 komplementär           Kontradiktion              komplementär
      ┊                                                   ┊
      ▼                                                   ▼
  Aggression    ◄············  konträr  ············►   Leiden
  Nicht-Liebe                                          Nicht-Macht
```

Ist damit nicht, erneut Greimas folgend, der Diskurs des Romans vor-strukturiert, indem Unrat ja nun in der Tat und unübersehbar nach und nach die Systemstellen eines semantischen Quadrats von Negationen durchläuft:

| »Tyrann«    | Liebender |
|-------------|-----------|
| »Anarchist« | Opfer?    |

Und ergibt sich dann nicht sehr klar eine Art Aufgabenverteilung zwischen Roman und Film, indem im Roman die linke, im Film die rechte Rollen-Hierarchie und Rollen-Entsprechung dominiert, die jeweils andere aber implizit, teils deutlicher, wie im Roman, teils verkürzt, wie im Film, zu erkennen ist?

Wenn wir die Negationen *in* den beiden medialen Realisierungen und die *zwischen* ihnen als allseitige Implikationen innerhalb eines umfassenden Systems lesen – Heinrich Mann wollte offensichtlich so ein System sprachlich-narrativ durchspielen, und spiegelbildlich entsprechend: »Sternberg zeichnet den Machtkampf, den die Sexualität mit der Moral austrägt« (Sudendorf: 1996, 125) –, dann ist der oft beschrittene methodische Holzweg vermieden, Roman und Film direkt als zwei Geschichten zu vergleichen (so etwa Epple: 1998, 83ff., oder Dirscherl/Nickel: 2000, allerdings sehr differenziert anhand der Drehbuchfassungen, vgl. 28ff.), oder auch, methodisch genauso hilflos, als je selbstständige Kunstwerke einfach zu trennen (so z.B. Bronfen: 1999, zum *Blauen Engel*, 94ff.), also, wie etwa Peter Hasubek rät, bei der Analyse des Films »auf den Bezug zu Heinrich Manns Roman zu verzichten« (Hasubek: 1997, 120). Im Gegensatz dazu weist, meinem Ansatz von anderen Voraussetzungen aus analog, Siegfried Kaltenecker (Kaltenecker: 1994, 57ff., v.a. 64) auf die »untrennbare« Verbundenheit »ästhetischer Elemente« für Roman und Film hin: »überraschende Anschlüsse und fehlende Übergänge«, »strukturelle Offenheit«, den »Zyklus von Verbindung und Auflösung, Gegenwart und Entfernung«, Formen der »Verdoppelung« usw., also mit anderen Worten, eine Ästhetik der Differenz. Klaus Kanzog arbeitet, von der »strukturalen Theorie Jurij M. Lotmans« ausgehend, einen gemeinsamen ›Nucleus‹ des Romans wie des Films heraus, nämlich »Grenzüberschreitungen« von »Norm, Übertretung der Norm und Sanktion« (Kanzog: 1997, 113ff., v.a. 122f.). Das ließe sich auch in das hier vorgestellte System einschreiben.

Wie immer man theoretisch ansetzt, es gibt zu einer solchen Verbindung *und* Differenzierung keine Alternative. Für einen Vergleich sind Roman und Film zu verschieden, für eine Trennung hängen sie zu eng zusammen. Denn es ist einfach nicht wegzudiskutieren, dass der Film den Roman nicht nur »vorm Vergessen« errettet (Scherf: 1995, 534), sondern weit darüber hinaus erst zu einem Welterfolg gemacht hat, und dies genau in dem Sinne, dass er ihn eben nicht verdrängte oder ersetzte, sondern umgekehrt sowohl die Zahl der Auflagen als auch die der Übersetzungen derart steigen ließ, dass *Professor Unrat* immer noch als Heinrich Manns bekanntestes Werk gilt. Durch den Film *Der blaue Engel* von Josef von Sternberg (1930) wurde der fünfundzwanzig Jahre früher erschienene Roman *Professor Unrat oder Das Ende eines Tyrannen* zu einem »Großen Werk der Literatur«.

Setzen wir das Spiel mit Oppositionen und Leerstellen noch ein wenig fort. Wenn die Diskurse von Roman und Film verschiedene Positionen eines Systems ausführen, dann kann – wir wechseln zum System von Genette – der Filmanfang sehr klar als »extradiegetische Analepse« (Nachtrag einer vor der erzählten Zeit liegenden Handlung) des Romans verstanden werden.

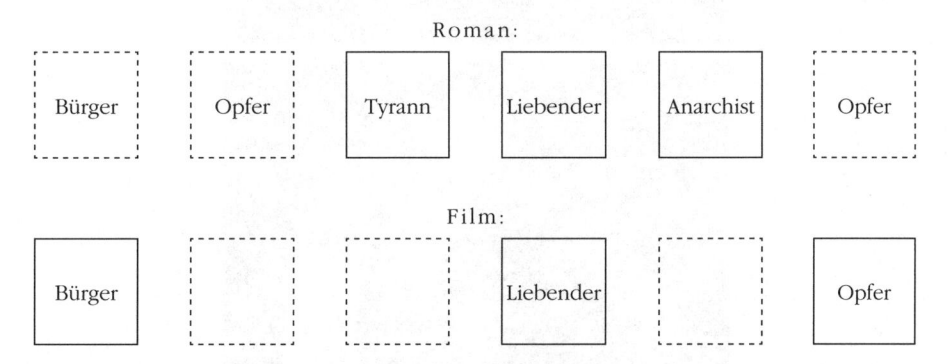

Roman:

| Bürger | Opfer | Tyrann | Liebender | Anarchist | Opfer |

Film:

| Bürger | | | Liebender | | Opfer |

Anders gesagt: Der Film rekonstruiert, was auch im Roman beiläufig an der Oberfläche, die ganze Zeit aber unterschwellig präsent bleibt: Bevor Raat ein »Tyrann mit schlechtem Gewissen« wurde, »scheu und rachsüchtig« (9), hässlich, mager, schiefschultrig und immer schmutzig angezogen, der die Schüler hasst und ihnen nur schaden will, war er ein »Opfer der schulischen und gesellschaftlichen Verhältnisse« (Epple: 1998, 28) gewesen: innerhalb ihres Systems negiert und eingegrenzt, einer gegen alle. Im Film tritt er als jemand auf, als ein Bürger, dem das noch bevorsteht. Er ist wohlproportioniert und noch gut erhalten, ordentlich angezogen (samt Taschenuhr) und im Unterricht durchaus ehrlich, wenn auch ungeschickt, um die Verbesserung der Fähigkeiten seiner Schüler bemüht. Im Roman ist das erste narrative Ereignis, das den Erwartungshorizont des immer Gleichen durchbricht, dass dem Professor beim Betreten der Schule identifizierbar »sein Name« zugerufen wird; und damit, dass er es diesmal »beweisen« kann, beginnt die von Hass und Rache erfüllte Schulstunde. Im Film ist die erste Narration ebenso klar erkennbar. Aber es geht nicht um Aggression und Macht. Wenn Unrat sich an den lieblos im Studierzimmer hergerichteten Frühstückstisch setzt, die ersten Takte von »Ach wie ist's möglich dann ...« (»hab dich von Herzen lieb« würde es weitergehen) pfeift, den Kanarienvogel tot findet, schließlich, nachdem die Haushälterin das Objekt verdrängter Gefühle einfach im Ofen entsorgt hat, ganz traurig den Zucker für den Vogel im Kaffee versenkt, geht es nicht, noch dazu metaphorisch, lediglich um Einsamkeit und die Sehnsucht eines alten Kindes nach Zuwendung?

Der Vogel im Käfig ist ein sprechendes Requisit des naturalistischen Dramas, aus Ibsens *Nora* (1879) oder Strindbergs *Fräulein Julie* (1888) bekannt. Die Metaphorik der eingesperrten, ja abgetöteten Sehnsucht nach Freiheit, Vitalität und Liebe wieder aufnehmend, wird später beim Frühstück mit Lola im Hintergrund aus vollem Hals gesungen werden. Bei der Hochzeit wird der Film-Unrat wie ein Hahn krähen, noch später als dummer August auf der Bühne genau dazu nicht mehr fähig sein. Sein Gefängnis ist keines des Machtsystems, kein Käfig wechselseitiger Aggression; er ist eingesperrt in seine eng pedantische Lebens- oder besser Nicht-Lebenswelt. Aber wie im Roman provoziert auch sie seinen Ausbruch in ihre konträre Gegen-Realität: Diese selbst präsentiert sich dann analog different. Kontrastieren wir zwei Szenen, in denen eben diese letztlich aus der Bühne übernommene Differenz von »innen« und »außen« deutlich zum Tragen kommt. Unrat überschreitet zum ersten Mal die Schwelle zum blauen Engel, als »stürzte« er sich »in einen Abgrund«:

> Unrat verstand nicht, er fühlte nur den Aufruhr um sich und gegen sich. Wie schon alles über ihm zusammenschlug, entdeckte er am Tisch gleich neben sich einen freien Stuhl; er brauchte sich nur zu setzen. Er lüftete den Hut und fragte: »Sie erlauben vielleicht«
> 
> Eine Weile wartete er auf die Antwort, dann ließ er sich nieder. Sogleich fühlte er sich in der Menge versunken, seiner drückenden Ausnahmestellung enthoben. Niemand achtete im Augenblick auf ihn. Die Musik war wieder losgegangen; seine Nachbarn sangen mit. Unrat putzte seine Brillengläser und trachtete, sich zurechtzufinden. Durch den Qualm der Pfeifen, der Leiber und der Groggläser sah er zahllose Köpfe, die alle die gleiche dumpfe Seligkeit besessen hielt, hin und her schwanken, wie die Musik es wollte. Sie waren von Haar und Gesicht brandrot, gelb, braun, ziegelfarben, und das Schaukeln dieser von Musik in das Triebleben zurückgebannten Gehirne ging wie ein großes buntes Tulpenbeet im Winde durch den ganzen Saal, bis es sich, dahinten, im Rauch verfing. Dahinten durchbrach nur etwas Glänzendes den Rauch, ein sehr stark bewegter Gegenstand, etwas, das Arme, Schultern oder Beine, irgendein Stück helles Fleisch, bestrahlt von einem hellen Reflektor, umherwarf und einen großen Mund dunkel aufriß. Was dieses Wesen sang, vernichtete das Klavier, zusammen mit den Stimmen von Gästen. Aber es dünkte Unrat, als sei die Frauensperson selbst anzusehen wie ein Gekreisch. (53)

Die Stelle ist auch dadurch interessant, dass sie eigentlich schon ganz filmisch aufgebaut ist. Sie entwirft freilich einen ganz anderen Film als den späteren *Blauen Engel*. Für den Roman der Jahrhundertwende ist dies bereits filmische Sehen kein Novum, und Heinrich Manns Nähe zum Theater macht das zusätzlich plausibel. Man könnte die Kamerabewegungen in den Text hineinschreiben:

- Halbtotale, Schwenk auf verschiedene Tische, Halt auf den leeren Stuhl. Unrat kommt ins Bild und setzt sich.
- Gegenschuss und Schwenk durch den Saal.
- Unrat nah: Er putzt seine Brille und »trachtet, sich zurechtzufinden«.
- Fahrt und Zoom über die Tische hinweg, Halbtotale durch die singenden Gäste hindurch, dann auf Rosa, zuletzt nah auf ihr Gesicht und ganz nah auf ihren groß aufgerissenen Mund.

Die letzte Einstellung hätte fast etwas Kühnes. Betrachtet man darüber hinaus die Abstraktion von Hell-Dunkel-Effekten, von Farben, von Bewegungsmustern, die teils den Raum füllen, teils, wie am Ende des Absatzes, den Zusammenhang wiedererkennbarer Gegenständlichkeit sprengen, dann gerät man durchaus in die Nähe expressionistischer Filmkunst. Und die Sprache macht diese Innovationen mit: Die Sprünge der Perspektive, die Fragmentierung der Realität, die abstrahierenden Verallgemeinerungen und kühnen Vergleiche des Erzählers (beispielsweise »brandrot, gelb, braun, ziegelfarben«, »ein großes buntes Tulpenbeet im Winde«) setzen ihrerseits das ästhetisch befreite Sehen gegen das Wiedererkennen gewohnter Realität ab. (Dass es hier »nicht« um »die Kunstvorstellungen des Autors« gehe, sondern um »das fehlende Unvermögen Unrats, die Wirklichkeit einigermaßen adäquat wahrzunehmen«, Epple: 1998, 44, scheint mir viel zu kurz gegriffen.) Nicht nur Unrat gerät außerhalb vertrauter Ordnungen, der Diskurs des Romans selbst nähert sich expressionistischer »Weltzertrümmerung«. Es ist nur konsequent, dass Rosa für Unrat zuerst etwas total Fremdartiges ist, »anzusehen wie ein Gekreisch«.

Im Roman sind es Ordnungszusammenhänge, die sich auflösen, die Unrat allerdings schon bald, so sehr hat er das Machtsystem verinnerlicht, wieder aufbaut. Der implizite Autor freilich hat seine Freude an dieser ästhetischen Zerstörung gewohnter Ordnungsmuster. »Treu« umgesetzt hätte ein Film über diesen *Unrat-Tyrannen* viele wechselnde Perspektiven, harte Schnitte, kühne Einstellungen, überhaupt etwas Verzerrendes in der Inszenierung gefordert, kurz, eine Formensprache, die sich gegen ihre Inhalte wendet. Der Film *Der blaue Engel* erzählt eine konträr-implizite Geschichte. Wenn Unrat im Film zum ersten Mal das Lokal zum Blauen Engel betritt, ist es nicht ein Tyrann, der einen Augenblick lang verunsichert wird, es ist ein wohlmeinender, weltfremder Tolpatsch, der sich in Türen irrt, über Hindernisse stolpert und sich in aufgehängten Netzen verfängt. Von Anfang an hält diese Welt für ihn die Rolle des »dummen August in der Zwangsjacke« bereit, die später nach und nach so prägend werden wird.

Auch dass Lola zum Lied »Kinder heut abend da such ich mir was aus« den Scheinwerfer auf Unrat richtet, so dass er sich fast geblendet ihr zuwendet und alle ihn verlachen, macht ihn visuell und symbolisch schon jetzt zum Opfer seiner späteren Hörigkeit, noch bevor er überhaupt dazu kommt, sich zu verlieben.

Roman wie Film erzählen Alternativen von Alternativen. Gerade indem ihre Handlungen, ihre »plots«, so völlig verschieden sind, lassen beide medialen Realisierungen sich komplementär einer gemeinsamen Tiefenstruktur zuordnen. Gewiss ist auch im Roman »späte Sinnlichkeit« (166) und »Leidenschaft« (197) von entscheidender Bedeutung. Der den ganzen Roman überhaupt bewegende »Handlungsdrang« Unrats »speist [...] sich aus libidinöser Energie« (Martin: 1993, 62). Aber – und das scheint mir nun außerordentlich wichtig, ja schlechthin zentral – der Roman-Unrat denkt nicht nur wenig an sich selbst, er handelt, ja fühlt nahezu selbstlos. Das System der Macht, dem er dient, mit dem er sich identifiziert, hat er von jedem persönlichen Vorteil abstrahiert:

> Bei Unrat zu Hause sah es eher dürftig aus [...] Er ging unansehnlich, sogar verlacht unter diesem Volk umher – aber er gehörte, seinem Bewußtsein nach, zu den Herrschenden. Kein Bankier und kein Monarch war an der Macht stärker beteiligt, an der Erhaltung des

> Bestehenden mehr interessiert als Unrat. Er ereiferte sich für alle Autoritäten [...] Er wollte sie stark: eine einflußreiche Kirche, einen handfesten Säbel, strikten Gehorsam und starre Sitten. Dabei war er durchaus ungläubig und vor sich selbst des weitesten Freisinns fähig. Aber als Tyrann wußte er, wie man sich Sklaven erhält; wie der Pöbel, der Feind [...] zu bändigen waren. (44f.)

Gerade weil er das Machtsystem so völlig abstrahiert hat, kann er es zunächst in die fremde Welt des Blauen Engel übersetzen, dann in der Villa vor der Stadt destruktiv und anarchisch umkehren. Es ist im Roman nicht »sittliche Einfalt« (45) oder gar der Drang, seine Schüler vor moralischer Verderbtheit zu bewahren – »der humanistisch Gebildete darf des sittlichen Aberglaubens der niederen Stände billig entraten« (153) –, es sind nicht irgendeine Prüderie und verdrängte Lust, die den Roman-Unrat in den Blauen Engel führen, sondern »Zorn« (45), »Wut und Angst« (72) angesichts der Möglichkeit, dass die Schüler sich dort seinem Einfluss, ganz wörtlich, seinem Machtbereich entziehen könnten. Und umgekehrt nähert er sich Rosa zunächst nicht, weil er sie sexuell attraktiv findet, zumindest merkt er das lange Zeit gar nicht, sondern weil er den Schülern den Weg zu ihr versperren will und dann, weil er erkennt, dass sie – und er vergrößert sich dies sofort überdimensional – über andere Männer »Macht« (59) hat. Unrat ordnet die »Künstlerin Fröhlich«, wie er sie fast ausschließlich nennt, sofort seinem »despotischen Trieb« zu. Wer beispielsweise ihren Darbietungen auf der Bühne nicht total ergriffen folgt, erregt Unrats »Tyrannenwut«:

> Die Künstlerin Fröhlich war seine eigene Angelegenheit! Er hatte sie genehmigt, folgte aus den Kulissen ihren Leistungen, war mit ihr verknüpft und führte sie gewissermaßen selber vor! Man vergriff sich an ihm selbst, wenn man sich unterstand, sie nicht gelten zu lassen. Er [...] wand sich unter der Begierde, so einen Schädel einmal aufzuschlagen und den Schönheitssinn darin mit krummen Fingern zurechtzurücken. (100f.)

Ausdrücklich ist die »Begierde«, unter der er »sich windet«, nur auf Autorität und Aggression gerichtet. (Rosa ist mehr als lediglich ein neuer »fanatisch vertretener Lehrgegenstand«, Epple: 1998, 38). Dass noch andere »Begierden« in ihm geweckt werden – immer und immer wieder – bemerkt er nicht einmal. Um nur ein Beispiel zu zitieren: »Sie (Rosa) führte ihm ihr Gesicht zu mit gespitztem Mund. Aber Unrat kam nicht drauf.« (105) Und umgekehrt später, wenn Rosa seine »Braut« geworden ist, er wegen seines Lebenswandels seine Stelle verliert, Rosa heiratet, sich offen zum Ärgernis der Stadt entwickelt, schließlich Rosa als den Star seines familiär gesellig betriebenen »Etablissements« einsetzt, um möglichst viele Bürger zu kostspieligen Vergnügungen zu animieren, zuletzt durch Glücksspiele geradezu zu ruinieren, hat Unrat immer zuerst seine zum Zerstörungsprinzip gewandelte Machtausübung im Auge. So wie er als Tyrann Rosa kaum oder erst spät für sich selbst begehrt hatte, so ist er jetzt als Anarchist grundsätzlich bereit, sie mit anderen zu teilen. Denn wenn Rosa ihren Verehrern gefährliche und deren Ansehen zerstörende Prüfungen auferlegt hat, muss sie nachts ihre Versprechen auch einlösen. Unrat »krümmt sich« und »wimmert« (203), aber, und mit seinen eigenen Worten: Sofern ohnehin »die sogenannte Sittlichkeit in den meisten Fällen aufs innigste mit Dummheit verknüpft ist«, wird, wer die »hellsten Gipfel« der Zugrunderichtung ehrbarer Bürger zu erklimmen vermochte, »auch mit den undurchdringlichen Schlünden wohlvertraut« (205) sein, nämlich Eifersucht ertragen zu müssen, ja in die Nähe des Zuhälters zu geraten.

> Seine Liebe, die er täglich verwunden mußte, um seinen Haß zu füttern, reizte diesen Haß zu immer tollerem Fieber. Haß und Liebe machten einander irr, brünstig und schreckenvoll. Unrat hatte die lechzende Vision der ausgepreßten, um Gnade flehenden Menschheit; dieser Stadt, die zerbrach und öde stand; eines Haufens von Gold und Blut, der zerbrach ins Aschgraue des Untergangs der Dinge. [...] Aus dem Tyrannen war endgültig der Anarchist herausgebrochen. [...] Sein Name! Jetzt gab er ihn sich selbst; setzte ihn sich auf wie einen Siegerkranz. [...] »Jaja, ich bin ein rechter Unrat.« (215f., 211, 212)

Man sieht, wie genau spiegelbildlich, ja dekonstruktiv – nicht zufällig taucht das Wort »brechen« in immer neuen Abwandlungen auf – Heinrich Mann die beiden Unrat-Rollen ausgearbeitet hat, bis hin zur imaginären Verallgemeinerung, zur expressionistischen Welt-Zertrümmerungs-Vision, die Unrat als Tyrann einen Augenblick lang erschüttert hatte, und mit der er sich jetzt als Anarchist aufs Innigste identifiziert, an der gegenüber einer »nurmehr fassadenhaft moralischen bürgerlichen Stadtgesellschaft« auch der Autor wieder seine Freude hat. Und »der Leser geht dem Autor in die Falle, indem er Genugtuung an dem unmoralischen Tun Raats entwickelt« (Siebert: 1999, 278).

Hier weicht der Film so gut wie völlig vom Roman ab. Vom »Tyrannen« ist nur die kleine Szene mit dem Schutzmann und den drei Schülern übrig geblieben; es geht eher um Obrigkeit und Ordnung als um Macht; und aggressiv wird Unrat genau zweimal: Einmal gegen den Kapitän, einen Nebenbuhler, und später, viel tiefer, gegen Lola. Das ist bezeichnend und auf neue Weise konsequent, wie wir gleich sehen werden. Wenn man nur auf die Handlung blickte – was freilich nicht genügt – könnte man sagen, dass der Film den Roman teils verkürzt, teils ergänzt. Der Hauptteil der Handlung ähnelt jetzt eher einer der Episoden im Roman, in denen Rosa ehrbare Bürger ruiniert. Der »Oberlehrer Richter« beispielsweise, schon sein Name zeigt eine gewisse Verwandtschaft mit »Raat«, macht sich für sie buchstäblich zum dummen August, wenn er betrunken an Rosa geklammert auf einem Esel an seiner Verlobten vorbeireitet; und deren Familie gehört zu den ersten und einflussreichsten der Stadt. Da ist er »hin«, wird aus »seiner Stellung weg(ge)grault« und kann hinfort »zusehen, wo er bleibt« (204). Kommt das nicht dem Film erheblich näher als die Haupthandlung des Romans? Vor allem aber, und das ist wichtiger: Der Film, so wie er konzeptionell vor den Romananfang zurückgegangen war und einen noch unverzerrten, nahezu normalen Menschen auftreten ließ, so erzählt er jetzt über den Schluss des Romans hinaus. Man kann den Zusammenhang leicht nacherzählend ergänzen: Unrat, erst verhaftet und dann vertrieben (»aus dem Herrscher wird« am Romanende wieder »der Beherrschte, aus dem Verfolger der Verfolgte«, Hasubek: 1997, 111), muss mit Rosa herumziehen, im Tingeltangel mitwirken, bis er als dummer August auf der Bühne, noch dazu wieder zurück in seiner Heimatstadt, jede Selbstachtung verliert. Als seine Hörigkeit gegenüber Lola in Aggression umschlägt, kommt er sogar in die Zwangsjacke. Sein letzter Weg führt ihn auf sein altes Schul-Katheder, dort stirbt er, ein zerfallenes Monument früheren Ansehens.

Und genau diesen Schluss, in dem der Film den Roman zu Ende erzählt, hat nicht zuletzt Heinrich Mann selbst ausdrücklich gut geheißen: Der Film hat »aus dem Innersten der Gestalt an ihr weitergedichtet. In dem Roman stirbt Unrat nicht. Jannings wusste und hat erfunden, wie er stirbt« (294). Zum »Innersten« der Unrat-Gestalt gehört ihr innerer Widerspruch, ihr Ausleben von Gegensätzen: Negationen von Negationen, denen auch im Roman ausdrücklich kein gesellschaftlich besserer Entwurf folgt. »Raats Ruin enthüllt zwar den sittlichen Ruin der Gesellschaft, seine Radikalität kennt aber noch keine Perspektive« (Stein: 2002, 67). Und der Film setzt dieses offen Negative fort. Interessanterweise tritt genau hier auch die reine Medialität des Films am deutlichsten hervor. An sich ist der Film auf weite Strecken abgefilmtes Theater. Spezifisch filmische Techniken, in diesem Fall Nahaufnahmen, Schnitt und Abblende zwischen im Bildaufbau analogen Einstellungen bei gegensätzlichem Inhalt, werden hier genau da eingesetzt, wo Unrat paradigmatisch sozusagen umkippt. Es handelt sich um zwei rasch aufeinander folgende Sequenzen. Unrat stößt den Koffer mit den lasziven Fotos auf, behauptet, die brauche man ja nun nicht mehr, während Lola spöttisch lächelnd anmerkt: »Man kann nie wissen.« Und nach der Abblende sieht man Unrat abgerissen die besagten Fotos anbieten.

H. Mann *Professor Unrat* / J. v. Sternberg *Der blaue Engel*  131

Wenig später weigert sich Unrat, selbst aufzutreten, hilft dann Lola, sich zu schminken und zu kämmen, greift mit der Brennschere nach Kalenderblättern, immer wieder, über immer größere Zeiträume hinweg; und dann sieht man ihn, wie er sich vor dem Spiegel als Clown schminkt.

Im ersten Fall liegt zwischen Ab- und Aufblende ein Zeitsprung. In der zweiten Filmszene zeigen die von der Brennschere erfassten Kalenderblätter eine iterative Raffung: Dasselbe ereignet sich immer wieder, bis eine neue Situation da ist. Und die schematische Analogie der Einstellungen ebenso wie die Brücke der »Fotos« treibt den Gegensatz hervor: vom wohlsituierten »Ehe-Herrn« zum schäbigen Anhängsel, der Lolas Reize voyeuristisch »verkaufen« muss, und vom Rest von Selbstachtung zum »dummen August«, den alle nur noch verlachen. Das und die weiteren Schicksale des Film-Unrats haben etwas menschlich Erschütterndes, durchaus Tragisches. Was bleibt über gesellschaftliche Reputation hinaus bzw. unter ihr, unter ihrer Scheinsicherheit vom Eigenwert der Persönlichkeit, vom menschlichen Subjekt? Die Zerstörbarkeit aller Selbstachtung konsequent zu Ende erzählt, bewirkt das den »Schauer eines ganz zu Ende gelebten Schicksals« (296), den Heinrich Mann selbst am Film gelobt hat?

Aber nicht Unrat bzw. Emil Jannings ist der Star des Films. Der Kino-Mythos Marlene Dietrich beginnt genau hier. Man kann seine Entstehung fast auf die Minute verfolgen. Es hat filmgeschichtlich etwas von einer epochalen Grenzüberschreitung, wenn Jannings während des Liedes »Ich bin von Kopf bis Fuß auf Liebe eingestellt« fast überdeutlich in Stummfilm-Gestik, Stummfilm-Mimik zurückfällt, was auch der verwinkelten, mehrstufigen, von Requisiten überfüllten Szenerie entspricht – die ausgestopfte Möwe wieder einmal als warnendes Symbol, vielleicht auch als Theater-Zitat –, während Marlene Dietrich den ganzen Filmraum buchstäblich auf sich zentriert und ihn durch Gesang und Gestik neu semantisiert:

H. Mann *Professor Unrat* / J. v. Sternberg *Der blaue Engel*

Man kann sehr klar verfolgen, wie hier verschiedene Bedeutungsebenen einander überlagern, »code sur code«, wie Roland Barthes sagte, wie sie auseinander hervorgehen, sich immer weiter verallgemeinern, immer aber »im Bilde«, in der Szene bleiben. So gewinnt die Szene jene sinnliche Allgemeinbedeutung, die einen Mythos ausmacht und die inzwischen in unzähligen Abwandlungen und Zitaten zu unserer Alltagskultur gehört. Wieweit kann man das auflösen?

- Da ist zunächst die noch naturalistisch-filmische Szenerie: Kleinbürgerlicher Voyeurismus verbunden mit Biergenuss. Das Kostüm, das Herumstaksen auf der Bühne, der Umgang mit den Kolleginnen: Lola ist zwar die Nummer eins, aber immer noch Teil der Truppe.
- Aber während sie singt, vor allem dann in der Wiederholung – eine film-rhetorische *amplificatio* schönster Funktion – wächst die Film-Lola sichtbar über sich hinaus.

Die symbolischen Requisiten nehmen für sie Partei, sie erzählen von vornherein, dass sie Unrats Schicksal sein wird. Sie ist Subjekt der Symbol-Sprache. Die Kamera bewundert sie. Die Ausleuchtung bringt ihr Gesicht und ihre – für damaliges Verständnis – freizügig gezeigte Haut ganz wörtlich zum Strahlen. Aber auch sie selbst verändert sich. Durch ihre sich lockernden, immer weiter ausgreifenden Bewegungen inszeniert Lola sichtbar und nach und nach ihren Körper als Modell räumlicher Dimensionen. Sie ist ihre Welt. »Ihre erotische Ausstrahlung entortet die Szene der Filmhandlung« (wobei sie freilich immer »nur in Abhängigkeit von einem männlichen Blick in Erscheinung treten kann«, Bronfen: 1999, 97, 134). So wurde sie zu etwas Bildhaft-Allgemeinem, zum Mythos. Wie Rhett Butler, der Scarlett O'Hara auf den Armen trägt, oder »The Tramp«, die Straße entlang tänzelnd, oder, wenn Sie wollen, Eowyn im III. Teil von *The Lord of the Rings*, die vor Minas Tirith ihr Haar frei wehen lässt –, der filmische Sieg des Lichts über das Dunkel: Die Kinomythen leben alle von dieser den Raum neu vermessenden bildlichen und gestischen Verallgemeinerung. Der Raum der filmischen Einstellung setzt sich fort in den Vorstellungsraum der Betrachter und prägt zuletzt deren Sicht von Welt.

– Denn es ist schon bald in der Geschichte der Kino-Kultur nicht mehr nur die Film-Lola, sondern »die Dietrich«, die ihren Mythos filmisch inszeniert. Der Star *ist* im Kino die Rolle. Und genau hier beginnt Marlene Dietrich zum Star zu werden. Man kann einerseits schon jetzt diese genau verlangsamten, tango-rhythmischen Bewegungen erkennen, die sie von da an immer wieder auf die Leinwand bringen wird: »Sie bewegt ihren Körper wie ein Pokerspieler die Karten«, hat es einmal ein Kritiker genannt (vgl. Sudendorf 2: 1977, 12). Als Beleg ein kurzer Ausschnitt aus *Witness for the Prosecution* von 1957 (mit Charles Laughton, unter der Regie von Billy Wilder):

So wie Marlene Dietrich hier souverän schreitend und stehend den Filmraum auf sich konzentriert und sich genau im Übergang von Egoismus und Aufopferung, Illusion und Wahrheit, und dies noch dazu ausdrücklich als Spiel im Spiel inszeniert, ist sie immer noch Lola. Und zwischen beiden Filmen liegen 27 Jahre. Der Vergleich der beiden Filme erlaubt auch den Inhalt des »Mythos Marlene Dietrich« zumindest in Umrissen anzusprechen: Es ist ein Mythos weiblich-rätselhafter Ambivalenz. Alle diese Filme verbindet die »Kontinuität des ambivalenten Frauenbildes« (Grisko: 1999, 416): das rätselhafte Hin und Her zwischen Hingabe und Dominanz, zwischen »femme éternelle« und »femme fatale« (Sudendorf 2: 1977, 49), »liebendem Engel« und kalt berechnender Verführerin, bis hin zum »Wechselspiel von Sadismus und Masochismus« (Bronfen: 1999, 113). Insofern ist der Mythos so gut wie identisch mit der voyeuristischen Erotik des Films, die eben immer zugleich verführt und verwehrt. Zugleich ist es ein Kino-Mythos. Die Lolas im Film sind fiktiv, aber der Star, »die Dietrich«, ist real. So gehört dann auch Lola, wie das Kino um die Ecke und die Berichte in den Zeitungen, zur Realität, zur Welt. Und die später so deutlich gepflegte bisexuelle Ausstrahlung der Dietrich, schon jetzt mit dem Zylinder angekündigt, kommt zu dieser Ambivalenz von »Engel« und »Biest«, Illusion und Realität noch hinzu. In *Der blaue Engel* gibt es auch eine spiegelbildlich entgegengesetzte zweite Version des Schlüsselsongs: Während Unrat/Jannings sich endgültig gedemütigt davonschleicht, singt Lola/Marlene Dietrich ihr Lied mit harter Stimme, dominant rittlings auf einem Stuhl, in enganliegender schwarzer Kleidung, Unrats breitkrempigen Hut verwegen auf dem Kopf und spöttisch herausfordernd ins Publikum blickend.

Und jetzt ist Unrat endgültig eines jener Opfer geworden, die »verbrennen«, »wie Motten (im) Licht«.

Opfer ist Unrat im Roman zuletzt mehr oder weniger auch. Aber er ist in erster Linie Opfer seiner eigenen Energie, seiner Stärke, nicht seiner Schwäche. Er zerstört sich im Roman selbst. Und nicht seine späte Leidenschaft und erst recht nicht eine sich emanzipierende Rosa sind der Grund für seine Selbstzerstörung. Sie sind der Auslöser; genauer: Sie öffnen den Weg zur aggressiven, anarchistischen Übersetzung von Unrats Machtprinzip, seinem Bedürfnis nach Tyrannei, das ihn zuletzt dann selbst zerstört. Ganz absurd, aber völlig konsequent sieht der letzte Akt dieses, wie wir gesehen haben, theatralischen Romans aus: Unrat nimmt Lohmann die Brieftasche fort, denn Geld ist Macht, Macht über Rosa, wie Unrat befürchten muss. Dieser zeigt ihn an. Der vermeintliche dekadente Poet und der Mann von Bildung sind zum Geldbürger und Habenichts geworden. Unrat wird mit Rosa verhaftet und unter dem Johlen der Bürgerschaft wie ein gefährliches Ungeziefer entfernt. Im Roman ist der Konflikt von Vernunft und verdrängter Lust zwar unterschwellig wirksam und wird in absurde Macht- und Aggressionsspiele übersetzt. Aber er bleibt ein Konflikt von »Raat« und »Ratte«. Was im Film dagegen offen ins Scheinwerferlicht tritt, ist, so könnte man sagen, der kulturgeschichtlich viel weitere Rahmen, in dem Unrats Selbstzerstörung im Roman nur eine Etappe bildet. Der Film, das haben wir gezeigt, knüpft in vielem an das naturalistische Drama an. Mit ihm auch – man denke an Strindberg oder Ibsens *Nora* – an das Thema des Kampfes der Geschlechter. Sind das nicht die weitergehenden Perspektiven des Films? Geht es nicht zwischen Emil Jannings und Marlene Dietrich letztlich um einen Konflikt vergangener patriarchalisch-bürgerlicher Ordnung und einem neuen weiblichen Mythos, einer »new woman«, verführerisch und selbstbewusst, ja dominierend, und immer rätselhaft?

Heinrich Mann hat angesichts der Erstaufführung des Films öffentlich betont, dass er »für den Film ›Der blaue Engel‹ von Anfang an Verständnis« hatte (294). Den einen Grund, dass der Film-Unrat aus dem »Innersten der Gestalt« des Romans hervorgegangen sei, auch bei abweichender Handlung, kann man typologisch bzw. strukturalistisch nachvollziehen. Die Anregung zu seinem damaligen Roman, eine Zeitungsnotiz, »eine Nachricht aus Berlin, von einem Professor, den seine

Beziehungen zu einer Dame vom Kabarett auf strafbare Abwege gebracht hatte« (284), sei dem Film sogar ursprünglich näher gestanden als der Machtparabel, die Heinrich Mann später daraus gemacht hatte, von der aber – und das ist schon bemerkenswert – in seiner Besprechung des Films: *Der Blaue Engel wird mir vorgeführt*, überhaupt nicht mehr die Rede ist (während etwa die politisch engagierte ›linke‹ Filmkritik das Fehlen dieser Macht- und Gesellschaftssatire durchaus übel anmerkte, vgl. das Kapitel »Ein Film gegen Heinrich Mann?« von Dirscher/Nickel: 2000, 8ff.). Heinrich Manns Nähe zum Film ist, so scheint mir, nicht zuletzt darin begründet, dass er inzwischen ganz bewusst in einer anderen Zeit lebt als damals, als er *Professor Unrat* geschrieben hatte. Anders gesagt: Es gibt eine große Nähe zwischen den weiteren kulturgeschichtlichen Perspektiven, die der Film eröffnet, und Heinrich Manns Werk aus der Zeit der Weimarer Republik, vor allem der späten zwanziger Jahre.

Heinrich Mann selbst hat seinen Unrat-Konflikt damals wiederholt so umgeschrieben, dass er dem Aufstieg Marlene Dietrichs über Emil Jannings, also nicht mehr nur dem Film, sondern dessen film- und kulturgeschichtlicher Bedeutung, durchaus an die Seite gestellt werden kann. Denn immer wieder geht es bei dem Heinrich Mann von 1930, dem *Der blaue Engel* so gut gefiel, um das Ausbrechen aus bürgerlichen, patriarchalischen Traditionen und insbesondere um ein neues, von Künstlerinnen und Schauspielerinnen verkörpertes, weibliches Selbstbewusstsein. Die Tänzerin Liliane in *Liliane und Paul* (1925) bringt einen ihr verfallenen rätselhaften alten, aber reichen und mächtigen Mann dazu, dass sie und ihr Geliebter ganz unkonventionell nur ihre »Liebe« leben können und dass es ihnen »gut gehen« wird. In *Mutter Marie* (1927) gibt es eine Revue, die die späte Leidenschaft eines »Greises« inszeniert mit einem ausgesprochenen Raat-Unrat-Namen, nämlich »Wichtig«. (Wäre er Lehrer, die Schüler würden daraus »Nichtig« machen, oder »Wicht« oder »Unwichtig« – wenn mir schon so viel einfällt!) Und dass dort ein Eintänzer gerade in seiner Tanzbegabung sein Recht auf Zukunft beweist, kehrt die Hierarchie von bürgerlicher Wohlanständigkeit und Halbwelt ausdrücklich um. In *Eugénie oder die Bürgerzeit* (1928) – einem viel zu wenig gelesenen Meisterwerk – wird einer, der eine ganze Stadt ruiniert hat, am Ende vertrieben wie seinerzeit Unrat. Aus seinem Namen Pidohn könnte man französisch: »pis donc!«, »also noch schlimmer!« herauslesen. Das wäre dann auch ein »Unrat«-Name. Aber auch sonst (riskante Börsenspekulation statt Glücksspiel) ist die Nähe unübersehbar. Die Titelheldin hätte, nicht zuletzt durch die vielerlei Normen-Überschreitungen einer Theater-Aufführung verführt, sich eine Affäre mit ihm intensiv vorstellen können. Der Roman voll Lübecker Details, um 1873 spielend, ist in der Personenkonstellation und dem Thema bürgerlicher Dekadenz ein Gegenstück zu Thomas Manns *Buddenbrooks*. Aber hier wirken sich das Unglück und die Kunst positiv aus, als eine Läuterung und Anlass zu einem Neuanfang, der gerade den Frauen neue Bedeutung verleiht. In *Die große Sache* (1930) wird eine Art Real-Theater inszeniert, ein Lebens-Spiel, eine Vorspiegelung, die die jungen Leute für wirklich halten, die sie zu allen möglichen, auch moralisch fragwürdigen, ja gangsterhaften Normen-Überschreitungen, zum Ausbrechen aus bürgerlichen Konventionen verleitet, und an deren Ende sie nur eines lernen: nicht sich in Ordnungen einzufügen, nicht Leistungen erbringen, sondern sich zu »freuen«. Erzählt das nicht alles weiter am Konflikt: »bürgerlich« – »unkonventionell«, »patriarchalisch«

– »neues weibliches Selbstbewusstsein«, den *Professor Unrat* noch nicht, zumindest nicht die zweite Konfliktkonstellation, wohl aber der Film *Der blaue Engel* und erst recht dessen Kinogeschichte thematisieren? Und im Roman *Die große Sache*, der wie *Der blaue Engel* aus dem Jahr 1930 stammt, gibt es ein sehr hübsches, ein bisschen leichtlebiges, aber letztlich charakterstarkes und lebenskluges Mädchen, das am Ende des Romans beschließt, zum Film zu gehen. Als Probe ihres Talents singt sie »mit tiefer Stimme (…) Ich bin von Kopf bis Fuß auf Liebe eingestellt«.

## Literaturverzeichnis:

### Primärliteratur:

**Mann, Heinrich**: *Professor Unrat.* Mit einem Nachwort von Rudolf Wolff und einem Materialienanhang, zusammengestellt von Peter-Paul Schneider. Frankfurt/Main 1989. (Diese Ausgabe wird im Text zitiert.)

### Forschungsliteratur:

**Albert, Claudia**: *Heinrich Mann* (Tagung vom 10. bis 12.11.2000 an der Universität/Gesamthochschule Kassel). In: *Zeitschrift für Germanistik* 3 (2001), S. 630–633.

**Bauer, Matthias**: *Romantheorie*. Stuttgart/Weimar 1997.

**Bronfen, Elisabeth**: *Heimweh. Illusionsspiele in Hollywood*. Berlin 1999.

**Dirscherl, Luise** u. **Gunther Nickel** (Hgg.): *»Der blaue Engel«. Die Drehbuchentwürfe*. St. Ingbert 2000.

**Epple, Thomas**: *Heinrich Mann. »Professor Unrat«*. München 1998 (Oldenbourg Interpretationen, Bd. 86).

**Geppert, Hans Vilmar** u. **Hubert Zapf** (Hgg.): *Theorien der Literatur. Grundlagen und Perspektiven*. Bd. Iff. Tübingen/Basel 2003ff.

**Grisko, Michael**: »Der ›blaue Engel‹ als ›vamp fatale‹. Reflexivität, diskursive Macht und die mediale Karriere einer Ikone.« In: Helmut Scheuer u. Michael Grisko (Hgg.): *Liebe, Lust und Leid. Zur Gefühlskultur um 1900*. Kassel 1999, S. 407–434.

**Hasubek, Peter**: *›Der Indianer auf dem Kriegspfad‹. Studien zum Werk Heinrich Manns 1888–1971*. Frankfurt/M. u.a. 1997.

**Kaltenecker, Siegfried**: »Die Komödie der Dinge. *Professor Unrat* im *Blauen Engel*. Anmerkungen zum Verhältnis von Literatur und Film.« In: *Wespennest* 95 (1994), S. 57–65.

**Kanzog, Klaus**: »›Mißbrauchter‹ Heinrich Mann? Bemerkungen zu Heinrich Manns *Professor Unrat* und Josef von Sternbergs *Der Blaue Engel*«. In: Helmut Koopmann u. Peter-Paul Schneider (Hgg.): *Heinrich Mann-Jahrbuch*. Lübeck 1997, S. 113–138.

**Martin, Ariane**: *Erotische Politik. Heinrich Manns erzählerisches Frühwerk.* Würzburg 1993.

**Nöth, Winfried**: *Handbuch der Semiotik.* Stuttgart ²2000.

**Nünning, Ansgar** (Hg.): *Metzler Lexikon. Literatur- und Kulturtheorie.* Stuttgart ²2001.

**Scherf, Eva**: »»*Der blaue Engel«* oder die Errettung eines Romans vorm Vergessen.« In: *Deutschunterricht* 48 (1995), S. 534–540.

**Siebert, Ralf**: *Heinrich Mann. »Im Schlaraffenland«, »Professor Unrat«, »Der Untertan«. Studien zur Theorie des Satirischen und zur satirischen Kommunikation im 20. Jahrhundert.* Siegen 1999.

**Stein, Peter**: *Heinrich Mann.* Weimar 2002.

**Sudendorf, Werner**: *Marlene Dietrich. Dokumente, Essays, Filme.* 2 Bde. München 1977.

**Sudendorf, Werner**: »Üb immer Treu und Redlichkeit. Zum BLAUEN ENGEL von Josef von Sternberg«. In: Hans Wisskirchen (Hg.): *Mein Kopf und die Beine von Marlene Dietrich – Heinrich Manns »Professor Unrat« und »Der blaue Engel«.* Lübeck 1996, S. 94–129.

# Italo Svevo *La Coscienza di Zeno/Zeno Cosini*

## Till R. Kuhnle

> La vita non è né brutta né bella, ma è originale!

## Prolog

Das perfekte Verbrechen ist eine Obsession der Kriminalisten, der Krimiautoren und mehr noch ihrer Leser mit ihren residualen Bedürfnissen – zu denen nicht zuletzt der Wunsch zählt, sich des einen oder anderen Zeitgenossen zu entledigen ...

Das Problem ist indes, dass niemand von einem perfekten Verbrechen zu berichten weiß, da ein solches nun mal voraussetzt, dass es *als Verbrechen* unentdeckt bleibt. Gerüstet mit dem Halbwissen aus zwei abgebrochenen Studiengängen in Jura und Chemie, berät Zeno Cosini seinen Schwager Guido, der bereits einen vorgetäuschten Selbstmordversuch mit einem starken Schlafmittel hinter sich hat: Das Medikament mit dem Namen »Veronal« wirke nur dann tödlich, so die Aussage des selbsternannten Sachverständigen, wenn ihm Natrium beigemischt werde; ansonsten könne man es in einer nahezu beliebigen Dosis zu sich nehmen. Kurz darauf schluckt Guido eine große Menge. Guido stirbt – und es ist wieder der Sachverständige Zeno, der das geleerte Medizinfläschchen untersucht: Es enthält kein Natrium. Vor der Familie verbirgt Zeno die Erkenntnis, zu der er gelangt ist: Sein Schwager wollte sich nicht wirklich umbringen. Nach dessen Tod stürzt er sich in eine rege Geschäftigkeit, um trickreich von dem gemeinsamen Unternehmen zu retten, was noch zu retten ist. Darüber vergisst er auch den Termin des Begräbnisses. Als er – längst zu spät – zum Friedhof eilt, schließt er sich auch noch dem falschen Trauerzug an.

Hat Zeno Cosini nun ...? Oder ist es deshalb ein ›perfektes‹ Verbrechen, weil er es in Wirklichkeit vielleicht gar nicht begangen hat – und dennoch von seinem Gewissen (*coscienza*) geplagt wird, weil die Erkenntnis in sein Bewusstsein (*coscienza*) gelangt, dass sein Unbewusstes sich den Tod des Schwagers herbeigesehnt hatte? Und könnte er vielleicht doch, wenn auch ohne Vorsatz im streng juristischen Sinne ...? Motive für einen denkbaren Mord gibt es jedenfalls hinreichend: Guido hatte Zeno immerhin die Angebetete ausgespannt und ihn in waghalsige unternehmerische Abenteuer hineingeritten. Auch hatte Zeno schon einmal nur knapp der Versuchung widerstehen können, den Nebenbuhler von einem Aussichtspunkt in die ewigen Jagdgründe zu befördern (CZ dt. 200; CZ 137). Die Geschichte um das Ableben Guidos bietet genügend Stoff für die Psychoanalyse, und einer solchen hat sich Zeno Cosini, der Protagonist und Ich-Erzähler in Italo Svevos *La coscienza di Zeno* (dt. *Zenos Gewissen* oder *Zeno Cosini*) jahrelang unterzogen, um eine Krankheit behandeln zu lassen, von der er eigentlich nicht loskommen will: »Krankheit ist eine Überzeugung, und ich bin mit dieser Überzeugung auf die Welt gekommen« (CZ dt. 21)./»La malattia, è una convinzione ed io nacqui con quella condizione« (CZ 12). Daraus ergibt sich die Frage: Ist die Krankheit des Zeno Cosini Ausdruck eines Lebensgefühls, das er mit seinem literarischen Schöpfer teilt?

Hector (Ettore) Aron Schmitz wurde 1861 in Triest geboren. Die Familie seines Vaters Francesco Schmitz, der als selbständiger Kaufmann in der zur österreichisch-ungarischen Doppelmonarchie gehörenden Hafenstadt arbeitete, stammte aus Österreich. Nach dem Abschluss einer Ausbildung zum Kaufmann betätigte sich Ettore Schmitz zunächst in seiner Geburtsstadt als Journalist und erfolgloser Schriftsteller. Als das Unternehmen seines Vaters in Konkurs ging, musste Ettore als Bankangestellter zum Unterhalt der Familie beitragen. Der Brotberuf sollte ihn jedoch nicht daran hindern, seine literarischen Neigungen weiter zu verfolgen. Die beiden ersten Romane – *Una vita* (1892) und *Senilità* (1896) – veröffentlichte er auf eigene Kosten unter dem Pseudonym Italo Svevo. Doch die Kritik nahm keine Notiz davon. Für Ettore Schmitz, der inzwischen die Fabrik seines Schwiegervaters übernommen hatte, schien die Karriere als Literat beendet. Doch da ermutigte sein Englischlehrer an der Berlitz School den Schriftsteller in ihm: James Joyce. Nach 1918, Triest war inzwischen italienisch geworden, betätigte sich Ettore Schmitz als Übersetzer von Freuds *Traumdeutung* und als politischer Journalist, der mit der Linken sympathisierte. 1923 veröffentlichte Italo Svevo *La coscienza di Zeno*: ein weiterer Flop – vorerst! Durch die Vermittlung von Joyce wurden seine Werke in Frankreich erfolgreich publiziert: Bereits 1927 erschien *La coscienza di Zeno* (*La conscience de Zenon*) in der Übersetzung von Paul-Henri Michel. Der Erfolg sollte sich nun auch in Italien einstellen. Bald begann man an italienischen Bühnen die Stücke Svevos aufzuführen. Dem Unternehmer Ettore Schmitz stand nunmehr die Laufbahn eines freien Schriftstellers offen. Aber im Jahr 1928 sollte Italo Svevo durch einen Autounfall aus dem Leben gerissen werden.

Nach eigener Aussage machte Italo Svevo um 1910 erstmals Bekanntschaft mit der Psychoanalyse. Ein Freund habe sich zu einer Therapie nach Wien begeben. Nach zwei Jahren sei er nahezu unverändert wieder zurückgekehrt. Fazit: Außer Spesen nichts gewesen. Mit heftigem Sarkasmus bekennt Svevo, dass die Psychoanalyse als Behandlungsmethode für ihn ohne jedes Interesse gewesen sei:

> Ich war gesund, oder wenn ich krank war, liebte ich meine Krankheit vielleicht so sehr, daß ich gewillt war, sie für mich zu behalten und mit allen Kräften gegen jedermann zu verteidigen. Jedenfalls gab ein Freudianer, dem ich mich anvertraute, meiner Antipathie gegen den Stil seines Meisters diese Deutung. Das primitive Tier, das auch in mir steckte, meinte er, bisse wütend um sich, um seine Krankheit vor jedem Eingriff zu schützen. Aber die Psychoanalyse ließ mich fortan nicht mehr los. Es wurde ihr freilich nicht schwer, mich festzuhalten, da mein Geist von nichts anderem gefesselt war. (CZ, 591 Anm.)

> Io ero sano o almeno amavo tanto la mia malattia (se c'è) da preservarmela con intero spirito di autodifesa. Anzi la mia antipatia per lo stile del Freud fu interpretata da un Freudiano cui mi confidai come un colpo di denti dato dell'animale primitivo che c'è anche in me per proteggere la propria malattia. Ma la psicanalisi non m'abbandonò piú. Era facile di tenermi perché intellettualmente io non ero occupato da niente d'altro. (Svevo: 1968, 688)

Der Schriftsteller Svevo war fasziniert von Freuds Modellen zur Beschreibung psychischer Vorgänge und der davon abgeleiteten Kulturtheorie. Dennoch schienen ihn durchaus die Kollateralschäden therapeutischer Praxis zu interessieren, denen die Psychoanalyse vielleicht ihre nachhaltigste gesellschaftliche und kulturelle Wirkung verdankt. Diesen Schluss legt jedenfalls Svevos Bearbeitung des ›Falls‹ Zeno Cosini nahe, der – wie sein Schöpfer – nicht von seiner Krankheit lassen will.

## I.

Der Psychoanalytiker Dr. S. hat seinem Patienten Zeno geraten, zur Vorbereitung der therapeutischen Sitzungen eine Autobiographie zu verfassen. Doch während des Schreibens gelangt dieser zu der Überzeugung, zwar nicht von seinen Neurosen, indes aber von der Psychoanalyse geheilt zu sein, und bricht die Behandlung vorzeitig ab. Um sich an ihm zu rächen, veröffentlicht Dr. S. die Aufzeichnungen seines Patienten: »Wenn er wüsste, wieviele Überraschungen eine Erläuterung der vielen Wahrheiten und Lügen, die er hier angehäuft hat, für ihn bereithielte [...]« (CZ dt. 7f.)./»Se sapesse quante sorprese potrebbero risultargli dal commento delle tante verità e bugie ch'egli ha qui accumulate« (CZ 3).

Zenos Lebensbeichte gliedert sich in sechs Kapitel, denen eine Präambel (*Preambulo*) vorausgeht: (1) Das Rauchen (*Il fumo*), (2) Der Tod meines Vaters (*La morte di mio padre*), (3) Die Geschichte meiner Heirat (*La storia del mio matrimonio*), (4) Die Ehefrau und die Geliebte (*La moglie et l'amante*), (5) Die Geschichte einer Geschäftsverbindung (*Storia di un'associazione commerciale*), (6) Psychoanalyse (*Psico-analisi*). Vorausschau und Rückblende, Anekdoten und Reflexionen unterbrechen fortwährend den Erzählfluss: Das Buch kommt im harmlosen Gewand der Plauderei daher und kennt keinen eigentlichen Höhepunkt. Dennoch bietet es eine von Anfang bis Ende spannende Lektüre.

So beginnt der Roman mit dem Aufenthalt in einem Sanatorium, in das Zeno sich begeben hat, um das Rauchen aufzugeben, aber schon in der ersten Nacht gelingt es ihm, das strenge Reglement des Sanatoriums zu überlisten und der nikotinfreien Hölle zu entrinnen. Das Rauchen wird zum Leitmotiv von Zenos Autobiographie. Immer wieder hat er sich vorgenommen, das Rauchen aufzugeben und sich dafür besondere Anlässe ausgesucht. Genüsslich notiert er in seinem Tagebuch die vielen letzten Zigaretten: ein Ritual, das sein Leben strukturiert. Früh verliert Zeno die Mutter. Wenig überzeugt von einem Sprössling, der sich dem *studium generale* seiner selbst verschrieben hat, überträgt der Vater einem Neffen die Leitung der Firma – und dies über den Tod hinaus. Den Sohn verurteilt er damit zur Karriere eines ewigen Praktikanten und bürdet ihm eine schwere Last auf: den Müßiggang, der aller Bildung Anfang ist, zumal wenn man sich gegen jede Spezialisierung zu wehren weiß – »Eines steht fest, wenn man sich in eine Fakultät einschließt, bleibt der größte Teil des Wissens unter Unwissenheit verborgen« (CZ 102f.)./»era certo che quando ci si rinchiudeva in una facoltà, la parte maggiore dello scibile restava coperto dall'ignoranza« (CZ 69). Als Zeno zweiunddreißig ist, stirbt der Vater. Mit seinem Tod verliert das Leben des Protagonisten sein Sinnzentrum – während der Tod der Mutter für ihn noch mit einem Imperativ für die Zukunft verbunden war, aus dem er heraus er Vertrauen in sich selbst fassen konnte.

> Der Tod meines Vaters hingegen war eine wirklich große Katastrophe. Das Paradies existierte nicht mehr, ich aber war mit dreißig ein erledigter Mensch. Auch ich! Zum ersten Mal wurde mir bewusst, dass der wichtigste und entscheidenste Teil meines Lebens unwiderruflich hinter mir lag. (CZ dt. 45)

> Invece la morte di mio padre fu una vera, grande catastrofe. Il paradiso non esisteva più ed io poi, a trent'anni, ero un uomo finito. Ach'io! M'accorsi per la prima volta che la parte la più importante e decisiva della mia vita giaceva dietro di me, irrimediabilmente. (CZ 30)

Etwa zur gleichen Zeit befreundet sich der von unerklärlichen Krankheiten geplagte Zeno mit dem Geschäftsmann Giovanni Malfenti an, der ihn sogleich bei einem Börsengeschäft um einen nicht geringen Betrag erleichtert. Zeno, der von einer Neuralgie nach der anderen heimgesucht wird – besonders markant ist sein fortwährendes »ödipales« Hinken – hat inzwischen beschlossen zu heiraten – um der Monotonie seines Lebens zu entrinnen. Über die Bedeutung, die das Abenteuer Ehe für ihn hat, lässt er den Leser nicht lange im Unklaren: »Wer sie noch nicht ausprobiert hat, hält die Ehe für wichtiger als sie ist« (CZ dt. 85)./»Chi non l'ha ancora sperimentato crede il matrimonio più importante di quanto non sia« (CZ 57).

Mit eindeutiger Absicht verkehrt er regelmäßig im Haus seines ›Geschäftsfreundes‹, der vier Töchter hat, davon drei im heiratsfähigen Alter: Ada, Alberta, und Augusta. Letztere erscheint ihm zu hässlich für seine weitere Lebensplanung, weshalb er sich der schönen Ada zuwendet. Indes spinnt seine Schwiegermutter *in spe* die Fäden zugunsten Augustas. Lange zögert er den längst fälligen Heiratsantrag hinaus. Schließlich gelangt der weltgewandte Unternehmersohn Guido in den Kreis und entscheidet das Rennen um Ada für sich – bevor es überhaupt richtig begonnen hat.

Überstürzt macht Zeno während einer Abendgesellschaft im Hause Malfenti erst Ada einen Heiratsantrag, dann der musisch interessierten Anna. Als er auch dort den sprichwörtlichen Blumentopf nicht zu gewinnen vermag, wendet er sich – ganz dem Alphabet folgend – der nicht sonderlich attraktiven Augusta zu. Noch am selben Abend ist die Verbindung eine beschlossene Sache, ebenso die von Guido und Ada. Immerhin gilt: »Es gibt nichts Schwierigeres auf dieser Welt als eine Ehe genauso zu schließen, wie man sie möchte« (CZ dt. 110)./»Non v'è niente di più difficile a questo mondo che di fare un matrimonio proprio come si vuole« (CZ 74).

Während der Hochzeitsreise nach Italien entdeckt Zeno zu seiner Verwunderung, dass er für Augusta so etwas wie Liebe empfindet. In der von seiner Frau eingerichteten Villa führt er ein behagliches Leben. Als ihn sein alter Freund Coppler um Geld für ein Klavier bittet, das dieser der angehenden Sängerin Carla schenken will, lernt er die junge Frau kennen. Das Interesse des ewig kranken Coppler an der nur mäßig Begabten entspringt den sadistisch geprägten Machtphantasien eines von den Freuden des Eros Verlassenen – und er wird bald ausgebootet: Das ach so artig anmutende Fräulein mit seiner ausgeprägten Hassliebe zu seiner Mutter geht ein Verhältnis mit Zeno ein. Für Coppler, der seine Krankheit mit Medikamenten behandelt, hat der überzeugte Neuralgiker und Neurastheniker Zeno nur Verachtung übrig. Das Verhältnis bietet Zeno neue Abwechslung: die Lust am Leiden an einer verbotenen Liebe. Unentwegt erfindet er jeden nur erdenklichen Vorwand, zur Geliebten zu eilen – und von ihr wieder fort. So nutzt er auch die Agonie des Freundes Coppler: In der Nacht seines Todes schaut er zweimal bei ihm vorbei – das zweite Mal, um von seinem Tod zu erfahren. Dazwischen ... erraten! Am selben Abend macht er im volltrunkenen Zustand seiner Schwägerin Alberta unsittliche Avancen – wieder ohne Erfolg. Als Zeno mehr oder weniger unbeabsichtigt seiner Geliebten erzählt, seine Frau werde am Krankenbett ihres Vaters wachen, bringt diese ihn dazu, die ganze Nacht mit ihr zu verbringen. Zenos Gewissen meldet sich immer deutlicher zu Wort, hat er doch inzwischen kalte Füße bekommen, weil die Geliebte die öffentliche Anerkennung sucht. Im Frühling lässt er sich dazu überreden, mit ihr im Park spazieren zu gehen, wobei sie dem hinkenden Tullio begegnen, der die Situation sogleich durchschaut.

Als Carla darum bittet, Zenos Ehefrau einmal sehen zu dürfen, nennt er ihr – welch herrlicher Lapsus! – die Uhrzeit, zu der Ada, die er entgegen allen Beteuerungen wohl noch immer liebt, gewöhnlich aus dem Haus kommt. Carla findet Ada so anmutig, dass sie die Frau nicht länger mit Zeno betrügen will – und nimmt den Heiratsantrag ihres von Zeno finanzierten Gesangslehrers an. Ein Geldgeschenk mit dem der glücklich düpierte Liebhaber noch einmal seine Macht unter Beweis stellen will, lehnt Carla entrüstet ab.

Zenos Schwiegervater ist inzwischen gestorben. Kurz nachdem sie Guido beim Küssen eines Dienstmädchens überrascht hat, kommt Ada mit Zwillingen nieder. Während das Unternehmen, das Zeno von seinem Vater geerbt hat, erfolgreich ist, steht der Anti-Held ohne Eigenschaften als eine Art Berater in den Diensten seines Schwagers: Sein Schreibtisch ist meist leer, denn Berater gehören bekanntlich zu jenen kostspieligen ökonomischen Leerstellen, die aus einem Unternehmen erst ein Unternehmen machen. Entsprechend absurd und verlustträchtig sind auch Guidos Geschäfte, aus denen sich sein ›Partner‹ geflissentlich heraushält, wenn es brenzlig wird: Arbeit wäre schließlich ein Novum im Leben des Zeno Cosini.

Auch die Sekretärin, die sich Guido leistet, brilliert durch andere Fingerübungen als jene an der Schreibmaschine: Sie ist die Geliebte des Chefs, an der Zeno kein Anteil gewährt wird – ebenso wenig wie an der inzwischen von der Basedowschen Krankheit gezeichneten Ada. Lediglich das Faktotum Lucciano wird sich als ein cleverer Geschäftsmann erweisen: nach seinem Ausscheiden aus Guidos Firma. Die Machtverhältnisse im Unternehmen sind klar – denkt Guido.

Besonders nachteilig auf die unternehmerische Verantwortung Guidos wirkt sich die Tatsache aus, dass er mit dem Geld seines in Argentinien lebenden Vaters ›arbeitet‹. Als das Handelshaus durch fehlgeschlagene Spekulationen die Hälfte des Kapitals verliert, bringt Guido mit einem vorgetäuschten Selbstmordversuch seine Frau dazu, einen Teil der Verluste mit ihrem Erbe auszugleichen. Um die Bilanz vollends ins Reine zu bekommen, spekuliert Guido heimlich an der Börse – zuerst erfolgreich, aber dann verliert er alles. Dabei kommt er zu allem Überfluss auch noch mit dem Gesetz in Konflikt. Sein ›Freund‹ und ›Berater‹ Zeno dagegen setzt alles daran, seine eigene Haut zu retten. So berät er ihn unter anderem – wie bereits bekannt – zu den Risiken und Nebenwirkungen des Schlafmittels »Veronal« ...

Nach dem Tod seines Schwagers gelingt es ihm, erfolgreich die Bilanz zu frisieren: »So begannen für mich jene fünfzig Stunden der maximalen Arbeitsleistung, die ich in meinem ganzen Leben je erbracht habe« (CZ dt. 525)./»Così s'iniziarono per me le cinquanta ore del massimo lavoro cui abbia atteso in tutta la mia vita« (CZ 367). Zeno ist von nun an der beste – weil der einzige – Mann in der Familie. Doch seine ganze Fürsorge gilt weiterhin dem Ringen mit seiner Krankheit, das unwiderruflich zum Konstituens seiner Identität geworden ist. Selbst nach dem Ausbruch des ersten Weltkrieges hat er zunächst nichts Besseres zu tun als sein Analysandenschicksal weiter zu bedauern:

> Aber jetzt fühle ich mich unausgewogener und kränker denn je, und ich glaube, beim Schreiben werde ich mich leichter von dem Schaden erholen, den die Behandlung mir zugefügt hat. Wenigstens bin ich mir sicher, daß dies die richtige Methode ist, einer Vergangenheit, die nicht mehr schmerzt, wieder Bedeutung zu verleihen und die langweilige Gegenwart schneller vergessen lassen. (CZ dt. 542f.)

> Ma ora me trovo squilibrato e malato più che mai e, scrivendo, credo che mi netterò più facilmente del male che la cura m'ha fatto. Almeno sono sicuro che questo è il vero sistema per ridare importanza ad un passato che più non duole e far andar via più rapido il presente uggioso. (CZ 380)

Während einer Sommerfrische auf dem Land wird ihm von österreichischen Truppen die Rückkehr ins Urlaubsquartier verwehrt. Zurück in Triest erfährt er, dass sich seine Familie in Sicherheit befindet – und wird ein erfolgreicher Geschäftsmann.

## II.

Alain Robbe-Grillet hat die Zeit des Protagonisten *La coscienza di Zeno* als eine »kranke« Zeit ausgemacht (Robbe Grillet: 1963, 78). So kann Zeno Cosini auf der Geige zu keiner Virtuosität gelangen: Er neigt dazu, eine der Figuren festzuhalten und sich damit der folgenden Figur zu verweigern (CZ dt. 158; CZ 108); er stellt sich gegen den Fluss der Zeit, das Ineinandergreifen aufeinander folgender *Jetzt*; er ist dem Augenblick zugewandt und liebt eine Sprache, die das einzelne Wort zum Ereignis werden lässt (CZ dt. 105; CZ 71), die die Pointe über das Argument setzt. Zeno Cosini sieht sich daher an »der Wortkrankheit«/»la malattia della parole« (ebd.) leiden. Sein Verhältnis zur Zeit bringt er auf eine paradoxe Formel: »Für mich ist die Zeit nicht dieses unvorstellbare Etwas, das nie stehen bleibt. Bei mir, bei mir allein kommt sie sogar zurück« (CZ dt. 21)./»Eppoi il tempo, per me, non è quella cosa impensabile che non s'arresta mai. Da me, solo da me, ritorna« (CZ 12).

Hegel bestimmte die Zeit als das »Sein, das, indem es ist, nicht ist, und indem es ist nicht ist, ist«. Damit erhält das *Jetzt* »ein ungeheures Recht« (Hegel: 1986, 48; Kuhnle 1995, 7), denn nur die Gegenwart ist! Das Vor und Nach sind nicht! Aber die konkrete Gegenwart ist das Resultat der Vergangenheit und ist trächtig von Zukunft (Hegel: 1986, 55). Die Zeit erscheint uns indes als etwas Vernichtendes, weil wir die Zeit primär an der Negation von etwas erfahren, und nicht als den Bogen, der sich vom Zuvor zum Danach spannt. Dieser Bogen gibt sich uns nur als eine Folge von Negationen – von gewesenem Sein also – zu erkennen; selbst und gerade dort, wo das Neue in unser Leben tritt. Fasst man die Zeit in Ontologie bzw. Metaphysik als *den* Kriminalfall, auf den die Philosophiegeschichte ihre Detektive angesetzt hat, so kann – verfolgt man dieses Bild weiter – der ontologische Status der Zeit mit dem des perfekten Verbrechens verglichen werden, von dem oben gesagt wurde, dass es ist, indem es nicht ist, und es nicht ist, indem es ist.

Um der Zeit doch noch die Konsistenz von Sein zu geben, blendet sie das Bewusstsein an diesem aus. In der Abstraktion erscheint dem Bewusstsein jede Bewegung – und damit jedes Werden – als eine fortwährende Kette von Ursache und Wirkung. Unnötig zu sagen, dass dieses mechanistische Bild längst nicht erfasst, was Leben heißt; und dennoch halten wir an ihm fest, wenn wir ein Ereignis mit der Stellung der Zeiger auf dem Zifferblatt der Uhr verknüpfen. Die Gegenwart ist geprägt von einem Fakt, einer für immer als unumstößlich betrachteten Tatsache, für die es eine feste Zeitstelle gibt: Die Schwiegermutter ist beim Fensterputzen aus dem Fenster gefallen – und zuvor ist die Leiter gekippt ... Oder im Fall von Zeno Cosinis Schwager: Guido ist an einer Überdosis »Veronal« gestorben ...

Der – gewagte und vielleicht auch etwas hinkende – Vergleich der Zeit mit dem ›perfekten‹ Verbrechen (in der Wirklichkeit oder auch nur in der vom Unbewussten inszenierten Fiktion) soll auf eines aufmerksam machen: die Feststellung einer Kausalitätskette hängt von der Haltung des Beobachters ab. Und die Schlüssigkeit einer solchen ist reine Projektion, die an ein Faktum herangetragen wird. So behauptet Zeno Cosini von sich selbst: »Im Grunde bin ich ein Mann der Gegenwart und denke nicht an die Zukunft, wenn sie nicht dunkle Schatten auf die Gegenwart wirft« (CZ dt. 150)./»In fondo io sono l'uomo del presente e non penso al futuro quando esso non offusci il presente con ombre evidenti« (CZ 102).

Wie ist nun das Paradox in Zenos Zeitauffassung zu erklären? Die Beantwortung dieser Frage führt über die Paradoxa des Vorsokratikers Zeno von Elea, dem Herr Cosini wohl seinen Vornamen verdanken dürfte. Der Eleat Zeno hat die Widersprüche formuliert, in die sich jeder Versuch verstrickt, eine Bewegung durch Aufgliedern in einzelne Phasen zu denken und zu reproduzieren. Da der Raum immer schon durch seine einzelnen Konstituenten definiert ist, kann nach diesem Modell Bewegung nicht stattfinden, da der sich bewegende Gegenstand den Raum entweder verlässt bzw. zu jedem Jetzt-Punkt einen neuen Raum konstituiert. Zur Veranschaulichung seien hierzu die drei berühmten Paradoxa des Zeno von Elea genannt:

*Erstens*: Für einen abgeschossenen Pfeil bedeutet diese analytische Bestimmung der Bewegung, dass er an seinem Ausgangspunkt zurückbleibt. Mit anderen Worten: Eine Bewegung wird negiert, versucht man diese von Anbeginn an durch die Aufgliederung in unendlich viele Jetzt-Punkte zu reproduzieren. Spinnt man den Gedanken fort, so liegt diesem Versuch einer asymptotischen Annäherung an die Bewegung durch eine größtmögliche Zahl von Punkten wiederum eine Bewegung zugrunde, die der zu beschreibenden geradezu entgegenläuft.

*Zweitens*: Stellen wir uns nun einen Wettlauf zweier äußerst ungleicher Kontrahenten vor: der Krieger Achill gegen eine Schildkröte. Nach den Überlegungen des Zeno von Elea hätte der arme Achill gegen die vor ihm gestartet Schildkröte keine Chance. Denn während der Krieger am Punkt A anlangt, befindet sich das Tier bereits an Punkt B, ist er dort befindet es sich an Punkt C usw. Grund: Die analytische Teilung der Bewegung ist eine rein räumliche Angelegenheit – sie kann nur die eine oder andere »Bewegung« erfassen, nicht jedoch eine gleichgerichtete Relation zwischen den beiden herstellen: »In Wirklichkeit ist jede Bewegung, die Achilles oder die Schildkröte macht, ein einziger unteilbarer Akt, und was Zenon wirkungsvoll beweist, ist, daß wir die Bewegung niemals aus einer Reihe von bewegungslosen Zuständen rekonstruieren können« (Kolakowski: 1985, 22f.).

*Drittens*: Aus den beiden genannten Beispielen ergibt sich schließlich, dass ein fliegender Pfeil ruht, denn der rein chosistisch erfasste Augenblick – das Sein des Pfeils an einem konkreten Punkt im Raum – bedeutet, dass der Pfeil entweder im nächsten Augenblick nicht mehr derselbe ist – oder aber derselbe bleibt, was heißt, dass er in der Luft stehen bleibt.

Am besten lässt sich das Problem mit Henri Bergson darstellen. Für den auch in Italien viel rezipierten französischen Vertreter der Lebensphilosophie liegt den Paradoxa des Zeno von Elea eine Denkweise zugrunde, die für das praktische Erfassen von Abläufen und für das Handeln zwar dienlich sei, dennoch aber auf einem Trugschluss beruhe (vgl. Bergson: 1991, 75f.; vgl. Kuhnle: 1995, 445). Gemeint ist die Identifikation von an sich unteilbaren Bewegungsakten mit dem Raum, mit dem wiederum – über die Bewegung – auch die Zeit identifiziert wird. Aus dieser Vorstellung entstehe, so Bergson, bei Zeno von Elea die irrige Annahme, die Bewegung aus den einzelnen Phasen rekonstruieren – und damit die Zeit chosistisch erfassen – zu können. Bergsons Auseinandersetzung mit dem Gedankenspiel des Zeno erlaubt folgendes Fazit: Da der Raum unendlich teilbar ist, d.h. zur Rekonstruktion unendlich viele Segmente notwendig wären, führt diese – falsche – Rekonstruktion letztlich zu keinem Ziel. Überdies: Jeder Versuch einer solchen Rekonstruktion führt unweigerlich zu einer Entfremdung des Subjekts von seinem Handeln, womit das Problem der menschlichen Freiheit aufgeworfen wird.

Wenn Zeno Cosini das alltägliche Verständnis von Zeit als »dieses unvorstellbare Etwas, das nie stehen bleibt« bestimmt, dann meint er die unerbittliche Folge unendlicher Jetztpunkte, an denen der Mensch sein Leben als eine Bewegung misst und die gleichgerichtet scheinen – obwohl keiner dieser Punkte Teil dieser Bewegung ist. Ja das Leben selbst wird als Ganzes nur zu einer Abfolge von Jetzt abstrahiert. Der sich in der alltäglichen Zeit bewegende Mensch ist wie Achill, der die Schildkröte nie einholt. Zeit nimmt damit die Gestalt eines gegen den Menschen gerichteten Prinzips an – »als dieses unvorstellbare Etwas, das nie stehen bleibt«. Eine weitere Konsequenz dieses Denkens besteht für Bergson darin, dass das individuelle Leben als Teil eines solch unendlich teilbar erscheinenden Kontinuums – und somit als ein von allen nur denkbaren Phasen determiniertes – gesehen wird, als das Resultat einer in ihrer Totalität letztlich unergründlichen Kausalitätskette. Eine solche Annahme muss zwangsläufig die Idee der Freiheit leugnen.

Die menschliche Freiheit entzieht sich der objektivierenden Bestimmung. Nicht von ungefähr sieht Bergson das Residuum der Freiheit in der *durée*: Die Dauer ist die einzig wahre Zeit. Die rein subjektive Dauer ist eins mit den Richtungen unserer Bewusstseinsakte – von der Erinnerung bis zur Antizipation. Sie verweist auf jenen *élan vital* (Lebensstrom), den das alltägliche Dasein zurückzudrängen sucht. Was uns als gemessene Zeit erscheint, hat nichts mit der *durée* gemeinsam: Jene ist eine verräumlichte Kategorie. Wahre *durée* ist dagegen ebenso wenig objektivierbar wir die menschliche Freiheit. Unser Alltag ist geprägt von einem engen

Koordinatensystem, in dem jeder Akt, alles menschliche Handeln als das Produkt einer lückenlosen Kausalitätskette erscheint. So gesehen basiert die Anschauung eines *acte* auf der Annahme eines unhintergehbaren Determinismus, was einer Einschränkung der Wahlmöglichkeiten gleichkommt – weil sich unser Handeln nunmehr an dieser falschen Anschauung ausrichtet. Suchen wir diesem Determinismus aber ein Schnippchen zu schlagen, dann affirmieren wir – nach Bergson – letztlich nur unsere Unfreiheit, denn wir bestimmen eben das, was unsere Freiheit sein soll, nur über diesen Determinismus, gegen den wir uns auflehnen.

Über die Auseinandersetzung mit Zeno von Elea hat der italienischer Psychoanalytiker Elvio Fachinelli einen neuen Zugang zu den Symptomen neurotischer Erkrankungen gefunden. Der Zwangsneurotiker sehe sich durch eine unendlich große Zahl notwendiger Zwischenschritte – ein jeder mit neuen Gefahren – von seinem Ziel abgelenkt, so dass er schließlich auf jede Form von kreativer Tätigkeit verzichte:

> Es ist der Stillstand in Raum und Zeit, dem Zeno das Wort redet; ebenso führen beim Zwangsneurotiker die Einzelhandlungen, indem sie auf die auf die perfekte Ausführung des gesamten Handelns hinzielen, die in Wirlichkeit zu einer tendenziellen Stillegung eben dieses Handelns und gleichfalls zu einem Zustand der Unveränderlichkeit und Unbewegtheit in der Gegenwart. Es gibt weder eine Zukunft noch eine Vergangenheit, sondern nur ›gleichbleibende‹ Lage der fortwährenden Unruhe. (Fachinelli: 1985, 14)

Der Zwangsneurotiker verfolgt dabei eine Strategie, mit der er die Zeit »als dieses unvorstellbare Etwas, das nie stehen bleibt« aufzuheben und auf das Moment der Wiederholung zu verpflichten sucht: Sein Verhalten stellt den Versuch dar, die Zeit zu negieren. Die Fixpunkte, an denen sich der Zwangsneurotiker orientiert, sind indes Teil einer Öffentlichkeit, die in den Strukturen seines Über-Ichs verankert ist: Es sind die von der Gesellschaft an das Individuum herangetragenen Anforderungen. Das Prinzip erschließt sich durch einen einfachen Akt der Selbstprüfung angesichts eines Berges von Arbeit: Die alltägliche Haltung ist, dass wir uns durch einen minutiösen Zeitplan absichern. Je komplexer das System ist, das den Menschen einbindet, desto unerbittlicher wird er auf dieses Prinzip verwiesen. Der stehende Pfeil des Zeno von Elea versinnbildlicht somit bei Fachinelli die *conditio moderna*.

Der eleatische Mensch – mithin der Mensch der Moderne – braucht ein öffentliches Koordinatensystem, an dem er sich als *homo faber* ausweist. Indes hat seine Arbeit nichts mit Kreativität zu tun, da sie die quasi rituell vorgegebene Erfüllung einer Summe von Tätigkeiten innerhalb einer bestimmten Zeitspanne meint: Die Freiheit als Ausgang kreativen Schaffens findet hier kein Residuum mehr. Der Müßiggänger Zeno Cosini sucht nun dieses Prinzip zu unterlaufen, indem er willkürliche Fixpunkte für sein Leben setzt – eben die *ad infinitum* proklamierte letzte Zigarette, die dem in Kreativität *und* Arbeit Gehemmten als steter Ausflucht dient. *Zenos Freiheit ist eine gewählte Unfreiheit! Und im Ausgestalten dieser Unfreiheit entfaltet Zeno ein ungeahntes schöpferisches Potential!*

Das Paradox des Zenon von Elea erhält im Leben des Rentier Zeno Cosini noch eine weitere Bedeutung: Arbeit und Müßiggang zeigen sich ökonomisch als gleichrangig. In einer Welt, in der Achilles die Schildkröte nicht einzuholen vermag, bleibt es gleich, wodurch die Zeit ausgefüllt wird: Zeit ist Geld, doch wenn das

Geld selbst nicht mehr einem sinnvollen ökonomischen Projekt dient, ist es ohne Bedeutung, ob es sich durch Arbeit – bzw. was die Protagonisten dafür halten – vermehrt, oder sich die Bilanz in atemberaubender Geschwindigkeit in die Verlustzone bewegt. Zeno kennt auch keine echten Emotionen, denn sein Spiel mit der Welt kennt weder einen kontinuierlichen Lebensstrom, noch echte Dauer.

## III.

Die Bühne, auf der die individuellen Emotionen ihre Entfremdung an den Schein der Inszenierung erfahren, ist die Sprache. Henri Bergson hat das Ungenügen der Sprache als Mittel zum Ausdruck von Emotionen in seinem *Essais sur les données immédiates de la conscience* geschildert:

> So hat jeder von uns seine besondere Art zu lieben und zu hassen, und diese Liebe, dieser Haß spiegeln unsre Gesamtpersönlichkeit wieder. Die Sprache indessen bezeichnet diese Zustände bei allen Menschen durch dieselben Worte; auch hat sie nur den objektiven und unpersönlichen Aspekt der Liebe, des Hasses und der Tausenden von Gefühlen festhalten können, die die Seele bewegen. Wir beurteilen Begabung eines Romanschriftstellers nach der Kraft, mit der er Gefühle und Vorstellungen aus dem öffentlichen Gebiete, wohin die Sprache sie hinabgezogen hatte, heraushebt, indem er ihnen durch eine Mannigfaltigkeit aneinandergereihter Einzelheiten ihre ursprüngliche und lebendige Individualität wiederzugeben sucht. (Bergson: 1994, 124)

> Ainsi chacun de nous a sa manière d'aimer et de haïr, et cet amour, cette haine, reflètent sa personnalité tout entière. Cependant le langage désigne ces états par les mêmes mots chez tous les hommes; aussi n'a-t-il pu fixer que l'aspect objectif et impersonnel de l'amour, de la haine, et des mille sentiments qui agitent l'âme. Nous jugeons du talent d'un romancier à la puissance avec laquelle il tire du domaine public, où le langage les avait ainsi fait descendre, des sentiments et des idées auxquels il essaie de rendre, par une multiplicité de détails qui se juxtaposent, leur primitive et vivante individualité. (Bergson: 1991, 108f.)

Bergson artikuliert hier jene Krise der Sprache, die zu den großen Experimenten der Romanliteratur geführt hat. Ob es sich um Célines *Reise ans Ende der Nacht* (*Voyage au bout de la nuit*, 1932), das Großstadtleben in Döblins *Berlin Alexanderplatz* (1929) oder *Finnegan's Wake* (1939) von James Joyce handelt – die Gemeinsamkeit besteht darin, mit den Mitteln der Sprache eine Entfremdung zu überwinden, die das ureigenste Produkt der Sprache darstellt. Mit anderen Worten: Es ist die Suche nach einer Unmittelbarkeit des Ausdrucks. In seiner Schilderung dieses emotionalen Ungenügens der Sprache verweist Bergson indirekt wieder auf die Paradoxa des Eleaten:

> So wenig aber durch unbegrenztes Einschalten von Punkten zwischen zwei Lagen eines bewegten Körpers der durchlaufene Raum jemals auszufüllen ist, ebenso wenig läßt sich durch das bloße Sprechen, durch das bloße Assoziieren von Vorstellungen untereinander und dadurch, daß diese Vorstellungen sich nebeneinanderreihen anstatt sie zu durchdringen, das wiedergeben, was unsere Seele fühlt; der Gedanke bleibt inkommensurabel mit der Sprache. (Bergson: 1994, 124)

> Mais de même qu'on pourra intercaler indéfiniment des points entre deux positions d'un mobile sans jamais combler l'espace parcouru, ainsi, par cela seul que nous parlons, par cela seul que nous associons des idées les unes aux autres et que ces idées se juxtaposent au lieu de se pénétrer, nous échouons à traduire entièrement ce que notre âme ressent: la pensée demeure incommensurable avec le langage. (Bergson: 1991, 109)

Die mit dem eleatischen Paradox begründete Sprachlosigkeit wird bei Svevo in Form des Zweifels an der italienischen Hochsprache, am Toskanischen, manifest. So leidet Zeno daran, dass Guido die Italienische Hochsprache, das Toskanische, »mit großer Natürlichkeit« (CZ dt. 149)/»con grande naturalezza« (CZ 102) beherrscht – und damit ihm, dem galant-penetranten Triester Causeur, dem »Wortkranken« (CZ dt. 105; CZ 71), für den jedes Wort ein Ereignis sein muss, der die Sprache effektvoll auf Pointen auszurichten weiß, die Schau stielt. Zenos Minderwertigkeitskomplex angesichts seiner mangelhaften Beherrschung des Toskanischen verweist wiederum auf die Biographie Svevos.

Ettore Schmitz selbst rang mit der italienischen Hochsprache: Seine Schulzeit verbrachte er auf einem Internat nahe Würzburg, denn sein Vater wollte, dass er als zukünftiger Kaufmann perfekt die deutsche Sprache beherrsche. Sein Deutsch war in der Tat fließend – ansonsten drückte er sich im Dialekt der Stadt Triest aus. So unternahm der angehende italienische Schriftsteller auch eine Reise nach Florenz, um das Toskanische in seiner reinen Form zu erlernen. »Der italienische Schwabe« (so die Übersetzung seines selbstironischen Pseudonyms Italo Svevo) sollte – wie fast alle ›echten‹ Schwaben – zeit seines Lebens den schier aussichtslosen Kampf mit der Hochsprache führen.

Und das Toskanische ist auch der Schauplatz des Kampfes von Zeno Cosini mit seinem Analytiker:

> Der Doktor schenkt auch diesen verdammten Bekenntnissen hier zu viel Glauben und will sie mir nicht zurückgeben, damit ich sie durchsehen kann. Mein Gott! Er hat nichts studiert außer Medizin und weiß daher nicht, was für uns, die wir Dialekt sprechen und ihn nicht schreiben können bedeutet, auf Italienisch zu schreiben. Ein schriftliches Bekenntnis ist für immer verlogen. Mit jedem Wort Toskanisch, das wir verwenden, lügen wir. Wenn er wüsste, wie gern wir all die Dinge erzählen, für die wir die Formulierung parat haben, und wir diejenigen vermeiden, die uns zwingen würden, aufs Wörterbuch zurückzugreifen! Genau nach diesem Prinzip wählen wir aus unserem Leben die bemerkenswerten Episoden aus. So wird verständlich, wie unser Leben ganz anders aussähe, wenn es in unserem Dialekt mündlich erzählt würde. (CZ dt. 544f.)

> Il dottore presta una fede troppo grande anche a quelle mie benedette confessioni che non vuol restituirmi perché le riveda. Dio mio! Egli non studiò che la medicina e perciò ignora che cosa signifchi scrivere in italiano per noi che parliamo e non sappiamo scrivere il dialetto. Con ogni nostra parola toscana noi mentiamo! Se egli sapesse come raccontiamo con predilezione tutte le cose per le quali abbiamo pronta la frase e come evitiamo quelle che ce obbligherebbero di ricorrere al vocabolario! È proprio così che scegliamo dalla nostra vita gli episodi da notarsi. Si capisce come la nostra vita avrebbe tutt'altro aspetto se fosse detta nel nostro dialetto. (CZ 382)

Was Svevo hier beschreibt, ist letztlich eine in die Fänge der Ideologie geratene Mythopoesis mit dem Ich als ausschließlichem Kristallisationspunkt. Nach Roland Barthes bildet der Mythos ein Zeichensystem zweiten Grades heraus, ein semiologisches System (»un système sémiologique second«), das auf einem anderen Zeichensystem aufbaut, indem es dessen Zeichen in Signifkanten verwandelt. Es funktioniert somit wie eine Sprache, jedoch sind seine Signifkanten nicht mehr arbiträr. Diese bestehen vielmehr aus vorgegebenen Bildern bzw. Vorstellungen, die nach bestimmten Regeln zueinander in Beziehung gesetzt werden (Barthes I: 1993, 687). Nach demselben Prinzip formiert sich schließlich jeder ideologische Diskurs.

Die Rede Zeno Cosinis, dem man mit Fug und Recht einen Hang zur Mythomanie unterstellen darf, verselbstständigt sich nun zu einem eigenen sekundäres Zeichensystem, das analog zur Sprache des Mythos – im Sinne Barthes – funktioniert. Nebenbei bemerkt: Claude Lévi-Strauss spricht von »ce mythe individuel en quoi consiste une névrose« (Lévi-Strauss: 1985, 263), dem Individualmythos des Neurotikers also. Zutreffender müsste man wohl von »Individualideologie« sprechen.

Bei Svevo nimmt zunächst das Toskanische die Gestalt eines ideologisch fixierten Zeichensystems an, das der Rede jene Unmittelbarkeit raubt, die dem Dialekt eigen sei. Mit anderen Worten: Das Toskanische verhält sich zum Triester Dialekt wie der Mythos zur Sprache. Zeno postuliert nun seine Überlegenheit, weil er noch über ein weiteres sprachliches Register verfügt. Doch auch dieses ist durch ihn, den »Wortkranken«, längst zum Vehikel seiner neurotischen Privat-Ideologie geworden: Er verschanzt sich hinter dem Dialekt, um dem Toskanischen (es ist immerhin auch die Sprache, in der sein Schwager Guido brilliert), das sich für ihn in der Praxis der psychoanalytischen Therapie als ein perfides ideologisches Instrument entlarvt, etwas ›Authentisches‹ entgegenzusetzen. Die Psychoanalyse erscheint ihm als Handlanger eines Realitätsprinzips, für das die Hochsprache steht. Die Psychoanalyse zementiert somit eine *conditio pathologica*, der er nun seine eigene *conditio pathologica* entgegenhält. *La coscienza di Zeno* besteht gleichberechtigt neben dem zum Ziel und Zweck der Therapie erhobenen »Bewusstsein« – handelt es sich doch in beiden Fällen um eigenständige Zeichensysteme, die von einer Semantik der Lüge getragen werden.

Der Psychoanalytiker hegt starke Zweifel an den Schilderungen seines Patienten – doch das Angebot, die Angaben etwa zur Person Guidos zu überprüfen, lehnt er rundweg ab. Zeno, der seinen Analytiker ebenso durchschaut wie dieser ihn, kommentiert den Verzicht auf ›Realitätsprüfung‹ mit einer süffisanten Vermutung: »[...] er unterließ es aus Angst, er müsste mitansehen, wie aufgrund dieser Informationen sein ganzes Gebäude aus Anklagen und Verdächtigungen in sich zusammenstürzte« (CZ dt. 559). / »[...] devo credere che se ne astenne per la paura di veder precipitare per quelle informazioni tutto il suo edficio di accuse e di sospetti« (CZ 392).

Ettore Schmitz alias Italo Svevo konfrontiert die beiden Zeichensysteme – die Psychoanalyse und den Individualmythos seines Protagonisten – und demonstriert auf diese Weise das unausweichliche Scheitern dessen, wozu Sprache eigentlich geschaffen ist: Kommunikation. Was im Gewand der Kommunikation einherschreitet, gründet in Wirklichkeit auf einem System von Lügen und funktioniert nur so lange, wie es eine möglichst große Zahl von Zeichensystemen zu integrieren vermag, die ihrerseits auf Lügen aufgebaut sind. Das Gefühl, selbst ertappt worden zu sein, hat schließlich wohl dazu geführt, dass der Analytiker die ihm anvertraute Lebensbeichte Zenos veröffentlichen sollte … Es ist also ein Wettstreit der Lügen zwischen dem Ich-Erzähler Zeno und dem fiktiven Herausgeber, dem frustrierten Psychiater, entstanden – ein Wettstreit, der jeden autobiographischen Diskurs *ad absurdum* führt.

## V.

Kennzeichen jeder Autobiographie ist ein quasi-justizialer Rechtfertigungsdiskurs (Matthieu-Castellani: 1996, 8). Und ein solcher Rechtfertigungsdiskurs appelliert immer an ein moralisches Bezugssystem – das direkt auf religiöse Vorstellungen zurückgeht oder analog zu diesen strukturiert ist. Der von Italo Svevo geschätzte Schopenhauer schrieb über das religiöse Gewissen: »Religiöse Leute, jeden Glaubens, verstehen unter *Gewissen* oft nichts Anderes als die in Beziehung auf die Dogmen und Vorschriften ihrer Religion vorgenommene Selbstprüfung« (Schopenhauer VI: 1977, 232). Doch hinter dem, was »Gewissen« heißt, steht nach Schopenhauer meist der nackte Selbsterhaltungstrieb, der eine *conscientia spuria* (»ein unechtes Gewissen«) zeitige: »Die Reue und Beängstigung, welche Mancher über Das, was gethan hat, empfindet, ist oft im Grund nichts Anderes, als die Furcht vor Dem, was ihm dafür geschehen kann« (Schopenhauer VI: 1977, 231) – mit anderen Worten: *La coscienza di Zeno*.

Die bei Schopenhauer manifest werdende Demaskierung des Gewissens als das Ergebnis psychologischer Zusammenhänge fand in Ludwig Feuerbachs Definition des Gewissens eine Zuspitzung: Gewissen sei »die Furcht etwas zu tun, worauf Strafe steht, bestehe diese Strafe auch nur in dem missbilligenden Urteil der andern – ein Urteil, das aber der Mensch zu seinem eigenen Urteil und Richtmaß macht« (Feuerbach: 1857, 169f.; vgl. Reiner: 1974, 588–592). Wohl am hellsichtigsten erkannte Nietzsche die Bedeutung der Religion für das Gewissen, die vor allem dann hervortrete, wenn jene ihre Überzeugungskraft verloren habe – »der Unmuth der Gewissensbisse, der schärfste Stachel im Gefühl der Schuld, ist immerhin abgebrochen, wenn man einsieht, dass man sich durch seine Handlungen wohl gegen menschliche Satzungen und Ordnungen vergangen habe, aber damit nicht das ›ewige Heil der Seele und ihre Beziehung zur Gottheit gefährdet habe« (KSA 2: 128). Daher nannte Nietzsche »eine falsche Psychologie, eine gewisse Art von Phantastik in der Ausdeutung der Motive und Erlebnisse […] die nothwendige Voraussetzung davon, dass einer zum Christen werde« (KSA 2: 128).

Es scheint, als habe Freud Nietzsches hier implizit vorgetragene Forderung nach einer ›echten‹ Psychologie aufgegriffen, als er sein topisches Modell entwickelte, wonach der sowohl geliebte als auch gefürchtete Vater eine im Unbewussten operierende Instanz, das *Über-Ich*, herausbilde, welches das bewusste Ich gleichsam überwache. Für Freud gilt: Aus dem Konflikt der nach Lusterfüllung strebenden Triebe entsteht jenes Gefühl der Angst, das nunmehr als Gewissen auftritt – mithin wird das Gewissen zu einer Erscheinungsform des Bewusstseins. Darauf zielt die berühmt gewordene Definition des Gewissens in *Totem und Tabu* (1913) ab:

> Denn was ist ›Gewissen‹? Nach dem Zeugnis der Sprache gehört es zu dem, was man am gewissesten weiß; in manchen Sprachen scheidet sich seine Bezeichnung kaum von der des Bewusstseins. Gewissen ist die innere Wahrnehmung von Verwerfung bestimmter in

uns bestehender Wunschregungen; der Ton liegt aber darauf, daß diese Verwerfung sich auf nichts anderes zu berufen braucht, daß sie ihrer selbst gewiß ist. Noch deutlicher wird dies beim Schuldbewusstsein, der Wahrnehmung der inneren Verurteilung solcher, durch die wir bestimmte Wunschregungen vollzogen haben. (Freud IX: 1999, 85)

Es sind für Freud ganz »bestimmte menschliche Relationen«, aus denen heraus eine »Gefühlsambivalenz« entstehe, jene Ambivalenz, die das Gewissen hervorbringe. Das jeweilige System »menschlicher Relationen« führe dazu, dass ein Teil des Seelenlebens unbewusst bleibe: Dieser sei mit einem Tabu belegt; und doch dränge er mit Macht an die Oberfläche. Im neurotischen Zwang und den mit einer »peinlichen Gewissenhaftigkeit« verfolgten Ritualen erkennt Freud nunmehr ein gegen dieses Hervordrängende gerichtetes Prinzip, so dass »das eine Glied des Gegensatzes unbewußt sei und durch das zwanghaft herrschende verdrängt erhalten werde«. Die Gewissenhaftigkeit des Zwangsneurotikers sei ein »Reaktionssymptom gegen die im Unbewußten lauernde Vesuchung«. Mit der Steigerung der Krankheit gehe daher eine Zunahme des Schuldbewusstseins einher. Am Beispiel der neurotischen Erkrankung lasse sich folglich die »Herkunft des Schuldbewusstseins« – mit anderen Worten: des Gewissens – aufzeigen (Freud IX: 1999, 85). Nach Fachinelli, der sich auf diese Ausführungen Freuds stützt, verweist das durchorganisierte, komplexe Leben der Moderne, zu dem nicht zuletzt die Prämissen der bürgerlich-kapitalistischen Ökonomie mit ihren Zwängen gehören, auf eine *conditio pathologica*, die an der Symptomatik neurotischer Erkrankungen hervortrete.

Religion ist für Zeno, wie er einst in einem Streitgespräch mit seinem Vater feststellte, nichts anderes als »ein beliebiges Phänomen, das man erforschen muß« (CZ dt. 56)./»Per me la religione non è altro che un fenomeno qualunque che bisogna studiare« (CZ 37). Zeno Cosini fürchtete, dass sein erkrankter Vater wieder aus seiner Umnachtung herausfinden und das für ihn erdrückende Bewusstsein (*coscienza*) zurückerlangen könnte. Noch nach dem Tod spürt Zeno die erhobene Hand des Sterbenden – von der nicht weiß, ob es eine Ohrfeige war. Sein Vater hat sich als der Stärkere erwiesen – dessen Religion ist seine Religion, ohne dass es eines expliziten Bekenntnisses bedürfte. Die Religion begleitet in *La coscienza di Zeno* eine eigentümliche Position: Im Gespräch mit seinem Vater tut Zeno sie als ein »Phänomen« ab. An anderer Stelle beschäftigt er sich intensiv mit religiösen Texten. Anspielungen im Roman verweisen auf die katholische Konfession der Protagonisten – doch vor der Beerdigung Guidos entfällt Zeno das Bekenntnis seines Schwagers.

Zum Verständnis der ambivalenten Haltung, die Zeno Cosini der Religion gegenüber einnimmt ist wieder ein kurzer Blick auf die Biographie Svevos hilfreich. Der Vater von Hector (Ettore) Aron Schmitz war ein gläubiger Jude, nicht dagegen sein Sohn. Dieser sollte kurz vor seiner Heirat mit der Tochter einer zum Katholizismus konvertierten jüdischen Familie zum Bekenntnis seiner Auserwählten übertreten – dem er offensichtlich dieselbe Indifferenz entgegenbrachte wie dem Glauben seines Vaters. Von daher ist es auch wenig verwunderlich, dass das Gewissen (*coscienza*) von Zeno über keine dezidiert religiösen Wurzeln verfügt. Sein immerzu sich neuen imaginären Instanzen unterwerfendes Gewissen erweist sich vielmehr als Instrument einer Lebenslüge, die zur Stütze seines auf einem privaten Mythos bzw. privaten Ideologie aufbauenden Bewusstseins (*coscienza*) wird. Vielleicht wäre sogar »das falsche Bewusstsein des Zeno« eine Übertragung, die dem ambivalenten italienischen Titel von *La coscienza di Zeno* nahe käme. Mit Schopenhauer und Nietzsche ließe sich die *coscienza di Zeno* als eine *conscientia spuria* beschreiben, die in letzter Konsequenz vielleicht jede Rede vom »Gewissen« bestimmt.

Manövriert das Gewissen für gewöhnlich den von Hemmungen geplagten Neurotiker in eine ausweglose Passivität, so erweist sich das Gewissen des Herrn Cosini für den an sich Antriebslosen als Antrieb: Es lenkt das Handeln in eben jene Richtung, in die es den Handelnden drängt. Zenos *coscienza* pocht auf die Trennung von der Maitresse. Doch steht dahinter in Wahrheit nicht der Wunsch, sich ohnehin ihrer zu entledigen? So sollte die *coscienza* seine Geliebte dazu bringen, Zeno für ihren Musiklehrer zu verlassen, weil sie beim Anblick Adas, die sie für Augusta hielt, Mitleid bekam. Doch es war Zenos *coscienza*, die diesen Irrtum herbeigeführt hatte. Fazit: *La coscienza di Zeno* gibt dem Lauf der Dinge die gewünschte Richtung – und hilft dabei auch noch, eine (rein äußerliche) Ordnung aufrechtzuerhalten.

So gebietet auch das Gewisen Zeno, nach dem Tod des Schwagers den Schaden für die Firma zu begrenzen; und es ›erlaubt‹ ihm, die Beerdigung zu verschwitzen – ein Versäumnis, das wohl von der verdrängte Schuld am Tod des Schwagers diktiert wird. Das Gewissen des Herrn Cosini (*la coscienza di Zeno*) wird somit zum notwendigen Faktor in einer Ökonomie der Lüge, die – obwohl vom Bewusstsein (*coscienza*) getragen – zu ihrer Abrundung der Verdrängung bedarf: Es sorgt gerade dort für den notwendigen Ausgleich, wo die Wahrheit ans Licht drängt.

Schließlich interessiert sich Zeno zwischendurch für das Studium des – wie er selbst sagt – »Phänomens« Religion, weil als es einen möglichen Widerstandskoeffizienten zum Erhalt seines neurotischen Individualmythos bietet. Auch die fortwährend proklamierte letzte Zigarette nimmt in dieser Ökonomie der Lüge einen wichtigen Rang ein: Scheitert der Versuch, das Rauchen aufzugeben, so scheitern auch die daran geknüpften Vorsätze, denn sein Versagen heftet sich allein auf sein allerindividuellstes Bezugssystem, das Rauchen, an dem alle Verantwortung für seine Umgebung zerschellt. Zeno ist auf der Suche nach der Wahrheit, die er sich selbst schafft, die er ›erforscht‹ wie das »Phänomen« Religion. Und wo steht der Autor Italo Svevo in diesem Vexierspiel?

Die Biographie von Hector Schmitz verhält sich zum Roman wie ein tatsächlich gelebtes Leben zu dem Versuch, es in einer Autobiographie zu totalisieren: Der Text beansprucht eine Eigendynamik, hinter der das Leben verschwindet, dem er entspringt, aber aus dem er sich dennoch nicht völlig verabschiedet. Ein gestecktes Ziel verliert mit jedem Versuch, sich ihm zu nähern, an Bedeutung. Es gibt kein Ankommen – und schon gar keine Umkehr. Nirgends erscheint dies deutlicher als an einem Buch wie *La coscienza di Zeno*, das die Leser wie ein Spiegelkabinett betreten. Unendlich ist die Zahl der Bilder, die vor ihrem Bewusstsein aufscheinen – Bilder, in denen sich Svevo und Zeno mal in die Augen schauen, mal sich den Rücken zukehren – Bilder, in denen sie niemals zueinander finden und sich doch nicht voneinander lösen können. Zu ihnen gesellen sich die Leser – ein jeder mit seiner *coscienza*. Der Roman nimmt daher einen essayistischen Ton an, der Svevo mit dem hintergründigen ›Chronisten‹ der österreichisch-ungarischen Doppelmonarchie – »Kakaniens« – verbindet: Robert Musil.

## VI.

Der Roman als solcher indes kann nicht lügen – ebenso wenig wie das Leben! Ein schriftliches Bekenntnis sei immer verlogen (CZ dt. 544; CZ 382), erfinden dagegen eine Schöpfung und keine Lüge (CZ dt. 545): »Ma inventare è una creazione, non già una mezonga« (CZ 382). Das Aufeinandertreffen von Autobiographie und Fiktion verstärkt daher den ironischen Ton von *La coscienza di Zeno* (vgl. Petersen: 1979). Und die Aphorismen, mit denen Zeno Cosini seine in einem System von Lügen gewonnenen Erkenntnisse pointiert, rücken seinen Schöpfer definitiv in die Reihe der großen Moralisten. Svevo ist ein ebenso scharfsichtiger psychologischer Beobachter wie etwa ein La Rochefoucauld, der in den Tugenden nichts anderes als eine List der Leidenschaften sah. In *Menschliches, Allzumenschliches* nannte Nietzsche die großen Moralisten »die französischen Meister der Seelenprüfung« und verglich sie mit »scharf zielenden Schützen, welche immer und immer wieder ins Schwarze treffen – aber in's Schwarze der menschlichen Natur« (KSA 2, 59). Der ›Fall‹ Zeno Cosini bekräftigt jedenfalls jenen Satz, mit dem Adorno – selbst wohl einer der größten Moralisten des 20. Jahrhunderts – in seinen *Minima moralia* die Erkenntnis der moralistischen Tradition auf den Punkt gebracht hat: »Es gibt kein richtiges Leben im falschen« (Adorno 4: 1997, 44).

Und Zeno ist jemand, der sich mit dem falschen Leben arrangiert – worauf bereits sein Nachname verweist: Italienisch »così« steht für »so ist es nun mal«, und die Doppelung »così così« steht für »mittelmäßig«. Zeno Cosini ist ein Mensch, der sich immer in den jeweiligen Ist-Zustand einschreibt und aus diesem heraus – lustvoll – seine Lebenslüge inszeniert: Er ist ein *Mann ohne Eigenschaften*, ein *ewiger Spießer*, ein *Schlafwandler* ... Er ist Angehöriger einer Spezies, die im Untergang ihren größten Triumph feiert – den Triumph des unentwegten »weiter so«.

Die Inszenierung der Lebenslüge durchschaut der Moralist. Zunächst bewegt er sich nur auf Augenhöhe mit einem Zeno Cosini. Ein Moralist ist jemand, der es versteht, sich über alle Widrigkeiten hinweg dem Leben zuzuwenden, indem er den aus einem trotzigen *Als-ob* heraus geborenen Imperativen gehorcht. Von einem Zeno Cosini aber unterscheidet sich der Moralist durch ein Bewusstsein höheren Grades: das *Als-ob* ist ihm nicht mehr bloßes Mittel zum Zweck. Von Anbeginn scheint evident, dass der Moralist keine »Moral«, keine expliziten Präzepte für ein richtiges Leben formulieren will. Eminent ethisch hingegen wird er, wenn er jede kodifizierte Moral hinterfragt und seinen Stachel in das ideologische Fundament der jeweils herrschenden Ordnung treibt.

Moral und eine veröffentlichte Zeit stehen in einer festen Verbindung miteinander. Freuds und insbesondere Fachinellis Schilderungen des zwangsneurotischen Symptomkomplexes, an dem so etwas wie die Grundstruktur der *conditio moderna* aufscheint, haben gezeigt, dass der Mensch danach strebt, die Zeit zu beherrschen, indem er sie zerstückelt und auf einzelne Monaden reduziert. Diese bilden die Koordinaten, an denen sich sein Leben ausrichtet: Er ordnet sich einem festen Ritual, einem Zeremoniell unter. Die eigentliche Lebenszeit erweist sich somit als ausgefüllt von einer unendlichen Kette von moralischen Entscheidungen, deren Alternative immerzu bestimmt ist von der Wahl zwischen dem Verdrängten (dem Bösen) und dem fixen Koordinatensystem (dem Guten); »für jeden Augenblick existiert ein pflichtgemäßes Verhalten, das einem Verbotenen entgegensteht« (Fachinelli: 1985, 12). In der herrschenden Moral, welche eine Gesellschaft bestimmt, ist somit ein Zwang am Wirken, der dem entspricht, der das Handeln des Zwangsneurotikers ausrichtet.

Innerhalb eines solchermaßen strukturierten Lebens gerät die Zeit zu einer mechanischen Größe: Sie erscheint reversibel. Einen solch rituellen Charakter hat für Fachinelli auch die Moral, die darauf gründe, dass Zeitatome geschlossen bleiben bzw. werden: »Wenn in einem dieser Teilchen eine Übertretung oder Missachtung des Gesetzes vorkommt, bedeutet das, daß dieses Zeitatom nicht auf die rechte Weise abgeschlossen wurde, somit zum folgenden und zu allen folgenden hin geöffnet ist und sie, von Grund auf, mit ins Böse hineinzieht« (Fachinelli: 1985, 16). Mit anderen Worten: Jeder Moral ist eine narrative Struktur eingeschrieben; und die *fabula* sichert den Bestand des »Zeitatoms«. Gelingt es, eine solche ›Erzählung‹ abzuschließen, einen Fehler wieder gutzumachen, eine Schuld zu sühnen, dann ist das Gewissen, das die Ökonomie der Moral aufrechterhält, mit sich im Reinen. Verfolgt man die These Fachinellis, die sich von einem konsequent philosophischen Zeitbegriff löst, weiter, dann drängt sich noch eine andere Schlussfolgerung auf: Wie die Zeit zu einer abstrakten Größe wird, die sich letztlich in Geldwert umsetzen lässt, gehorcht auch die Moral dem Prinzip des Tausches – kurz: den unerbittlichen Gesetzen einer entfesselten Warenwirtschaft mit ihren verheerenden gesellschaftlichen und weltpolitischen Folgen, die übrigens Adorno im Blick hatte, als er sein Diktum »Es gibt kein richtiges Leben im falschen« formulierte.

Für Fachinellis zwangsneurotisch disponierten Menschen ist es das Böse, das *eine* Geschichte in Gang setzt: »Das Gesetz verteilt die Zeit in voneinander abgetrennte Stücke; das Böse stellt die Zeitabfolge wieder her, in deren Kontinuität eine Geschichte passieren kann, auch wenn es nur eine vollkommen negative, vollkommen in Schuld verstrickte Geschichte ist« (Fachinelli: 1985, 16). Dies kann nur wie folgt verstanden werden: Das Böse erhält in dieser Ökonomie die Funktion, das narrative Moment der Moral zu konkretisieren. Doch was bei Fachinelli als das »Böse« (gemeint ist: was von einer zwangsneurotisch disponierten Persönlichkeit als das Böse angesehen wird) erscheint, trägt Züge der Bergsonschen Vorstellungen vom *élan vital* und der *durée*. Und diese werden von dem an einem festen Koordinatensystem, an einem Zeremoniell ausgerichteten Leben negiert:

> Alle Verrichtungen zusammen laufen darauf hinaus, eine serielle, geschichtslose Zeit. Eine unendliche Ansammlung von ›jetzt‹ zu fixieren; dem widersetzt sich ständig die Macht des Bösen, die der zerstückelten Zeit zwar schwach, aber unablässig eine einheitlich fließende Zeit entgegenstellt, in der die Gegenwart, das ›jetzt‹ mit der Zukunft, dem nachher zusammenhängt, wenn auch nur in der Negativität und Schuldverstrickung. Die erste Art von Zeit ist umkehrbar, mechanisch genau; die zweite nicht, sie weitet sich tendenziell aus und beängstigt. Die erste hat etwas Beherrschendes an sich, die zweite ist kaum spürbar, verschwindet aber doch nie ganz. Was wir allgemein unter ›Leben‹ verstehen, verflüchtigt sich hier fast, schrumpft auf ein paar belagerte Inseln zusammen; es dominiert das unpersönliche Ticken einer Art Moralmaschine, die fast den ganzen Horizont ausfüllt. Das Leben wird ständig auf ein ›Morgen‹ verschoben, das nie kommt, weil das Ticken der Maschine keine Unterbrechung kennt. (Fachinelli: 1985, 17)

Fachinellis auf Zeno und Freud (und vielleicht sogar auf die Lektüre Svevos?) gestützte Analyse mag zum besseren Verständnis von *La coscienza di Zeno* beitragen. In Svevos Roman ist es gerade der Amoralismus Zenos, der die Maschine in Gang hält: Er bewegt sich mit ihr und weiß doch, sie für sich auszurichten, so dass die »serielle, geschichtslose Zeit« sich an ihm kristallisiert. Zeno, der sein Leben für gelaufen hält, schlägt ihr ein Schnippchen, er spielt mit dem Bösen oder mit dem *élan vital* und der *durée*, kurz mit allem, was das Leben ausmacht, *ohne wirklich zu leben*. Indes, so das Paradox, bedarf es eines solchen Mechanismus, um das Leben überhaupt sichtbar werden zu lassen. Und Zeno der »Wortkranke«, der das Wort zum Ereignis macht, schafft sich seine eigenen »Zeitatome« …

Der Moralist Svevo deutet mit dem Zeigefinger auf den unerbittlichen Mechanismus der »Moralmaschine«, die das Leben frisst – und das ohne diese nicht denkbar, nicht erfahrbar ist. Das moralistische ›Engagement‹ besteht vorrangig darin, das Unterscheidungsvermögen zu schärfen – um somit Ethik und Leben doch noch eine Option zu gewähren, wohl wissend, dass der im Menschlich-Allzumenschlichen befangene Mensch diese höchstwahrscheinlich nie ergreifen wird. In dieses Bild fügt sich auch der Widerstreit von Krankheit und Gesundheit. Nur als ein mit der Krankheit Ringender kann der Mensch in und mit seiner *conditio pathologica* leben: Der unaufhebbare Dualismus von Gesundheit und Krankheit verleiht dem Leben seinen Reiz, aber auch einen immer neu zu setzenden Sinn. Zeno Cosini wird daher zweifelsohne zum Sprachrohr des Moralisten Svevo, wenn er rundheraus erklärt: »Das Leben ist weder hässlich noch schön, sondern es ist originell« (CZ dt. 447)./»La vita non è né brutta né bella, ma è originale« (CZ 313). Herr Cosini hätte übrigens genauso sagen können: *Das Leben ist weder gut noch böse, sondern es ist originell.*

Indes: Originell ist das Leben nur für den, der Schuld und Krankheit auf sich zu nehmen versteht. Zeno unterscheidet daher paradigmatisch zwischen zwei Krankheiten – der Basedowschen Krankheit seiner Schwägerin und der Faulheit:

> Der rechte Ausgleich zwischen den beiden Krankheiten liegt in der Mitte und wird unzutreffenderweise als Gesundheit bezeichnet, die lediglich ein Zwischenstadium ist. Und zwischen der Mitte und dem einen Ende – der echten Krankheit, der Basedowschen – befinden sich all jene, die dem Leben in Form von großen Wünschen, Ambitionen, Genüssen und auch Arbeit Anreize geben und es voll auskosten, auf der anderen jene, die knausern und bloß Krümel auf den Teller des Lebens werfen und aus denen diese abscheulichen Langlebigen werden, die als Last für die Gesellschaft erscheinen. Die Gesellschaft schreitet fort, weil die Basedowschen sie vorantreiben, und sie stürzt nicht ab, weil die anderen sie zurückhalten. Ich bin überzeugt, um eine Gesellschaft einzurichten, hätte man es sich leichter machen können, aber so ist sie nun einmal, mit dem Kropf an ihrem einen und dem Ödem an ihrem anderen Ende, und dagegen ist nichts zu machen. Dazwischen sind diejenigen, die einen beginnenden Kropf oder ein beginnendes Ödem haben, und auf der ganzen Linie, in der ganzen Menschheit fehlt es an der absoluten Gesundheit. (CZ dt. 428f.)

> Il giusto medio fra le due malattie si trova al centro e viene designato impropriamente come la salute che non è che una sosta. E fra il centro ed un'estremità – quella die Basedow – stanno tutti coloro ch'esasperano e consumano la vita in grandi desiderii, ambizioni, godimenti e anche lavoro, dall'altra quelli che non gettano sul piatto della vita

che delle briciole e risparmiano preparando quegli abietti longevi che appariscono quale un peso per la società. La società procede perché i Basedowiani la sospingono, e non precipita perché gli altri la trattengono. Io sono convinto che volendo costruire una società, si poteva farlo più semplicemente, ma è fatta così, col gozzo ad uno dei suoi capi e l'edema all'altro, e non c'è rimedio. In mezzo stanno coloro che hanno incipiente o gozzo o edema e su tutta la linea, in tutta l'umanità, la salute assoluta manca. (CZ 299f.)

Doch wäre die absolute Gesundheit (gar das Heil) wirklich wünschenswert? Oder ist nicht gerade die kranke, zwischen den Basedowianern und »den anderen« hin und her gerissene Gesellschaft, die das Leben erst originell macht? Zeno persifliert hier die Prämissen der dualistisch ausgerichteten Kulturtheorie Freuds – die sich Svevo auf kreative Weise angeeignet hat. Freud erkannte in der Sublimierung von Triebenergien das Fundament jeder Kultur, im Realitätsprinzip das für den Bestand der Spezies notwendige Bollwerk gegen das Lustprinzip. In Svevos Roman erscheinen beide Mechanismen des Trieblebens auf das Prinzip *Trägheit* reduziert.

Und Zeno, der die von den beiden ›großen‹ Krankheiten bestimmte Ökonomie durchschaut, wähnt sich seinem Schwager Guido überlegen:

Meiner Meinung nach verdient Mitleid nicht einmal jemand, der unschuldiger und unglückseliger ist als Guido, denn sonst wäre in unserem Leben nur Platz für dieses Gefühl, was äußerst langweilig wäre. Das Naturgesetz gibt kein Anrecht auf Glück, sondern es schreibt ganz im Gegenteil Not und Schmerz vor. (CZ dt. 496)

Secondo me neanche chi è più innocente e più disgraziato di Guido merita compassione, perché altrimenti nella nostra vita non ci sarebbe posto che per quel sentimento, ciò che sarebbe un grande tedio. La legge naturale non dà il diritto alla felicità, ma anzi prescrive la miseria e il dolore. (CZ 348)

Hier scheint Nietzsches Verdikt gegen die »Mitleid-Moralprediger« (KSA 3, 567) durch. Die zitierte Passage ist aber auch ein deutlicher Hinweis auf Schopenhauer, bei dem es heißt: »[...] nur Schmerz und Leid können positiv empfunden werden und kündigen daher sich selbst an: das Wohlsein hingegen ist bloß negativ« (Schopenhauer IV: 1977, 673). Will sagen: Nur des Schmerzes werden wir uns unmittelbar gewahr, des Wohlseins jedoch erst, wenn wir es verloren haben. Nichts anderes lehrt auch Zarathustra, »der Fürsprecher des Lebens, der Fürsprecher des Leidens« (KSA 4, 271). Und Krankheit bedeutet, wie Zeno feststellt, Macht – zumindest Macht über sich selbst: »Nicht den Tod wünschte ich mir, sondern Krankheit, eine Krankheit, die mir als Vorwand dienen könnte, zu tun was ich wollte, oder die mich daran hindern sollte« (CZ dt. 281)./»Non la morte desiderai ma la malattia, una malattia che mi servisse da pretesto per fare quello che volevo, o che me lo impedisse« (CZ 194).

Diese Bemerkung Zenos enthält einen deutlichen, mit Schopenhauer geführten Seitenhieb auf Freuds Rede vom »Todestrieb«, dem Streben allen organischen Lebens nach dem anorganischen Zustand der Bewegungslosigkeit (vgl. Freud XIII: 1999). Nein, das Leben ist nicht zuletzt deshalb originell und interessant, weil es einen unerschöpflichen Quell für Schuld und Krankheit – und damit für positive Empfindungen – bietet. Was Wirklichkeit und Lüge, was Plan und Abenteuer, was Traum und Realität bringen mögen: alles nur Exklaven eines Lebenszusammenhangs, der sich dem Menschen niemals vollständig erschließt, und Zeno Cosini schon gar nicht. In seiner ›Autobiographie‹ klaffen daher gähnende Leerstellen.

Die Modalitäten des *Erlebens* bleiben ebenso vielfältig wie die möglichen Blicke auf das Leben. Und die Psychoanalyse ist ein willkommenes Terrain, auf dem sich diese noch multiplizieren lassen:

> In der Psychoanalyse wiederholt man nie dieselben Bilder oder dieselben Worte. Man müsste sie umbenennen. Nennen wir das psychische Abenteuer. Genauso: Wenn man eine solche Analyse beginnt, ist es, als ginge man in einem Wald, ohne zu wissen, ob man dort auf einen Räuber trifft oder einen Freund. Und wenn das Abenteuer vorbei ist, weiß man genauso wenig. Darin erinnert die Psychoanalyse an den Spiritismus. (CZ dt. 561)

> Nella psico-analisi non si ripetono mai né le stesse immagini né le stesse parole. Bisognerebbe chiamarla altrimenti. Chiamiamola l'avventura psichica. Proprio così: quando s'inizia una simile analisi è come se ci si recasse in un bosco non sapendo se c'imbatteremo in un brigante o in un amico. E non lo si sa neppure quando l'avventura à passata. In questo la psico-analisi ricorda lo spiritismo. (CZ 393)

Dennoch scheint es im Leben des Herrn Zeno Cosini so etwas wie Heilung zu geben. Sein ›Glücksfall‹ ist der an die Stadt Triest heranrückende Krieg: Er bedeutet die aus der Realität geborene Analyse seines Selbst, die ihn zumindest definitiv von der Psychoanalyse heilen wird. Es gibt nun scheinbar keine brauchbaren Instanzen mehr, aus denen heraus so etwas wie ein Gewissen – und damit ein falsches Bewusstsein – entstehen könnte.

Und hemmungslos profitiert Zeno von der Umwertung der Werte, die der Krieg – nunmehr ganz und gar im ökonomischen Sinne – mit sich gebracht hat: Wohl wissend, dass sich der Mensch morgen auf das stürzen wird, dem er heute noch mit gerümpfter Nase begegnet, kauft Zeno, was er kaufen kann – um sogleich durch schnellen Weiterverkauf das dicke Geld zu machen. Fast unnötig zu erwähnen, dass er inzwischen das Rauchen aufgegeben hat ...

Das engmaschige Netz menschlicher Beziehungen, das alle Verantwortung von Zenos Schultern nahm, in das sich sein Leben verstrickte, besteht nicht mehr – und eine neue Verantwortung ist nicht in Sicht: Die Familie weiß er ja in Sicherheit. Zeno scheint jetzt ein freier Mensch zu sein! Triest *intra muros* verwandelt sich ihm nunmehr in einen entgrenzten Raum, dem eine ebenso entgrenzte Zeit entspricht. So scheint es ... zumindest.

Doch vor seinem geistigen Auge, seinem Bewusstsein, errichtet sich erneut eine jener repressiven Instanzen, die der Mensch braucht, um Mensch zu sein: Nunmehr ist es die betriebswirtschaftliche Bilanz, vor der sich der neue Zeno rechtfertigt. Wir können uns Zeno als einen freien und glücklichen Menschen vorstellen – wir müssen aber nicht.

## Epilog

Der Mensch hat vom Baum der Erkenntnis gegessen. Der Sündenfall ist unwiderruflich. Mit dem Prozess der Zivilisation hat er sich auf immer dem Tier entfremdet, das eins ist mit seinem Organismus und seiner Umwelt. Freuds Zivilisationstheorie hat gezeigt, dass die »Sublimierung« genannte Umlenkung von Triebenergie immer komplexere Organisationsformen des menschlichen Daseins hervorbringt, mit denen aber auch immer perfidere Instrumente der Destruktion einhergehen.

Dem ursprünglichen (gesunden) Horizont natürlicher Unmittelbarkeit entfremdet, ist der Mensch zur Krankheit verurteilt. Erst durch die Zivilisation wird er wirklich zu jenem eigentlichen Mängelwesen, als das ihn die philosophische Anthropologie definiert hat. Durch den Fortschritt gelangt er zu einer fortschreitenden Erkenntnis seiner Defizienz, doch der Weg zurück bleibt ihm versperrt. Die Zivilisation (und damit der Fortschritt) werden ihm zum Quell immer neuer Krankheiten. So ist jedenfalls Zenos Fazit zu verstehen: »Jede Bemühung, uns die Gesundheit zu schenken, ist vergebens. Die kann nur dem Tier eigen sein, das nur einen Fortschritt kennt, den des eigenen Organismus« (CZ dt. 588)./»Qualunque sforzo di darci salute è vano. Questa non può appartenere che alla bestia che conosce un solo progresso, quello del proprio organismo« (CZ 412).

Der »brillentragende Mensch« habe Werkzeuge außerhalb seines Körpers erfunden, doch mit der Perfektionierung seiner Werkzeuge und seiner Schlauheit wachse seine Schwäche, denn das einzelne Werkzeug stehe in keinem Verhältnis mehr zu den ihm entsprechenden Gliedmaßen. Mit anderen Worten: Der Mensch als Brillenträger ist von der Evolution – dem wahren Fortschritt – ausgeschlossen; stattdessen treiben ihn die selbst geschaffenen Möglichkeiten zur Befriedigung von Bedürfnissen immerfort in neue Bedürfnisse. Er ist zum Leiden verurteilt! Allerdings sind die Krankheiten der Zivilisation, ausgelöst durch die »Werkzeuge«, mit denen der Mensch seine Schwäche pariert und über sich selbst hinauswächst, der Grund für die Entfremdung von den Kräften der Natur – und damit von einem echt schöpferischen Dasein. Lakonisch bringt dies Zeno Cosini auf den Punkt: »Das Gesetz des Stärkeren ist verschwunden, und wir haben die natürliche Auslese verloren. Etwas ganz anderes als die Psychoanalyse wäre vonnöten: Unter dem Gesetz dessen, der die größte Zahl von Werkzeugen besitzt, werden Krankheiten und Kranke gedeihen« (CZ dt. 589)./»La legge de più forte sparì e perdemmo la selezione salutare. Altro che psico-analisi ce vorebbe: sotto la legge de possessore del maggior numero di ordigni prosperanno malattie e ammalati« (CZ 413). Die Bemerkung ist doppelbödig. Sie lässt an Zarathustras Rede »von den Genesenden« denken: »Das allein lernte ich bisher, dass dem Menschen sein Bösestes nöthig ist zu seinem Besten – dass alles Böseste seine beste Kraft ist […]« (KSA 4, 274). Anders als bei Nietzsche scheint indes für Zeno/Svevo eine Umkehr nur aus der Zivilisation heraus denkbar. Die Psychoanalyse nimmt in diesem Zusammenhang lediglich die Gestalt eines Reparaturbetriebs im Dienste der Zivilisation an, die das Ausbrechen der Krankheiten – und letztlich die Katastrophe – zu verhindern trachtet. Doch indem sie, die Zivilisation, gegen die Krankheit vorgeht, perpetuiert sie eine pathogene Ordnung …

Zeno Cosini nähert sich in seinen Argumenten den Paradoxa eines Pascal: Jeder vermeintliche Ausweg führt zugleich zurück zum Ausgangspunkt. Sein Fazit ist ernüchternd und kann auf folgende Formel gebracht werden: Unter dem Gesetz der Zivilisation ist die *conditio humana* unwiderruflich zu einer *conditio pathologica* geworden!

Nein, Svevo propagiert keine Hinwendung zu einer wie auch immer gearteten Natur. Einzig von dem Danach einer großen, apokalyptischen Katastrophe her lässt sich so etwas wie Erlösung denken. Der Kranke und Verrückte – also der ganz normale Mensch – wird zum Vollender, zum Vollstrecker, zum ›Messias‹ einer Unheilsgeschichte:

> Vielleicht werden wir durch eine unerhörte, von den Werkzeugen verursachte Katastrophe zur Gesundheit zurückfinden. Wenn alle Giftgase nicht mehr ausreichen wird ein ganz normaler Mann insgeheim in seinem irdischen Zimmer einen einzigartigen Sprengstoff erfinden, mit dem verglichen die heute existierenden Sprengstoffe als harmloses Spielzeug erscheinen. Und ein anderer, ebenfalls ganz normaler Mann, der aber etwas kränker ist als die anderen, wird diesen Sprengstoff stehlen, und er wird in den Mittelpunkt der Erde hinunter klettern, um ihn dort anzubringen, wo seine Wirkung maximal sein kann. Es wird eine ungeheure Explosion geben, die niemand hört, und zurückverwandelt in die Form galaktischen Nebels, wird die Erde durch die Himmel irren, frei von Parasiten und Krankheiten. (CZ dt. 589)

> Forse traverso una catastrofe inaudita prodotto dagli ordigni ritorneremo alla salute. Quando i gas velenosi non basteranno più, un uomo fatto come tutti gli altri, nel segreto di una stanza di questo mondo, inventerà un esplosivo incomparabile, in confronto al quale gli esplosivi attualmente esistenti saranno considerati come tutti gli altri, ma degli altri un po' più ammalato, ruberà tale esplosivo e s'arrampicherà al centro della terra per porlo nel punto ove il suo effetto potrà essere il massimo. Ci sarà un'esplosione enorme che nessuno udrà e la terra ritornata alla forma di nebulosa errerà nei cieli priva di parassiti e di malattie. (CZ 413)

Moral indes dürfte für den gelernten Kaufmann im Moralisten Svevo wohl zuallererst eine Frage der – gefälschten? – Bilanz *eines* Lebens sein, der gerade *das* Leben entgegensteht. Eine solche Bilanz jedenfalls hat sein Protagonist Zeno Cosini bereits in der Vorrede zu seinen Aufzeichnungen gezogen – beim Anblick des Kindes seiner Schwägerin, an das er folgende Worte richtet:

> Vorläufig aber bist du noch damit beschäftigt, deinen kleinen Organismus unbewußt zu durchforschen auf der Suche nach Lust, und deine köstlichen Entdeckungen werden dir Leid und Krankheit einbringen, in die auch jene dich treiben werden, die das gar nicht wollen. Was soll man tun? Es ist unmöglich, deine Wiege vor Unheil zu bewahren. In deiner Brust, mein Kleines, braut sich ein geheimnisvolles Gemisch zusammen. Jeder Augenblick, der vergeht, fügt einen Wirkstoff hinzu. Zu groß ist da die Wahrscheinlichkeit einer Krankheit für dich, denn nicht alle deine Augenblicke können rein sein. Und dann, mein Kleines, bist du Blutsverwandter von Personen, die ich kenne. Die Augenblicke, die jetzt vergehen, mögen ja rein sein, aber ganz sicher waren es nicht all die Jahrhunderte, die zu dir hingeführt haben. (CZ dt. 11)

> E intanto, inconscio, vai investigando il tuo piccolo organismo alla ricerca del piacere e le tue scoperte deliziose ti avvieranno al dolore e alla malattia cui sarai spinto anche da coloro che non lo vorebbero. Come fare? È impossibile tutelare la tua culla. Nel tuo seno – fantolino! – si va facendo una combinazione misteriosa. Ogni minuto che passa vi getta un reagente. Troppe probabilità di malattia vi sono per te, perché non tutti i tuoi minuti possono essere puri. Eppoi – fantolino! – sei consanguineo di persone ch'io conosco. I minuti che passano ora possono anche essere puri, ma certo, tali non furono tutti i secoli che ti prepararono. (CZ 5)

**Literaturverzeichnis:**

**Primärliteratur:**

**Svevo, Italo**:
– *La coscienza di Zeno*. Mailand: Mondadori (classici moderni) 1988 [im Text zitiert mit der Sigle CZ].
– *Zenos Gewissen* (Mit einem Essay von Wilhelm Genazino). Übers. v. Barbara Kleiner. Frankfurt/M.: Zweitausendeins ³2001 [im Text zitiert mit der Sigle CZ dt.].
– *Zeno Cosini*. Hg. und übers. v. Piero Rismondo u. Ragni Maria Gschwend. Reinbek b. Hamburg: Rowohlt (rororo) ¹¹2004 (Erstv. 1988).

**Weitere Literatur:**

**Adorno, Theodor W.**: *Minima Moralia. Reflexionen aus einem beschädigten Leben* (= *Gesammelte Schriften IV*). Hg. v. Rolf Tiedemann. Frankfurt/M.: Suhrkamp (stw) 1997.

**Barthes, Roland**: »Mythologies – suivi de ›Le Mythe, aujourd'hui‹« [Erstv. 1957]. In: ders.: *Œuvres complètes I (1942–1965)*. Hg. v. Eric Marty. Paris: Seuil 1993, S. 561–720.

**Bergson, Henri**: »Essai sur les données immédiates de la conscience«. In: ders.: *Œuvres*. Hg. v. André Robinet u. Henri Gouhier. Paris: PUF ⁵1991. – Dt. Übersetzung: *Zeit und Freiheit*. Nach der Übersetzung des Verlages Eugen Diedrich (Jena, 1920) mit einem Nachwort von Konstantinos P. Romanòs, Hamburg: EVA (Taschenbuch) 1994.

**Bondy, François** u. **Ragni Maria Gschwend**: *Italo Svevo*. Reinbek b. Hamburg: Rowohlt (Rowohlt Monographien 1995).

**Fachinelli, Elvio**: *Der stehende Pfeil. Drei Versuche die Zeit aufzuheben*. Berlin: K. Wagenbach 1981. – Titel der Originalausgabe: *La freccia ferma. Tre tentativi di annulare il tempo*. Mailand 1979.

**Feuerbach, Ludwig**: *Theogonie nach den Quellen des classischen, hebräischen und christlichen Alterthums*. Leipzig: Wigand 1857.

**Freud, Sigmund**: *Totem und Tabu. Einige Übereinstimmungen im Seelenleben der Wilden und der Neurotiker* (= *Gesammelte Werke IX*). Hg. v. Anna Freud u.a. Frankfurt/M.: Fischer (TB) 1999.

**Freud, Sigmund**: »Jenseits des Lustprinzips«. [Erstv. 1920]. In: ders.: *Gesammelte Werke XIII*. Hg. v. Anna Freud u.a. Frankfurt/M.: Fischer (TB) 1999, S. 1–69.

**Fusco, Mario**: *Italo Svevo. Conscience et réalité*. Paris: Gallimard (nrf/Bibliothèque des idées) 1973.

**Hegel, Georg Wilhelm Friedrich**: *Enzyklopädie der Wissenschaften II*. (= *Werke IX*). Hg. v. Eva Moldenhauer u. Karl Markus Michel. Frankfurt/M.: Suhrkamp (stw) 1986.

**Kolakowski, Leszek**: *Henri Bergson. Ein Dichterphilosoph* (autorisierte Übersetzung aus dem englischen Manuskript von Ursula Ludz). München/Zürich: Piper (Serie Piper Portrait) 1985.

**Kuhnle, Till R.**: *Chronos und Thanatos. Zum Existentialismus des »nouveau romancier« Claude Simon*. Tübingen: Niemeyer (mimesis 22) 1995.

**Lévi-Strauss, Claude**: *Anthropologie structurale*. [Erstv. 1958, erw. 1974]. Paris: Plon (Presses Pocket/Agora) 1985.

**Mathieu-Castellani, Gisèle**: *La Scène judiciaire de l'autobiographie*. Paris 1996.

**Nietzsche, Friedrich**: *Menschliches, Allzumenschliches I und II*. (= KSA 2). Hg. v. Giorgio Colli u. Mazzino Montinari. München: dtv ²1988.

**Nietzsche, Friedrich**: »Die fröhliche Wissenschaft«. In: ders.: *KSA 3*. Hg. v. Giorgio Colli u. Mazzino Montinari. München: dtv ²1988.

**Nietzsche, Friedrich**: *Also sprach Zarathustra. Ein Buch für Alle und Keinen*. (= KSA 4). Hg. v. Giorgio Colli u. Mazzino Montinari. München: dtv ³1993.

**Petersen, Lene Waage**: *Le strutture dell'ironia ne »La Coszcienza di Zeno« di Italo Svevo*. Kopenhagen: Akademisk Forlag (Révue Romane, numéro spécial 20) 1979.

**Reiner, H.**: Art. »Gewissen«. In: Ritter, Joachim (Hg.): *Historisches Wörterbuch der Philosophie*. Darmstadt: wbg. 1974, S. 574–592.

**Robbe-Grillet, Alain**: »La Conscience malade de Zeno« (1954). In: ders.: *Pour un nouveau roman*. Paris: Minuit 1963, S. 77–81.

**Schopenhauer, Arthur**: *Die Welt als Wille und Vorstellung* (= Werke – ›Züricher Ausgabe‹ – I–IV). Hg. v. Arthur Hübscher u.a. Zürich: Diogenes s.d. (Erstv. 1977).

**Schopenhauer, Arthur**: »Preisschrift über die Grundlagen der Moral«. In: ders.: *Werke – ›Züricher Ausgabe‹ – VI*. Hg. v. Arthur Hübscher u.a. Zürich: Diogenes s.d. (Erstv. 1977).

**Svevo, Italo**: *Racconti – Saggi – Pagine sparse* (= Opera omnia III). Hg. v. Bruno Maier. Mailand: dall'Oglio 1968.

# Botho Strauß *Der Untenstehende auf Zehenspitzen*

Hans Peter Balmer

> Jene aber, die in ihrer eigenen Veränderlichkeit
> nur Veränderliches ertragen mögen,
> die halten sich als Passanten an Passanten.
> Elias Canetti
> Wenn wir nicht mehr sind, weht noch lang der Wind.
> Botho Strauß

## Zeitgenossenschaft

Auf Literatur, auf Kunst und Philosophie der Gegenwart sich einzulassen, das ist spannend und verspricht Aufschluss. Über kulturelle Neuerungen Gedanken auszutauschen heißt ja doch überlegen, was für einer Zeit wir angehören, wie es um uns bestellt ist, heißt erkunden, wer eigentlich wir sind. Doch ein leichtes Geschäft ist dies gewiss nicht. Denn es ist bereits die Frage, inwiefern es überhaupt die Zugehörigkeit zu einer Zeit gebe, das Wir einer Zeitgenossenschaft. Welche Literatur näherhin könnte als repräsentativ gelten für den gegenwärtigen Zustand? Was für Namen lassen sich anführen? Ohne diese Fragen zu entscheiden – und womöglich unberechtigt den Literaturwissenschaftlern vorzugreifen –, möchte ich einiges zu dieser kaum lösbaren Problematik an der literarischen Produktion des Botho Strauß verdeutlichen.

Ein solcher Vorschlag, die Nennung ausgerechnet dieses Autors, mag Kopfschütteln hervorrufen oder gar Unmut und Protest. Botho Strauß, geboren am 2. Dezember 1944 in Naumburg an der Saale, ein Mann von sechzig Jahren mithin, Botho Strauß ist, so würden wir sagen, zweifelsohne unser Zeitgenosse. Er aber würde einwenden, er sei es doch nur in einem äußerlichen Sinn. Nicht nur, dass er abseits lebt, fern der Öffentlichkeit, der medialen zumal, und selbst die zahlreichen Preise, die ihm zuerkannt werden, durch Dritte entgegennehmen lässt. Was von seiner Seite am deutlichsten wird, wild und wüst mitunter, prophetisch fast, kommt dem *nolite confirmari huic saeculo* (Röm 12,2) nahe, als der unerbittliche Aufruf, gegenüber den bestehenden Verhältnissen um Himmels willen auf Distanz zu gehen. »Es gibt«, so wird im jüngst erschienenen Buch erinnert, »es gibt eine Kraft der Abwehr von Gegenwart, die einer Zeitgenossenschaft überhaupt erst Gewicht verleiht. Und es gibt eine Zeitgenossenschaft, die an sich selbst so verfallen ist und so an sich selbst vergeht, daß Flucht daraus [...] einem Akt der Befreiung und der Auflehnung gleichkommt« (UZ 71 54, 99; PP 26, 105). Nun mag der Appell, mit seiner Zeit zu brechen, so ganz und gar ungewöhnlich auch wieder nicht klingen. Von Intellektuellen, progressiven, vermeintlich oder wirklich links stehenden insbesondere, ist man derlei seit langem gewohnt. Dass die herrschende Moral als die Moral der Herrschenden zu entlarven sei, war eine der Maximen der ganzen sogenannten Achtundsechziger Generation. Eben dieser Altersgruppe ist auch Strauß zuzurechnen, nicht nur nach Geburtsdatum. Auch sein Studium – fünf Semester Germanistik, Theaterwissenschaft, Soziologie in Köln und München – sowie seine erste Berufstätigkeit, just Ende der sechziger Jahre des zwanzigsten Jahrhunderts, als Redakteur und Kritiker bei der Zeitschrift *Theater heute* deuten alle in eben diese Richtung. Da ist denn auch der generationstypische Vorbehalt gegen ein rundum affirmatives Verhältnis gegenüber dem Status quo. Doch nimmt er sich bei Strauß nun zur Überraschung, ja Erbitterung vieler geradezu als rechtsgerichtet aus, als vergangenheitsorientiert, als erinnerungssüchtig, als gegenaufklärerisch-romantisch, als illusionär und also doch wohl unverantwortlich. Sonnenklar wurde dies am 8. Februar 1993, so jedenfalls schien es aller Welt, als Strauß im Nachrichtenmagazin *Der Spiegel* und dann sogar in dem ominösen Sammelband *Die selbstbewusste Nation* einen Essay *Anschwellender Bocksgesang* veröffentlichte und mit diesem so hochfliegenden wie lyrisch verhaltenen Manifest, wie man sagen darf, eine aufgeregte Debatte, eine sogleich ihren ambitiösen Urheber überwiegend scharf zurechtweisende Kontroverse lostrat. Gegen die Zeitschrift *Theater heute*, insbesondere deren polemischen Leitartikel *Abschied von Botho Strauß*, strengte der Angegriffene ein Gerichtsverfahren an, das in zweiter Instanz zu seinen Gunsten entschieden wurde. *Anschwellender Bocksgesang*, das ist wie der Name sagt und wie gut einhundert Jahre zuvor der fünfundzwanzigjährige Friedrich Nietzsche in seiner damals die philologische Fachwelt vor den Kopf stoßenden Erstlingsschrift dargetan hatte, in der Hauptsache die Wiedererinnerung an die Tragödie (vgl. NA 206ff.), das antike sakral-initiatorische Theater und das, wofür es stand: ein trotz Schmerz und Leid und Tod und Schuld bejahtes, würdevolles, kultiviertes Dasein, kein berechnetes noch berechenbares, sondern ein im letzten übermenschlich-göttliches ›Verhängnis‹. »Die Schande der modernen Welt ist nicht die Fülle ihrer Tragödien, darin unterscheidet sie sich kaum von früheren Welten, sondern allein das unerhörte Moderieren, das unmenschliche Abmäßigen der Tragödien in der Vermittlung«, so steht hier geschrieben. Und gelegentlich klingt es weit polemischer und polarisierender: »Anders als die linke, Heilsgeschichte parodierende Phantasie malt sich die rechte kein künftiges Weltreich aus, bedarf keiner Utopie, sondern sucht den Wiederanschluß an die lange Zeit, die unbewegte, ist ihrem Wesen nach Tiefenerinnerung und insofern eine religiöse und protopolitische Initiation. Sie ist immer und existentiell eine Phantasie des Verlustes und nicht der (irdischen) Verheißung. Eine Phantasie also des Dichters, von Homer bis Hölderlin.«

Der Ausgangsort, in der Tat, des Intellektuellen, des Künstlers, des Dichters Botho Strauß ist denn auch die Bühne. Über brilliante Theaterleute wie August Everding und Peter Stein ist er mit der Welt des Theaters verbunden und mittels beider mit dessen *grand old man* Fritz Kortner. Versuche als Schauspieler an Laienbühnen und Mitwirkung in der Komparserie der Münchner Kammerspiele gehen voraus. Hospitieren und Assistieren in Regie schließen sich an. Es folgen professionell konsolidierende Tätigkeiten als Kritiker und als Redakteur bei der Fachzeitschrift *Theater heute* sowie in der Dramaturgie der 1962 gegründeten Berliner Schaubühne am Halleschen Ufer. Aus deren Ensemble sind es so bekannte Schauspieler wie

Bruno Ganz, Otto Sander, Edith Clever und Libgart Schwarz, denen Strauß fortan verbunden bleibt. Peter Steins Inszenierung von Goethes *Torquato Tasso* 1969 in Bremen würdigt Strauß in einer anerkennenden Kritik (*Das schöne Umsonst*) als Prototyp eines so ästhetisch übersteigerten wie raren und kostbaren Kunstwerks. Den krönenden Abschluss bildet die Autorschaft. Die Theaterstücke, etliche davon viel gespielt, hunderte Inszenierungen in dutzenden von Ländern, tragen Titel wie *Die Hypochonder* (1972), *Bekannte Gesichter, gemischte Gefühle* (1975), *Trilogie des Wiedersehens* (1977), *Groß und klein* (1978), *Kalldewey, Farce,* (1981), *Der Park* (1983), *Sieben Türen, Bagatellen* (1988), *Schlusschor* (1991), *Ithaka* (1996), *Die Ähnlichen* (1998), *Der Kuß des Vergessens* (1998), *Lotphantasie* (1999), *Der Narr und seine Frau heute abend in Pancomedia* (2001), *Unerwartete Rückkehr* (2002), *Die eine und die andere* (2005). Durchwegs ein Theater, das sich selbst beäugt und befragt, Permutationen vorführt, Konstellationen, die, vor allem in der Sprache und einschließlich der Personen, zusehends austauschbar und beliebig verfügbar scheinen. »Wer an wen das Wort richtet, wer wem antwortet, bleibt meistens unscharf und wechselt rasch« (*Die Ähnlichen*). Gleichwohl ist alles genau gezeichnet, oftmals komödiantisch-satirisch, kunstvoll kontrastiert in der Einbeziehung von mythischer Fremdzeit oder auch biblischem *illud tempus*, und gleichzeitig appellativ im Hinblick auf Distanzgewinn gegenüber allzu platter, höllisch-unerträglicher Gegenwärtigkeit. Theater steigert sich solcherart in eine Höhe, die doch wieder etwas von authentischem, eigenartig zeremoniellem, beinahe kathartisch-sakralem Bühnengeschehen annimmt.

Ab 1975 erscheinen zudem vergleichsweise erzählerische Werke: *Marlenes Schwester* (1975), *Die Widmung* (1977), *Rumor* (1980), *Der junge Mann* (1984), *Die Nacht mit Alice, als Julia ums Haus schlich* (2003). Wichtiger als einen Handlungsverlauf zu fingieren oder gar Wirklichkeit zu konstruieren ist auch hier, außer Wahrnehmungserweiterung, stets die Selbstthematisierung des Schreibvorgangs angesichts der entschwindenden Leserschaft und des sich entgleitenden Autors. Was dabei entsteht, ist eine hoch ästhetische, weitgehend selbstreferentielle Literatur, subjekt- und werkkritische Intertextualität. Ist dennoch kein bloßes Spiel, sondern verblüffenderweise eine Poesie des Erhaben andererseits, der Transzendenz sogar als des durch alles Sagbare hindurch zu bedeutenden Unsagbaren. – Im übrigen publiziert Strauß eine Menge weiterer Texte: unter anderem Gedichte, Reden, Übersetzungen, Drehbücher, Nachworte (zu Veröffentlichungen von Rudolf Borchardt und George Steiner), Zeitungsartikel, beispielsweise unter der grellen, in ihrer Überdeutlichkeit geradezu schreienden Überschrift: *Wollt ihr das totale Engineering? Ein Essay über den Terror der technisch-ökonomischen Intelligenz, über den Verlust von Kultur und Gedächtnis, über unsere Entfernung von Gott* (2000).

## Passagen-Denken

Doch das ist noch nicht alles. Am bedeutendsten ist Botho Strauß mittlerweile wohl dadurch, dass er seit einem Vierteljahrhundert regelmäßig alle paar Jahre einen jener Kurzprosabände vorlegt, worin er hoch virtuos eine aphoristisch-essayistische Kunst übt und vermöge nicht abreißender ›Beobachtungen und Reflexionen aus dem beschädigten Leben‹ einer großen Leserschaft zu sehen und zu denken gibt. Der fulminante Beginn dieser neuartigen ›Minima Moralia‹, sogleich für den Durchbruch des Autors zu seinen wahren Möglichkeiten erkannt, war im Jahr 1981 der Band *Paare, Passanten*. Eine stattliche Reihe schloss sich an: *Niemand anderes* (1987), *Beginnlosigkeit* (1992), *Wohnen Dämmern Lügen* (1994), *Die Fehler des Kopisten* (1997), *Das Partikular* (2000) sowie der jüngste, in diesem Jahr des sechzigsten Geburtstages seines Autors erschienene Titel *Der Untenstehende auf Zehenspitzen* (2004). Er bietet den unmittelbaren Anlass und den Fokus der folgenden Ausführungen. Zuvor soll allerdings ein Blick geworfen werden, ein allzu flüchtiger, auf die gesamte Folge dieser spektakulären Prosaminiaturen.

## *Paare, Passanten*

*Paare, Passanten*, der fulminante Beginn, dem Dramaturgen Dieter Sturm gewidmet, präsentiert sich als Abfolge von sechs nach Umfang und Gewicht ungleichen Abschnitten: »Paare« (7–72), »Verkehrsfluß« (73–97), »Schrieb« (99–122), »Dämmer« (123–140), »Einzelne« (141–160), »Der Gegenwartsnarr« (161–205). Unschwer sind in diesen Überschriften Überschneidungen mit den Rubriken der aphoristisch-essayistischen Literatur zu erkennen. In Nietzsches erster Kurzprosasammlung *Menschliches, Allzumenschliches* zum Beispiel finden sich unter anderem folgende Titel: »Der Mensch im Verkehr«, »Der Mensch mit sich allein«, »Aus der Seele der Künstler und Schriftsteller«. Was in *Paare, Passanten* an Texten versammelt ist, bündelt sich versuchsweise ein erstes Mal zu einer Art Sittenspiegel. Es gibt hier, in der Tat, »Wendungen und Würfe des Geistes«, Sentenzen, »eine kleine Handvoll Worte« jeweils, ›in denen eine ganze Kultur, eine ganze Gesellschaft sich plötzlich kristallisiert« (Nietzsche).

Die gesellschaftliche, existentielle und ästhetische Zersplitterung spiegelt sich in einem ›Passagen-Denken‹. Dafür hat bekanntlich Ernst Bloch Walter Benjamins Streiflichter *Einbahnstraße* von 1928 erkannt. Als erster zu einem Passagen-Denken *sui generis* hatte sich allerdings bereits Ende des 16. Jahrhunderts Montaigne veranlasst gesehen, indem er programmatisch festhielt: *»Je ne peinds pas l'estre, je peinds le passage«*. Passant, passieren, Passage, das sind Benennungen des Agenten, der Tätigkeit, des Ortes des Vorübergehens. Herausfordernd experimentell erinnerte Elias Canetti in den Aufzeichnungen *Die Provinz des Menschen* (1973) die Vorstellung von Ewigen gegenüber jenen bereits vordringlichen Passanten, »die in ihrer eigenen Veränderlichkeit nur Veränderliches ertragen mögen«. Doch die Devise der Passim-Existenz »Vorübergehend sein und bleiben« (81; vgl. UZ 52, 156) war nachdrücklich hervorgehoben seit Baudelaire (*A une passante*) und Nietzsche bereits. »Wo man nicht mehr lieben kann, da soll man – vorübergehn«. Wo »keine lebendige Gemeinschaft« ist, liest sich nun bei Strauß, da finde jeder sich »zuletzt allein« oder allenfalls noch im isolierten passageren Paar: Über die »Zweier-Zelle« reiche die soziale Bindung nicht hinaus (35; FK 60).

Brisanz erhält der Befund aufgrund eines Textes in fine, der besonders bekannt geworden ist. Darin wird in dem revolutionären Umschwung des Iran vom autokratischen Schah-Regime zur islamischen Republik 1979 ein Signal gesehen für eine in vielerlei Hinsicht gegenaufklärerische, womöglich aber weltpolitische Wende zu vor- und außergeschichtlichen Daseinsformen. »In der Herkunft des

Menschen«, wird folglich erwogen, »liegen große Epochen (und liegen möglicherweise große Epochen bereit zur Wiedergeburt), die sich durch Gleichmaß, Dauer, Überlieferung, Ebene, Einfachheit und Antimaterialismus von all dem unterscheiden, was die Dynamik des Industriezeitalters uns seit der Französischen Revolution als Geschichtsbild eingehämmert hat« (181f.). Das ist Absage, ist der Abschied von der Utopie. Statt von Noch-Nicht ist nurmehr die Rede vom (Gerade-eben-)»Noch-Dasein« (166; AB, UZ 62).

Die dialektische *ratio iudicandi*, wie sie in der Frankfurter Kritischen Theorie eben noch machtvoll sich behauptet hatte, wird zurückgestellt: »Ohne Dialektik denken wir auf Anhieb dümmer; aber«, steht da bekanntlich, »es muß sein: ohne sie« (115, 183). An die Stelle relativ »unfruchtbarer« dialektisch-kritischer Methodik tritt, ähnlich wie seinerzeit zu Beginn des 18. Jahrhunderts in Vicos anticartesischer »*Szienza Nuova*«, inventorische Topik, die Suche nach dem Neuen und Unvermuteten. In perspektivischen Beobachtungen und Reflexionen treibt das Verlangen nach Anderem, Neuem: Entwerfend-Erfinderischem, Schaffend-Spendendem (15) und Bestürzend-Befreiendem. Die Orientierung an der Alternative übersteigt sich gar zu dem Ruf »nach einem, der (wenn auch nur auf dem Theater) eine ganz andere Sprache spricht« (185; UZ 111). Misstraut man dem – in der Folge mehrfach wiederholten – Ruf nach dem einen, so bleibt immerhin die Aufgabe einer angemessen lebendigen Sprache. Sonderbar wirkt dabei allerdings die Absage an den »Reichtum der Differenz« (114) zugunsten des Gleichen und Wenigen. So solle nach dem »Weg zum Positiven hin« (15) gesucht werden. Als Gegengewicht gegen die Beraubung allein schon der Wahrnehmung (178) in der funktional-synchronen Vernetzung wird also das Diachrone eingeklagt: »Die Leidenschaft, das Leben selbst« (26) brauche Verwurzelung, den Rückgriff, die Sammlung, das geschichtliche Gedächtnis, wie schwierig dies immer geworden sein mag (178).

Statt Chaotik und subversiver Fantastik möchte doch Platz greifen, was auch hier »Menschenklugheit« (119) genannt ist. Damit ist der Impuls der moralistischen Überlieferung aufgenommen und zum alternativen Signum gemacht. Am umfänglichsten noch setzt sich das Menschliche aus in der Liebe, Strauß zufolge des Menschen »ursprünglichste, undurchdringlichste und verschließendste« Sphäre (16). Als Leidenschaft an sich eine gründliche Gefahr für das Gemeinwohl, werde sie, die eigentlich asoziale, die ekstatische Auflehnung (58), weitgehend funktionalisiert und damit um den Ernst gebracht. Gegen den auf *coolness* (76; UZ 28) erpichten Zeitgeist erwägen *Paare, Passanten* einen beinahe tragisch-anarchistischen Hedonismus. Demzufolge wäre die Existenz von ihrer leidenschaftlichen Tiefenstruktur her nicht auf Sparsamkeit, Rationalität und Funktion hin angelegt, sondern, wofür allerdings kein Raum mehr ist, auf Verschwendung, Ergriffenheit und Ekstase, das geschlechtliche Streben und Erleben geradezu auf Sterben und Trauer (56). Im hedonistisch-ekstatischen Verlangen, das wird man sagen müssen, regt sich merklich ein masochistischer Zug. In Adornos *Minima Moralia* auch schon anzutreffen, tritt bei Strauß, fasziniert insbesondere durch Nagisa Oshimas Film Im *Reich der Sinne* aus dem Jahr 1976 die sadistische Komplementärseite unverhohlen hinzu. Was in dem umstrittenen, zunächst als pornographisch eingestuften Streifen geschildert wird, der Lustmord scheint dem Berichterstatter von *Paare, Passanten*, als folge er notgedrungen dem Marquis de Sade oder Georges Bataille, eine große

Geschichte; nämlich »in dem Maße, als sie […] uns in die Klausur einer radikalen Liebe einbeschließt, in der unserer korrupten Sexualität, die zwischen beliebigem Konsum einerseits und häuslicher Frustration andererseits stets ihr Wesen flieht, eine gestrenge Lektion der Lust erteilt wird« (57). Der praktizierte pandemische Eros heißt nicht nur eine ins ganz Harmlose transformierte »Fortsetzung« der »Sympathie mit anderen Mitteln« (29), sondern rundweg eine »Sisyphosiade« (54). Immerzu von dem Versprechen der Einswerdung hinaufgezogen, würde tragischerweise doch den Gipfel der Natürlichkeit keiner je erreichen. Was ein düsteres Bild: Der Stein, den Sisyphos immer und immer wieder vergeblich den Berg hinaufwälzt, derart konkretisiert, das eben wäre das Absurde schlechthin? Menschliche Sexualität, lässt Strauß anmerken, sei »für etwas bereit, […] das sich nicht leben läßt« (60). Ähnlich war bekanntlich auch der späte Freud (vgl. UZ 47) zu der Auffassung gelangt, der sexuellen Funktion bleibe volle Befriedung verwehrt, so unweigerlich wie unerklärlich. Selbst ein Montaigne kann über die physischen Gegebenheiten der Liebe sich mitunter geradezu entsetzt äußern, sie mit dem, wohl gemerkt, materialistisch-anthropologischen Lukrez eine »ewige Wunde« (*aeternum vulnus*) nennen; und auch er, wie so viele philosophischen und poetischen Naturen, steht nicht an, die dichterisch besungene Liebe entschieden über die unmittelbar realisierte zu stellen.

Wo immer solchermaßen Diastatisches gesehen, unvermeidlich Frustrierendes erlebt wird, da ist es nur noch ein kleiner Schritt bis zum Erwägen der anderen Seite. Aufschlussreich, poetologisch bedeutsam in der Tat, dass der Autor Botho Strauß bekennt, ohne den Fluß, ohne den Ausblick darauf, seinerzeit in der Jugend in Bad Ems an der Lahn, und ohne Begriff davon, wäre er nicht ›in die Nähe des Denkens gekommen‹, noch hätte er je ›die andere Seite des Flusses zu denken gewagt, welche die des Nicht-Vergehens und der Stille ist‹ (97; UZ 88). Das hindert freilich nicht, dass immerfort die Rede auch darüber geht, wovon vielleicht doch eher zu schweigen wäre. Die Existenz ohne Glauben leben zu wollen, das sei »lachhaft«; die es versuchen würden notwendigerweise voreinander selber lachhaft. Durch Gott als »das offene Ende« gebe es Offenheit »nach vorn« und so auch die Möglichkeit zu »denken« und zu »atmen« (176f.; JM 137; UZ 79). Den Anklang der anderen Seite bietet – beinahe wie bei Augustin – das Phänomen der Musik. Sie allein rede »von himmlischer Gesellschaft« (175). Das »allen Angemessene«, sei die »hohle Geste« des Hörens (192), und ist, heißt es ganz zum Schluss, »Atem zu holen für den Gesang« (205). So eröffnet *Paare, Passanten* den Ausblick auf den Kitharoden Orpheus, in seinem ganz gewaltlosen Dasein das mythische Sinnbild des menschlichen Menschen eh und je.

### *Der junge Mann*
1984 erschien ein umfangreiches und stärker fiktionales Buch *Der junge Mann*. Die Originalausgabe zeigt auf dem Umschlag das Jugendportrait des Malers und Dichters Félix Valloton (1865–1925). Ein Roman also? Ein Bildungsroman? *A Portrait of the Artist as a Young Man*? Nein, jedenfalls nicht unumwunden, trotz gegenteiliger Versicherung auf dem Schutzumschlag und ungeachtet der gelegentlichen Verweise seines Verfassers auf das Vorbildliche von Werken wie Achim von Arnims *Die Kronenwächter* (1817) und Francesco Collonas Renaissance-Dichtung *Hypnerotoma-*

*chia Poliphili* (1499) und Goethes prototypischem Bildungsroman *Wilhelm Meisters Lehrjahre* (1795f.) und Novalis fragmentarischem *Heinrich von Ofterdingen* (1802). Direkt und ungebrochen ein Roman, eine große bündige Geschichte, das ist *Der junge Mann* sowenig wie ein rein selbstbezüglich-semiotischer Text.

Deutlich ist das Buch mit der paradoxen Erzählung vom Ende der Erzählung befasst und mit einer Poetologie jenseits der Mimesis und Referentialität. Das Fanal dazu hatte ganz zu Beginn des Jahrhunderts, im Jahre 1902, bekanntlich der Dichter Hugo von Hofmannsthal gesetzt in dem seither vielzitierten Chandos-Brief: Die Sache sei die, verlautete da, dass dem Dichter »die Fähigkeit abhanden gekommen« sei, »über irgend etwas zusammenhängend zu denken oder zu sprechen.« Seither durchzieht diese Klage die – gleichwohl fortbestehende – Literatur. Machte Walter Benjamin noch gewisse therapeutische Vorschläge, so gab Adorno zu bedenken: »Zerfallen ist die Identität der Erfahrung, das in sich kontinuierliche und artikulierte Leben, das die Haltung des Erzählers einzig gestattet [...] Etwas erzählen heißt ja: etwas Besonderes zu sagen haben, und gerade das wird von der verwalteten Welt, von Standardisierung und Immergleichheit verhindert«. Und 1984, im Jahr also der Veröffentlichung von Straußens *Junge[m] Mann* erschien ein Buch mit dem Titel *Das Ende der Fiktionen*, Wolfgang Hildesheimers definitive Verabschiedung vom Schreiben. Der damals siebenundsechzigjährige erfolgreiche Schriftsteller erklärte, ihn packe »das bare Entsetzen über unsere Zeit und unsere Lage«, werde doch nichts anderes als »das Absterben des Menschlichen, die Auslöschung unserer Lebenselemente immer mehr sichtbar und spürbar«.

In der Einleitung zu *Der junge Mann* schlägt Strauß ähnliche Töne an. Nachgerade könne der Erzähler sein Talent nicht mehr anbringen. Keiner weit und breit, der noch zuhören könnte. Jeder falle jedem ins Wort. Eine haltlose Behauptung übertrumpfe die andere. Das weltzerstückelnde Medium Fernsehen korrumpiere schon die Wahrnehmung. Daher die Verlegenheit des Erzählers. Weil er die elementare Situation, jemandem etwas zu erzählen, nicht mehr vorfinde oder ihr nicht mehr trauen könne (10). Wer dennoch wenigstens »ein empfindlicher Chronist bleiben möchte«, werde sich mit Hilfe der Ironie der vorgegebenen Lage anpassen, um auf diesem Wege immerhin den »Gestaltenreichtum, die Mannigfaltigkeit, das spielerische Vermögen seiner Realität zu erkennen«.

Was das Buch *Der Junge Mann* in seinen fünf Kapiteln auf annähernd vierhundert Seiten bietet, das ganze Spektrum unterschiedlicher Textsorten präsentiert sich folglich in Richtung »Episodenkram« verkleinert. Nicht länger prätendierte Vergegenwärtigung des Theaters, noch auch ›nur‹ geordnete epische Abfolge, behauptet sich indes die experimentelle Erwartung, »ein loses, spielerisches Erleben« vermöge allenfalls die geheimen Gesetze der Dinge »aufzuspüren« (379f.). Nichts weiter als den »geschichteten Augenblick« zu erfassen, begnügt das diskontinuierliche Verfahren sich mit der Pluralität von »Schauplätzen und Zeitwaben [...] anstelle von Epen und Novellen«. Es gelte, »dem Diversen seine Zonen« zu schaffen, der »Vielfalt« (10f.), dem »Wandel« und der »unerschöpflichen Geburt der Differenz« (137) Rechnung zu tragen.

Die aphoristische Apperzeption – Beobachtung, Reflexion, Aufzeichnung – und ihr verknappter Ausdruck im Dienste indirekter Mitteilung ist in Straußens ›Buntschriftstellerei‹ durchwegs strukturbildend. Auch in dem vorgeblichen »Romantische(n)ReflexionsRoman« (15) findet sich – beinah klassisch ausgeprägt – die Zuspitzung zum Ein-Satz-Aphorismus, zur Maxime, zur Sentenz. Noch der uralte weisheitliche Gegensatz von der Menge der Toren und den wenigen Weisen wird wie selbstverständlich in Anspruch genommen: »Alle Welt spielt auf Zeitgewinn, ich aber verliere sie« (14). Mit der weisheitlichen Anbindung geht ferner die skeptische einher. Gemutmaßt wird folglich, ob nicht »die leidigen Gegensätze« aus der Welt zu schaffen (122) wären und es, über »Spaltung« und dialektischen »Widerstreit« (137) hinaus, »einem *anderen* Wissen entgegen« (155) gehen könnte. Im Rahmen eines fiktiv-ethnologischen Experiments mit einer Population gesellschaftsloser ›Synkreas‹ kurz ›Syks‹ wird durch alle Parodie hindurch die Möglichkeit eines neuen ingeniösen Typs erwogen: des – die Menge bloßer Sammler und Resteverwerter hinter sich lassenden – »erfinderischen Synthetikers« (118; UZ 45f.). Deutet so eine Metamorphose sich an? So dass zu guter Letzt, nach dem Ende der Geschichte womöglich, »nichts Isoliertes« mehr bliebe, dafür aber »Teilhabe und Einberaumtsein«, Allempfindlichkeit als Grundlage von »Gläubigkeit« und »Weltvertrauen« (135f.)? Vordringlich bedarf es dazu der Mythe, der Metapher, der Metonymie und der Allegorie. »Wenn einer«, wird erinnert, »Schmetterling nicht mit Seele übersetzen kann, so wird er nicht zur Einheit mit der Natur zurückfinden«. Im Vertrauen auf Mutter Mnemosyne und ihre Töchter, die Musen, heißt es überschwänglich: »mit der Wiederkehr der Erinnerung werden auch die Wasser wieder klar« (214). Entgegen der vormaligen Soziozentrik gilt die Maßgabe, der Mensch als »ein metaphysisches Wesen« lerne sich »auf seinem gesellschaftlichen Weg« niemals hinreichend verstehen (213). Die transzendierende Dynamik seiner Verfassung zeige sich beispielsweise in der Friedensfrage: Auch der friedliebende Mensch »muß schon etwas *darüber hinaus* wollen, etwas mehr als den nackten Frieden, sonst bekommt er auch den nicht« (121).

Den Kern bildet auch hier ein erotisches Schreiben. Es ist ein vorsichtiges Denken, das, so wird es umrissen, »nichts sicher weiß, sondern immer nur in wechselnder Anziehung oder Abstoßung zu irgendeiner Person, einem Thema, einem Gegenstand bewegt wird«. Hinsichtlich des also gestimmten Wissens wird bedeutet, es stehe im Gegensatz zum männlichen Besitzstand des Wissens. Zu all dem Rezeptiven, Relationalen aber gehört noch ein Anderes: »die Achtung vor der unendlichen Begebenheit, [...] vor jenen [...] Ereignissen, die nicht zu erzählen sind, die uns seufzen lassen und zu Gott seufzen lassen, denn«, so führt der Autor aus, »jedesmal, wenn wir einen Menschen berühren auf unsere mißverständliche Weise, dann suchen wir uns weit darüber hinaus an ein heiliges Entzücken anzuschließen [...]« (244). Allbeherrschend also offenbar das Verlangen nach Beziehung, Kontakt, Wandlung. »Aller Stoff«, das Gelüst, kurzlebig und sprunghaft, ist, demzufolge, »erotische Metamorphose«. Der Traum inbesondere, der intensiviere und bereinige die Zeit in der Fluchtlinie von »Erscheinung-Berührung-Erfüllung-Erübrigung«. Und so hätten auch alle »Geschichten der Verwandlung« eine Ausrichtung »zur *reinen* Geschlechtlichkeit hin« (368). Welch sonderbare Andeutung, wird man sagen. Was ein Zustand der Entgegenständlichung mag es sein, der dergestalt den Fluchtpunkt unendlicher Annäherung bilden soll? Reformuliert so sich die paradoxe, die unweigerliche Aufgabe, die Sinne zu Ende zu denken?

### Niemand anderes

Die unmittelbare Fortsetzung von *Paare, Passanten* bringt 1987 der Band *Niemand anderes*. Er umfasst in fünf Kapiteln knapp dreißig Textstücke, versehen mit Überschriften ganz unterschiedlicher Art. Gegen eine tendenziell totalitäre, alles absorbierende Öffentlichkeit, gegen »das Nichts-Ausschließende« (128) wird zusehends auf Exklusivität gesetzt, auf Intimität bis hin zu Esoterik und Mystik (44, 150). »Innerhalb der Öffentlichkeit, in der jedermann zuhaus und gleichzeitig evakuiert ist, läßt sich kein Traum retten, gegen sie nicht Widerstand noch Kritik, denn aus diesen Elementen ist sie selber beliebig zusammengesetzt. Ein solcher Verbund läßt sich nicht stören oder umwerten, er kann nur mit spirituellen Brüchen beantwortet werden. Er provoziert einen neuen Typus des Außenseiters: den Esoteriker, den Eingeweihten des verborgenen Wissens – und des geschonten Lebens« (147). Und das ist vor allem der Liebende, jener, der sich dem Anderen öffnet, jenem, der sodann sich als »der unterste Ahnungsträger des ›Ganz Anderen‹« (41) eröffnen mag. »Es gibt«, so ist des weiteren bedeutet, »niemand anderen als Ihn – sagen die Enthusiasten aller Gottesreligionen. Es gibt niemand anderen als sie, sagt der Liebesnarr und fühlt sich, in der Blasphemie seines Glücks, mit dem Weltabgewandten konform und auf dem Weg zum gleichen Licht« (56).

Der ›Montaignismus‹ wird zwar für jene scheinbare Krankheit erklärt, welche »die große Literatur der untröstlichen Tröster hervorgebracht« (196) habe. Aber selbst noch in der extremen Einsamkeit des ausschließlich diaristischen Isolationismus eines Henri Frédéric Amiel (1821–1881; 195; W 33f.) ist offensichtlich etwas dabei im Spiel von jener »Welttrostlosigkeit«, die den reflektierenden Menschen gleichfalls »der Tragödie bedürftig« (208) macht. Und ungeachtet aller Bedenklichkeit steht doch immer die Frage leitend am Horizont: »Wo kann man heiter sein und wohlverständigt?« (126). Die Zuwendung zum Einzelnen bleibt so unersetzlich wie schwierig. Schon La Rochfoucauld sah genau an diesem Punkt, nicht aber in einer pauschalen Kenntnis der Menschheit, den Kern des Problems: *Il est plus aisé de connaître l'homme en général, que de connaître un homme en particulier.* Dieselbe Einsicht, bezogen auf die Lebenszeit, bei Strauß: »Je älter man wird, um so weniger versteht man den anderen. Wohl das Allgemeine besser, das Gegenüber aber nicht« (200). In einer Zivilisation der »Wissenschafts-« und »Gesellschaftsgläubigen« (149) dürfe es doch nicht dahin kommen, dass gänzlich verunklärt werde, »was zum Menschlich-Elementaren gehört« (136, 144). »Klug sein«, das freilich ist »ohne den gedankenlosen Untergrund einer großen Empfindungskraft« (193) nicht möglich. »Bildvertrauen« (172), »Vertrauen in die sich selbst regulierenden Prozesse der Wahrnehmung« gilt gegenüber der »gewaltsamen Verkündigung und Anordnung des Besseren« als überlegen (146). »Was für ein schmerzliches Scheitern,« ruft Strauß in der technomorphen Welt aus, »nicht zu der Sprache gelangen, in der man sich angesprochen fühlt!« (58). Dies allerdings, zu der adäquaten Sprache zu gelangen, ist als eine Aufgabe verstanden, die nur auf dem Hintergrund eines Bezugs zum Umgreifenden zu gewinnen sei, denn, so heißt es und so ist es, »ohne Anklang eines Ganzen tönt das Einzelne nicht« (152). Insofern gilt wie zuvor für Hölderlin, Novalis, Eichendorff (und Heidegger) der Schluss: »Das letzte Wort hat der Dichter« (151).

## Kongreß

In raffiniert kunstvoller Weise wird eine gesteigerte erotische Schreibweise zur Darstellung gebracht in dem Buch *Kongreß. Die Kette der Demütigungen* (1989). Was hier, als ein Kranz von Geschichten, ein Geflecht von nahezu pornographisch dargebotenen »gewagten Begebenheiten« (162), in der Art von Boccaccios *Decameron* und Chaucers *Canterbury Tales* und Poggio Bracciolinis *Facetiae*, als ein neuer Schnitzlerscher *Reigen* geschildert wird, ist eine genau beobachtete und subtil reflektierte Phänomenologie der Liebe und der Lüste. Vor allem ist es Literatur, Schrift also, hermetische Zeichenfolge, Codierung der Sehnsucht, des Verlangens, des Begehrens schlechthin, gedemütigt nicht nur durch Verletzungen, Kränkungen, Unerfülltheit, Vereitelung mannigfacher Art, vielmehr gezeichnet durch das Vorlaufen zum Tode und einen rätselhaften Vorgang, der einmal als »Annäherung an das große Gegenstandslose« (127; NA 56, UZ 12) ins Spiel gebracht wird. – Im nämlichen Jahr 1989 erscheint, herausgegeben von Volker Hage, des weiteren die Strauß-Anthologie: *Über Liebe, Geschichten und Bruchstücke*.

## Beginnlosigkeit

Der so anstößige wie faszinierende Versuch, in aphoristischen Texten, wie ehedem Stéphane Mallarmé, aus orphischem Gestus zu philosophieren und ‹ein unaufhörliches Buch über Alles› (PP 97) zu schreiben, wird 1992 in dem schmalen Band fortgeführt, der den Titel trägt *Beginnlosigkeit. Reflexionen über Fleck und Linie*. Was immer die szientistische Gegenwart zu bieten hat an Erkenntnissen, von kosmologisch-astrophysikalischen bis zu Gehirnforschung, (Bio-)Informatik und konstruktivistischer Erkenntnistheorie, das wird hier herangezogen und der Option einer Existenzerhellung dienstbar gemacht, die ihrerseits freilich »nur in der Gedankenflucht« (8, 23) existiert. Doch auch einem Bewusstsein ohne Anfang und Ende bleibt Sehnsucht und Hoffnung, nach Text, nach Geist, nach dem Gedicht, nach »dem Fleck vor der Linie« (20), damit alsdann in den »Aufenthalt des Menschen« das Unbewegte, das Ständige zurückkehre (26, 28). Die Idee der progressiven Universalpoesie, die hiermit anzuklingen scheint, stammt aus der Frühromantik (Friedrich Schlegel; Ältestes Systemfragment). Strauß unterstreicht, Lyrik werde schließlich »etwas so Übergeordnetes sein, dass wir uns lediglich in ihrer Erwartung befinden können« (26). »Sagen wir doch«, so trotzig wird sonach erwogen, »um dem Zwiespalt zu entkommen: daß der Zeitpfeil aus unendlich vielen winzigen Kreisläufen bestehe, in deren Mitte die Leere: Raum für Emergenz. Das Nie-Dagewesene, geboren aus einer Zelle der ewigen Wiederkehr. Daß ›Nichts Neues unter der Sonne‹ nur absolut klingt, es aber nicht ist. Daß plötzliches Auftauchen von Neuem, das zwar immer da war, doch nie voraussehbar, genauso unter der Sonne und mit ihr geschieht. Daß Zyklus und Pfeil auf eine gemeinsame Urfigur zurückzuführen sind […] auch dies also eine Versuchung zur Einheit (des Geistes) hin« (41). Ein spiritueller Eifer kommt solcherart zum Zuge, der darauf aus ist, selbst die einst so beherrschende neuplatonisch-patristische Spekulation in den Schatten zu stellen: »Gott ist Gott. Und kein Gedanke. Die endlosen metaphorischen Versuche, das Numinose einzuberaumen in unsere Sprache, grenzen ans Lächerliche oder an Asebie. ER gehört nicht in einen paradoxen Gedanken hinein. ER wäre dort ein Wörtchen bloß. Ein Scharnier zwischen Gescheitheit und Geist. Ein Open-end-Effekt der

Immanenz. Und dies sind die geheimen Blasphemien selbst der ehrwürdigsten Kirchenväter!« Schließlich, in kühner Wendung, heißt es: »Vom Absoluten gleitet der Scharfsinn ab wie die Messerspitze auf der Glaskugel« (45f.). Ungeachtet der kristallinen Hermetik gilt allerdings, und zumal auf vorletzter mythisch-metaphorischer Ebene, die Maßgabe, doch bloß nicht das Komplexe zu opfern, das Unübersichtliche, Chaotische der begradigten Linie, das Dionysische dem Apollinischen (61f., 69, 129). Die Flechte sei es, die mehr Halt verspreche als der stramme Faden (70; NA 149f.). Der Mythos also, seine Trümmer zumindest, demgegenüber alles Besondere und namentlich das selbstbestimmte Individuum als kaum haltbar sich ausnehmen (107). Die Sprache selbst beweise es, sie lebe »nur im steten Ursprung«, sie diene keiner Kommunikation, sondern sie sei communio in sich (108f.). Deshalb also, des Verlangens nach Gegenwärtigkeit in lebendigem Hervorgang wegen, der lyrische Duktus. Er ist es, der alle noch so scharfsichtige Menschenkenntnis (96, 104f.) einbezogen bleibt. Insofern er dies dartut, ist »Beginnlosigkeit«, dieser schmale Band, wie man bemerken konnte, in der Tat, ›ein kleines, ein kolossales Buch‹.

## *Wohnen Dämmern Lügen*

Noch bewunderungswürdiger fanden manche freilich den 1994 folgenden der Straußschen Prosabände: *Wohnen Dämmern Lügen*. Er bietet ein Sammlung von Prosaminiaturen, zwei drei Dutzend, markiert jeweils durch die in Kapitälchen gesetzten Einleitungsworte. WANN MERKT EIN MANN, so beginnt die erste durchaus tonangebende Geschichte. »WANN MERKT EIN MANN, daß er auf einem stillgelegten Bahnhof sitzt und vergeblich einen Zug erwartet?« Ja, wann realisiert einer, in welcher Situation er sich befindet? Wie weit muss es kommen? Wartet er »auf einem stillgelegten Bahnhof auch gegen jede Wahrscheinlichkeit auf Ankunft und Halt eines Zugs«? Wird er die Illusion aufrecht erhalten, er warte zu recht? Wird er überlegen und den Trugschluss ziehen, er befinde sich am rechten Ort, weil es doch sonst ganz gewiss den geöffneten Bahnhof nicht mehr gäbe oder das Gebäude doch zumindest verschlossen wäre? Ja, er bleibt sitzen, streckt sich aus. »Er schlummert im Großen und Ganzen des Bahnhofs ein.« (7f.). Diese Geschichte, Rollenprosa wie die meisten der folgenden, wie gesagt ist tonangebend für das ganze Buch *Wohnen Dämmern Lügen*.

Die Vorlage für diesen dreigliedrigen Titel und ein Rahmen, *einer* freilich nur, für die gesamten hoch komplexen, hoch ästhetischen Darlegungen ist bekanntlich Heideggers später Vortrag *Bauen Wohnen Denken* (1951). »Nur wenn wir das Wohnen vermögen, können wir bauen«, mahnt der Denker aus Messkirch. Damit gibt er zu bedenken, wie sehr wir Menschen bedingt sind, wie sehr wir abhängen von Voraussetzungen, über die wir nicht verfügen, die wir uns vielmehr gesagt sein lassen müssen, soll überhaupt erst so etwas wie Ethik und Kultur in den Bereich des Möglichen rücken.

»Nur wenn wir das Wohnen vermögen, können wir bauen.« Dass wir es *nicht* genügend vermögen, und in wie vielfacher Hinsicht, dafür eben hat Strauß, wie kaum ein anderer, einen Blick, dafür wollen die Texte die Augen öffnen. Der enthusiastische Schlusstext *SCHIMPFEN* (178–203), Schreibart der Leidenschaft nach Hamanns Art, geht wie ein Donnerwetter nieder. Zwar wird dialogisch noch eingewendet, man müsse über die allenthalben sich breitmachende Barbarei hinwegsehen, wenn man einen etwas weiteren Blick besitze. Doch die zeitkritische Erwartung ist geradewegs auf einen Bildersturm gerichtet, wie die Welt ihn noch nicht gekannt hat. Überall müsse das Missbräuchliche, die ›Katachrese‹ unserer Bild- und Vorstellungswelt aufgespürt und bloßgestellt werden. Zur ›Tagesordnung des Ewigen‹ müsse wieder übergegangen werden. Welch eine antithetische Fügung, ›Tagesordnung des Ewigen‹, welch ein Eile mit Weile! Strauß verfolgt eine letztlich paradoxal-koinzidentale Poetik. Wesentliches Kennzeichen hierbei ist die rhetorische Figur des Oxymorons. Das sind »mit feinsten Lamellen ineinander verklappte Ausschließungen«. Das Oxymoron, das ist »wörtlich: der stumpfe Scharfsinn«. Dem emphatischen Dichter Strauß aber ist ein Oxymoron nichts weniger als »der in unsere Vernunft eingeschlagene Lichtstein der Offenbarung« (BL 119). Um auf diese Weise in allem, was geschah, die aufwärtige Bewegung, die Anagoge (WD 177, 175), zu erinnern. Und so wird mit Nachdruck ausgeführt: Alles Künftige werde durch Dichtung bewirkte Erinnerung sein. Die Zukunft selbst werde ein Werk der Erinnerung sein. Ein Aufgerichtsein zum Erkanntwerden, darum handle es sich. Alles vergehe aufwärts. Die Erde sei nur der Startplatz. Von hier steige es hinauf. So die Emphase, das Gebet beinahe, das Credo des verschwenderischen leidenschaftlichen Redners: »Ich gehöre nicht in meine Zeit, und alle, die hineingehören, sind ihre Sklaven« (200).

### *Die Fehler des Kopisten*

1997 veröffentlicht Strauß, dreiundfünfzig und Vater eines kleinen Sohnes mittlerweile, ein stärker autobiographisches Prosawerk mit dem bescheiden sich selbst, den Autor, umschreibenden Titel *Die Fehler des Kopisten*. Vier Teile umfassend, die Vier Jahreszeiten, Frühling, Sommer, Herbst, Winter, ist es der Bericht vom Rückzug aus der Großstadt aufs Land (die Uckermark, nordöstlich von Berlin), in die Idylle, die Solitude, die Eremitage. Die unterschiedlich langen, stets prägnanten Texte weisen mitunter bukolische Züge auf, beschwören Momente Arkadiens, einer Pastorale oder auch einer Anachorese und zuweilen seltsam strengen Monastik eines ›Schriftfortsetzers‹ (32) in einem Geistergespräch über die Epochen hinweg. Gleichwohl stellt sich unentwegt, insbesondere angesichts des Kindes, durch das der Vater seinerseits gewissermaßen als Kind nochmals neu beginnt, die grundlegend ethische Frage: »Wie soll man leben?« (15). Diesbezügliche Erwägungen klingen zuweilen bitter: »Ich muß meinen kleinen Sohn in eine Gesellschaft einführen, die ich für verbraucht und debil ansehe. Von der ich nichts anderes erwarte, als daß ihr ein langsames, vielleicht aber auch ein schleuniges Ausbluten bevorsteht« (36; vgl. UZ 9, 77, 85, 151). Und es ist beileibe nicht nur der gesellschaftliche Akut-Zustand, der zu derlei pessimistischen Bemerkungen Anlass bietet. Da sind, weit wesentlicher, die ›vorgehenden‹ (60) unmittelbar personalen Beziehungsdefizite: »Sie nennen einen guten Freund denjenigen, dem sie am wenigsten zuhören müssen und an dem sie am seltensten bemerken, daß auch er ihnen nicht zuhört« (22). Eine Reflexion, scharf gezielt und ins Schwarze treffend, wie von einem La Rochefoucauld einmal mehr, und wie beim französischen Herzog des 17. Jahrhunderts erklingt sie vor eigenartig religiösem Hintergrund, einer Trauer, einem Schrecken ob dem, wie man beschieden wird, »Sturz des Heiligen« (41). Und mit der Fraglichkeit des Religiösen (und einem wunderlichen Hang zur Nostalgie, zum Romantisch-Konservativen, ja

Restaurativ-Reaktionären *in sacris*) geht die des Ästhetischen einher: »Meinst du, es lohne noch, anderen ins Gedächtnis zu rufen, was schön ist?« (50). An anderer Stelle heißt es, orphisch einmal mehr: »Das Schöne, das Schöne unter Menschen ist seit jeher das, was ihnen verlorenging [...] ist, was sie ihrem Wesen nach versprechen zu sein und nie einhalten können« (54). Schmerzlich fällt der einzelne auf sich selbst zurück: »Man muß alle wesentlichen Fragen an sich selber richten« (37f.).

An Rousseau, den melancholischen einzelnen, aufklärungskritischen, kulturpessimistischen, fühlte namentlich die französische Kritik sich erinnert. Neue *Träumereien eines einsamen Spaziergängers* erkannte sie in dem intimen Brevier des zurückgezogenen Humanisten, *Bekenntnisse* und, in den Gedanken zur Erziehung eines Kindes, eine Fortführung des *Emile*. Und in der Tat, zuweilen ist es vergleichbar bestürzend radikal, was da aufgezeichnet sich findet: »Man muß sich wohl fragen, was eigentlich eines Menschen Ziel ist, wenn er seinen Geist anstrengt und ausbildet – und sich den unvermeidbaren Schrecken der Selbsterkenntnis aussetzt: nie fertig zu sein, am Ende alles vergeblich zu wissen?« (32). So und nicht anders lässt es sich ersehen bei all jenen namhaften Einzelnen, deren Stimmen überall hier erklingen: Heraklit, Plutarch, Montaigne, Gracián, Canetti, Cioran und so fort. Und indem Strauß Kohelet zitiert, wählt er sozusagen für die ganze Tradition das Motto: »Mundum tradidit disputationi eorum, mit den Worten Theodor Haeckers: Und er übergab ihnen die Welt zur Auseinandersetzung« (196). Von dem Denken und von der Kunst der Moralisten gibt Strauß weiter Beobachtungen und Reflexionen, wie sie nun ihm möglich sind. Und in dem entsprechenden Sprachbewusstsein, das ernstlich fragt, was den Menschen »dazu gebracht haben mag, immer haltloser zu reden«, um daran die Mutmaßung anzufügen: »Vielleicht gibt es ein Entsetzen im Ursprung der Sprache, das selbst dem Gedächtnis der Mythen entschwunden ist. Dann würde der Mensch von etwas bewegt, in Atem gehalten, das restlos vergessen wurde und das er weder zu fürchten noch sich vorzustellen imstande ist«. Und schließlich die provozierende Einsicht: »Sprache, die ihre Not nicht kennt, ist beim Menschen ein Ausscheidungsprodukt unter anderen geworden« (196 vgl. UZ 49). Was aus solchem Erwägen zustande kommt, sind insgesamt Bruchstücke einer (Sekundär-)»Philosophie des *Noch*«. »Noch der sternklare Himmel [...] noch das Sommerlicht, noch das heitere Kind [...] Noch einmal dem endzeitlichen Bramarbasieren getrotzt. Der Weltscheinbarkeit, den elektronischen Raubzügen, den feindlichen Sinnen noch ein bisschen Existenz entgegengesetzt [...] Noch kenne ich keine komplexere Wahrnehmungsform der erfahrbaren Welt, als Ich es bin. Noch [...] Noch ist alles. Und diese Noch macht jetzt das Noch-Nicht des Utopisten überflüssig. Es ist an dessen Stelle getreten. Im Noch erfüllt sich alle Hoffnung« (106). Im übrigen ist kaum zu übersehen, dass »der Schöpfer des Jetzt« doch gar niemand Anderes ist als der Tod, »der ganz Nahe«, nämlich als der lediglich »in diesem Augenblick Nicht-Zustoßende« (33), der momentan Verschonende, der einstweilen Aufschub Gewährende.

### *Das Partikular*

Das Elegische, das Abschiedliche, was bereits das Buch von 1997 überschattet, liegt ebenso und vielleicht noch deutlicher über der nächsten bedeutsamen Prosa-Veröffentlichung, mit der Botho Strauß, fünfundfünfzig mittlerweile, im Jahre 2000 hervortrat: *Das Partikular*. Auch dieser Band, Szenen, novellistische Erzählungen, Poesie umfassend und durchsetzt von Maximen und Reflexionen, ist in vier Teile geteilt. Drei kürzere zunächst: »Sie wieder« (5–39) als Ouvertüre sozusagen; sodann »Hüte-die-Fährte« (40–65), Dichtung, ein dialogisches Poem von archaisch-gnomischem Zuschnitt, angelehnt an das mittelalterlich walisisch-kymrische *Mabinogion,* bei genauerem Zusehen Soliloquien, der innere Monolog des androgynen Menschen, Selbstunterredungen eines »mannweiblichen Herzens« (FK 112); darauf, im Zentrum gewissermaßen, novellenartig, parabolisch, »Das Partikular« (66–100); gefolgt von einem Schlussteil, mit seinen neunzehn jeweils von Anfangsworten in Kapitälchen angeführten Abschnitten mit insgesamt gut einundert Seiten so umfangreich wie die drei voranstehenden zusammen: »Dem Gott der Nichtigkeiten« (101–220). Der Autor nimmt, alles in allem, eine Position ein wie Lynkeus der Türmer im *Faust*: »Zum Sehen geboren, / Zum Schauen bestellt [...]«, überzeitlich-kontemplativ und zeit- wie kulturkritisch zugleich. Nicht anders als bereits Goethes Türmer aus dem Gefälle von ursprünglich-natürlicher und moderner menschlicher Welt das Fazit zieht: »Was sich sonst dem Blick empfohlen, / Mit Jahrhunderten ist hin.« Nun also Sehen mittels ›Partikular‹, einem eigenartigen Okular. Dem Autor ist es freilich eine Art transzendentes Idioskop, eines des Gesehen-*werdens*, eines, »durch das der Ewige uns sucht, [...] jeden in seiner göttlichen Vereinzelung« erkennend (84). Solches ›Sehen Gottes‹, solche sozusagen neocusanische *visio Dei* wird erneuert, wird beschworen, in Revolte gegen das Dasein zum Tode mit all seinen immanenten hilflosen und doch unentbehrlichen Vorkehrungen wie Schreiben und dergleichen. Was dagegen wir, »die Nachgebornen eines Traums« (64), unsererseits benutzen und aktiv einsetzen, wenn es hoch kommt, bis ins Artikulierte, Literarische, ist jeweils nur ein »Hypnoskop« (87, 90), eine Vorrichtung des Sehens – im Schlaf, in der Trance, im Uneigentlichen, Unwirklichen, Unbewussten, Dichterisch-Literarischen. Solche Onirik (Traum-Poetologie) ist wie man weiß von beträchtlichem Herkommen: *La vida es sueño,* proklamiert im spanischen Siglo de Oro der magistrale Pedro Calderón de la Barca (1635): Das Leben ist Traum. Und nicht weniger weitreichend: *We are such stuff / As dreams are made on; and our little life / Is rounded with a sleep,* dies die Sentenz aus dem Munde Prosperos in *The Tempest, Der Sturm,* Shakespears letztem und insbesondere in poetologisch-philosophischer Hinsicht vielleicht größtem Bühnenstück: »Wir sind aus solchem Stoff, wie Träume sind; und unserer kleines Leben ist von einem Schlaf umringt« (vgl. UZ 24).

»Ich lebe?« Mit dieser Frage bezeichenderweise beginnt rhetorisch Strauß das dritte, titelgebende Kapitel »Das Partikular«, gefolgt unmittelbar von der bestürzenden Erklärung: »Ich sitze dem Portrait, der mit der Sensenspitze malt!« Ein feiner Geselle, fürwahr. Und in melancholisch-saturnischer, fast augustinisch-mittelalterlicher Zerknirschung angesichts der *miseria hominis,* der Existenz »tief unten« (85) heißt es: »Ich wollte ihn dahin bringen, mich zu sehen, bis ich ihm durchscheinend würde und er den ganzen Abgrund an Falschheit und Nichtswürdigkeit in mir aufdeckte« (66). Doch damit nicht genug. Auffallend objektivistisch-technomorph und somit in sonderbarer Ironie, heißt es weiter: »Gesehen aber, wahrhaftig gesehen werde ich nur durch Sein Partikular. Das Partikular, durch das der Ewige uns sucht, erfaßt uns ohne zeitliches Brimborium, ohne geschichtliche Ergänzung und Verfälschung. Erkennt jeden in seiner *göttlichen Vereinzelung.* Jeden dürftigen Stein unter Millionen in der Kiesel-Schwarte der Bucht. Denn des Allerhöchsten Auflösung sieht dich mutterwindallein auf Erden« (84). Bezug genommen ist außerdem auf ein Bild, *L'œil de Dieu*, eine Grattage, 1948 gefertigt von Wolfgang Otto Schulze (1913–1951) alias Wols. Das im Original durch Wegschaben und Aufkratzen zum Vorschein gebrachte ›Auge Gottes‹ findet sich auf dem Schutzumschlag der Erstausgabe.

Wie in aller bedeutsamen Literatur ist in die Reflexion des Todes (Thanatos) die der Liebe (Eros) als des anderen Poles in der Bifokalität des menschlichen Einvernehmens (*condicio humana*) aufs dichteste verwoben, und weiß Gott nicht weniger pessimistisch. In einer ironischen Version von augustinischer *felix culpa* heißt es, Gott schütze »die Lustmenschen«, »den Dünnflüssigen« hingegen, »den Geschlechtsschmächtigen«, den stürze er »ins Verderben« (85). Doch dann, andererseits, was ist gesagt über die Liebe, namentlich über die »altmodischen Befangenheiten zwischen Mann und Frau, [...] die Unachtsamkeiten zwischen ihnen [...], ihr hartes und unumgängliches Gegenüber, sobald sie sich zum Greifen nahe gekommen« (81). »Wer hätte sich nicht«, heißt es einmal, »in der Liebe gekrümmt, wer ist nicht, oft genug, mit diesem oder jenem sich krümmend einsgeworden?« (166). Es ist wohl ein gutteil von jenem altbekannten Abscheu vor dem Sexus, dem genitalen, prokreativen, der, obgleich deutlich ironisch, einmal mehr ausgespielt wird gegen »ein anderes, höheres Verlangen« (94). *Libri nec non liberi*, oder philosophischer und also gut platonisch, Höheres, zuletzt Unsterbliches nicht in der Fortzeugung der biologischen Gattung suchen, noch bereits in der Rekreation des Individuums, sondern in der (sublim noch immer erotischen) Hervorbringung von Erkenntnis rein geistiger Wahrheit.

Was immer unter den Üblichkeiten sinnlich-sozialer Alltäglichkeit von der menschlichen Existenz sichtbar wird, ist nichts als ein Aufblitzen unter einem spot light »für den Bruchteil der Sekunde« (5). Das Dasein selbst erscheint, wie erstaunlicherweise bereits Montaigne fomulierte, nicht substantieller als eben ein »Blitzstrahl im endlosen Lauf einer ewigen Nacht« (*une eloise dans le cours infini d'une nuict eternelle*).

In dem langen Poem *Hüte-die-Fährte*, da finden sich, der Feder eines Karikaturisten entstammend oder eines Bußpredigers, die folgenden Zeilen:

Der Menschenlump ist wie ein Tisch voll Flieder.
Sein Geist ein Duft, verströmt, verflüchtigt sich.
Sein Werk: wie wenn er zwischen Knien
Erde dreht in einer alten Kaffeemühle.
'ne Füllung Erde dreht, um Staub zu säen.
So malt er seinen Grund, Ertrag gleich null,
und ohne Ende. (60)

Was sich abspielt, sich zeigt, unter realen Bedingungen, ist, in allem nichts als Wind, Vorkehrung gegen Verzweiflung, Nichtigkeit durch und durch. Geselligkeit, Reden, sich unterhalten mit Menschen? Noch die intensivste Zweisamkeit ist nichts als »Begegnung mit sich selbst«, eine »tödliche« letztlich (47).

Der vierte und letzte Teil, de facto die Hälfte des gesamten Buches bietet eine breite Palette moralistischer Apperzeption. In der Fülle seiner Ansätze ein zeitgenössischer Sittenspiegel, wie er in dieser Konzision und derart treffend kaum woanders sich findet. Die Einbettung in Erzählung und Fiktion bewegt sich auf einer Höhe wie sie seit dem Klassiker La Bruyère *Les Caractères ou les mœurs de ce siècle* (1688) vorgeben ist. Einzelne Abschnitte wachsen zu satirisch-sarkastischen Tableaus, Allegorien beinahe, von beträchtlichen Dimensionen an, so die Geschichte von dem Plunder-Priester, dem technothymen Monster, und dem Kind (133–149). Oder die Erzählung »Ich bin die Lettin« (162–186), worin besonders viel von des Autors Weltbefremdung deutlich wird, ihren postlapsal-pessimistischen, gnostischen, apokalyptischen Aspekten aufblitzt. Von »Paradieskrankheit« und »Ursprungsverletzung« (178) ist da die Rede und davon, dass »nur im Schmerz noch Reste des wahren Menschseins« (176) erkennbar seien. Schließlich, Kernsätze von Strauß (im Verein mit Friedrich Nietzsche und Günther Anders) konstatierter Philosophie des Gerade-Noch: »Ich halte beinah alles, was sich aufrichtet, für blitzsüchtig. Den Blitz erbittend. Lüstern nach dem Blitz. Unser Geist ist ein Licht auf der Suche nach seinem Auslöscher. Unser Leben eine einzige Opferofferte. All unser Reden im Kern nur Rogationen, Flehbitten ums Ende« (177). Es ist dies eine prekäre Position, die freilich zum Schluss, in der buchstäblich letzten Geschichte über zwei seit langem in einer Stadt rivalisierende Theaterregisseure (216–220) verblüffend ironisiert wird mit der scheinbar trivialen abschließenden Feststellung »Wieder ein schöner Tag!« (220).

### *Der Untenstehende auf Zehenspitzen*
Damit endlich zu dem bislang jüngsten, dem unmittelbar aktuellen von Strauß Prosatext-Sammlungen, dem Band *Der Untenstehende auf Zehenspitzen*. Darin ergeht gleich ganz zu Beginn die Warnung, es werde »auf nichts hinauslaufen« (5, 12, 111). Eine Maßgabe, die im Großen wie im Kleinen gilt: in der Literatur, im Leben, im Kosmos. Dahin die Geborgenheit im Kreis, der Trost der Wiederkehr. Nichts als Linearität, Zuspitzung ohne Ende, ohne Ziel. Roman, Erzählung hat nicht mehr statt. Nirgends irgend Unterbrechung in dem, was aufs heftigste angeprangert wird: das monotone Kontinuum steriler Kommunikation, der massenhaften Info-Demenz inmitten des matten Scheins der Monitore. Bestätigung also des längst gezogenen Fazits: »Wir denken, träumen, hoffen im immerwährendem Kreis und existieren in abfallender Linie« (FK 48).

Da auch das Wissen für ungewiss, die Gründe für ungesichert zu gelten haben, die Ausbreitung des Wissens und die Aufklärung für dilemmatisch, so gilt es, und sei es als einziger, gegen den Strom zu schwimmen: »Täglich sich etwas unergründlich machen, das ist das Leben!« (25). Und entsprechend weiter geht es, und steigt es auf, fragend, mutmaßend, ahnend, divinisierend: Was nützt uns »eine Welt ohne kindliche Mythologie«? (29). Was soll die ganze menschliche Selbstentleerung, der Selbstverzicht, die Kenosis? Birgt sie irgend die Hoffnung, die Dinge »von ihrer Dinglichkeit zu erlösen« (33)? Ist »das langsame Absterben, das kein Ziel hat,« ganz am Ende womöglich doch nicht nur Zerstreuung im Unendlichen, Veröden und Erkalten, sondern wider Erwarten vielleicht »die absolute Finsternis auf der letzten Stufe der Initiation« (43)?

> Und Freude war es
> Von nun an,
> Zu wohnen in liebender Nacht und bewahren
> In einfältigen Augen unverwandt
> Abgründe der Weisheit

– solche Worte werden erinnert, werden zitiert, Worte Hölderlins, des »Höchsten Theologen«, wie es heißt, werden fromm und voller Erwartung rezitiert. Nämlich, so ist hinzugesetzt: »Es gibt solche Worte, die machen dich wieder leer, zum hohlen Krug, der empfängt und wiedergibt, und du hörst auf, eine zerknüllte Alubüchse zu sein, die keinen Raum hat« (57). Aufgerufen sind solchermaßen jene wenigen und besonderen, welche mit einem Begriff des Soziologen Max Weber die »religiös Musikalischen« genannt werden. Ihre Aufgabe bestehe darin, die Zeichen der Zerstörung zu lesen und mit ihrer sozusagen prophetischen Entzifferungsarbeit die Hoffnung auf Rettung zu nähren (116). Da dies eine durchaus abgehobene Aufgabe ist, lautet die anspruchsvolle Weisung: »Erkenne, was höher ist als du selbst. Lerne die Fremdsprache. Beachte den Menschen als ein Geschöpf in der Senkrechten, eine Linie, die ihn erdet, aber auch übersteigt. Meide die Pädo-kata-gogen: die Herunterzieher« (60).

Und damit ist es vollends heraus: Die Aufgabe erweist sich als eine (apollinisch-)orphische. Orpheus ist aber nicht »aus der Tiefgarage« (59) zu erwarten. Die Leitfigur persönlich erlebten und also bedeutsamen, gestimmten Wissens kommt aus einem Raum des Verlustes und lebt in einem Raum des Vermissens. Sie hat ein Bekenntnis zu machen. Es lautet: »Erleben werde ich immer nur, was ich vermisse. Ich liebe im Vermissen, ich besitze im Vermissen und ich spreche in einer Sprache des Vermissens« (73). Wer je so erlebt und liebt und spricht, ist ein elegisches Ich, von Melancholie umgeben, von Schmerz und Leid, ein Losgelöster, Einsamer, kurzum, der Untenstehende auf Zehenspitzen (60). »Sein Wachstum ist: der Tiefbesiegte/Von immer Größerem zu sein«, so würde Rilke gesagt haben, so hat er gesagt, im Gedicht *Der Schauende*, im *Buch der Bilder*. Doch dieses Größere, was da Gewicht hat und Bedeutung, das ist, zumindest zunächst und angesichts des unumkehrbaren Verlaufs der Verluste, paradoxerweise das Kleinere, die Verteidigung insbesondere der Kindheit »gegen ein würdeloses Erwachsenleben«. Und dies keineswegs mit großer Geste, sondern vorsichtig, behutsam, Schritt für Schritt. Fleißige Adnoten-Schreiberei, das kann bereits der ganze Beruf sein. Das Fortbewegen geschieht meist, vielleicht sogar »nur auf Umwegen und Randpfaden« (99; vgl.schon PP 95). Es sind immerhin die Bewegungen der Freiheit. Und sie zeigen sich geleitet von dem Wunsch, »ein bis ins Unterste von der Welt Durchstöberter« zu sein (151). Mit dem schwedischen Dichter Gunnar Ekelöf ist es ›Der ketzerische Orpheus‹, auf den zu setzen, von dem beispielsweise gegen alle geläufige Zielstrebigkeit zu lernen ist, nun gerade beherzt den Blick zurück zu wagen. Um etwas zu sehen, etwas Vitalisierendes, etwas, was einen verjüngt (117). Und um in der modernen Zusammenhanglosigkeit gar eine aufregende Ordnung versteckt zu finden und Zug um Zug zu entdecken: »ein Tanz mit vielen Sprüngen und Kehren«. Und um die Vermutung daraus zu schöpfen, der Tanz bilde wohl »ein schönes Ganzes«, eines von überlegener Intelligenz (155). Und um also Medium zu sein, »mittönendes Organ« (158).

Als die leitbildliche, namen- und titelgebende Untenstehende auf Zehenspitzen wird die weithin irritierende Philosophin Simone Weil (1909–1943) angeführt. Ihre Haltung der Achtsamkeit, die Schreibweise ihrer Aufzeichnungen (Cahiers), die ebenso spunghafte wie »sinnlichste Fortsetzung der Dinge«, ihre *cogitatio disiuncta* mithin, ihr Gewissensstrom ist es, dem in *allem* Wahrnehmen gefolgt wird, solange jedenfalls, bis das »vorgeblendete Kontinuum« einmal sich ergibt. Sich ergibt zugunsten wovon? Das allerdings, ist (einstweilen) nicht auszumachen, nicht zu fassen. Eben im Hinblick darauf ist die/der Achtsame bescheiden Mittel, die/der Untenstehende auf Zehenspitzen (142). Und von unten, und im Hinblick aufs Unfassliche erfolgt sodann Überschreiten und Übereinkommen mit dem Höheren, dem Ganzen, eingefangen in dem Paradox: »Ich selbst bin der undichte Raum, der leere, in dem Ich fehle« (158). Und von hier aus sind Umschläge möglich, jähe, in ihrer Positivität, ebenfalls kaum fassliche, selbst wenn sie als Frage auftauchen, doch was könnte gesagt werden, was *nicht* fragte? Und so also taucht unvermittelt die Frage auf: »Was ich erlebe, was mich erschüttert und betört, wie kann es verloren sein?« (161). Dergleichen, in seiner unabweislichen Sentimentalität, ist gleichwohl Teil des Gesamtgefüges. Ohne Zweifel: Mentalität ist nicht alles, ist sogar »nur die geringere Hälfte.« Das Ganze ist, wie es überdeutlich heißt, das »senti-mentale Netzwerk«. Und an diesem Ganzen, diesem Übereinkommen von Gefühl und Geist, beteiligt ist eine »Nu-Komponente«, der gedehnte, der zeitenthobene, der mystische Augenblick. Was da sich ereignet, ist gebrochen folgendermaßen anzudeuten: »Ich erinnere mich: ich werde von geheilter Zeit berührt oder sogar entrückt«, und so »lädt die Erinnerung die Sehnsucht auf, sie formatiert die Zukunftserwartung«. Doch was heißt dies? Es heißt unumgänglich Konfrontation mit der Grenze des Todes. Und doch auch dies als Begegnung, in unheimlicher Offenheit: »Nicht um meiner Bergung, sondern meiner Ausbarkung willen erinnere ich. Ich entsinne mich: ich suche den Vorgeschmack einer Unschuld, die erst der Tod mir wiederbringt« (162f.). Eben dieses unvermeidliche rätselhafte Dahingehen und Wiederkommen hat nicht allein Goethe in *Selige Sehnsucht*, sondern beispielsweise ebenfalls die Lyrikerin Ingeborg Bachmann 1952 in einem Gedicht angedeutet, dem sie die Überschrift gab *Dunkles zu sagen*, und das sie spannte zwischen die eröffnende Verse »Wie Orpheus spiel ich/auf den Saiten des Lebens den Tod« und die schließenden Verse »Aber wie Orpheus weiß ich/auf der Seite des Todes das Leben«. Im Verlauf des Lebens, um zum *Untenstehenden auf Zehenspitzen* zurückzukehren, in all seiner Verwandlung, so schmerzhaft auch immer, erhält doch »das Herz, ungerührt wie Kristall, [...] die glitzernde Quelle« (164). Die also bleibt, die Quelle, der innerste Funken. Der daraus Lebende, der Dichter, der Sänger, der Liebende, der Typus Orpheus steht im übrigen ganz und gar allein, sieht allerdings sich angesprochen von der Natur. Und von der Natur als vorgegebener, unersetzlich bedeutsamer Umgebung geht darum reichlich und geht immer wieder die Rede. Und sie geht mit merklicher Neigung, überzugehen in Gesang. Um aus der großen Zahl der entsprechenden Straußschen Texte ein Beispiel herauszugreifen: »Tausend feine Blütenaugen mit aufgeworfenen Wimpern trägt der spät ausschlagende Schlehenbaum an der östlichen Grenze meines Parkwäldchens«, so eine der Aufzeichnungen auf den letzten Seiten. Sie setzt fort und sie weitet aus: »Von dort strömt auch der Liebesduft der Traubenkirsche, auch sie ein beleibter Baum in seinem Blütenrausch, aufgestiegen und entrückt: die Einsame in ihrem Hochzeitskleid. Und feiert überschwenglich ganz allein das Fest« (166).

Vom ganz und gar Menschlichen hingegen ist Strauß zufolge nicht viel übrig. Zwischen den Kräften und aller Gewalt, die mittlerweile auf die Welt einwirken, ist seines Erachtens »das gesamte Repertoire des moralischen Bemerkens« an den

Rand geraten. Ein Sittenspiegel in der Art eines La Bruyère kann die übergreifenden Bewegungen nicht einfangen, das Massenschicksal nicht erfassen (155). Zwar kommt sie noch vor, die Beobachtung und Reflexion und ihr kunstvoller, appellativer Niederschlag, denn er geht denn doch nicht an, der Analphabetismus der Physiognomien und Charaktere (18). Freilich, in welch zurückgenommener Form tritt dies auf, als allzu privater, intimer Spiegel. Eine Probe, auch hiervon: »Ich sah«, kann es beispielsweise beginnen, »diesen hageren alten Mann, der beständig seine abrutschende Jeans zurück auf die Hüfte zog, im offenen Karo-Hemd, den erfolglosen Bildhauer, muskulöser Männerleib eines Fünfundsechzigjährigen. Ich seufzte tief«, heißt es weiter, »ich seufzte gleichsam diesen Mann in mich hinein. Nichts anderes zu sein als der Ausdauernde! Jemand, der seinen Gang geht, seine Hose hochzieht und nichts mehr zu erwarten hat, keine junge Liebe, keinen Wechsel seines Künstlerschicksals.« Darauf folgt sogar ein Aber, doch zu schön wohl, um wahr zu sein: »Aber die Bescheidenheit, die er ausstrahlte! Fast eine Glorie, so ganz mit sich übereingekommen zu sein« (118; PT 107).

**Fragen**

Der Blick auf die Menschenwelt wird offensichtlich noch geübt, kaum weniger kunstvoll als irgend sonst in der gesamten moralistischen Tradition von Seneca bis Camus, Canetti und Cioran. Genährt aber wird damit kein Zutrauen, keine fröhliche umgänglich Weisheit wie einst bei Kohelet und sodann, in der weiß Gott auch schlimmen Zeit der Religionskriege, bei Montaigne. Was unentwegt bestätigt und befördert wird, ist Distanz, mehr noch, eine unerhörte, in sich höchst erklärungbedürftige Befremdung, der die Welt »ein Unding«, die Schöpfung »ein Wahn« ist (NA 207). Bezeichnend dafür die (einigermaßen puritanische) Erklärung des tuberkulosekranken schottischen Erzählers Robert Louis Stevenson (1850–1894), gleich einem verstörten Kind könne er sich an diese Welt nicht gewöhnen, »an Zeugung, Vererbung, an Sehen und Hören«, mit diesem ganzen Schauspiel durch keine Gewohnheit sich versöhnen. Botho Strauß, in seiner ganzen fragwürdigen gnostisierenden Tendenz, greift dieses Zeugnis nicht nur auf, sondern sieht ausdrücklich seine eigene Aufgabe und sein ganzes Geschäft darin, das derart Bezeugte in tausend Einzelbelegen für sich zu bestätigen (UZ 136f.).

Dabei entsteht Literatur, einmal mehr, schöne Literatur, Sprachkunst. »Gedanken wie Engelsstürze.« Sichtlich greift der Pessimismus auf die Sprache über, das Wort, die Schrift. Jesus, wird man erinnern, bevor er in der berühmten Perikope die Ehebrecherin davor bewahrt, dass einer den ersten Stein werfe, schreibt in den den Sand. Und weshalb? »Weil alles Schreiben in den Sand geschrieben ist« (121). Solch Unerbittliches schreibt Strauß in sein Buch, sein jüngst veröffentlichtes. Paradox, fürwahr! Nicht anders als viele andere, ähnlich radikale Dichter-Denker, Cioran beispielsweise, den Strauß liest und zitiert. »Gedanken wie Engelsstürze.« Hier setzt er an und setzt er fort. Im Sturz findet er – den Ansatz zur Gegenbewegung: zur Erhebung, zum Aufstieg, zu dem ihm teuren anagogischen Sinn. »Die Sprache der vollkommenen Desillusion bleibt doch *als Sprache* die schönste Illusion und erhebt sich zu einer dichtungsskeptischen Dichtung.« Wenn abschließend sogar ausgerufen wird »Gebt mir einen Stilisten – und ich verstehe die Welt!« (120), so ist vollends deutlich, dass die Anagogik vor platonischem Hintergrund sich vollzieht, nicht anders als vordem bei den Kirchenvätern, von denen Strauß einbekanntermaßen sie herbeischleppt (105; FK 136). Es gibt demnach eine hinaufführende Bewegung im unentmischbaren Gemisch von Denken und Glauben, hin zu einem Apriori, einem allem vorhergehenden Gestaltlosen. Andeutungsweise spricht Strauß von »einigen kräftelosen Ur-Symmetrien« (119). Und er notiert: »Vor allem Sein *ein Maß*. Vor allem Bild ein Anwehen« (76). Daraus geht die Sprache hervor, davon lebt die Religion, lebt die Literatur, die insofern Strauß zufolge sogar »religiöse Nachbesserung« erbringen kann. Insofern ist Revokation denkbar, Umkehr, der Widerruf und die Rekonstruktion des gesamten fragmentarisierten Daseins der Paare, Passanten, namentlich in der innovativen literarisch-religiösen Figuration des hohen, des heiligen Paars (156).

So sind unzweifelhaft des Untenstehenden teils nüchterne teils wunderliche Betrachtungen »mit einer Anleihe aus einer eigentlich verpönten Weihezone« gewürzt (152). Der Autor weiß das. Und damit erregt er vielfach Anstoß. Dennoch, was er beharrlich niederschreibt und unbeirrt veröffentlicht, ist ja doch keine Dogmatik, keine Systematik, weder wissenschaftlich noch philosophisch-theologisch noch literarisch im Sinn eines großen Ganzen. Was vorgebracht wird, sind Bruchstücke, sind – nicht anders als bei Chamfort, Camus, Roland Barthes – »Einsprengsel eines nie erzählten Romans« (5); Szenen, Geschichten, Fragmente, Aphorismen, nicht auf vollziehende, sondern auf dialogische Rezeption angelegt, auf freie Interpretation und Anerkennung von Alterität. Um es nochmals ausdrücklich zu zitieren: »Wenn man es stilistisch genau nähme, so *fragt* alles, wovon ich spreche« (85). Es fragt indirekt an, nämlich noch nicht einmal unmittelbar beim Leser, sondern zunächst bei Autoren, alten, klassischen. Ins Gespräch mit ihnen, in die denkbar komplizierteste Intertextualität ist also einbezogen, wer immer sich angesprochen fühlt, eingeladen zum Mitdenken, Mitreden, Mitschreiben.

Es leidet keinen Zweifel, indem der Literat Strauß so sich orientiert, wirkt ein Faktor in seinem Werk, der als humanistisch zu bezeichnen ist und als moralistisch. Sein Schaffen ist geleitet von der Sorge um die Wahrheit des Menschlichen, dessen Lebendigkeit in ganzer Breite und Tiefe. Unüberhörbar klingt dabei ein lyrischer Ton. Er ist des Außermenschlichen eingedenk und beklagt den Schwund an Übereinstimmung damit und entsprechend an menschlicher Integrität. Gesicherte Individualität ist demnach keine unmittelbare Möglichkeit. Daher das Aufblicken zu Höherem, Verwandelndem, Rettendem. Und auch sofern sie diesen Gestus artikuliert, wird man Straußens Kunst noch immer für eine legitime Artikulation menschlicher Bedürftigkeit ansehen. Da freilich, wo sie beansprucht, das metaphysische Bedürfnis nicht bloß vorzubringen, sondern einzulösen und zu erfüllen, da wird man denn doch einhalten und fragen, ob das nicht als ein Ästhetizimus auftritt, eine Kunstreligion abermals. Und ob überhaupt je das Ästhetische soviel zu bedeuten und zu leisten vermag: Opfer zu sein, Reinigung und erlösende Erkenntnis. Wahrscheinlicher ist es doch, dass es bei der Unterschiedenheit der Sphären bleiben muss, selbst auf die Gefahr hin, dass wir, unvollkommen und fehlbar durchaus, noch für lange Zeit in metaphysischer Obdachlosigkeit auszuharren haben. Um so bedeutsamer eben deswegen die Literatur der untröstlichen Tröster, denn dass sie gebrochen daherkommt, darin liegt zugleich ihre Stärke. So nämlich kann sie Eines, Kostbares; sie kann deutlich machen, dass in allen Einzelheiten doch ein großes Ganzes klingt.

**Literaturverzeichnis:**

**Primärliteratur:**

**Strauß, Botho:**

*Prosaminiaturen:*
- *Der Untenstehende auf Zehenspitzen.* München 2004 (UZ).
- *Paare, Passanten.* München 1981 (PP).
- *Niemand anderes.* München 1987 (NA).
- *Beginnlosigkeit. Reflexionen über Fleck und Linie.* München 1992 (BL).
- *Wohnen Dämmern Lügen.* München 1994 (WD).
- *Die Fehler des Kopisten.* München 1997 (FK).
- *Das Partikular.* München 2000 (PT).

*Weitere Werke (Auswahl, ohne Theaterstücke):*
- *Die Widmung. Eine Erzählung.* München 1977 (W).
- *Der junge Mann.* München 1984 (JM).
- *Fragmente der Undeutlichkeit.* München 1989 (FU).
- *Kongreß. Die Kette der Demütigungen.* München 1989 (KK).
- *Über Liebe. Geschichten und Bruchstücke.* Hrsg. v. Volker Hage. Stuttgart 1989.
- *Anschwellender Bocksgesang.* 1993 (AB).
- *Die Nacht mit Alice, als Julia ums Haus schlich.* München 2003 (AJ).

**Forschungsliteratur:**

**Anz, Thomas**: »Modern, postmodern? Botho Strauß' *Paare, Passanten*«. In: Paul Michael Lützeler (Hg.): *Spätmoderne und Postmoderne. Beiträge zur deutschsprachigen Gegenwartsliteratur.* Frankfurt/M. 1991, S. 104–116.

**Arnold, Heinz Ludwig** (Hg.): *Botho Strauß.* München ²1998 [Neufassung v. ¹1984].

**Bauer, Karin**: »Gegenwartskritik und nostalgische Rückgriffe. Die Abdankung der Frau als Objekt männlichen Begehrens und die Erotisierung der Kindfrau in Botho Strauß' *Paare Passanten*«. In: *The German Quarterly* 69.2 (1996), S. 181–195.

**Becker, Peter von**: »Die Minima Moralia der achtziger Jahre. Notizen zu Botho Strauß' *Paare Passanten* und *Kalldewey. Farce*«. In: *Merkur* 36 (1982), S. 150–160.

**Berka, Sigrid**: *Mythos-Theorie und Allegorik bei Botho Strauß.* Wien 1991.

**Bürger, Peter**: »Das Verschwinden der Bedeutung. Versuch einer postmodernen Lektüre von Michel Tournier, Botho Strauß und Peter Handke«. In: Peter Kemper (Hg.): ›Postmoderne‹ oder der Kampf um die Zukunft. Frankfurt/M. 1988, S. 294–312.

**Braungart, Wolfgang**: »›Theophane Herrlichkeit‹. Utopie, Utopiekritik und Ästhetik der Präsenz bei Botho Strauß«. In: Rolf Jucker (Hg.): Zeitgenössische Utopieentwürfe in Literatur und Gesellschaft. Amsterdam 1997, S. 295–311.

**Früchtl, Josef**: »Der Aphorismus als Stil- und Erkenntnisideal. Theodor W. Adorno und Botho Strauß«. In: (rowohlts) Literaturmagazin 39 (1997), S. 158–171.

**Funke, Pia-Maria**: Über das Höhere in der Literatur. Ein Versuch zur Ästhetik von Botho Strauß. Würzburg 1996 (Diss. Uni München 1995), insbes. S. 67–81.

**Garbe, Joachim**: »Zeremonien des Abschieds. Botho Strauß – Die Fehler des Kopisten«. In: Hans-Jörg Knobloch u. Helmut Koopmann (Hgg.): Fin de siècle – Fin du millénaire. Endzeitstimmungen in der deutschsprachigen Literatur. Tübingen 2001, S. 171–182.

**Greiner-Kemptner, Ulrike**: Subjekt und Fragment. Textpraxis in der (Post)Moderne. Stuttgart 1990 (Diss. Salzburg 1988), S. 229–251.

**Grieshop, H.**: Rhetorik des Augenblicks. Studien zu Thomas Bernhard, Heiner Müller, Peter Handke und Botho Strauß. Göttingen 1998.

**Hagestedt, Lutz**: »Botho Strauß. Literatur als Erkenntnis? Reflexionen aus dem beschädigten Leben der Postaufklärung«. In: Weimarer Beiträge 40.2 (1994), S. 266–281.

**Janke, Pia**: Der schöne Schein. Peter Handke und Botho Strauß. Wien 1993.

**Kaiser, Joachim**: »Paare, Passanten. Meisterstück zwischen Tagebuch und Kunstprosa [1981]«. In: ders.: Erlebte Literatur: vom »Doktor Faustus« zum »Fettfleck«; deutsche Schriftsteller in unserer Zeit. München 1988, S. 418–424.

**Mattenklott, Gert**: »Schönheitslinien nach dem Schweigen der Ideen«. In: Christoph Wulf u.a. (Hgg.): Ethik der Ästhetik. Berlin 1994.

**Modick, Klaus**: »Das Fragment als Methode. Zum Bauprinzip von Paare, Passanten«. In: Text und Kritik 81 (1984), S. 72–79.

**Poppenberg, Gerhard**: Ins Ungebundene. Über Literatur nach Blanchot. Tübingen 1993.

**Radix, Michael** (Hg.): Strauß lesen. München/Wien 1987.

**Rügert, Walter**: Die Vermessung des Innenraumes. Zur Prosa von Botho Strauß. Würzburg 1991 (Diss. Uni Freiburg Br. 1990).

**Sautter, Günter**: Politische Entropie, Strauß, Enzensberger, Walser, Sloterdijk. Paderborn 2002.

**Schößler, Franziska**: »Die Aufhebung des Bildungsromans aus dem Geiste Nietzsches. Zu Botho Strauß' Roman *Der junge Mann*«. In: *Germanisch-Romanische Monatsschrift* 53 (2000), S. 75–93.

**Smerilli, Filippo**: »Botho Strauß' *Anschwellender Bocksgesang*. Politik, Ästhetik und Theodor W. Adorno. Eine Spurensuche«. In: *Wirkendes Wort* 53 (2003), S. 85–114.

**Wiesberg, Michael**: *Botho Strauß, Dichter der Gegen-Aufklärung*. Dresden 2002.

**Willer, Stefan**: *Botho Strauß zur Einführung*. Hamburg 2000.

**Windrich, Johannes**: »*Das Aus für das Über. Zur Poetik von Botho Strauß' Prosaband »Wohnen, Dämmern, Lügen« und dem Schauspiel ›Ithaka‹*«. Würzburg 2000.

**Winkels, Hubert**: »Selbstheilung des Fragments. Zur Krise des Sinns bei Botho Strauß und Peter Handke«. In: *Sprache im technischen Zeitalter* 85 (1983), S. 89–92.

# John M. Coetzee *Disgrace / Schande*

## Bernd Oberdorfer

»Für einen Mann seines Alters, zweiundfünfzig, geschieden, hat er, wie er findet, das Sexproblem recht gut gelöst.« (1/5r) Ein Roman, der nach der Lösung des Problems beginnt, ist paradox; was gibt es da noch zu erzählen? Doch andererseits fragt man sich natürlich gleich: Hat er wirklich ...? und wird damit bereits in die Handlung eines der eigentümlichsten, kühn-eigenwilligsten, kühl-verstörendsten Romane hinein gezogen, die jedenfalls ich in den vergangenen Jahren zu lesen bekam: des 1999 erschienenen Romans *Disgrace* – zu Deutsch: *Schande* – des Südafrikaners John M. Coetzee, Literaturnobelpreisträger von 2003. Zumal sich die »Lösung« des »Sexproblems« sehr schnell als ebenso speziell wie fragil erweist ... Aber eines nach dem anderen!

Coetzee, 1940 in Kapstadt geboren, hat dort lange Jahre als Professor für Literaturwissenschaft gelehrt, ehe er 2002, für viele überraschend, nach Adelaide in Australien übersiedelte. 1974 veröffentlichte er sein erstes Prosawerk, *Dusklands*, dem eine Fülle weiterer Romane folgte; die meisten sind ins Deutsche übersetzt. Sie sind teils im Südafrika der Gegenwart angesiedelt (so etwa *Age of Iron*, 1990), teils spielen sie in einer allegorisch verfremdeten und verdichteten Welt, die nicht von ungefähr an Kafka erinnert (so etwa, bereits im Titel ersichtlich, *Life and Times of Michael K*, 1983, und *Waiting for the Barbarians*, 1980), teils bauen sie aber auch auf historisch-literarischen Bezügen auf (so der Dostojewski-Roman *The Master of Petersburg*, 1994, oder der Robinson-Crusoe-Stoff *Foe*, 1986). In den letzten Jahren hat er zwei autobiographische Studien publiziert, in denen er seine Kindheit in der südafrikanischen Provinzstadt Worcester (*Boyhood: Scenes from Provincial Life*, 1997) und seine Studienjahre in London (*Youth*, 2002) mit einer unterkühlt-lakonischen Präzision seziert, die unverkennbar Ausdruck gebändigter Leidenschaft ist; in dieser Hinsicht sind sie Thomas Bernhards großen autobiographischen Texten zur Seite zu stellen, obwohl Coetzee stilistisch von Bernhards Entrüstungsvirtuosität denkbar weit entfernt ist. Dass Coetzee ein *Poeta doctus* ist, geht nicht nur aus seinen Romanen selbst hervor, sondern zeigt sich besonders in seinem umfangreichen essayistischen Werk (u.a. *Stranger Shores. Essays 1986–1999*, 2001). Coetzees jüngste Veröffentlichung, *Elizabeth Costello: Eight Lessons* (2003), ist eine Art episierte Essaysammlung: Die fiktive australische Schriftstellerin Costello gerät auf ihren weltweiten Vortrags- und Kongressreisen in kontroverse Diskussionen über Tierethik, die Bedeutung der Kulturwissenschaften in Afrika, literarischen Realismus etc. Ich habe Coetzees Werk während eines längeren Forschungsaufenthalts in Südafrika im Winter 2000/2001 kennen und verehren gelernt. *Disgrace* wurde dort sehr kontrovers diskutiert. Zum Teil wurde heftig in Frage gestellt, ob der Roman ein angemessenes Bild von der südafrikanischen Situation wenige Jahre nach dem Ende der Apartheid-Zeit biete. Besonders die Tatsache, dass Gewalt durch

Schwarze an Weißen das zentrale Ereignis des Buches ist, wurde als gefährliche Einseitigkeit kritisiert. Aber ich greife voraus. Zurück zu David Lurie – so der Name des Protagonisten.

Lurie ist Jahrgang 1945, also fünf Jahre jünger als Coetzee, hat aber mit diesem zumindest gemeinsam, dass er Professor für Literatur in Kapstadt ist. Bzw. genauer: Im Jahr 1997, in dem der Roman spielt, ist er nicht mehr Professor *für Literatur*. Die »große Rationalisierung«, wie Coetzee sagt, hat auch vor den Universitäten nicht Halt gemacht und »in den neuen Zeiten« zu einer Neustrukturierung namentlich in den Geisteswissenschaften geführt, die im Namen der gesellschaftlichen Verwertbarkeit geisteswissenschaftliche Fächer wie die Altphilologie oder die modernen Philologien abwickelt und die entsprechenden Lehrstühle ›umwidmet‹. Und so hat Lurie – wie Coetzee nicht ohne verhaltenen Sarkasmus vermerkt – jetzt eine außerplanmäßige Professur für »Kommunikation« und so aufregende Kurse zu geben wie »Communication Skills« (Kommunikationstechniken) und »Advanced Communication Skills« (Kommunikationstechniken für Fortgeschrittene) (3/8). Gleichsam als Entschädigung darf er noch *eine* Veranstaltung seines Lehrdeputats für sein ursprüngliches Fachgebiet verwenden, und so bietet er Seminare zur Lyrik der Romantik an. In dieser »umgewandelten und seiner Meinung nach kastrierten Lehranstalt« fühlt er sich »mehr denn je fehl am Platz« – wie »Kleriker in einem postreligiösen Zeitalter« (4/9r). Man wird kaum behaupten wollen, dass dies eine spezifisch südafrikanische Entwicklung und eine direkte Folge des Endes der Apartheid sei; eher könnte man erschrecken darüber, dass eine Haltung, mit der auch in unseren Breiten die Geisteswissenschaften zu kämpfen haben (wie viele Professuren für »Kommunikation« werden an deutschen Universitäten noch geschaffen werden?!), offenkundig bis an die Südspitze Afrikas globalisiert ist. In Südafrika fällt dieser Umbau allerdings zusammen mit der in ungeheurer Geschwindigkeit vollzogenen Transformation der Apartheid-Gesellschaft in eine multiethnisch-pluralistische Gesellschaft, was das Gefühl der Unbehaustheit bei vielen noch verstärken dürfte. Jedenfalls spielt die Spiegelung der »neuen« an den »alten Tagen« in *Disgrace* eine wichtige Rolle, und wir werden darauf zurückkommen müssen.

Dies ist Luries Ausgangslage. Wie steht es aber nun mit dem »Sexproblem«? Lurie hat es so »gelöst«, dass er jeden Donnerstag zu einem Apartmenthaus im Stadtteil Seapoint fährt und sich dort mit der Prostituierten »Soraya« trifft, von der er vermutet, dass sie ansonsten ein bürgerliches Leben führt. Als er sie eines Tages in der Stadt mit zwei Kindern entdeckt, gibt er der Versuchung nach, etwas von ihrem ›anderen Leben‹ kennen lernen zu wollen, und folgt ihr. Durch das Fenster eines Cafés erkennt sie ihn, sie blicken einander in die Augen – und dieser kurze Blick ändert alles, zerstört das wohlgeordnete Arrangement. Mit einer vorgeschobenen Begründung zieht sie sich nach einigen Wochen von den Treffen mit ihm zurück. Die Agentur, durch die er sie gefunden hatte, verweigert Informationen zu ihrem Verbleib, bietet ihm stattdessen eine andere »Soraya« an. Erstmals agiert er als Getriebener, engagiert einen Privatdetektiv, der sie schnell ausfindig macht, ruft bei ihr zu Hause an, erfährt von der überrumpelten Frau, die ihr Doppelleben gefährdet sieht, eine fürchterliche Abweisung: »Ich weiß nicht, wer Sie sind«, hört er sie mit schriller Stimme sagen. »Sie verfolgen mich bis in mein Haus. Ich verlange, dass Sie mich hier nie wieder anrufen, nie wieder.« (10f./16)

Am Ende des ersten Kapitels erscheint David Lurie mithin als jemand, der beruflich gleichsam aufs Abstellgleis geschoben und dem die künstliche Befriedung seines Trieblebens gescheitert ist. Wie geht es weiter?

Nach einem kurzen, schalen Intermezzo mit einer Sekretärin trifft er eines Abends auf dem Campus zufällig eine Studentin aus seinem Romantik-Seminar (möglicherweise – aber das wird nie deutlich gesagt – gehört sie nach den Kategorien der Apartheid-Zeit zur Gruppe der *coloured*, der Mischlinge), lädt sie auf einen Drink zu sich nach Hause ein und versucht sie zu überreden, über Nacht zu bleiben, mit der Begründung: »Weil die Schönheit einer Frau nicht ihr allein gehört. Sie ist Teil der Aussteuer, die sie mit auf die Welt bringt. Sie hat die Pflicht, sie zu teilen.« (16/24) Für diesmal entwindet Melanie Isaacs sich noch. Doch zwei Tage später verführt er sie. Sie meidet ihn in der Folge, fehlt im Seminar, doch er lässt nicht locker, besucht sie unangemeldet in ihrer Wohngemeinschaft, schläft mit ihr, nicht gegen, aber ohne ihren Willen. »Es ist keine Vergewaltigung, nicht ganz, aber doch unerwünscht, gänzlich unerwünscht.« (25/35) Eine Woche geht sie ihm aus dem Weg. Auf einmal jedoch steht sie vor seiner Tür, verwirrt, verunsichert, und bittet, ein paar Tage bei ihm wohnen zu dürfen. Obwohl er weiß, dass dies »das allerletzte ist, was er braucht« (27/37), nimmt er sie auf. Sie verschwindet wieder, fehlt erneut im Seminar, er attestiert ihr dennoch das Bestehen des Kurses.

Kurz darauf sucht ihn im Büro ein junger Mann auf, wohl der Freund der Studentin, und droht ihm mit Konsequenzen; danach sind die Reifen seines Autos durchstochen. Aus der Küstenstadt George reist Melanies Vater an und stellt Lurie öffentlich zur Rede. Es kommt zum Disziplinarverfahren, trotz zugesagter Vertraulichkeit findet Lurie den Fall in der Lokalpresse breit ausgewalzt wieder, mit voller Namensnennung, die studentische Aktionsgruppe »Women against Rape« (WAR) organisiert eine Mahnwache, unter der Tür wird die Botschaft durchgeschoben: »YOUR DAYS ARE OVER, CASANOVA« (43/58). Die Ex-Frau kommentiert angewidert: »*The whole thing is disgraceful from beginning to end.*« (44/61)

Das Disziplinarverfahren gerät zu einem atemberaubenden Diskurs über Schuld und Schuldbekenntnis, über Öffentlichkeit und Privatheit. Lurie ist bereit, der geforderten Formpflicht Genüge zu tun und sich ohne Diskussion, ja ohne Kenntnisnahme der Details als »schuldig im Sinne der Anklage« (49/65) zu bekennen. »Ich bin mir sicher, dass die Mitglieder dieses Ausschusses Besseres mit ihrer Zeit anzufangen wissen, als eine Geschichte aufzuwärmen, die unstrittig ist. [...] Fällen Sie das Urteil, und lassen Sie das Leben weitergehen.« (48/65) Doch das Komitee will Lurie ein persönliches Schuldbekenntnis nicht ersparen. Zunächst wehrt Lurie ab (»Was in mir vorgeht, ist meine Angelegenheit, nicht Ihre«, 51/68r). Durch provokative Offenheit unterläuft er dann freilich die Erwartungen. Er legt eine »Beichte« ab, aber keine, die den Vorstellungen der Juroren entspricht: Er bekennt, dass im Moment der Begegnung mit Melanie »Eros ins Spiel kam. Danach war ich ein anderer Mensch. [...] Ich wurde Diener des Eros.« (52/70; vgl., im ironisierenden Rückblick, 89/117: »*It was a god who acted through me.*«) Das Komitee vermisst hingegen ein konkretes Bekenntnis zum »Missbrauch« der Studentin; auch schweige er »von dem Schmerz, den er verursacht hat, [...] und auch von der langen Geschichte der sexuellen Ausbeutung, in die das einzuordnen ist.« (53/71) Lurie soll nun zunächst ein öffentliches, persönliches Schuldbekenntnis abgeben, und das Komitee will dann darüber urteilen, ob dieses »von Herzen kommt«, ob es seine »wahren Gefühle« ausdrückt (54/73). Auch soll er sich einer psychologischen Beratung unterziehen, um sein Sozialverhalten zu adjustieren. Diesen Ansinnen widersetzt sich Lurie konsequent. Sie erinnern ihn, wie er seiner Tochter Lucy später sagt (in einer »Tirade«, die ihm freilich selbst »melodramatisch, übertrieben« erscheint), »zu sehr an Maos China. Widerruf, Selbstkritik, öffentliche Entschuldigung. Ich bin altmodisch, ich würde es vorziehen, an die Wand gestellt und erschossen zu werden. [...] Wir haben puritanische Zeiten. Das Privatleben interessiert die Öffentlichkeit. [...] Sie wollten ein Schauspiel: an die Brust schlagen, Reue, wenn möglich Tränen. Eigentlich eine Fernsehshow. Den Gefallen habe ich ihnen nicht getan.« (66/88r) Lieber riskiert er die Entlassung. Und so geschieht es dann auch.

Szenenwechsel. Gegenwelt. Lurie verlässt Kapstadt und reist auf die andere Seite des Kaps, bald tausend Kilometer, in die Nähe von Grahamstown, aufs Land. Dort hat seine Tochter Lucy mit einer Art Kommune eine kleine Farm übernommen. Nach Auflösung der Kommune ist sie mit ihrer Lebensgefährtin Helen dort geblieben (und als Lurie ankommt, erfährt er, dass auch diese, wohl auf Dauer, nach Johannesburg zurückgekehrt ist). Lucy baut Gemüse an, das sie auf dem Wochenmarkt verkauft, und betreibt eine Hundepension. Sie führt, wie Lurie feststellt, das Leben einer vormodernen Bäuerin, ein Leben, das so gänzlich konträr zu dem seinen ist, dass er sich wundert, wie »er und ihre Mutter, Stadtmenschen, Intellektuelle, diese Regressionsstufe [throw back], diese robuste [sturdy] junge Siedlerin hervorgebracht haben sollten« (61/81r), in der gleichsam die Geschichte der burischen *vortrekker* des 19. Jahrhunderts sich wieder gegen die moderne Großstadtzivilisation durchsetzt.

Diese Lebensform begründet eine latente Spannung zwischen Vater und Tochter, die recht bald nach Luries Ankunft zum Ausbruch kommt. Lurie macht sich lustig über Lucys Freundin Bev Shaw, die mit ihrem Mann in Grahamstown eine Art ambulante Tierklinik ehrenamtlich weiterbetreibt, nachdem der Staat dafür die Gelder gestrichen hat (»Auf der Prioritätenliste der Nation sind die Tiere nirgends zu finden«, sagt Lucy [73/97]). Er bewundere den Idealismus dieser Tierschützer, sagt Lurie, zugleich aber erinnerten sie ihn eben deshalb an »gewisse Christen. Alle sind so harmlos-fröhlich [cheerful] und bester Absicht, dass es einen nach einer Weile juckt, loszuziehen, um ein bisschen zu vergewaltigen und zu plündern. Oder einer Katze einen Tritt zu verpassen.« (ebd./97r) Lucy fasst das als Angriff auf ihre Lebensform auf. »Du denkst, weil ich deine Tochter bin, sollte ich etwas Besseres mit meinem Leben anfangen«, hält sie ihm daraufhin vor. »Du denkst, ich sollte Stillleben malen oder Russisch lernen. Du hältst nichts von Freunden wie Bev und Bill Shaw, weil sie mich nicht zu einem höheren Leben führen.« (74/97) Aber sie insistiert: »[...] der Grund dafür ist, dass es kein höheres Leben gibt. Es gibt nur dieses Leben hier. Das wir mit den Tieren teilen. [...] Wir sollten einige unserer menschlichen Privilegien [human priviledge] mit den Tieren [...] teilen. Ich möchte nicht als Hund oder Schwein wiedergeboren werden und so leben müssen, wie Hunde und Schweine unter uns leben.« (74/97fr) Lurie stimmt zu, man müsse zu den Tieren »unbedingt freundlich« sein, will aber daran festhalten, dass »wir einer anderen Schöpfungskategorie [different order of creation] an(gehören) als die Tiere. Nicht unbedingt einer höheren, nur einer anderen« (74/98). Und in einer für ihn schon typisch zu nennenden Weise verweigert er sich auch hier dem Schuld-Diskurs: »Wenn wir also freundlich [zu den Tieren] sein wollen, dann bitte aus schlichter Großherzigkeit [generosity], nicht weil wir uns schuldig fühlen oder Vergeltung fürchten.« (ebd./98r)

Mit dieser Diskussion ist ein Thema angeschlagen, das sich im weiteren Verlauf des Romans durchhält: der Umgang mit Tieren. Im Übrigen wird schon jetzt deutlich, dass Vater und Tochter sich in vieler Hinsicht viel stärker ähneln, als es nach ihren höchst unterschiedlichen Lebensentwürfen erscheint. Beide verweigern sich ja der Idealisierung ihres Tuns und ihrer Haltung, beide verzichten auf gesellschaftliche Achtung. Bald wird sich indes zeigen, dass das weitere Konflikte nicht ausschließt. Immerhin lässt Lurie sich auf den neuen Lebensstil, den veränderten Lebensrhythmus ein. Ohne seinen ironisch-gebrochenen Gestus aufzugeben – »ob ich Tiere mag? ich esse sie, also muss ich sie wohl mögen, jedenfalls Teile von ihnen« (81/107r) –, ist er sogar bereit, Bev Shaw in der Tierklinik zu helfen, solange er – wie er hinzufügt – dadurch »nicht ein besserer Mensch werden muss« (77/102r). Wie sich erweist, besteht eine von Bevs Haupttätigkeiten darin, jeden Sonntagnachmittag kranken, schwachen und alten oder auch nur unerwünschten, nicht mehr finanzierbaren Haustieren den ›Gnadentod‹ zu gewähren, sie einzuschläfern, wobei sie eine besondere Fähigkeit hat, den Tieren die Angst zu nehmen, sie zu beruhigen; ja sie lebt dabei geradezu eine, wie Lurie irritiert feststellt, emotionale »communion with animals« (126/164). Obwohl er sie zunächst ironisiert als »Priesterin, voller New Age *mumbo jambo*, die absurderweise versucht, das Los von Afrikas leidender Tierwelt zu lindern« (84/110r), übernimmt es Lurie, die Kadaver zu beseitigen. Dabei entwickelt er ein eigentümliches Ethos: Als er sieht, dass die Arbeiter in der Verbrennungsanlage den Tieren die bereits todesstarren Glieder ebenso ungerührt wie brutal zerschlagen, damit sie besser in die Öfen passen, bringt er die Kadaver fortan selbst dorthin, um für einen würdevollen Umgang mit ihnen zu sorgen. Er findet es selbst »seltsam, dass ein Mann, der so egoistisch ist wie er, sich dem Dienst an toten Hunden widmet« (146/190) – in der englischen Fassung (»offering himself to the service of dead dogs«) klingt deutlich die Assoziation zum Begräbnisgottesdienst (*service*) mit –, und fragt sich, warum er das tut: »Den Hunden zuliebe? Aber die Hunde sind tot; und was wissen Hunde schon von Ehre und Schande [dishonour]? Dann also für sich selbst. Für sein Konzept [idea] von der Welt, einer Welt, in der Männer nicht Schaufeln benutzen, um mit ihnen auf Tierleichen einzudreschen, damit sie bequemer weiterzuverarbeiten sind.« (146/190r) Er räumt ein, dass es »andere, produktivere Arten geben (müsste), sich der Welt zu widmen oder einer Idee von der Welt« (146/190r). Aber er empfindet es als stimmig, dass er jetzt genau dieses tut: »Er rettet die Ehre von Tierleichen, weil kein anderer blöd genug ist, es zu tun.« (146/191) Man kann geradezu von einem anti-idealistischen Idealismus sprechen, einem Idealismus, der Ideale verweigert, der sich weigert, etwas um einer darüber hinaus gehenden Bedeutung willen zu tun – und es doch tut.

Noch eine weitere für die folgende Entwicklung wichtige Person ist zu erwähnen. Es ist Petrus, Lucys Angestellter, Verwalter, Helfer, ein Schwarzer. »In den alten Tagen« der Apartheid wäre er ein subalterner Untergebener des *baas*, des »Bosses«, gewesen. In der »neuen Zeit« ist Lucy auf seine Kooperation, sein Entgegenkommen, ja mehr und mehr auf seinen Schutz angewiesen. »Sie leben in einer neuen Welt«, denkt Lurie einmal, »er und Lucy und Petrus. Petrus weiß das, und er weiß das, und Petrus weiß, dass er es weiß.« (117/152) Der Roman beobachtet gleichsam den Prozess, wie sich die Machtverhältnisse auf der Farm nach und nach umkehren. Einen Teil des Landes bebaut Petrus schon in Eigenregie, und Lurie vermutet, dass er letztlich die ganze Farm übernehmen möchte (»Petrus has a vision of the future in which people like Lucy have no place«; [118/153]); für sich und seine (Groß-) Familie errichtet er gerade einen Neubau.

Als aus dem Nichts die Katastrophe hereinbricht, ist Petrus wie zufällig nicht da. Die Katastrophe, das sind zwei Männer und ein Halbwüchsiger, Schwarze, die Lurie und Lucie auf einem Spaziergang entgegenkommen. Bei ihrer Rückkehr stehen die drei vor dem Haus, behaupten, sie müssten telefonieren. Als Lucy die Tür öffnet, drängen sie sich hinein, überwältigen die beiden, sperren Lurie ins Bad ein; von dort muss er beobachten, wie sie ungerührt alle Hunde in den Zwingern erschießen (eine Brutalität, die er im Rückblick als symbolische Rachehandlung versteht »in einem Land, in dem Hunde so gezüchtet werden, dass sie beim bloßen Geruch eines Schwarzen knurren« [110/144]). Später übergießen sie ihn mit einer brennbaren Flüssigkeit und zünden ihn an; mit Mühe kann er, schwer verletzt, das Feuer löschen. Was mit Lucy geschieht, kann er nur ahnen. Nachts verschwinden sie, Luries Auto angefüllt mit Diebesgut.

Das schreckliche Geschehen entfremdet Vater und Tochter voneinander. Er macht sich Vorwürfe, dass er sie nicht gegen die Vergewaltigung schützen konnte (vgl. 157/205). Sie zieht sich in sich selbst zurück, will über diesen Aspekt des Überfalls nicht reden, zeigt bei der Polizei nur den Raub an. Von Lurie zur Rede gestellt, antwortet sie mit einem Argument, das auf den ersten Blick seiner Argumentation im Disziplinarverfahren verblüffend ähnelt: »Der Grund ist der: aus meiner Sicht ist das, was mir zugestoßen ist, eine rein private Angelegenheit. Zu einer anderen Zeit, an einem anderen Ort, könnte das als öffentliche Angelegenheit betrachtet werden. Aber hier und heute nicht. Es ist meine Sache, ganz allein meine.« (112/145) Was bei Lurie jedoch auf den Schutz der Privatsphäre gegen den inquisitorischen Profanpuritanismus der *political correctness* zielt, ist bei Lucy gänzlich anders gemeint. Im Südafrika der Nach-Apartheid-Zeit will sie die Vergewaltigung durch Schwarze nicht öffentlich sühnen lassen. Entrüstet hält ihr Lurie vor, sie könne doch nicht ernsthaft glauben, durch Verzicht auf Gegenwehr dem Rachebedürfnis der Schwarzen die Spitze brechen zu können und so fortan sicherer zu leben; Rache sei vielmehr »wie eine Feuersbrunst. Je mehr sie verschlingt, desto hungriger wird sie« (112/146). Auch unterstellt er ihr, sie suche »eine Art private Erlösung«, sie meine wohl, sie könne »die Verbrechen der Vergangenheit sühnen«, indem sie »in der Gegenwart leide [...]« (112/146r). Doch Lucy – auch sie eine anti-idealistische Idealistin! – verweigert sich einer solchen Deutung: »Schuld und Erlösung sind abstrakte Begriffe. Ich handle nicht nach abstrakten Begriffen.« (112/146)

Der Streit eskaliert, als Lucy einen der Täter, den Halbwüchsigen, unter den Gästen der Party entdeckt, die Petrus veranstaltet (vgl. 131ff./170ff.). Es kommt zum Eklat: Lurie stellt den Jungen zur Rede, der empört alles abstreitet, Lurie und Lucy verlassen die Feier. Doch Lucy weigert sich, die Polizei zu rufen. Lurie beschwört sie, endlich einzusehen, dass Petrus keineswegs ihr Beschützer ist, sondern die

Verbrecher deckt; wenn sie jetzt zurückstecke, werde sie für immer ihre »Selbstachtung« (self-respect) verlieren (134/174). Vergebens. Lucy sagt nur: »*You don't know what happened.*« (ebd.) Tage später bricht sie dann doch ihr Schweigen. »Es war so persönlich«, sagt sie. »Es geschah mit solchem persönlichem Hass.« (156/203r) Der »Schock gehasst zu werden« (ebd.) lasse sie nicht los. Zugleich aber liest sie die Tat als Machtdemonstration, hält die Täter für Gewohnheitstäter (»they *do* rape«, ebd.), die damit ihr Territorium zu markieren pflegen (vgl. 158/206). Vielleicht sei das aber »der Preis [...], den man dafür zahlen muss, bleiben zu dürfen? Vielleicht sehen sie das so, vielleicht sollte ich das auch so sehen. Sie glauben, dass ich ihnen etwas schulde. Sie sehen sich als Schuldeneintreiber, Steuereintreiber. Warum soll ich hier leben dürfen, ohne zu zahlen?« (158/206) Lurie nennt das »Sklaverei«; »sie wollen dich als ihre Sklavin.« Lucy antwortet: »Nicht Sklaverei. Unterwerfung. Unterjochung.« (159/207) Und zum Entsetzen des Vaters ist sie bereit, diesen Preis zu akzeptieren; gegen sein Drängen weigert sie sich, die Farm aufzugeben. Es kommt zu einem letzten Wortwechsel, der nur noch als Briefwechsel möglich ist. Lurie schreibt: »Liebste Lucy, mit unendlicher Liebe muss ich das Folgende sagen. Du bist kurz davor, einen gefährlichen Fehler zu begehen. Du willst dich vor der Geschichte demütigen. Aber der Weg, den du gehst, ist der falsche. Du wirst alle Ehre verlieren; du wirst nicht mehr mit dir selber leben können. Ich beschwöre dich, höre auf mich. Dein Vater.« (160/209r) Lucy antwortet: »Lieber David, Du hast mir nicht zugehört. Ich bin nicht der Mensch, den du kennst. Ich bin ein toter Mensch, und ich weiß noch nicht, was mich wieder ins Leben zurückführen wird. Ich weiß nur, dass ich nicht fortgehen kann. [...] Ja, der Weg, den ich gehe, ist vielleicht der falsche. Aber wenn ich jetzt die Farm verlasse, gehe ich als Gescheiterte und werde den Geschmack dieses Scheiterns für den Rest meines Lebens mit mir tragen. [...] Ich weiß, dass du mir helfen willst, aber du bist nicht der Führer, den ich brauche, nicht jetzt. Deine Lucy.« (161/209fr) Lurie beschließt abzureisen.

Nach einem Zwischenstopp in George, wo er mit unklaren Motiven den Vater von Melanie Isaacs aufsucht, einen Schulrektor, von diesem zum Abendessen im Kreis der Familie nach Hause eingeladen wird, mit der unausgesprochenen Erwartung, dass er dort die lang ersehnte Entschuldigung aussprechen werde, eine Erwartung, die Lurie dann auch erfüllt, – nach dieser überaus beklemmenden Episode also (wenn sie nicht so beklemmend wäre, könnte man von einem Satyrspiel zu dem Disziplinarverfahren sprechen) kehrt Lurie nach Kapstadt zurück und findet seine Wohnung von Einbrechern verwüstet und leer geräumt vor. Lurie bemüht sich kaum, die Ordnung wiederherzustellen, sondern versenkt sich ganz in die Fortführung der Kammeroper »Byron in Italy«, an der er schon die ganze Zeit arbeitet. Seine früheren Kollegen meiden ihn, seine Stelle ist bereits wieder besetzt, mit einem Dr. Otto, dessen Fachgebiet bezeichnenderweise »angewandte Sprachwissenschaft«, genauer: »Fremdsprachenerwerb« ist (179/233); nichts mehr also von den »Dichtern«, den »toten Meistern«, mit denen Lurie sich beschäftigt (ebd.).

Als er in den Telefonaten mit Lucy einen veränderten Ton herauszuhören meint, ist er beunruhigt und kehrt unter einem Vorwand nach Grahamstown zurück. Lucy ist schwanger, von der Dreifachvergewaltigung. »Three fathers in one«, denkt Lurie in grimmigem Sarkasmus (199/258). Auch stellt sich heraus, dass der jüngste der Vergewaltiger jetzt auf Dauer bei Petrus lebt, ein Verwandter von diesem ist. Als

Lurie Petrus zur Rede stellt, prallen zwei Welten, zwei Gesellschaftskonzepte, zwei Rechtskulturen aufeinander. Für Petrus gehört Pollux – so der Name des Jungen – zur Familie. »He is my family, my people.« (201/261) Auch für Petrus ist, was geschehen ist, böse. »But it is finish.« (201/262) Er ist durchaus bereit, Verantwortung dafür zu übernehmen. Doch die Verantwortung besteht für Petrus darin, dass der Junge Lucy heiratet, bzw., da der Junge noch nicht volljährig ist, dass er selbst Lucy zur Frau (genauer: zur Drittfrau) nimmt und sie und das Kind damit in die Großfamilie aufnimmt, ihnen den Schutz der Großfamilie gewährt. »Then it is over, this whole badness.« (202/262) Konsterniert markiert Lurie die Kulturdifferenz: »This is not how we do things.« (202/262) Wir, das meint: wir Weißen. Und er hält das Ganze für »nackte Erpressung« (202/263). Doch Petrus hat schon früher Lucy als eine Frau gelobt, die nicht an der Vergangenheit klebt, die in die Zukunft schaut: »She is a forward-looking lady, not backward-looking.« (136/177) In der Tat versteht Lucy den Vorschlag nicht als Heiratsantrag – »mit kirchlicher Trauung und *honeymoon* an der Wild Coast« (203/264r) –, sondern als das Angebot für »ein Bündnis […], ein Geschäft. Ich bringe das Land ein, dafür darf ich mich unter seinen Schutz begeben. Er will mich darauf hinweisen, dass ich sonst Freiwild bin.« (203/264) Und Lucy ist bereit, den *deal* einzugehen: Petrus soll das ganze Land haben, sie will nur das Haus behalten; was er über ihre Beziehung erzählt, ob er Lucy als seine dritte Frau, seine Geliebte oder sonst wie deklariert, soll ihm überlassen sein, sie will nicht widersprechen, wenn er ihr nur Frieden und Sicherheit gewährt. »Wie demütigend«, kommentiert Lurie. »So große Hoffnungen, und nun dieses Ende.« »Ja, du hast Recht«, antwortet sie. »Es ist demütigend. Aber vielleicht ist das eine gute Ausgangsbasis für einen Neuanfang. Vielleicht ist es dies, was ich zu akzeptieren lernen muss. Von ganz unten anfangen. Mit nichts. Nicht mit ›nichts als …‹. Mit nichts. Ohne Papiere [cards], ohne Waffen, ohne Besitz, ohne Rechte, ohne Würde.« »Wie ein Hund«, sagt er. Und sie: »Ja, wie ein Hund.« (205/266r) Hier finden die wichtigsten Stränge des Buches zusammen – bezeichnenderweise mit einem Zitat aus dem Schlusssatz von Kafkas *Proceß*: »Wie ein Hund«, sagt dort der sterbende, zugleich gedrosselte und erstochene K., »es war, als sollte die Scham ihn überleben.« (Kafka: 1994 u.ö., 241).

Der Rest ist Epilog. Als Lurie kurz darauf Pollux ertappt, wie er Lucy durchs Badezimmerfenster beim Duschen beobachtet, und ihm eine Szene macht, wirft sie ihm vor, *er* sei der eigentliche Störenfried, der Fremdkörper, der ein organisches Zusammenleben auf der Farm verhindere. Er zieht aus, mietet in Grahamstown ein Zimmer, lebt weithin in der Tierklinik, beteiligt sich an der Arbeit. Der Versuch, die Byron-Oper weiter zu treiben, will nicht recht gelingen. Einer der Hunde – verkrüppelt, niemand will ihn haben, seine Gnadenfrist wird bald um sein – findet Gefallen an Luries Banjozupfen, wenn er Melodien für die Oper ausprobiert. Samstags trifft er sich in der Stadt mit Lucy: »Ich bin entschlossen, eine gute Mutter zu werden«, sagt sie. »Eine gute Mutter und ein guter Mensch. Du solltest auch versuchen, ein guter Mensch zu werden.« (216/280r) Er wiegelt zwar ab: »Ich fürchte, für mich ist es zu spät. Ich bin bloß ein alter Knastbruder, der seine Strafe absitzt.« Aber insgeheim denkt er doch: »Ein guter Mensch. Kein schlechter Vorsatz, in finsteren Zeiten.« (216/218r)

Das Schlussbild: Sonntagnachmittag in der Klinik. Mit Luries Hilfe hat Bev bereits 23 Tiere eingeschläfert. Übrig ist nur noch der junge Hund, der die Musik liebt.

Lurie öffnet den Käfig, sagt: »Komm«, nimmt den zutraulichen Hund auf den Arm und trägt ihn »wie ein Lamm« ins Behandlungszimmer; die Assoziation zum »guten Hirten« dürfte gewollt sein. »Ich dachte, du würdest ihn noch eine Woche aufsparen«, sagt Bev. »Gibst du ihn auf?« »Ja«, sagt Lurie, »ich gebe ihn auf.« (220/285)

Ist das ein Campus-Roman? Ein politischer Roman über die Transformation der südafrikanischen Gesellschaft nach dem Ende der Apartheid? Über das Verhältnis der ethnischen Gruppen im »neuen Südafrika«? Eine Studie über Gewalt? Die Erzählung einer Vater-Tochter-Beziehung? Ein Buch über die Würde von Tieren? »Disgrace« enthält dies alles, gewiss, und ist doch mehr und letzlich auch anderes als das. Aber was ist dies ›andere‹, was ist es, das diesen Roman so spezifisch macht?

Ich versuche mich dem anzunähern über den Titel. *Disgrace* heißt übersetzt in der Tat »Schande«. Das englische Wort enthält aber eine Fülle von Bedeutungsnuancen. In *dis-grace* steckt *grace*, »Gnade«, »Huld«. *Disgrace* meint daher so etwas wie Gegen-Gnade, Un-Gnade, Un-Huld, Huld-Entzug. Der Gegenbegriff zu *disgrace* ist im Englischen aber nicht primär *grace*, sondern *honour*, »Ehre«. *Disgrace* kann deshalb auch heißen: »Un-Ehre«, »Ehr-Verlust«, »Ehr-Entzug«. Betrachtet man dieses Wortfeld, so kann man sagen: »Disgrace« erzählt die Geschichte eines Ehr-Verlusts, eines Huld-Entzugs. Aber wir müssen gleich hinzufügen: »Disgrace« erzählt von der Würde des Ehrlosen, von der – warum nicht? – Ehre des Ehrlosen. Und dies gilt für die beiden Protagonisten des Buches, für David Lurie und seine Tochter Lucy. Wie ist das zu verstehen?

Lurie verliert im Zuge des Skandals und des folgenden Disziplinarverfahrens seine soziale Reputation, er fällt heraus aus dem feinen Netz gesellschaftlicher Achtung. Aber er ist nicht nur das Opfer des Entzugs von Achtung. Er verzichtet auch aktiv auf Ehre. Er könnte ja durch den angebotenen Kompromiss ›das Gesicht wahren‹, er könnte durch das öffentliche Schuldbekenntnis jedenfalls so viel an Ehre behalten, dass er im sozialen Leben an der Universität, einem Milieu, das sich selbst wohl eher als liberal bezeichnen würde, nicht zur Un-Person werden müsste. Denn genau das ist ja der *deal*, der ihm vorgeschlagen wird: Ehre gegen Schuldbekenntnis. Doch er weigert sich, verweigert sich. Nun könnte man meinen, das geschehe im Namen einer snobistischen Verachtung der moralischen Erwartungen eines (und sei es liberal-akademischen) Pfahlbürgertums oder gar mit dem postpubertären Gestus der Demonstration von Authentizität gegenüber der Konventionalität der gesellschaftlichen Normen. Doch so sehr bei Lurie die Tendenz unverkennbar ist, sich als bildungselitärer *outcast* gegenüber seinen angepassten Kollegen zu inszenieren (eine Tendenz freilich, die er kennt und ironisiert), und so sehr seine Ablehnung des angebotenen Kompromisses gespeist ist von dem Motiv, die eigenen Erfahrungen nicht zu denunzieren (»Ich war ein Diener des Eros« – daraus spricht ja auch ein Stolz!), so deutlich wird doch je länger je mehr, dass Luries Verweigerung eine viel grundlegendere, elementarere ist. Lurie stabilisiert nämlich nicht einfach seine Selbstachtung durch Verachtung der anderen, er *verzichtet* vielmehr *auf Selbstachtung*. Genauer: er lernt mehr und mehr darauf zu verzichten. Dass dies ein länger dauernder Prozess ist, geht auch daraus hervor, dass er Lucy ja inständig warnt, sie werde die »Selbstachtung« verlieren, wenn sie sich auf Petrus' Vorschlag einlasse. Noch hier sieht er nicht, wie sehr Lucys Weg dem seinen ähnelt.

Lucy hat durch ihren Verzicht auf eine bürgerliche Karriere, ihr Leben in der alternativen Landkommune, ihr Zusammenleben mit einer Frau bereits sozusagen das Normalpensum abweichenden Verhaltens erfüllt. Doch es wird ihr weit mehr zugemutet: Der Stolz, der mit der Abweichung verbunden, die Selbstachtung, die daraus gewonnen sein kann, wird ihr in schockierender Weise geraubt. Die Integrität ihres Körpers wird brutal *geschändet*, sie verliert ihre Selbständigkeit, ihr Hof und auch sie selbst gehen nach und nach in die Hand eines Anderen über, sie wird abhängige Schutzbefohlene von Petrus; dass sie als *Weiße* jetzt einem *Schwarzen* ›untertan‹ ist, ist nur *ein* Aspekt dieses Geschehens. Doch sie wehrt sich nicht. Gewiss spürt sie den Verlust, den Schmerz, die Demütigung. »Ich bin ein toter Mensch«, schreibt sie dem Vater ja. Aber sie akzeptiert den Verlust der Ehre und der Selbständigkeit als Bedingung, unter der ihr Leben steht. Ja, sie begreift den radikalen Verzicht auf Selbstachtung als Bedingung für einen Neuanfang, bei dem sie aber keineswegs sicher ist, wo er hinführen wird, ja nicht einmal, ob er gut für sie ist.

»Wie ein Hund«, hat Lurie das kommentiert, und Lucy stimmte zu. Die Hunde stehen für diese Rückführung auf die pure Existenz. Keineswegs werden die Tiere idealisiert. Auch wird der Einsatz für sie nicht verklärt. Bev Shaw ist ein Engel, der tötet; ihre Fähigkeit, das Vertrauen der Tiere zu gewinnen, ist zutiefst zweideutig. Dies ist kein Roman für Tierschützer. Die Tiere sind so etwas wie Realchiffren für eine Existenz, die losgelöst ist von Kategorien wie Ehre, Würde, Achtung, losgelöst auch von Plänen, Zielen, Programmen.

Genau dies kennzeichnet auch Lurie und Lucy. Ihr Ausbrechen aus dem Käfig der Erwartungen, aus dem Netz der sozialen Achtung hat kein erklärtes Gegen-Ziel, kein Gegen-Programm. Die Schande ist nicht gemildert durch die Entwicklung neuer Kriterien von Achtung, schon gar nicht durch Heilsverheißungen. Allenfalls bei Lucy könnte man die zarte Andeutung einer Perspektive erkennen, wenn sie sagt, sie wolle eine gute Mutter, ein guter Mensch werden. Lurie bewundert das, aber von außen, als einer, dem diese Möglichkeit nicht zu Gebote steht. Sein eigener Weg geht – wenn man so will – bis zur radikalen Vollendung der Schande, zum völligen Verlust, ja der völligen Hingabe der Selbstachtung. Gewiss hat er aus seiner akademischen Existenz noch das Projekt der Byron-Oper herüber gerettet. Aber er gibt sich keinen Illusionen hin über den Wert seiner Beschäftigung mit den »toten Meistern«, und es ist kein Zufall, dass er die Arbeit an der Oper schließlich im Hundezwinger fortsetzt, am Banjo Melodien probierend, denen nur die Hunde zuhören, gelegentlich kopfschüttelnd beobachtet von Passanten, die den alternden Mann nicht verstehen können. Dies ist der Ort, wo er hingehört. Und am Ende verzichtet er auch auf das letzte Wesen, dem er, dem seine Musik noch etwas bedeutet hat, jenen Hund, den er zu Bev trägt mit den Worten: »Ich gebe ihn auf«, den letzten Worten des Romans. Wenn das auch für ihn ein Neubeginn sein soll, wie für Lucy, dann erzählt ihn der Roman jedenfalls nicht.

»How are the mighty fallen, wie sind die Mächtigen gestürzt« (167/218r), mit diesem biblischen Ausdruck nicht des Triumphs, sondern des bekümmerten Staunens (das Zitat stammt aus einem Klagelied Davids über den Tod Sauls und Jonathans, 2 Sam 1,19.25.27) kommentiert Mr. Isaacs, Melanies Vater, während Luries Besuch in George dessen Geschick. Nein, für mächtig hält Lurie sich nicht. »Er hält sich selbst für unbedeutend [obscure] und immer unbedeutender werdend. Eine Gestalt von den Rändern der Geschichte.« (167/218r) Und er antwortet: »Vielleicht tut es uns gut [...], hin und wieder einen Fall zu tun. Solange wir nicht daran zerbrechen.« (ebd./218) Später spricht Isaacs ihn auf Gott an: »Die Frage ist: Was fordert Gott von Ihnen, über das hinaus, dass es Ihnen Leid tut [sc. was Sie Melanie angetan haben]?« (172/225r) Lurie antwortet, wie es ausdrücklich heißt, »mit Bedacht«, und diese Antwort ist der ausführlichste Kommentar, den Lurie seinem Weg gibt: »Normalerweise würde ich antworten«, sagt er, »dass man ab einem gewissen Alter nichts mehr dazulernen kann. Man kann nur wieder und wieder bestraft werden. Aber vielleicht stimmt das nicht, jedenfalls nicht immer. Ich warte es ab. Was nun Gott betrifft, ich bin kein gläubiger Mensch, deshalb muss ich mir, was Sie Gott und Gottes Wünsche nennen, in meine eigene Sprache übersetzen. In meiner Sprache heißt das: Ich werde bestraft für das, was zwischen mir und Ihrer Tochter geschehen ist. Ich bin in einen Zustand der Schande [a state of disgrace] gesunken, und es wird nicht leicht sein, mich daraus wieder zu erheben. Dies ist keine Strafe, gegen die ich mich gewehrt hätte. Ich murre nicht. Im Gegenteil, ich lebe damit von Tag zu Tag und versuche, die Schande als meine Daseinsform zu akzeptieren. Genügt das Gott, was meinen Sie, dass ich in einer Schande lebe ohne Ende?« (172/225r)

*Trying to accept disgrace as my state of being* – als er den letzten Hund aufgibt, ja, hingibt, hat er dieses Ziel weitest möglich erreicht. Er beansprucht nichts mehr. Er sieht sich als *harijan*, als Angehöriger jener Kaste der Unberührbaren in Indien, zu deren Aufgabe auch das Entsorgen von Tierleichen gehörte (146/190). Nun ist das radikale Loslassen eine Haltung, die auch für das Religiöse kennzeichnend ist. Das Volk Israel muss von den Fleischtöpfen Ägyptens in die Wüste ziehen, um dort Gott zu begegnen. Von Jesus heißt es nach seiner Taufe: »Er war in der Wüste vierzig Tage und wurde versucht vom Satan und war bei den Tieren, und die Engel dienten ihm.« (Mk 1,13) Der Kreuzestod als die radikale Selbstentäußerung Jesu ist das zentrale Heilsereignis des Christentums. Der Glaube selbst ist ein völliges Sich-Verlassen auf Gott, ein Sich-selbst-Loslassen hin auf Gott. Die südafrikanische Kultur ist so durch und durch vom Christentum und seiner Sprachwelt geprägt, dass Coetzee dieser Hintergrund wohlbewusst gewesen sein muss. Das heißt nicht, dass er ihn bejahen würde und dass wir deshalb gar berechtigt wären, eine Erlösungsperspektive in den Roman hinein zu projizieren. Wenn überhaupt, dann wäre von einer ›Erlösung ohne Erlösung‹ zu sprechen, genauer: einer Loslösung aus der Sphäre von Ehre und Selbstachtung, die nicht auf Erlösung aus ist, ja, die die Perspektive auf Erlösung verweigert. Bei diesem Autor ist Kafka nie fern. Die Verweigerung von Sinn, die Verweigerung von Bedeutung, die Weigerung, sich eingliedern zu lassen in ein großes Ganzes, und sei es ein religiös-metaphysisches großes Ganzes, das macht die eigentümliche Würde dieser Menschen aus, man kann auch sagen: ihre radikale, säkulare Humanität. Und wenn dieser Roman überhaupt eine politische Botschaft hat, dann wäre es die Verweigerung gegen die totale Verzweckung, die *great rationalization*. Es ist dies aber auch eine Verweigerung gegen den aktiven Protest, der selbst mit ›großen Zielen‹ arbeitet.

Man kann diese Haltung kritisieren. Man kann in ihr den elitären Gestus eines älteren weißen Mannes identifizieren, der wohlhabend genug ist, sich ein derart elementares Sich-Loslassen und zugleich eine derart intensive Selbstbespiegelung leisten zu können. Ein konstruktiver Beitrag zum Aufbau des neuen Südafrika sieht sicher anders aus. Man wird sich aber kaum der verstörenden Wirkung dieses Romans entziehen können, der statt Sinnstiftung Sinnverweigerung (oder soll man sagen: Sinnstiftung *durch* Sinnverweigerung?) betreibt. Doch vielleicht ist es ja genau das, was große Literatur ausmacht.

**Literaturverzeichnis:**

**Primärliteratur:**

**Coetzee, John M.**:
– *Disgrace*. London 1999. Deutsche Übersetzung durch Reinhild Böhnke: *Schande*. Frankfurt/M. 2000. Der englische Text wird zitiert nach der Taschenbuchausgabe London 2000, die deutsche Fassung teils nach der genannten, teils in eigener Übersetzung (englische Paginierung/deutsche Paginierung, bei Abweichung ergänzt um »r«).
– *Dusklands*. Johannesburg 1974.
– *In the Heart of the Country*. London 1977.
– *Waiting for the Barbarians*. London 1980.
– *Life and Times of Michael K*. London 1983.
– *Foe*. London 1986.
– *Age of Iron*. New York 1990.
– *The Master of Petersburg*. New York 1994.
– *Boyhood: Scenes from Provincial Life*. New York 1997.
– *Stranger Shores. Essays 1986–1999*. London 2001.
– *Youth*. London 2001.
– *Elizabeth Costello: Eight Lessons*. London 2003.

**Kafka, Franz**: *Der Proceß. In der Fassung der Handschrift*. Frankfurt [M] 1994 u.ö.

**Forschungsliteratur:**

**Attridge, Derek**: *J.M. Coetzee and the Ethics of Reading: Literature in the Event*. Chicago/London/Scottsville (Südafrika) 2005. Dort weitere Literatur.

**Attridge, Derek** u. **Peter D. McDonald** (eds.): *J.M. Coetzee's »Disgrace«*. Sonderausgabe von: *Interventions: International Journal of Postcolonial Studies 4*, no. 3 (2002).

# Siri Hustvedt *What I Loved/Was ich liebte*

## Hubert Zapf

Einen Roman, der erst zwei Jahre alt ist und von einer keineswegs schon fest etablierten Autorin stammt, in die Reihe der großen Werke der Literatur aufzunehmen, mag gewagt, ja vermessen erscheinen. Wird doch der Status eines Textes als Bestandteil des Kanons der großen Werke gewöhnlich erst nach einer gewissen Bewährungsfrist zugestanden, die den souveränen Blick aus historischer Distanz ermöglicht und das Urteil der Nachwelt als überzeitlichen Geltungsmaßstab für die Nobilitierung zum Klassikerstatus einbeziehen kann. Allerdings hat sich in den letzten Jahrzehnten immerhin soviel verändert, dass die Kanondebatte nicht mehr mit der einstigen Rigorosität geführt wird und somit, wie ja schon in früheren Beiträgen dieser Ringvorlesung, auch neuere, unbekanntere oder populärliterarische Texte in diese illustre Reihe einbezogen werden können. Ich möchte hier aber auch nicht den rasch wechselnden Superlativen des aktuellen Kulturbetriebs oder etwa dem beschleunigten Tempo der päpstlichen Selig- und Heiligsprechungen folgen und Hustvedts Roman sofort als zeitlosen Klassiker im Pantheon der Weltliteratur inthronisieren. Wohl aber meine ich, dass es sich um ein ungewöhnliches, faszinierendes Buch handelt, das eine höchst intensive Leseerfahrung mit einer wichtigen Ortsbestimmung des gegenwärtigen Menschen und seiner Kultur verbindet und von daher es verdient, in dieser Vorlesungsreihe vorgestellt zu werden. Siri Hustvedt hat bereits zuvor einige Bücher vorgelegt, doch während sie lange Zeit im Schatten ihres bekannteren Mannes Paul Auster stand, brachte ihr *What I Loved* den internationalen Durchbruch und die Anerkennung als hochinteressante, eigenständige Gegenwartsautorin.

Will man den Roman in eines der gängigen Muster zeitgenössischer Erzählliteratur in den USA einordnen, so kommt man zu keinem befriedigenden Ergebnis. Es ist ein eminent lesbarer und über weite Strecken auch spannender Roman, der jedoch Handlung eher sparsam einsetzt und stark auf Sprache, Reflexion und Dialog aufgebaut ist. Es ist ein Roman, der in seinem empathetischen Icherzähler, seiner Einbeziehung alltagsweltlicher Phänomene und seiner Verankerung in realen Raum-Zeit-Koordinaten auf den ersten Blick ganz deutlich die neorealistische Wende des amerikanischen Romans nach der Postmoderne und die Rückwendung der Kunst zur Lebenswelt vollzieht. Gleichzeitig werden aber unter dieser neorealistischen Oberfläche die verfügbaren Kategorien psychologischen Verstehens, narrativer Kohärenz oder einer verlässlichen Wirklichkeit auf radikale Weise in Frage gestellt. Gerade die so genannte Alltagsrealität erweist sich im genaueren Blick als hochgradig fiktional besetzt und durchsetzt. In seiner klaren intellektuellen Sprache, seinen konkret-detaillierten Beschreibungen und seiner fast klassisch-traditionell anmutenden Erzählerstimme vermeidet der Roman zwar das spektakuläre postmoderne Experiment, weist aber gleichzeitig einen hohen Grad an Intertextualität, Intermedialität und Selbstbezüglichkeit auf. Der Text erkundet gleichsam innerhalb der scheinbar vertrauten Bezugsmuster von Literatur, Bewusstsein und Wirklichkeit jene undurchdringliche Wechselwirkung von Imaginärem und Realem, von Identität und Entfremdung, Konstruktion und Dekonstruktion, wie sie für die geistige Situation des Menschen und nicht zuletzt auch für die Kunst im späten 20. Jahrhundert charakteristisch ist.

Die ständige Infragestellung der Kategorien, mit denen der Roman arbeitet, ist aber, und darin besteht nicht zuletzt seine besondere Wirkung, nicht allein epistemologisch, sondern existentiell begründet. Im Mittelpunkt stehen wenige Hauptpersonen, deren Beziehungen in großer Eindringlichkeit und zugleich in ihrer extremen Brüchigkeit und Vieldeutigkeit herausgearbeitet werden. Die Figuren werden inmitten ihrer Alltagsbezüge in Grenzerfahrungen gestellt, die ihre Selbst- und Lebensentwürfe zutiefst beeinflussen und verändern. Ihre Beziehungen sind einerseits durch eine emotionale und erotische Anziehungskraft bestimmt, die ans Obsessive grenzt und immer wieder auch eine Nähe zum Pathologischen zeigt. Andererseits sind sie durch Erfahrungen des Verlusts, der Entfremdung und des Todes überschattet, in denen sich kollektive Traumata des 20. Jahrhunderts mit persönlichen Traumatisierungen der Figuren überlagern. Eros und Thanatos stehen sich in der Stimmungslage des Romans gegenüber und gehen immer neue, produktive wie destruktive Verbindungen ein.

Wenn man vorab eine Verallgemeinerung über den Roman machen kann, so diese, dass es keine Themen oder Figuren gibt, die von den andern losgelöst betrachtet werden könnten, sondern dass sie alle in einem hochambivalenten und hochkomplexen Beziehungsgeflecht miteinander verwoben sind, für das das Bild eines Netzwerks ebensosehr angemessen erscheint wie das eines Labyrinths oder eines Spiegelkabinetts. Nichts steht allein für sich und bleibt sich gleich, alles hängt, auf realer wie auf imaginärer Ebene, miteinander zusammen und ist in ständiger Wechselbeziehung, Veränderung und Metamorphose begriffen. Die Grenzen zwischen Selbst und Anderem werden zwar markiert, aber auch ständig überschritten, was ebenso für die Grenzen zwischen den Geschlechtern, oder zwischen wahr und falsch oder gut und böse gilt. Bei all dem bleibt die Frage nach dem Wesen des Humanen in einer posthumanistischen, durch medienvermittelte Sekundärwelten beherrschten und in ihren Wertvorstellungen fundamental desorientierten Gesellschaft zentral. Auf diese Frage gibt es zwar eine Vielfalt von Antwortversuchen, aber keine endgültige Antwort, doch gerade aber in der immer neuen Suche, die sich aus der letztlichen Unbeantwortbarkeit dieser Frage ergibt, besteht die neohumanistische und im weitesten Sinn ethische Dimension des Romans.

## 1. Handlungsskizze

Zunächst einmal scheint es nützlich, kurz zusammenzufassen, was man als Handlungsinhalt aus der komplex verwobenen Textur von *What I Loved* herauslösen kann. Das Geschehen wird rückblickend erzählt von dem 70jährigen, allmählich erblindendem Kunsthistoriker Leo Hertzberg, der seine Erinnerungen an die

Freundschaft mit dem inzwischen gestorbenen Künstler Bill Wechsler vor dem Hintergrund des Künstler- und Intellektuellenmilieus in New York niederschreibt. Der Erzählton wird sehr stark durch diese persönliche, von der Melancholie des Verlusts eingefärbte Stimme des Icherzählers mitbestimmt, die zudem in den vielen essayistischen und reflektorischen Passagen den Stil des professionellen Kunstexperten spiegelt; er wird aber in den szenischen und dialogischen Erinnerungen mit einer Vielzahl anderer Stimmen angereichert und gewinnt dadurch durchaus auch eine eigene, über die erzählerische Subjektivität hinausgehende Dynamik.

Der Roman ist in drei Teile gegliedert, die in einer grob chronologischen, allerdings mit assoziativen Schnitten arbeitenden und von Rückblenden unterbrochenen Abfolge erzählt werden und vom Anfang der Freundschaft Leos mit Bill Wechsler im Jahre 1975 bis zur Erzählgegenwart im Jahr 2000 reichen, also im Wesentlichen das letzte Viertel des 20. Jahrhunderts umfassen. Der erste Teil berichtet, wie Leo Hertzberg, Professor für Kunstgeschichte an der Columbia University, eines von Bill Wechslers Bildern kauft, das er in einer Ausstellung gesehen hat, und von da an sein Freund wird, eine Freundschaft, die in unvorhergesehenem Ausmaß in sein Leben eingreifen und es bestimmen wird. Leo ist wie seine Frau Erica, eine Dozentin der englischen Literatur, von deutsch-jüdischer Herkunft, 1930 in Berlin geboren und als Fünfjähriger mit seinen vor den Nazis geflohenen Eltern in die USA gekommen, während ein großer Teil der in Deutschland zurückgebliebenen Verwandten in den Konzentrationslagern ums Leben kam.

In der Freundschaft mit Bill und seiner Kunst brechen sowohl diese Tiefen der frühkindlichen Erinnerung als auch die Gefühle gegenüber seiner Frau in vorher nicht gekannter Intensität aus, und zudem verbinden sich diese Emotionen nun in neuer und nie ganz überschaubarer Weise mit Bills erster Frau Lucille, einer Schriftstellerin, später aber vor allem mit dessen zweiter Frau Violet, einer Doktorandin der Psychologie, die als Modell für das von Leo gekaufte Bild Bills mit dem Titel *Self-Portrait* gedient hatte. Zunächst ziehen Bill und Lucille in den oberen Stock des Hauses, in dem Leo und Erica leben und haben, kurz nachdem deren Sohn Matt geboren wird, ebenfalls einen Sohn namens Mark. Zwei Jahre später bricht Bills Ehe mit Lucille auseinander, und kurz darauf heiratet er Violet. Lucille zieht mit dem kleinen Mark nach Houston, Texas, wo sie eine Dozentur für *creative writing* antritt, doch nach wenigen Wochen, als sie feststellt, dass sie zu wenig Zeit für ihren Sohn hat, schickt sie ihren Sohn nach New York zu Bill zurück. Dort ist nun statt Lucille Violet ins Obergeschoß eingezogen, und es entsteht fast eine Art Symbiose der beiden Familien, die durch tägliche Besuche Leos in Bills Atelier und gemeinsame Urlaube in Vermont verstärkt wird. Matt und Mark wachsen wie Brüder auf, auch wenn die hintergründige Präsenz der abwesenden Mutter Marks ein unterschwelliges Problem darstellt und immer wieder die scheinbare Harmonie der neuen Familienverhältnisse in Frage stellt.

Der zweite Teil eröffnet mit einem Paukenschlag, der den Leser wie ein Schock trifft – nämlich dem Tod von Matt, des Sohnes von Leo und Erica, der in den gemeinsamen Ferien mit Mark bei einer Kanufahrt ertrinkt. Was folgt, ist die lange Trauerarbeit der Eltern, die aber in völlig verschiedener Weise verläuft und zu einer tiefen Krise und letztlich nicht mehr überwindbaren Entfremdung zwischen ihnen führt. Erica nimmt ein Angebot von Berkeley an und zieht nach Kalifornien, die

Ehe findet nur noch in Form von Briefen und seltenen Telefonaten sowie in einem jährlichen zweiwöchigen gemeinsamen Urlaub statt. Umso mehr zieht der lange Zeit wie paralysierte Leo sich auf seine Arbeit und die Beziehung zu Bill, Violet und Mark zurück. Da Bill oft abwesend ist und in seinem Atelier arbeitet, entsteht eine große Nähe zu Violet, auf die sich die erotischen Tagträume des vereinsamten Leo richten. Zugleich wird nach dem Tod Matts, zu dem Bill eine besondere Zuneigung wie zu einem eigenen Sohn entwickelt hatte und bei dem er erste Anzeichen eines künstlerischen Talents gefördert hatte, nun umgekehrt Mark für Leo wie ein zweiter Sohn, dem er sich ebenso sehr emotional zuwendet wie Violet, die versucht, Mark die abwesende Mutter zu ersetzen. Doch Mark wird zunehmend zu einem Problem für alle Beteiligten, er stellt sich als notorischer Lügner heraus, schwänzt die Schule, gerät ins Drogenmilieu. Gleichzeitig aber vermag er es mit atemberaubender Unverfrorenheit immer wieder, seinen Charme gegenüber den Erwachsenen auszuspielen und sich trotz aller gegenteiligen Evidenz in der Rolle des guten Jungen zu präsentieren. Er gerät unter den Einfluss des New Yorker Aktions- und Performance-Künstlers Teddy Giles, der in seiner kommerziell bestimmten, auf Sensationseffekte und visuelle Gewaltorgien ausgerichteten Action Art einen extremen Gegenpol zur entschieden nichtkommerziellen Kunstauffassung von Marks Vater Bill darstellt. Die kriminelle Energie, die Mark zunehmend entfaltet und die ihn u.a. 7000 Dollar von Leo stehlen lässt, hängt mit diesem Einfluss von Teddy Giles zusammen und richtet sich damit, wie Bill dies empfindet, auch gegen ihn als Marks Vater. Bill, der seinen verlorenen Sohn liebt und große Hoffnungen in ihn gesetzt hatte, zerbricht an dieser Erfahrung und stirbt in seinem Atelier an einem Herzanfall, als er sich gerade in einem neuen Projekt, einem Videoprojekt über Kindheit und Adoleszenz mit dem Titel *Icarus*, mit diesem für ihn unlösbaren Problem von Verlust und Entfremdung auseinandersetzt.

Im dritten Teil des Romans setzt sich das Muster von Marks Verhalten, der vom Tod seines Vaters seltsam unbeeindruckt scheint, verstärkt fort und steigert sich ins Extrem. Er geht angeblich verschiedenen Jobs nach, während er in Wirklichkeit immer mehr den Exzessen der von Teddy Giles repräsentierten Unterwelt der New Yorker Kunstszene verfällt. Violet und Leo werden von Mark in ein undurchsichtiges Spiel hineingezogen, das zugleich tödlicher Ernst zu werden droht. Nachdem Giles ein von ihm gekauftes Bild von Bill, das ein Porträt Marks darstellt, zerstört und dergestalt deformiert als eigenes Aktionskunstwerk ausgestellt hat, verschwindet er mit Mark, was Leo, der Mark in Lebensgefahr wähnt, zu einer Verfolgungsjagd von Flughafen zu Flughafen quer durch die Vereinigten Staaten veranlasst. Dabei legen Teddy und Mark Spuren, die sie aber wieder verwischen, und treten in wechselnden Verkleidungen und Geschlechterrollen auf, teils als homosexuelles, teils als heterosexuelles Paar, teils aber auch als Vater und Sohn. Es entwickelt sich ein surreal anmutendes filmähnliches Szenerio, das schließlich in Nashville, Tennessee, also einem kommerziellen Zentrum der amerikanischen *popular culture*, zum Showdown im Ole Opry Hotel führt (s. Abb. 1).

Doch Leo hat sich mit der Hetzjagd, in die ihn Teddy und Mark mit ihren falsch gelegten Spuren gelockt haben, übernommen, er ist, als er die beiden im labyrinthisch-unüberschaubaren Hotel endlich findet, der Konfrontation nicht gewachsen und körperlich wie gelähmt, so dass er den Demütigungen von Teddy, der ihn mit

Abb. 1

distanz- und respektloser Intimität bedroht, schutzlos ausgeliefert ist. Mark steht teilnahmslos daneben, als der sonst so smart und elegant auftretende Teddy in einem verlassenen Hotelflur mit beiden Händen Leos Kopf fasst und mit einem brutalen Ruck nach hinten an die Wand schlägt, und nur durch zufällig hinzukommende Hotelgäste gelingt es Leo, schwer angeschlagen in sein Zimmer zu entkommen. Noch einmal glaubt er Mark, als dieser ihm verspricht, mit nach Hause zu kommen, doch wiederum taucht Mark am nächsten Morgen nicht am vereinbarten Ort auf, und so kehrt Leo ohne ihn aus diesem unfreiwilligen Abenteuer nach New York zurück. Dort wird ein Prozess gegen Teddy Giles wegen Mordes eröffnet, der einen zu seiner Fangruppe gehörenden Jungen in seinem ›ultimativen Kunstwerk‹, wie er es nennt, einem brutalen Ritualmord, umgebracht haben soll. In der Tat wird die zerstückelte Leiche des Jungen gefunden, und auch Mark wird als Giles' Begleiter von der Polizei – und auch von Leo und Violet – der Mittäterschaft verdächtigt, wird aber am Ende von einem Zeugen entlastet. Giles, der es aufgrund seines skandalumwitterten Rufs in der Kunstszene New Yorks zu einer beachtlichen Berühmtheit gebracht hatte, wird zu 15 Jahren Gefängnis verurteilt, Mark verschwindet aus Leos Leben. Violet, die von Leo seit langem heimlich verehrt wurde, ohne diese Liebe zu erwidern, zieht nach Paris, dem Zentrum ihrer kulturgeschichtlichen Forschungen. Leo bleibt allein in New York zurück und schreibt, halb blind, den Roman. Nur Lazlo Finkelman, ein jüngerer Freund, der die Schicksale der beiden Familien in unauffälliger Sympathie begleitet hat, kommt regelmäßig vorbei und liest ihm in den Pausen seiner Niederschrift aus einem Roman vor: aus Robert Musils *Mann ohne Eigenschaften.*

Die Zusammenfassung mag den falschen Eindruck erwecken, als handle es sich hier um einen aktionsreichen Roman. Zwar tritt in der Tat im zweiten und vor allem im dritten Teil die Handlung stärker hervor, doch bleibt sie weiterhin ständig durchsetzt von Reflexion, Interpretation, Erinnerung und Dialog, so dass sich der Charakter des kontrollierten, detailgenau beobachtenden und oft essayistisch-reflektierenden Erzählstils nicht grundlegend ändert, allerdings der Rhythmus sich beschleunigt und stärker als zuvor gleichsam in die Turbulenzen des Zeitgeschehens hineingezogen wird. Das Bewusstsein und die Mentalität des Erzählers treffen hier auf eine andere, neue und bedrohlich unkontrollierbare Welt, und diese Konfrontation ist, neben der Auseinandersetzung mit der Vergangenheit, eines der wichtigen Themen des Buchs.

Sehen wir uns nun einzelne Aspekte des Romans näher an. Ich werde mich dabei auf drei beschränken – einmal die Erzählperspektive, dann die Figuren und ihre Beziehungen, und schließlich die Rolle der Kunst selbst, die ja ein zentrales Thema und Medium des Romans darstellt.

## 2. Erzählperspektive

Zunächst zur Konzeption der Erzählsituation und Erzählperspektive. Diese ist nicht zu trennen von der Person Leo Hertzbergs, die die Auswahl, Bewertung und Präsentation des Geschehens unaufhebbar mitbestimmt. In der durchgehaltenen personalen Ich-Erzählhaltung wird bereits auf der Ebene der narrativen Textkonstitution ein Perspektivismus umgesetzt, der für alle im Roman vermittelten Einsichten gilt und den Wahrheitsanspruch von Aussagen und Erkenntnissen an die konkrete mentale, psychische und körperliche Lebenssituation des jeweiligen Sprechers zurückbindet und damit relativiert. Die Metaphorik von Blindheit und Einsicht, die die Rahmensituation der Niederschrift des Romans kennzeichnet, ist hier signifikant: Leo ist zunehmend in seiner Sehkraft eingeschränkt, er nimmt nur noch nebelhaft die Umrisse der ihn umgebenden Wirklichkeit wahr.

> My eyes started to go on me the following year. I thought that the haze in my vision was caused by strain from my work or maybe cataracts. When the ophthalmologist told me there was nothing to be done, because the form of macular degeneration I had was of the dry rather than the wet sort, I nodded, thanked him, and stood up to leave. He must have found my response perverse, because he frowned at me. I told him I had been lucky with my health so far, and I wasn't surprised by illnesses that had no cure. He said that was un-American, and I agreed. Over the years the haze turned into fog, and then into the thick clouds that block my vision now. I've always been able to see the periphery of things, which allows me to walk without a cane, and I can still negotiate my way on the subway. (356)

Sehr konkret wird hier die eingetrübte Sicht des Erzählers in ihren physischen Symptomen beschrieben, zugleich sein realistisches Umgehen mit der Krankheit und Akzeptieren der Grenzen des menschlich Machbaren, mit dem er sich vom Optimismus seiner amerikanischen Umwelt abhebt. Doch es scheint, dass er gerade durch diese äußere Begrenzung des Sehens umso schärfer mit seinem inneren Auge sieht, dass er in der Lage ist, sich die Vergangenheit in den minutiösesten Details zu vergegenwärtigen. Es ist eine unauflösliche Koppelung von Blindheit und Einsicht, von Begrenzung und Ermöglichung von Erkenntnis, die in seiner Perspektive angelegt ist. Der Umstand, dass er seine Erinnerungen auf seiner alten Olympia-Schreibmaschine tippt, ist also kein Hinweis auf seine olympische Allwissenheit, sondern liegt daran, dass die Tasten, die er mit den Augen kaum mehr erkennt, seinen Fingern vertrauter sind als die Tastatur seines PC.

Die physische Einschränkung seiner Sehkraft wird von Leo selbst verallgemeinert und in einer auch epistemologischen Weise gedeutet, die ein grundsätzliches Problem der Welt- und Selbstwahrnehmung betrifft.

> The difficulty of seeing clearly haunted me long before my eyes went bad, in life as well as in art. It's a problem of the viewer's perspective – as Matt pointed out that night in his room when he noted that when we look at people and things, we're missing from our own picture. The spectator is the true vanishing point, the pinprick in the canvas, the zero. [...] Over the years, Bill had become a moving reference to me, a person I had always kept in view. At the same time, he had often eluded me. Because I knew so much about him, because I have been close to him, I couldn't bring the various fragments of my experience with him into a single coherent image. The truth was mobile and contradictory, and I was willing to live with that. (255)

Wie Bill in seiner Kunst, ist Leo in der Niederschrift seiner Erinnerungen einer Wahrheit auf der Spur, die sich ihm immer wieder entzieht. Der Betrachter selbst ist im Bild, das er entwirft, abwesend, er ist ein Nullpunkt der vermittelten Welt, die er jedoch in ihrer unverwechselbaren Perspektivität immer erst selbst hervorbringt. Die von ihm wahrgenommene und erzählte Welt ist sein Produkt, das ihm in vermeintlicher Objektivität entgegenkommt. Dieser Perspektivismus ist kein Solipsismus, so als wäre die äußere Welt nichts als ein Konstrukt des wahrnehmenden und erkennenden Ichs; er bringt vielmehr die spezifische, durchaus realitätswirksame Ausschnitthaftigkeit, Begrenzung und auch Verzerrung zur Geltung, die die jeweilige Subjektposition für deren Selbst- und Weltsicht bedeutet.

Dies schließt allerdings nicht nur Schwächen, sondern auch besondere Stärken der Wahrnehmung und Erkenntnis ein. Im Fall von Leo sind dies sowohl hochentwickelte intellektuelle wie emotionale Fähigkeiten. Als Kunstkritiker hat er eine ausgeprägte Fähigkeit zur differenzierten Deutung von Artefakten, aber auch von visuellen Phänomenen generell entwickelt. Sein Buch *A History of Seeing in Western Painting* unterstreicht, dass er sich mit dem Problemkomplex des Sehens und des Perspektivismus intensiv beschäftigt hat und aus dieser Kompetenz heraus nicht nur Bill Wechslers Produktionen mit kunstkritischen Kommentaren und Veröffentlichungen begleitet, sondern diesen professionell geschärften Blick auch auf die Personen und lebensweltlichen Verhältnisse richtet, denen er sich zuwendet. Er ist darüber hinaus höchst belesen in der Weltliteratur, deren Kenntnis in verschiedener Weise auch seine eigene Schreibweise beeinflusst, etwa der psychologische Bewusstseinsroman von Henry James, über den seine Frau Erica ein Buch schreibt, oder der essayistische Reflexionsroman Robert Musils, dessen *Mann ohne Eigenschaften* ihm in den Pausen der Niederschrift seines eigenen Romans vorgelesen wird.

Durch diese große Offenheit des Erzählerbewusstseins für die verschiedensten Einflüsse entsteht aber nun doch aus der scheinbaren Monoperspektive eine innere Vielstimmigkeit des Textes, die sich in der Einbeziehung verschiedener Kunst- und Literaturformen von der Höhenkamm- bis zur Populärliteratur, vom Klassiker bis zum Märchen, von Briefen zu Gedichten, und nicht zuletzt der fiktiven Werke des Künstlers Bill Wechsler manifestiert. Diese implizite Dialogizität, die die Begrenztheit der Erzählperspektive übersteigt, ohne sie allerdings je ganz aufzuheben, zeigt sich explizit auf der Figurenebene in den vielen Dialogen, in denen immer wieder

Positionen formuliert werden, die jenseits der bewussten Kontrolle des Erzählers den Gang des Geschehens und der Erzählung mitbestimmen.

Der Erzähler verfügt aber neben seinen intellektuellen Fähigkeiten auch über das, was man eine außergewöhnlich stark ausgeprägte emotionale Intelligenz bezeichnen könnte. Diese erlaubt es ihm, sich fast bis zum Punkt der Selbstaufgabe in andere hineinzuversetzen, ihre Motive nachzuvollziehen und in komplexen Mustern aufeinander zu beziehen. Diese emotionale Fähigkeit ist freilich in sich wiederum hochgradig ambivalent. Sie ermöglicht einerseits einen intersubjektiven Verstehensprozess, in dem sich an den Charakteren einiger Individuen eine Art Psychogramm der postmodernen New Yorker Kunstszene und darüber hinaus des Menschen im ausgehenden 20. Jahrhunderts entfaltet. Andererseits sind aber die Emotionen, die diesen Verstehensprozess antreiben, für den Erzähler selbst nie völlig kontrollierbar und entfalten über sein bewusstes Ich hinweg ihre Produktivität, aber auch ihre Zwanghaftigkeit.

Interessant ist hier der Anlass, warum Leo, der eigentlich gerade ein kunstgeschichtliches Buch über das Werk von Bill Wechsler verfasst, eines Tages plötzlich diese Arbeit liegen lässt und stattdessen mit dem Schreiben des Romans beginnt. Es ist der Moment, in dem er in Bills Nachlass zufällig die Briefe entdeckt, die Violet einst an Bill schrieb und die diesen so beeindruckten, dass er unmittelbar danach seine Frau verließ. Die Lektüre dieser Briefe konfrontiert nun auch Leo aufs Neue mit der leidenschaftlichen Liebe der beiden zueinander, und sie scheint auch in ihm seine, wenn auch vergebliche, Leidenschaft für Violet neu zu entfachen. Es sind jedenfalls diese Liebesbriefe Violets, die ihn im Alter von 70 Jahren dazu bringen, alles andere liegen und stehen zu lassen und wie in Trance nur noch am Text des Romans zu schreiben. Der Titel, »What I Loved«, mag hierin eine Begründung haben, denn der Roman ist eine Auseinandersetzung Leos mit Violet und Bill, aber darüber hinaus mit allem, was er in seinem Leben liebte. Die rationale Selbstkontrolle, die der Erzähler anstrebt, erweist sich immer wieder als Oberfläche, die sich auf Grenzphänomene des Rationalen und der kulturellen Normalität öffnet. Die Faszination des Eros, die von Violets Briefen ausgeht, spiegelt sich in Bills Bild von ihr, das Leo einst gekauft hatte und das seitdem als Gegenstand immer neuer Betrachtung in seinem Zimmer hängt. Briefe und Bild zusammen bilden den Ausgangspunkt des Romanentwurfs, und sie offenbaren ein komplexes interpersonales Beziehungsgeflecht und einen nicht nur bewussten, sondern magisch-unbewussten Wirkungszusammenhang, der die Figuren und den Erzähler miteinander verbindet. Kunst und Leben, Mensch und Zeichen, Realität und Traum gehen ineinander über und geben gerade in dieser Zwischenstellung dem Roman seine charakteristische Signatur.

So ist denn auch die Person des Erzählers, so sehr sie einerseits ausgeprägt sein mag, letzten Endes doch nicht in individueller Abgegrenztheit fassbar, sondern erst in der interpersonalen Beziehungshaftigkeit, aus der sich Individualität erst ergibt. Dies gilt über die unmittelbar erzählte Geschichte hinaus auch für die Vorgeschichte des eigenen Ichs, die bis in seine Kindheit in Berlin zurückreicht. In Wachträumen tauchen ab und zu fragmentarische Szenen aus jener Zeit in ihm auf, die nun menschenleere Wohnung in der Mommsenstraße, an die er sich aber detailliert erinnert, und er betrachtet die Fotografien der im KZ ermordeten Verwandten, die er in seiner Sammlung persönlicher Erinnerungsstücke aufbewahrt.

> I have the formal wedding portrait of my Uncle David and Aunt Marta, and a picture of the twins in short wool coats with ribbons in their hair. Beneath each girl in the white border of the photo, Marta wrote their names, to avoid confusion – Anna on the left, Ruth on the right. The black-and-white figures of the photographs have had to stand in place of my memory, and yet I have always felt that their unmarked graves became a part of me. What was unwritten then is inscribed into what I call myself. The longer I live the more convinced I am that when I say »I«, I am really saying »we«. (22–23)

Wird also Leos Erzählen der Geschichte einerseits durch die Faszination des von Violet ausgehenden Eros ausgelöst, so wird es andererseits von der Erfahrung und Präsenz des Todes mitgeprägt, die das 20. Jahrhundert generell und insbesondere auch seine Familiengeschichte, aber auch die persönliche Vergangenheit mit dem Tod seines Sohnes Mark gekennzeichnet hat.

All diese gegenläufigen, einander entgegenwirkenden Kräfte sind Teil seiner Persönlichkeit geworden, Inhalte und Bedingungen seiner Erzählung, mit der er die Möglichkeit des Lebens im Horizont dieser Traumata zu beschreiben versucht. Dieser Versuch wird immer wieder dadurch beglaubigt, dass er zum existentiellen Grenzereignis, zum krisenhaften Sich-Aussetzen der eigenen Person wird. In einer Schublade hat Leo Erinnerungsstücke gesammelt, in denen er symbolisch das Gedächtnis der Vergangenheit bewahrt und die er immer wieder neu anordnet. Diese mobile Sammlung von persönlichen Memorabilia birgt wie die Erzählung selbst eine doppelte, negative *und* positive Energie, eine bedeutungszerstörende *und* bedeutungsstiftende Dimension in sich.

> [...] when I play my game of mobile objects, I'm often tempted to move the photographs of my aunt, uncle, grandparents, and the twins near the knife and the fragment of the box. Then the game flirts with terror. It moves me so close to the edge that I have a sensation of falling, as if I had hurled myself off the edge of a building. I plummet downward, and in the speed of the fall I lose myself in something formless but deafening. It's like entering a scream – being a scream.
> 
> And then I withdraw, backing away from the edge like a phobic. I make a different arrangement. Talismans, icons, incantations – these fragments are my frail shields of meaning. The game's moves must be rational, I force myself to make a coherent argument for every grouping, but at the bottom the game is magic. I'm its necromancer calling on the spirits of the dead, the missing, the imaginary. Like O painting a loaf of beef because he's hungry, I invoke ghosts that can't satisfy me. But the invocation has a power all its own. The objects become muses of memory. (364–365)

Es handelt sich also um eine posttraumatische Erzählung, die von der eigenen Suche nach Orientierung und Sinnstiftung getrieben wird und eine extreme Brüchigkeit, Verlusterfahrung und Selbstgefährdung in sich trägt.

## 3. Die Figuren und ihre Beziehungen

Kommen wir nun von der Erzählerperspektive zu den Figuren und ihren Beziehungen. Wichtig ist zunächst wiederum der doppelte, ja fast paradoxe Eindruck, dass jede der Figuren zwar eine durchaus markante Individualität gewinnt, aber diese Individualität wesentlich erst in der Beziehungshaftigkeit und den interpersonalen Wechselwirkungen existiert, in denen sie steht. Der deutsche Nachname der männlichen Hauptfigur, des Künstlers Bill Wechsler, zeigt an, wie sehr diese dynamisch-relationale, in ständigem Wandel befindliche Persönlichkeitskonzeption ins Energiezentrum des Textes selbst hineinkomponiert ist. Der elf Jahre jüngere Bill bildet einerseits von Beginn an eine deutliche Kontrastfigur zu Leo: dem bereits etablierten Kunstkritiker steht hier der erst am Anfang stehende, zu neuen ästhetischen Projekten aufbrechende Künstler gegenüber, dem intellektuellen Reflexionsmenschen der intuitiv arbeitende, schaffende Mensch, der *vita contemplativa* die *vita activa*, der Theorie die Praxis, dem hochentwickelten Bewusstsein die Traumszenarien des Unbewussten oder auch, wenn man so will, der Instanz der Textualität die kreative Energie des Lebens selbst, die jene einzufangen versucht. Bill wird sehr stark auch in seiner körperlichen Präsenz beschrieben, die sich in der enormen Produktivität und im konkreten, handwerklichen Charakter seiner immer neuen Bilder und Installationen umsetzt und die wesentlich zur Faszination beiträgt, die er auf andere, zumal auf Violet und den Erzähler ausübt. Anders als der zurückhaltendere, ausgleichendere Leo ist Bill radikal bis zum extremen Selbstwiderspruch, er hat einen rigorosen Wertekodex, den er allerdings durchbricht, als er sich in Violet verliebt und dafür seine Frau verlässt, und er leidet an diesem Widerspruch bis zur Selbstzerstörung. Er folgt kompromisslos den Entdeckungsreisen seiner Kunst ins Unbewusste, in die Tiefenstrukturen der Lebensprobleme, in denen er und die anderen verstrickt sind, und hofft gleichwohl auf die erlösende Kraft der Liebe, die er in Violet gefunden hat und die ihn doch nicht vor dem destruktiven Sog bewahren kann, in den er am Ende gerät.

Doch auf einer anderen Ebene zeigen sich auch Affinitäten zwischen den beiden gegensätzlichen Charakteren: einerseits ist Bill keineswegs nur der unbewusst schaffende Künstler, sondern ist sich durchaus der Stellung seiner Werke in Geschichte und Gegenwart bewusst, über die er sich kontinuierlich mit Leo austauscht; andererseits taucht Leo, wie gesehen, aus der Reflexionsebene seiner intellektuellen Beobachterposition immer wieder in die Träume und Alpträume des Unbewussten ein, aus denen der Stoff von Bills Kunstwerken ist. Und die beiden Freunde übernehmen teilweise symmetrisch die Position des anderen: So wie Bill zur zweiten Vaterfigur für Leos Sohn Matt wird, so wird Leo zur zweiten Vaterfigur für Bills Sohn Mark; und so wie die Magie von Violets Ausstrahlung für Bill zur künstlerischen Inspiration wird, so wird sie auch für Leo – wenn auch nicht im Medium des Bildes, sondern dem der Schrift – zur künstlerischen Inspiration. Leo wird also schließlich in der komplexen Ausdeutung von Bills Leben und Werk selbst Künstler, er übersetzt gewissermaßen dessen Vermächtnis aus der bildenden Kunst in sprachliche Form, womit die Beziehung der beiden auch als intermediale Transformation gestaltet ist, als Metamorphose vom Medium des Bilds zum Medium des Textes. Wiederum ist hier die starke Wechselbeziehung von Lebens- und Kunstphänomenen deutlich: Die Beziehung von Leo und Bill ist selbst eine wichtige Form der Erkenntnis: »Friendship is a powerful form of intelligence«, heißt es einmal. Gleichzeitig bringt diese Form der kommunikativen Intelligenz auch eine künstlerische Produktivität hervor, die sich auf die beiden kontrastiven und doch wie *alter egos* aufeinander bezogenen männlichen Hauptfiguren auswirkt.

Auch zwischen den weiblichen Hauptfiguren gibt es sowohl starke Kontraste als auch tiefere Affinitäten und Wechselwirkungen. Violet Blom, Bills einstiges Modell und zweite Frau, stellt zunächst einen scharfen Gegensatz zu Lucille, Bills erster Frau dar. Gegenüber deren Selbstbezogenheit, intellektueller Distanz und Gefühlskälte verkörpert Violet Zuwendungsfähigkeit, Wärme und vitale Energie. Im motivischen Spannungsfeld zwischen Eros und Thanatos, das den Roman durchzieht, repräsentiert Violet in ihrer körperlich-emotionalen Ausstrahlungskraft ganz deutlich den ersteren Pol, während Lucille eine repressive, negative Energie verkörpert, die mit dem Pol des Thanatos assoziiert ist: Sie verhält sich seltsam teilnahmslos gegenüber Marks Schicksal, auch als dieser immer tiefer in seine Krise hineinschlittert, und übt auch auf Bill und Leo einen eher zerstörerischen Einfluss aus. Im Märchen *Hänsel und Gretel*, das eine wichtige Rolle im Text spielt und auch in Bills Werk aufgegriffen wird, scheint ihr die Rolle der abwesenden, bösen Mutter zuzufallen, die im Wald in der dämonischen Gestalt der Hexe wieder auftaucht und deren kannibalische Egozentrik die Beziehungen der Menschen vergiftet. Doch andererseits wandelt sich auch Violet im Lauf des Romans, sie wird zu Marks Ersatzmutter wie Leo zu seinem Ersatzvater wird, und gerät dadurch in hochambivalente Gefühlslagen, die immer wieder von Liebe in Hass umschlagen, so wie umgekehrt Mark ihr gegenüber die abwechselnde Nähe und Distanz, die Anziehung und Ablehnung im Verhältnis zu seiner eigenen Mutter inszeniert. Beide Frauen haben nicht nur die Ehe zu Bill gemeinsam, sondern auch die Freundschaft zu Leo, wobei Leo sich auf ein kurzes, allerdings eigentümlich aggressionsgeladenes sexuelles Abenteuer mit Lucille einlässt, während er gegenüber Violet eine weit tiefergehende und langfristige gefühlsmäßige Nähe empfindet.

Erica, Leos Ehefrau, steht irgendwo zwischen diesen beiden Polen: sie ist einerseits, vor allem in der Zeit vor dem Tod des Sohnes Matt, spontaner, offener und stärker dem Pol des Eros zugeordnet als Lucille, ist aber andererseits zurückhaltender, angespannter und melancholischer als Violet, was u.a. auch damit zu tun hat, dass sie wie Leo noch von der Vergangenheit des Holocaust mitgeprägt ist. Sie ist zunächst mit Lucille, später mit Violet befreundet, ohne allerdings eine ähnlich dauerhafte Beziehung zu finden wie Leo zu Bill. Über ihre Unterschiede hinweg aber wiederum haben alle drei Frauen gemeinsam, dass sie enorm produktive Intellektuelle sind – Violet als Psychologin, Erica als Literaturwissenschaftlerin und Lucille als Dichterin –, dass also alle drei auf verschiedene Weise die komplexen Problemsituationen, in denen sie stehen, kulturell verarbeiten. Deutlich ist aber auch, dass Violet für den Erzähler die Schlüsselrolle einnimmt und im Unterschied zu den andern Frauen, die über weite Strecken im Hintergrund bleiben, von Anfang bis Ende im Roman präsent ist und teilweise zu einem Sprachrohr des Erzählers wird. Von ihr geht nicht nur die erotische Kettenreaktion aus, die Bill und dann auch Leo in ihren Bann schlägt, sondern sie formuliert auch Einsichten, die geradezu programmatisch für den Roman werden:

> I've decided that *mixing* is a key term. It's better than suggestion, which is one-sided. It explains what people rarely talk about, because we define ourselves as isolated, closed bodies who bump up against each other but stay shut. Descartes was wrong. It isn't: I think, therefore I am. It's: I am because you are. That's Hegel – well, the short version. (91)

Die Ideologie des Individualismus, die ja im Konzept des *self-made man* besonders in Amerika erfolgreich wurde, wird hier unterlaufen und stattdessen das Angewiesensein des Menschen auf den andern hervorgehoben. Dies ist keineswegs eine naive Position, denn Violet sieht auch die Gefahren dieses »mixing«, die Gefahr des Sich-Verlierens im und Fremdbestimmtwerden durch den anderen, das durchaus bedrohliche Züge annehmen kann. Dies weiß Violet aus den Studien über die Geschichte kultureller Pathologien, an denen sie über die Jahre hinweg kontinuierlich arbeitet, etwa hysterischer Phänomene im 19. Jh. oder dem Phänomen von Essstörungen im späten 20. Jahrhunderts, in denen die Grenzen des Körpers und des Individuums auf problematische Weise instabil und fließend werden. Diese teils faszinierende, teils entfremdende Wechselwirkung der Personen und die Präsenz des Anderen im eigenen Selbst gilt auch für Matt und Mark, die beiden wie Brüder aufgewachsenen Söhne der befreundeten Familien. Die alliterierenden Anfangsbuchstaben, das gleiche Alter, die emotionalen Bindungen an beide Elternpaare lassen die beiden zunächst wie ihre Väter als *alter egos* erscheinen, die unauflöslich aufeinander bezogen sind.

Auch nach Matts Tod scheint dieser in Mark präsent zu bleiben, ja mit Mark zu *einer*, freilich äußerst widersprüchlichen Person, zu verschmelzen. Mark wird zu einer Sohnfigur für beide Elternpaare, auf den sich verstärkt deren Emotionen konzentrieren. Allerdings kommen auch die gegensätzlichen Charaktere der beiden Jungen nun innerhalb von Marks Person immer deutlicher zum Ausdruck. Die positive Energie, die von Matt zu seinen Lebzeiten ausging, seine angenehme, stets freundliche Art und sein schon früh gezeigtes geistiges und kreatives Interesse steht der zunehmend hervortretenden negativen Energie Marks gegenüber, die sich in Unzuverlässigkeit, Täuschung und der Verstrickung in ein pseudokünstlerisch-kriminelles Milieu äußert. In dem Doppelleben, das er führt, verkörpert er diese beiden Seiten der Sohnesrolle und legt eine zunehmende Ichspaltung an den Tag, ohne dass noch eine eigenständige Substanz seiner Persönlichkeit erkennbar bliebe. Die Figur des geliebten Sohns mutiert in Mark zum gespenstischen Zerrbild, das die ihm zugewendeten Emotionen in sich aufsaugt und in ihr Gegenteil verkehrt. Die extreme Doppelbödigkeit in seiner Erfahrung mit Elternfiguren – die Ambivalenz zwischen echter und Ersatzmutter, zwischen Zuwendung und Zurückstoßung – setzt sich in seiner gespaltenen Existenz als postmoderner jugendlicher *Dr. Jekyll and Mr. Hyde* um. Als solcher bestimmt er vor allem in der zweiten Hälfte den Roman und wird zu einer Herausforderung für die Erwachsenen, an der diese letztlich scheitern.

Immerhin werden verschiedene Deutungsversuche des Phänomens Mark aufgeboten. Einer davon ist eine psychologische Deutung, nach der die Scheidung Bills von Lucille den kleinen Mark in eine Desorientierung stürzt, aus der er keinen Weg zu einer inneren Stabilität mehr findet. Bill selbst scheint sehr stark diese Version zu glauben und gibt sich als Vater die Hauptschuld an Marks Entwicklung, obwohl der Erzähler dies durchaus relativiert und Bill sich stets um seinen Sohn bemüht. Auch der Anteil der Mutter, Lucille, wurde schon erwähnt, die Mark je nach ihrer eigenen Lebenssituation zwischen sich und Bill hin- und herschiebt und so zur emotionalen Ambivalenz seiner Gefühlslage beiträgt.

Daneben steht eine kulturelle Deutung des Phänomens Mark, die ihn als Symptom eines postmodernen, in seinen Wertorientierungen zutiefst verunsicherten und auf die Äußerlichkeit einer kommerziellen Unterhaltungskultur verflachten Zeitgeistes erscheinen lässt. Wie ein Guru sammelt Teddy Giles, der sinistre Action Artist und mephistophelische Konkurrent von Bill Wechsler, orientierungslose Jugendliche wie Mark um sich und scheint diese in seiner Verbindung aus Weltläufigkeit und Anarchie, aus Starkult und Terror an sich zu binden. Marks Widersprüchlichkeit und ständige Verkleidungen, Verstellungen und Verwandlungen spiegeln in kleinerem Maßstab die ständigen Transformationen von Teddy Giles, selbst ein Dr. Jekyll der New Yorker Kunstszene, der allerdings anders als sein viktorianischer Vorläufer sein *gothic double* Mr. Hyde in aller Öffentlichkeit zur Schau stellt. Giles' Kunstverständnis erinnert an *shock artists* der zeitgenössischen Kunstszene – etwa den Hyperrealismus von Duane Hansen (s. Abb. 2) oder die Katastrophenbilder von Tom Friedman (s. Abb. 3), und auch an bewusst schockierende Aspekte von Bill Wechslers fiktiver Kunst –, mit dem entscheidenden Unterschied aber, dass bei Giles die Differenz zwischen Kunst und Wirklichkeit vollständig verschwunden ist, und genau hieraus entsteht ihre wertzerstörende, dehumanisierende Wirkung.

Abb. 2    Abb. 3

Die Problematik von Mark lässt sich darüber hinaus auch auf einer mythisch-archetypischen Deutungsebene interpretieren, die ebenfalls im Text angelegt ist. Ausdruck dieser Ebene ist etwa das Märchen *Hänsel und Gretel*, das für Mark als Kind zum Lieblingsmärchen wurde und nicht nur für Bills Kunst, sondern für den ganzen Roman zu einer wichtigen Referenz wird. »Yes, Hansel and Gretel is Mark's story« (91), sagt Violet, und sie meint damit zunächst die gebrochene Mutter- und Vaterbeziehung, die das Märchen impliziert, die Urangst von Kindern, von den Eltern verlassen und in einer fremden, bedrohlichen Welt alleingelassen zu werden. In Bills Installationen, die aus einer Reihe von Holzboxen unterschiedlicher Größe bestehen und verschiedene Stationen des Märchens teils zweidimensional in ausgeschnittenen Bildern, teils in dreidimensionalen, vom Betrachter begehbaren Raum- und Figurenanordnungen darstellen, wird die Verlorenheit der Kinder, ihr Ausgesetztsein in einer labyrinthisch-undurchdringlichen Welt, von deren Täuschungszusammenhang sie verschlungen zu werden drohen, zur Metapher für einen allgemeineren Sinn- und Orientierungsverlust des Menschen. Das verführerische Hexenhaus einerseits und die Hexe und ihre kannibalischen Absichten andererseits repräsentieren die trügerische Doppelung von Zugehörigkeit und Entfremdung, Verlockung und Terror, die nicht nur Marks Erfahrungen mit der

Erwachsenenwelt kennzeichnet, sondern sie in dessen Beziehung mit Teddy Giles den Erwachsenen zurückspiegelt.

Violet fragt sich in einem Gespräch mit Leo gegen Ende des Romans, warum sie Mark inzwischen hasst, und ob es vielleicht auch an den widersprüchlichen Erwartungen der Erwachsenen gelegen haben mochte, dass Mark sich so sehr zum Problemfall entwickelte. Sie spielt damit direkt auf den Titel des Romans an. »But the really terrible question is this: What was it that I loved?« Sie erinnert sich, wie einst die Wildheit und Widerspenstigkeit des sechsjährigen Mark zugunsten äußeren Wohlverhaltens unterdrückt wurde, mit dem er sich die ›Liebe‹ der Erwachsenen zu erkaufen suchte. Nach einem Besuch bei seiner Mutter kommt er völlig verwandelt zurück:

> By the time he came back to New York, the furious litte wild man had disappeared for good. It was like somebody had cast a spell on him and turned him into a docile, agreeable replica of himself. But that was the thing I learned to love – that automaton. (352)

Die Liebe der Erwachsenen zu dem wohlfunktionierenden Double und marionettenhaften Abbild seiner selbst, in das sich Mark einst verwandelt hatte, verrät also einen Mangel an wirklicher Zuwendung, die den realen Mark ausgrenzt und ihn erst wieder in dem Zerrbild zum Vorschein kommen lässt, in dem der verdrängte Teil seines Ichs später mit einer auch für ihn selbst nicht mehr kontrollierbaren Macht zurückkehrt. Die im Titel des Romans gegebene Grundfrage »What I Loved« enthält als Antwort ihrerseits die Erkenntnis der Doppelbödigkeit von Beziehungen, die Möglichkeit einer grundlegenden Täuschung, die darin besteht, dass der andere nicht als solcher und für sich selbst, sondern nur als Teil des eigenen Lebensplans wahrgenommen wird. Die verschiedenen Deutungsebenen des Phänomens Mark werden also zwar einerseits in höchst differenzierter Weise entwickelt und aufeinander bezogen. Andererseits ist aber immer wieder auch klar, dass sie letztlich alle zu kurz greifen. Die Rätselhaftigkeit und letztliche Unverfügbarkeit des Menschen für alle Erklärungskategorien bleibt auch und gerade im Fall von Mark bestehen, und die Anerkennung dieses Umstands ist vielleicht die einzig angemessene menschliche Geste, die am Ende, nach allen gescheiterten Versuchen seiner gesellschaftlichen Domestizierung, übrig bleibt.

## 4. Die Rolle der Kunst

Ich komme nun zum abschließenden Teil des Beitrags, der sich auf eine thematisch und strukturell zentrale Ebene des Romans bezieht, nämlich die der Kunst selbst. *What I Loved* ist, wie bereits deutlich geworden sein dürfte, sehr stark auch ein Roman über die Kunst, über deren vergangene und heutige Ausprägungen, und insbesondere auch über ihre Beziehung zum Leben und zu den Menschen, die sie produzieren und rezipieren. Die mehrfache Situierung der kreativen Energie, aus der der Roman lebt, spiegelt bereits in der Gesamtkonzeption von *What I Loved* die plurale, dialogische Ästhetik, auf der er aufbaut: Die Autorin Siri Hustvedt imaginiert einen männlichen Ich-Erzähler, der vom Werk eines Künstlers fasziniert ist, dessen Selbstporträt die Repräsentation einer Frau ist, die wiederum den

Icherzähler zum Niederschreiben seiner Erinnerungen inspiriert. Die enge Wechselbeziehung zwischen Kunst und Leben ist grundlegend für den Roman und ist ihm einkomponiert. Kunst ist hier nicht länger autonom, sondern wird auf ihre unterschiedlichen Vollzugs- und Rezeptionsformen geöffnet. Sie faltet sich aus in eine Reihe ästhetischer Projekte und Prozesse, die dezentriert und fragmentarisch sind wie die Wahrnehmungs- und Erfahrungsformen des Lebens selbst, und die doch zugleich immer neue Zusammenhänge untereinander und mit dem Fortgang des Romans bilden.

Diese Prozessualisierung und lebensweltliche Einbettung der Kunst geht aber nicht – wie in der Version von Teddy Giles – einher mit ihrer völligen, distanzlosen Auflösung in Spektakel, Unterhaltung und Kommerz. Sie erlaubt keine spannungsfreie Übereinstimmung von Zeichen und Bezeichnetem, keine Eins-zu-Eins-Übersetzung in die Lebenswelt, sondern hält auch im Akt ihrer lebensweltlichen Rückbindung die Differenz und Eigendynamik des Ästhetischen aufrecht, die es erst erlaubt, das Potential der Kunst als Medium der Selbsterforschung der menschlichen Imagination, des Unbewussten, der Träume und des diskursiv nicht zugänglichen Anderen der kulturellen Rationalität zur Geltung zu bringen. Zwar ist die Produktion und Rezeption von Kunst stets auf das eigene Selbst und die kulturellen Bedingungen bezogen, in deren Kontext sie entsteht, aber sie kann diese Bedingungen durch die überpersönliche, mehrdeutige Zeichensprache und Dialogizität des Ästhetischen immer wieder auch überschreiten. An dieser Auffassung der kulturell unverzichtbaren Rolle und Funktion der Kunst hält der Roman ganz deutlich fest, und wirkt der Verabsolutierung der Gegenwart und des je spektakulär Neuen entgegen, womit er konsequenter Weise auch die Werke der klassischen Tradition in ein angemessenes aktuelles Kunstverständnis mit einbezieht. Kunstwerke der Vergangenheit, wie die der Gegenwart, sind nicht tote, in folgenloser Konsumhaltung zu betrachtende Museumsstücke, sondern Energiefelder, die in immer neuen Rezeptionen aktiviert werden und dabei unerwartete existentielle Wirkungen auslösen können. Ein Beispiel hierfür ist eine Szene, in der Leo Hertzberg, etwa ein Jahr nach dem Tod seines Sohnes Matt, ein Seminar in Kunstgeschichte abhält. Er bespricht dabei das Bild *Glas Wasser und eine Kaffeekanne* von Jean-Baptiste Chardin. Das 1760 entstandene Bild hängt übrigens im Carnegie Museum of Art in Pittsburgh:

Abb. 4

We had already discussed several paintings. I began by pointing out how simple the painting was, two objects, three heads of garlic, and the sprig of an herb. I mentioned the light on the pot's rim and handle, the whiteness of the garlic, and the silver hues of the water. And then I found myself staring down at the glass of water in the picture. I moved very close to it. The strokes were visible. I could see them plainly. A precise quiver of the brush had made light. I swallowed, breathed heavily, and choked.

I think it was Maria Livingston who said, »Are you all right, Professor Hertzberg?«

> I cleared my throat, removed my glasses, and wiped my eyes. »The water«, I said in a low voice. »The glass of water is very moving to me.« I looked up and saw the surprised faces of my students. »The water is a sign of ...« I paused. »The water seems to be a sign of absence.«
>
> I remained silent, but I could feel warm tears running down my cheeks. My students continued to look at me. »I believe that's all for today,« I told them in a tremulous voice. »Go outside and enjoy the weather.« (147)

Die Abwesenheit, die das Glas Wasser für Leo bezeichnet, ist die Abwesenheit seines Sohnes Matt, der ein Jahr zuvor ums Leben gekommen war und dem er abends vor dem Einschlafen immer noch ein Glas Wasser ans Bett gebracht hatte. Und es ist erst die symbolische Transformation im Kunstwerk, die lebendige Bewegungsspur des kreativen Akts, die dieses zeitenthobene Stilleben hervorgebracht hat (»a precise quiver of the brush«), die die Erinnerung mit schockartiger Intensität in sein Selbstbewusstsein zurückbringt. »A real glass of water had not once reminded me of my son, but the image of a glass of water rendered 230 years earlier had catapulted me suddenly and irrevocably into the painful awareness that I was still alive.« (148) Die Erfahrung dieses Kunstwerks bedeutet einen Wendepunkt, ja erst den eigentlichen Beginn von Leos Trauerarbeit, sie löst eine Krise aus, die zwar äußerst schmerzhaft ist, aber den Zustand der inneren Erstarrung, der »rigor mortis«, in den Leo nach Matts Tod gefallen war, aufbricht und ihn so erst zum Leben zurückführt.

> For months I had lived in a state of self-inforced rigor mortis, interrupted only by the playacting of my work, which didn't disturb the entombment I had chosen for myself, but a part of me had known that a crack was inevitable. Chardin became the instrument of the break, because the little painting took me by surprise. I hadn't girded myself for its attack on my senses, and I went to pieces. The truth is, I had avoided resurrection because I must have known that it would be excruciating. (148)

Gerade in ihrer ästhetischen Verfremdung und imaginativen Eigendynamik gelingt es der Kunst, kathartische Wirkungen auszulösen, die den Menschen mit seinen tiefsten, verdrängten Problemen konfrontieren und diese in sein bewusstes Selbst integrierbar machen. Die ästhetische Aktivierung der Sinne löst in ihrem »attack on [the] senses« krisenhafte Turbulenzen aus, die Leo jedoch erst aus der Lähmung seines Traumas herausholen und wieder lebensfähig machen.

Diese enge Wechselwirkung zwischen Kunst und Leben, die gerade durch die ästhetische Differenz und imaginative Transformation von Erfahrung ermöglicht wird, gilt aber nun insbesondere für das Kunstschaffen von Bill Wechsler, das bis zu dessen Tod den Roman dominiert und auch nachher noch in den anderen Figuren weiterwirkt. Mit dem genauen kunstkritischen Blick des Erzählers folgen wir den verschiedenen Phasen von Bills Werken, die wir wie in einem *workshop* der Imagination in seiner Entstehungs- und Ausstellungsgeschichte vorgeführt bekommen. In seinen Beschreibungen lässt Leo ein höchst konkretes Bild von Bills Atelier und seiner jeweiligen Projekte entstehen, die zugleich als Teil und als imaginärer Spiegel der im Roman sich entfaltenden Lebensprozesse erscheinen. Bemerkenswert ist daran nun vor allem, dass die Werke Bills, die Leo für uns beschreibt, ihrerseits fiktive Gebilde sind. Sie entstehen zwar in den Details ihrer Themen, Farben, Formen und Materialien in aller Eindringlichkeit vor unserem Auge, haben aber, anders als die Bilder, etwa Chardin, auf die sich Leo als Kunstkritiker bezieht, keine reale Referenz. Hustvedt fingiert also in der Vermittlung von Leos Erzählerstimme eine Welt der visuellen Imagination, die aber gleichwohl nur in sprachlicher Form existiert. Sie lässt den Leser damit teilhaben an einem kreativen Prozess, der die Thematik des Romans noch einmal in einem anderen Medium ästhetisch erforscht und somit den sprachlichen Zeichenprozess auf nichtsprachliche Zeichen und eine freilich fiktive Intermedialität erweitert. Dadurch wird ein zusätzlicher Imaginationsraum geschaffen, in dem die Kunstauffassung des Romans noch einmal in eigenständiger Weise reflektiert und durchgespielt werden kann.

Bills Kunst ist einerseits sehr stark in der zeitgenössischen Kunstszene verankert, andererseits ist sie zugleich eine ständige Auseinandersetzung mit der Geschichte der Kunst. Sie verbindet in eklektischer und doch eigenständiger Art verschiedene Stile, Materialien und Medien zu immer neuen Kombinationen, die wichtige Kunstentwicklungen in der zweiten Hälfte des 20. Jahrhunderts spiegeln und zugleich palimpsestartig auf frühere Stufen der Kunst verweisen. Die Bewegung zur reinen Abstraktion ist hier wieder zurückgenommen, Bills Kunst ist stark bildbezogen und narrativ, ja in Teilen den naiven Produkten einer Kinderkunst angenähert. Bezüge zur Lebenswelt sind stets erkennbar, wenn auch in traumhafter oder surreal-alptraumhafter Verfremdung, womit sie sich über die reine Gegenwart hinaus auf die magische Dimension einer Tiefenzeit öffnet. Moderne und archaische Elemente, Spiel und Terror, Realität und Traum, Bewusstes und Unbewusstes, und vor allem auch die je unterschiedlichen, betrachterabhängigen Wahrnehmungs- und Erfahrungsweisen dieser Phänomene, sind das Thema seiner Arbeiten. Das Werk ist nicht von den Energien seiner Produktion und seiner Rezeption zu trennen. Es ist ständig in Bewegung, die Einzelstücke sind in serielle Kompositionen einbezogen, deren Motive in immer neuen Variationen wiederholt und weiterentwickelt werden. Und diese ständigen Metamorphosen sind aufs Innerste mit den Bewusstseins-, Beziehungs- und Handlungsproblemen verknüpft, wie sie sich im Roman entfalten.

Der serielle und sich ständig verändernde Charakter von Bills Kunst zeigt sich schon in der Phase, in der er sich noch an der Malerei orientiert. Das Bild, das Leo einst kaufte und das seitdem als Gegenstand immer neuer Betrachtung in dessen Wohnung hängt, ist Teil einer Serie von sechs Arbeiten, die sich mit dem damaligen Modell Violet auseinandersetzen und dieses in wechselnden Formen, Farben, Größen und Beleuchtungen zeigen, nicht in der Art von Andy Warhols verschiedenfarbigen, aber gleichförmigen Drucken von Marilyn Monroe, sondern in ständigen Veränderungen zwischen Nah- und Fernperspektive, zu- und abnehmendem Körperumfang, erotischer Pose und grotesker Verfremdung. Das dargestellte Äußere ist auf ein unsichtbares Inneres bezogen – so scheinen die Bilder auf einer Ebene die Körperprobleme des modernen Zivilisationsmenschen zwischen Fettleibigkeit und Magersucht zu spiegeln, mit denen Violet sich gerade in ihren psychologischen Studien beschäftigte. Bill ist besonders interessiert an der Darstellung der menschlichen Haut als dem Organ des Übergangs zwischen Innenwelt und Außenwelt, in dem sich Konflikte, Spannungen und Energien der Gesamtperson niederschlagen. In einem der Bilder,

[s]he was wearing a ragged flannel nightgown and sitting on the edge of the bed, her thighs casually parted. A pair of red knee socks lay at her feet. When I looked at her legs, I noticed that just below her knees were faint red lines left by the elastic of the socks. (11)

Leo erinnert dieses Bild an Jan Steens Gemälde einer Frau bei der Morgentoilette, ein Bild aus dem Rijksmuseum Amsterdam, das Bill in der Tat als Inspirationsquelle nennt (s. Abb. 5).

Man sieht in der Nahaufnahme sehr gut die Spuren, die die roten Socken auf der Haut hinterlassen haben (s. Abb. 6).

In einer weiteren Version wird die Tiefenwirkung betont, die räumliche Staffelung und quasi-theatralische Inszenierung, die auch in Bills Werken freilich weit weniger opulent angelegt sind (s. Abb. 7).

Abb. 5

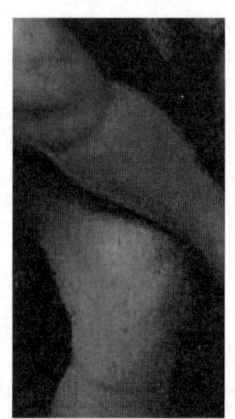

Abb. 6

Abb. 7

Wesentliche Aspekte von Bills Schaffen zeigen sich aber vor allem in dem von Leo gekauften Bild der Serie, das gleich zu Beginn ausführlich beschrieben wird und *in nuce* das Kunstverständnis des Romans illustriert. Auf dem großformatigen Gemälde sieht man eine junge Frau, die, auf einen Ellbogen gestützt, nur mit dem T-Shirt eines Mannes bekleidet auf dem Boden eines leeren Zimmer liegt und in die Richtung eines hellen Lichts blickt, das offenbar von einem unsichtbaren Fenster auf sie fällt, während ihre rechte, auf dem Schambein liegende Hand ein kleines gelbes Miniaturtaxi hält. Rechts im dunklen Teil des Bildes verlässt gerade eine andere Frau, von der man nur einen schreitenden Fuß mit Halbschuh sieht, den Raum. Ein Schatten fällt über die Szene, die die Präsenz eines Beobachters anzeigt und zugleich den Rezipienten mit ins Bild einbezieht. Der Titel des Bildes lautet ironischer Weise: *Self-Portrait*, by Bill Wechsler. Es ist aber eben kein Selbstporträt in irgendeinem herkömmlichen Sinn, vielmehr drückt der Künstler sein Selbst in der Beziehung zu anderen aus, zu den beiden Frauen und deren einander entgegengesetzter, aber offenbar aufeinander bezogenen Lebenssituation, und ist allenfalls in dem Schatten, d.h. in der Form der Absenz, im Bild anwesend. Damit entspricht dieses Bild aber in seinen »mixed styles and shifting focus«, die Leo an die »distortions in dreams« erinnern (5), genau der Idee des »mixing«, wie sie Violet später formulieren wird und in der sich das individuelle Selbst wesentlich erst durch sein Bezogensein auf andere, als ein »we«, konstituiert. Entsprechend heißt denn auch der erste der vielen Essays, die Leo über Bills Werke schreibt, »The Multiple Self«. Leo macht an dem Bild über die Jahre hinweg immer neue Entdeckungen, die in Beziehung zu dem sich entwickelten Romangeschehen stehen und dieses fast prophetisch vorwegzunehmen scheinen – so scheint die erotische Frau im hellen Mittelpunkt Bills Leidenschaft für Violet, und die im Dunkeln davongehende andere Frau den Bruch mit Lucille zu antizipieren, mit der Bill zu der Zeit noch verheiratet war.

Aber das Bild ist, wie die Sprache des Romans, nicht nur transparent auf mögliche Signifikate, sondern tritt auch als Signifikant, in seiner Materialität hervor, in der sich das Selbstporträt des Künstlers weniger im Inhalt als in der Lebendigkeit seiner Formgebung manifestiert:

> The hand that had painted the picture hid itself in some parts of the painting and made itself known in others. It disappeared in the photographic illusion of the woman's face, in the light that came from the invisible window, and in the hyperrealism of the loafer. The woman's long hair, however, was a tangle of heavy paint with forceful dabs of red, green, and blue. Around the shoe and the ankle above it, I noticed thick stripes of black, gray, and white that may have been applied with a knife, and in those dense strokes of pigment I could see the marks left by a man's thumb. It looked as if his gesture had been sudden, even violent. (5)

Die Wärme der kraftvollen Farben, die Bill für Violets Haare verwendet, kontrastiert mit den Schwarzweisstönen und dem aggressiven Gestus, mit dem die Halbschuhe Lucilles aufgetragen sind. Der Signifikant ist kein abgehobenes Zeichen, sondern Signatur einer persönlichen Lebensäußerung. Bewusste und unbewusste, planende und spontane Kräfte, Zeichen und Bezeichnetes wirken ineinander und erzeugen so eine mehrdeutige, prozesshafte und auf immer neue Rezeption offene Kunst.

Auch die anderen Werke Bills spiegeln und transformieren diese Auseinandersetzung mit sich selbst in der Form einer Auseinandersetzung mit den anderen. Bill vollzieht dabei wichtige Stufen der neueren Kunstentwicklung von der Malerei über die Installation zur Videokunst in eigenständiger Weise mit, ohne sich, wie Teddy Giles, den jeweiligen Moden auszuliefern; vielmehr stehen sie im ständigen Dialog mit der bisherigen Geschichte der Kunst. (In der fast symbiotischen Beziehung zu Violet, aus der heraus Bill seine Kunst schafft, mag dabei eine Anspielung auf den Video-Künstler Bill Viola verborgen sein, der seine Innovationen gleichfalls im steten Wechselbezug mit der Kunstgeschichte hervorbringt). So malt Bill in einer frühen Schaffensphase eine Reihe von Porträts seines Vaters, die diesen von hinten im dunklen Anzug in der stets gleichen Pose, aber in verschiedenen Altersstufen zeigen, und beklebt die Bilder mit Alltagsobjekten und Utensilien aus dem Leben seines Vaters wie Briefe, Fotografien, Motelschlüsseln usw. Diese Technik erinnert an die Pop Art von Robert Rauschenberg (s. Abb. 8), allerdings ist Bills Verfahren, wie es heißt, weniger chaotisch und stärker strukturiert, ja die Porträtbilder selbst, auf die die aufgetragenen Objektschichten palimpsestartig den Durchblick gewähren, erinnern den Erzähler in der Strenge ihrer Komposition an holländische Gemälde des 17. Jahrhunderts. Parallelen gibt es in Bills Werk auch zu Willem de Kooning, dem abstrakten Expressionisten, der in den 50er Jahren in einer Serie von Frauenbildern zur Gegenständlichkeit zurückkehrte und mit seiner *technica mixta* ein wichtiges Prinzip von Bills Kunst illustriert (s. Abb. 9).

Ein serielles Werk ist auch das Projekt zum Märchen *Hänsel und Gretel*, das wie erwähnt eine wichtige motivische Bedeutung für den Gesamtroman hat und von Bill in seinen magischen und alptraumhaften Potentialen erkundet wird. Vor allem die Mischung erotischer und gotizistischer Motive löst bei der Ausstellung einen Skandal aus, der aber Bills Bekanntheitsgrad nur steigert. Wie in einen Rausch der Produktivität stellt er in nicht weniger als 200 Holzkästen unterschiedliche Themen und Motive aus weiteren Märchen, aus Comics, Literatur und Alltagskultur in Installationen dar, die an die vom Surrealismus inspirierten Kästen mit Sammelobjekten von Joseph Cornell erinnern (s. Abb. 10).

Allerdings variieren die Raumkompositionen Bills in Größe und Tiefe, enthalten Türen, Geheimkammern und menschliche Figuren und sind teilweise vom Betrachter begehbar, wodurch der Eindruck eines miteinander zusammenhängenden Labyrinths von Artefakten entsteht, die zugleich innere Landschaften des Unbewussten zum Ausdruck

Abb. 8

Abb. 10

Abb. 9

bringen. In einer weiteren Gruppe von Arbeiten, *The Changeling*, wird das Thema der Wandelbarkeit, ein Zentralthema von Bills Kunst und des Romans, explizit aufgegriffen. In dem Werk *O's Journey,* die Bill als seine *Great American Novel* bezeichnet, werden in einer Serie von unterschiedlich angeordneten und bestückten Kästen aus Glas die Buchstaben des Alphabets zu Hauptakteuren. Referenzen zu *The Scarlet Letter* sind angedeutet, in dem ja dem Anfangsbuchstaben des Alphabets, dem A, eine zentrale Rolle als vieldeutiges Zentralsymbol dieses klassischen amerikanischen Romans zukommt.

Wenn die Stilmischung, die Mehrdeutigkeit, die Wandelbarkeit und das ausgeprägte Zeichenbewusstsein von Bills Kunst diese zunächst als ›postmodern‹ erscheinen lassen, so geht sie doch auch über die Postmoderne hinaus, einmal in der starken, wenn auch indirekten Präsenz des Persönlichen in seinem Werk, zum andern aber darin, dass er keine bloß selbstreferentiellen Spielwelten entwirft, sondern seine Kunst bei aller experimentellen Radikalität ihre Beglaubigung erst durch ihre am Leben selbst orientierte Wahrheitssuche gewinnt. Er zielt mit dem Sichtbaren auf das Unsichtbare, das sich aber immer wieder dem Zugriff der Zeichen entzieht:

> [...] Bill's work in particular was an investigation of the inadequacy of symbolic surfaces – the formulas of explanation that fall short of reality. At every turn, the desire to locate, stop, pinpoint through letters or numbers or the conventions of painting was foiled. You think you know, Bill seemed to be saying in every work, but you don't know. I subvert your truisms, your smug understanding and blind you with this metamorphosis. When does one thing cease and another begin? Your borders are inventions, jokes, absurdities. (298)

Die ungelösten Probleme mit Mark werden allerdings zu einer Herausforderung, die Bill überfordert. Dies kommt in seinem letzten, unvollendeten Projekt mit dem Titel *Icarus* zum Ausdruck, einer Videoserie über Kinder verschiedener Altersstufen vom Babyalter bis kurz vor dem Erwachsenenalter. Bill, der Erbauer imaginärer Labyrinthe, sieht sich hier als Daedalus-Figur, die gescheitert ist, weil sie den Absturz des Sohnes in die monströse Welt nicht verhindern konnte, die er ästhetisch zu bannen versuchte. Aber er wird zur Inspiration für den Erzähler, der das Vermächtnis von Bills Kunst in die Thematik und Komposition des Romans überführt.

**Textausgabe:**

**Hustvedt, Siri**: *What I Loved*. London: Hodder and Stoughton 2003.

# Große Werke der Literatur

Herausgegeben von Hans Vilmar Geppert

## Band VI

1999, 238 Seiten, € 18,–/SFr 31,90
ISBN 3-7720-2506-4

*Inhaltsübersicht*: *H.-O. Mühleisen*, Plutarch: »Wie man den Freund vom Schmeichler unterscheidet«; *M. Lausberg*, Longos »Daphnis und Chloe«; *J. Janota*, Johannes von Tepl: »Der Ackermann aus Böhmen«; *T. M. Scheere*r, Luís Vaz de Camões: »Os Lusíadas/ Die Lusiaden; *W. Frick*, Johann Wolfgang von Goethe: »Iphigenie auf Tauris«; *H. V. Geppert*, Theodor Fontane: »Der Stechlin«; *J. Becker*, Otto von Bismarck, »Gedanken und Erinnerungen«; *K. H. Spinner*, Robert Walser: »Kleine Prosa«; *W. Pache*, Virginia Woolf: »Mrs Dalloway«; *H. P. Balmer*, Robert Musil: »Der Mann ohne Eigenschaften«; *H. Koopmann*, Günter Grass: »Die Blechtrommel«; *W. Albes*: Albert Camus: »Le Premier Homme / Der erste Mensch«; *C. Chiellino*, Mario Puzo: »Der Pate«

## Band VII

2001, 258 Seiten, € 22,–/SFr 38,60
ISBN 3-7720-2507-2

*Inhaltsübersicht*: *P. Roth*, Theokrits: »Eidyllien«; *J. Janota*, Das »Hildebrandslied«; *Th. Stammen*, Justus Lipsius (1547-1606): »De Constantia – Von der Beständigkeit«; *T.R. Kuhnle*, Voltaire: »Candide ou l'optimisme/Candide oder der Optimismus; *J. Eder*, Heinrich Heine: »Reisebilder«; *K.H. Spinner*, Christian Morgenstern: »Galgenlieder«; *M. Lausberg/H.V. Geppert*, Homer »Odyssee«, – James Joyce »Ulysses«; *S. Müller*, Im Geflecht von Alltäglichkeit, Welt und Tod. Martin Heideggers »Sein und Zeit«; *H. Koopmann*, Thomas Mann: »Lotte in Weimar«; *H. P. Balmer*, Theodor W. Adorno: »Minima Moralia«; *U. Regener*, Ich im Irrealis. Max Frischs »Mein Name sei Gantenbein«; *Th.M. Scheerer*: Carlos Fuentes: »Terra nostra«; *H. Zapf*, Toni Morrison: »Beloved/Menschenkind«

## Band VIII

2003, 276 Seiten, € 29,80/SFr 52,10
ISBN 3-7720-8014-6

*Inhaltsübersicht*: *M. Lausberg*, Seneca »Briefe an Lucilius«; *W. Williams-Krapp*, Wolfram von Eschenbach »Parzival«; *T. R. Kuhnle*, Savinien de Cyrano de Bergerac »L'Autre monde/Die Reise zu den Mondstaaten und Sonnenreichen«; *Ch. Becker*, Andreas Gryphius »Großmüttiger Rechts-Gelehrter/Oder Sterbender Aemilius Paulus Papinianus«; *H. P. Balmer*, Chamfort »Früchte der vollendeten Zivilisation. Maximen, Gedanken, Charaktere und Anekdoten«; *H. Koopmann*, Friedrich Schiller »Wallenstein«; *U. Regener*, Johann Wolfgang von Goethe »Die Wahlverwandtschaften«; *G. Ingold*, »Licht und Farbe: Goethes Farbenlehre«; *Th. M. Scheerer*, Leopoldo Alas (Clarín) »La Regenta/Die Präsidentin«; *K. H. Spinner*, Bert Brecht »Der Augsburger und der Kaukasische Kreidekreis«; *M. Middeke*, Samuel Beckett »En attendant Godot/Warten auf Godot«; *E. Matthes*, Christa Wolf »Kindheitsmuster«; *H. V. Geppert*, Uwe Johnson »Jahrestage«; *H. Zapf*, Don DeLillo »Underworld«

## A. Francke Verlag Tübingen und Basel